COUPS ET BLESSURES

50 ans de secrets partagés
avec François Mitterrand

Directeur de collection : Arash Derambarsh

© **le cherche midi, 2011**
23, rue du Cherche-Midi
75006 Paris
Vous pouvez consulter notre catalogue général
et l'annonce de nos prochaines parutions sur notre site·
www.cherche-midi.com

Roland **Dumas**

COUPS ET BLESSURES

50 ans de secrets partagés
avec François Mitterrand

*Édition établie
sous la direction d'Alain Bouzy*

COLLECTION DOCUMENTS

cherche
midi

1

La canne de mon père

Le socialisme au corps

Il y a quelque chose d'absent qui me tourmente.

Camille Claudel (lettre à Rodin en 1886)

Pendant l'année 2000 qui précéda le jugement de l'affaire Elf, mes nuits ont été tourmentées. Je me réveillais en sursaut, ruisselant de sueur. Je ne savais plus où j'étais. Je revoyais l'interminable procédure, les questions insidieuses des juges. Toutes les nuits, je faisais des cauchemars et pensais en finir avec la vie. Je n'avais pas imaginé par quel moyen je me suiciderais, mais le souvenir de Pierre Bérégovoy me hantait. Mes médecins m'avaient prescrit un traitement contre la dépression, mais je n'en voyais pas l'efficacité. J'étais désemparé. Mes proches étaient inquiets. Je n'avais pas d'arme à Paris, mais j'en possédais plusieurs dans ma propriété de Saint-Selve, en Gironde. Ma femme avait fait venir une amie psychiatre qui avait fouillé mes tiroirs et emporté deux ou trois pistolets. C'était des armes en état de marche datant de la guerre. Je lui ai récemment demandé de me les rendre, mais elle n'a pas voulu.

Je faisais les cent pas dans mon appartement de l'île Saint-Louis, à Paris. Je m'asseyais à mon bureau, incapable de lire une ligne ou d'ouvrir un dossier, voire un simple courrier. Pendant des semaines. j'ai refait ce parcours nocturne, de ma chambre à mon bureau, traversant le vestibule en pyjama, hagard. Une nuit, mon regard s'arrêta sur une canne qui se trouvait dans le porte-parapluies de l'entrée. C'est un simple morceau de bois au manche recourbé comme en ont les paysans limougeauds. La canne de mon père, Georges Dumas. Comment était-elle arrivée là? Je l'avais oubliée, occultée, pendant soixante ans. Pourtant, elle m'avait fidèlement suivi depuis Limoges à travers tous mes déménagements. «Objets inanimés avez-vous donc une âme?»

Je nous revois, ma mère et moi, vidant la maison de la rue Jules-Ferry à Limoges, remplie de tous nos souvenirs. En ménagère économe et sans le sou, elle avait pris le linge et la vaisselle. Ma sœur et mon frère s'étaient partagé les meubles. Moi, j'avais récupéré la montre à gousset de mon père, que des cambrioleurs ont un jour emportée, et cette fameuse canne dont ma mère me rappela l'origine. Au cours d'une bagarre, car il en venait parfois aux mains pour défendre un copain ou ses idées, il s'était foulé la cheville et boitait. Le médecin lui avait conseillé d'utiliser un bâton pendant quelque temps.

Je ne pouvais détourner le regard de cette canne. Le souvenir de mon père se présentait à moi comme une évidence. Son exemple s'imposait. Il avait été courageux dans l'adversité. Il s'était battu pour un idéal de liberté avant de finir ses jours en 1944 devant un peloton d'exécution à Brantôme, en Dordogne. Et moi, j'étais là en train de me lamenter et de lâcher prise. J'étais indigne de lui. Je sortis de la confusion et formalisai la situation en quelques mots simples: «Tu ne vas pas leur faire le plaisir de te suicider et laisser croire que tu es coupable!» J'ai alors rejeté avec violence cette hypothèse et pris sur-le-champ la résolution de me battre, convaincu de mon innocence.

Pendant ma longue carrière d'avocat et d'homme politique, je me suis battu avec autant de panache que j'ai pu en accrocher à mon chapeau. Insouciant et léger dans ma vie privée, mon idéal professionnel a toujours été de «servir»: mes clients d'abord, mon pays ensuite en tant que député, ministre et président du Conseil constitutionnel. Je n'ignore pas que les prétoires et la politique sont des arènes où les coups pleuvent et laissent parfois des bleus à l'âme. J'ai aimé ce côté bretteur que m'ont si souvent reproché ceux qui ont de la vie une conception moins exaltée que la mienne.

Un enfant de la guerre

La bagarre ne m'a jamais fait peur car je suis un «enfant de la guerre». Né en 1922, quatre ans après l'armistice de 1918, mon jeune âge a été baigné par les récits terribles qu'en faisaient mon père et ses copains de régiment. Et, avant même que la Seconde Guerre mondiale ne fût déclarée le 1er septembre 1939, le tumulte de l'Allemagne nazie était venu jusqu'à nous, bouleversant notre vie paisible à Limoges. Quelques mois après l'Anschluss, proclamé en mars 1938, qui concrétisait l'annexion de l'Autriche au IIIe Reich, j'ai vu arriver Joachim Felberbaum, un garçon de mon âge qui ne parlait que l'allemand.

Juif autrichien, il avait fui son pays et le début des persécutions. Sa famille s'était réfugiée à Paris puis avait été évacuée vers Limoges. Nous étions devenus amis sur les bancs du lycée Gay-Lussac et le sommes restés jusqu'à aujourd'hui. Quand Joachim est arrivé en France, il a été considéré comme un Allemand par les autorités françaises puisque son pays avait été annexé par Hitler. Il a été interné trois ou quatre mois dans un camp de rétention. Je le revois arriver dans ma classe où le professeur de français lui a dit: «Felberbaum, asseyez-vous à côté de Dumas.» Ce jour-là fut scellé le pacte d'une indéfectible amitié qui dure encore, plus de soixante-dix ans après. C'est mon père qui a caché les Felberbaum, les Nathan et d'autres familles juives, au fin fond de la campagne limousine où j'allais à vélo leur porter du ravitaillement.

Nous avons commémoré, en juin 2010, le soixante-dixième anniversaire de la défaite de 1940. Une date terrible qui a blessé mon adolescence. J'étais encore au lycée Gay-Lussac car les cours n'avaient pas été suspendus. J'ai obtenu mon baccalauréat avec mention très bien à l'écrit, mais je n'ai pas pu passer l'oral à cause de la débâcle. J'ai vu arriver les Alsaciens et tous les gens du Nord qui fuyaient l'avance allemande. Nous avons accueilli nos cousins de Normandie car ma mère, née Élisabeth Lecanuet, était originaire de cette région. Quand je me bagarrais avec mes copains, il me plaisait d'imaginer que j'avais du sang viking dans les veines. Nous habitions une petite maison construite par mon père grâce aux prêts avantageux de la loi Loucheur, ministre du Travail et de la Prévoyance sociale dans les années 1930. C'étaient des maisons jumelles qui existent toujours. Le maire de Limoges veut aujourd'hui les exproprier pour agrandir l'école voisine. Je lui ai récemment dit en plaisantant : « Si tu fais cela, je te tue ; tu n'exproprieras qu'après ma mort ! » On reste attaché à sa maison d'enfance.

Les réfugiés étaient accueillis dans cette école où l'on avait répandu de la paille par terre. Les salles de classe étaient bondées. Nous, les garçons, regardions à travers les carreaux les filles en essayant de capter leur regard pour obtenir un sourire. Nous avons vu arriver en premier l'armée italienne alors qu'on attendait les Allemands. Le traumatisme était immense car la guerre de 1914-1918 s'était conclue seulement vingt ans auparavant. Notre jeunesse avait été marquée par le souvenir de cette barbarie. Mon père nous l'avait maintes fois racontée en évoquant ses propres exploits de sous-lieutenant. Il avait conservé dans la cave ses prises de guerre : fusils, cartouches, casques à pointe avec la mention *« Für Gott und Vaterland »* (pour Dieu et la patrie). Ces objets avaient fasciné nos imaginations et servi à nos jeux d'enfants. Nous avons été pris de panique car les Allemands étaient à Bellac, à 30 kilomètres de chez nous. «Et si les Boches découvraient cet arsenal?» Mon père étant mobilisé, un de ses amis nous a vivement conseillé de déménager ce bric-à-brac. Il a sorti la Delage du garage et nous sommes partis à la nuit tombée jeter ces armes compromettantes dans l'Aurence, une petite rivière à la sortie de Limoges. Mon père avait acheté cette belle voiture d'occasion car il voulait un grand véhicule quand nous partions en Normandie pour les vacances. Jusqu'alors nous n'avions qu'une petite Mona 6 Renault. Le garagiste l'avait félicité de son choix tout en s'inquiétant cependant du qu'en-dira-t-on :

– Vous ne craignez pas les médisances...

– Pas du tout! Je gagne ma vie honorablement.

La Delage lui a bien servi pendant l'Occupation. Il avait fait installer un gazogène car l'essence était réquisitionnée par les Allemands. Ça roulait moins vite! J'étais trop jeune pour la piloter, mais je la conduisais quand même. Il m'autorisait à la sortir du garage et à la garer dans la rue, mais il m'arrivait de la manœuvrer en cachette...

On ne comprenait rien à ce qui se passait. La France envahie. Le gouvernement en fuite. Cela nous apparaissait comme un événement démesuré, comparé à l'existence simple que nous menions alors. C'était une vie rurale, même si Limoges était un gros bourg qui prospérait grâce à l'industrie de la porcelaine et de la chaussure. La campagne votait communiste. Ce sera d'ailleurs cette clientèle électorale que je solliciterai pour me faire élire député en 1956.

Nous n'avions pas connu grand-chose en dehors des manifestations de février 1934 contre la menace fasciste, puis l'avènement du Front populaire en juin 1936. À 13 ou 14 ans, j'assistais déjà aux réunions publiques. La plus marquante reste cette soirée au Champ-de-Juillet quand Léon Blum devint président du Conseil. La liesse populaire était à son comble. Toute ma vie j'essaierai, plus ou moins consciemment, de retrouver ces moments d'exaltation collective. Il n'est pas exagéré de dire que l'élection de François Mitterrand fut de même intensité.

La venue de Blum à Limoges en mai 1937 a aussi marqué ma mémoire. Le grand homme était arrivé dans un petit avion, ce qui ajoutait encore au côté irréel de l'événement. Il était en fait venu inaugurer, à Saint-Léonard-de-Noblat, un monument à la mémoire d'Adrien Pressemane, un ancien député-maire socialiste, un pacifiste de la première heure pendant la Grande Guerre. Pressemane essaya en vain d'éviter la scission au congrès de Tours en 1920 qui consacra la naissance du Parti communiste français.

Léon Blum avait défilé dans les rues pavoisées avec le «père Betoulle», le maire de Limoges. Je me revois dans la foule à côté de mon père qui me disait avec admiration: «Souviens-toi de cet homme toute ta vie.» Je n'ai jamais trahi cette promesse. Je conserve les photos où l'on voit le président du Conseil, sur les marches de la mairie, haranguant la foule. Il y avait de l'émotion dans sa voix dont j'ai encore dans l'oreille la sonorité nasillarde et chevrotante. Mais, le plus troublant, à titre personnel, fut la venue à Limoges, en mai 1982, du président de la République, François Mitterrand. À quarante-cinq ans d'intervalle, les deux «films» se superposaient: semblables étaient l'émotion, la foule, la mairie, les discours, les drapeaux, les articles des journaux locaux. La société avait changé en apparence, mais les enjeux sociaux restaient les mêmes.

Mon père nous sensibilisait déjà à la dureté du monde du travail. Il nous racontait la misère des ouvriers comme cette polisseuse de porcelaine dont la poussière avait atteint les poumons d'une silicose incurable. Sans aide, sans soins, sans Sécurité sociale, elle ne pouvait compter que sur son travail jusqu'à en mourir. C'est pourquoi je garde comme une relique, dans mon bureau, une assiette à l'effigie de Blum qui, encore aujourd'hui, reste mon maître en politique. Cet exemplaire avait été offert à mon père par les ouvriers porcelainiers qui travaillaient à la manufacture en bas de notre rue. Ce cadeau lui avait été remis à l'occasion de sa nomination dans l'ordre de la Légion d'honneur.

L'éveil à la vie

Mon père m'a emmené à l'Assemblée nationale quand nous sommes venus visiter à Paris l'Exposition internationale de 1937. C'était la récompense d'une brillante année scolaire et l'éducation citoyenne par l'exemple. Je ne comprenais pas grand-chose aux débats, mais j'entends encore Léon Blum, alors chef de l'opposition, apostropher le ministre des Affaires étrangères de sa petite voix polie: «Monsieur le ministre, je vous pose une question précise, je vous demande une réponse précise...» Au Trocadéro, les colossaux pavillons de l'Union soviétique et du IIIe Reich semblaient se défier sur la place de Varsovie, comme un vilain clin d'œil de l'histoire... Tout à notre joie de vivre, nous ne savions pas encore que l'aigle nazi toisant l'ouvrier et la kolkhozienne, de part et d'autre du pont d'Iéna, étaient la préfiguration du pacte germano-soviétique qui serait signé deux années plus tard. En 1937, c'est l'Espagne qui était au cœur de l'actualité. La jeune république était porteuse d'espoir pour tous les démocrates, et le pavillon de ce pays «nouveau» était très couru. Je me souviens d'y avoir aperçu l'immense tableau de Pablo Picasso, *Guernica*. J'étais loin d'imaginer que cette œuvre jouerait un rôle de premier plan dans ma future vie d'avocat...

En cette année de mes 15 ans, je découvrais la vie. Une scène m'avait marqué. Un attroupement s'était constitué autour d'un bas-relief où une femme, visiblement éméchée, caressait en grimaçant les énormes couilles d'un taureau de pierre pour faire rire l'assistance. Mon père, offusqué, alla chercher deux sergents de ville pour calmer la harpie. C'était l'âge de la révélation, et j'étais gêné de ne pouvoir rire devant mon père de ces troublantes manifestations érotiques. Je craignais mon père car il défendait avec autorité une forme de laïcité morale qui ne l'empêchait pas cependant d'avoir quelques aventures. Il était bel homme et avait du succès auprès des femmes. J'ai assisté à quelques scènes de ménage entre mes parents à ce propos.

Au centre-ville, la place Denis-Dussoubs est un magnifique ensemble architectural du XVIIIe siècle, haut lieu de la vie nocturne avec ses bars, brasserie et cinémas. Le bureau de mon père, devant lequel il a été arrêté par la Gestapo, se trouvait dans une rue adjacente. Il se rendait donc souvent sur la place, notamment pour y boire un verre entre amis ou acheter ses cigarettes. Or, la dame dont il était évident qu'il avait les faveurs, tenait un bar-tabac. Ma mère, qui le surveillait de près, était venue faire un esclandre jusque dans la boutique de la buraliste! C'était une belle blonde aux yeux bleus. J'y allais parfois pour « reluquer » car je n'étais pas dupe du manège qui s'y tramait.

Quand il fut nommé directeur de l'octroi, il quitta ce quartier pour la place de la République, un peu plus bas, que les collégiens que nous étions surnommaient la place de la « Raie », ce qui suffisait à nous faire rire. Il occupait un vaste bureau au premier étage d'un bel immeuble administratif. C'était l'Occupation avec son cortège de restrictions, mais on ne pouvait ignorer la présence d'une dame car elle dégageait sur son passage un parfum comme je n'en avais jamais senti. Je commençais à humer avec volupté ses fragrances dès le bas de l'escalier. Sous de faux prétextes, je me rendais au bureau de mon père quand je savais qu'elle était là. Je frappais à la porte et n'ai jamais rien vu de compromettant. Mme Nathan était une élégante femme juive dont le mari, d'origine turque, tenait le grand magasin de Limoges. Quand la situation des juifs fut périlleuse, mon père cacha les Nathan, pourchassés par les Allemands. Leur fille Simone m'écrit régulièrement. Je lui ai demandé une photo de sa mère comme un témoignage de fidélité… Elle m'a accompagné en Israël quand j'y ai été convié à planter un arbre en mémoire de mon père dans le Jardin des Justes. Par atavisme sans doute, ces situations enivrantes m'ont familiarisé avec les comportements amoureux dès mon adolescence. Elles m'ont en tout cas habitué à porter mon regard sur les jolies femmes.

J'ai eu la chance d'avoir un père dont la personnalité et l'héroïsme ont marqué toute ma vie. Georges Dumas était un petit fonctionnaire des contributions indirectes qui avait progressé à la faveur de concours administratifs. Syndicaliste, il avait été suspendu provisoirement et menacé de révocation définitive, pour avoir transmis un ordre de grève nationale. Le secrétaire national de son syndicat était venu à Limoges pour le défendre. Je ferai sa connaissance après la guerre, et il me répétera ce qu'il lui avait dit alors : « Votre directeur est un con ; je lui ferai la peau au prochain congrès. »

Je ne suis qu'un petit-fils d'ouvrier pâtissier et un fils de fonctionnaire. À travers lui, je ne fréquentais que des gens de gauche. À mon avis, il aurait occupé des fonctions politiques à la Libération s'il n'avait été fusillé par les Allemands pour fait de résistance. Mon père était un homme libre. Curieusement, c'est aussi ce que revendiquait François Mitterrand. Il n'est pas exagéré de dire que ces deux hommes ont modelé ma vie et influé sur mon destin.

Le grand voyage

Mon père est mort jeune sans avoir eu le temps de se préparer au « grand voyage », c'est pourquoi je m'interroge encore aujourd'hui sur la signification d'une scène dont j'ai été le témoin par deux fois. Il n'était pas croyant, mais je me souviens d'être entré dans sa chambre pour lui dire bonsoir et de l'avoir surpris agenouillé au pied de son lit dans une attitude de méditation, voire de prière. Je n'ai pas compris et ne comprends toujours pas. Il n'était pas anticlérical, ne maltraitait pas l'Église ni les curés, mais il affectait d'être agnostique. Un jour qu'il remontait la rue avec quelques collègues un peu «allumés», la petite bande croise un prêtre. Ils l'ont malmené et l'un d'entre eux qui «bouffait du curé» l'a insulté. Mon père a pris la défense de l'ecclésiastique car ce n'était pas convenable à ses yeux.

Son meilleur copain de régiment, l'abbé Sage, était l'aumônier de son escadrille. C'était un professeur de l'Université catholique de Lyon. De retour de la guerre, il nous disait le plus grand bien de cet homme, bon, réfléchi et cultivé. Quand, en 1941, je suis parti poursuivre mes études à Lyon, mon père était affolé, en raison du climat incertain de l'Occupation. La «capitale des Gaules» nous paraissait loin à l'époque. Mon père m'a en quelque sorte confié à Joachim Felberbaum, mon camarade de lycée, plus expérimenté que moi qui n'avais jamais quitté Limoges. Il m'a donné un mot de recommandation pour l'abbé Sage qui avait été nommé curé de Saint-Laurent-de-Vaux dans le Rhône. Le prêtre nous a accueillis, moi et mon ami.

L'abbé Sage a délivré à Joachim un certificat de baptême ainsi que de faux papiers au nom de Jean-Pierre François. Il l'a en quelque sorte «baptisé» puisque ce nom est toujours le sien, au terme d'une rocambolesque quête identitaire. Grâce à l'abbé et à ses faux documents, nous avons mis en place un réseau d'évasion qui faisait passer nombre de gens en Suisse toute proche. Nous logions dans un foyer accueillant des étudiants de toutes origines, de toutes confessions, et dont le seul point commun était d'avoir été ballottés par la guerre. Je ramenais des filles au bercail et Jean-Pierre faisait la cuisine. J'y fis la connaissance de Michel Jobert qui aura plus tard l'originalité d'être ministre de Georges Pompidou puis de François Mitterrand.

En quête d'identité

Après la guerre, Jean-Pierre François a fait des démarches pour garder sa nouvelle identité. Il ne voulait plus entendre parler de Joachim Felberbaum ni de sa judéité. Il était convaincu que reviendrait un jour cette plaie de l'antisémitisme qui a marqué à jamais les années 1933-1945. Avec la complicité de l'abbé Sage, il s'est forgé un état civil d'« aryen ». Il tenait à conserver cette identité à tout prix. Nous avons donc utilisé l'état civil de la commune de Torigni-sur-Vire, dans la Manche, dont les registres avaient été détruits et reconstitués sans que l'on soit trop regardant sur l'exactitude des renseignements. La supercherie fut découverte en 1959 par la DST qui entendit l'abbé Sage et bien sûr Jean-Pierre François. Ce dernier fut même interrogé par Roger Wybot, le patron de la DST en personne. Pensant qu'il pouvait être un nazi en fuite, il essaya de le piéger :

– Monsieur François, pouvez-vous me citer une tragédie de Racine ?

– *Bérénice !*

Il avait bien répondu, sans hésitation, mais la supercherie avait quand même été révélée. Démasqué, Jean-Pierre a dû tout reprendre de zéro. Il est retourné en Autriche où il s'est fait reconnaître par un noble autrichien, le baron Hamilkar Nikolaï von Wassilko qui était l'ami de sa mère. Il s'est ainsi refait une virginité comme on se fait remodeler un visage par la chirurgie esthétique. Cette détermination à nier sa propre identité m'a toujours étonné.

C'est à Lyon, au début de la guerre, que Jean-Pierre a rencontré sa première femme qui est décédée rapidement d'une péritonite mal soignée. Nous n'avions pas de médicaments. Je le revois de temps en temps, comme l'an dernier à Monaco, où il réside, pour l'enterrement de sa seconde épouse, Pâris, à laquelle il est resté fidèle toute sa vie. Mon ami n'est pas un sentimental.

Il m'a un jour avoué qu'il désapprouvait la «diversité» de mes liaisons et que, lui, n'avait jamais trompé sa femme! Je lui ai répondu: «Bravo, mais tu as eu bien tort.» C'était une parente éloignée de la famille du shah qui avait dû fuir l'Iran au moment de l'arrivée des mollahs. Ceux-ci avaient confisqué les biens de la famille dont elle était l'héritière. Comme j'étais en bons termes avec les ayatollahs, Jean-Pierre m'avait demandé d'intervenir auprès d'eux. C'est ainsi que je me suis rendu à Téhéran en 1993 avec les époux François. Nous avons été reçus, Jean-Pierre et moi, par le numéro deux du régime qui ne pouvait être mis en présence d'une femme étrangère. Nous avons été conviés à un dîner où elle s'est présentée voilée.

Il ne s'occupe plus aujourd'hui de finances car il est âgé et malade. Il a constitué sa fortune en commençant par acheter à Genève la Banque de la Suisse romande. Il a fait des procès qu'il a gagnés aux anciens directeurs de l'établissement. C'étaient des contrats énormes. Ses affaires basées en Suisse commençant à prospérer, je me suis retrouvé être l'avocat en titre de la banque. Quand François Mitterrand était sur le sable, je lui donnais un ou deux dossiers qu'il plaidait avec moi comme il l'a fait quelquefois pour Jean-Pierre François. Cela n'a pas fait de lui pour autant l'avocat de son «banquier occulte», comme la presse à scandale l'a parfois annoncé. Mon ami avait fait de cet établissement une banque d'affaires «combattante».

Il avait racheté les dettes d'un dictateur d'Amérique centrale qui avait été assassiné. Sa famille avait quitté le pays en bateau avec le corps du défunt et un «trésor», fruit de la corruption, pour débarquer à Paris. Je venais à peine d'être nommé au Quai, mais le gouvernement n'était pas encore investi. L'ambassadeur des États-Unis à Paris m'avait appelé en pleine nuit pour que j'aide son pays à résoudre cette affaire qui l'embarrassait. Il me promit qu'il allait trouver une solution pour l'inhumation du dictateur. Mais aucune décision administrative ni judiciaire n'ayant été prononcée, le corps resta longtemps au Père-Lachaise dans une fosse provisoire. Je ne sais pas ce qu'il est devenu. Le fils est demeuré en France.

Jean-Pierre François n'était animé que par la réussite et l'argent, mais il était éloigné des plaisirs de la vie. Personnage austère et sérieux, nos chemins auraient pu diverger, mais j'appréciais son intelligence fulgurante. Quand j'ai été arrêté en 1942, il n'a pas perdu son sang-froid. Ainsi est-il arrivé avec des pantalons courts : «J'ai changé d'état civil; je m'appelle Jean Fèvre et j'ai rajeuni de cinq ans car je suis né à Toul en 1927.» Non seulement les juifs étaient pourchassés, mais aussi les jeunes des classes 40 à 42 censés partir pour l'Allemagne dans le Service du travail obligatoire sur réquisition de Pierre Laval. C'était notre cas puisque nous étions et l'un et l'autre nés en 1922. J'ai été alors enrôlé dans un camp de travail en forêt de Tronçay, d'où j'aurais dû directement partir pour l'Allemagne. J'ai écrit à mon père pour qu'il m'aide à fuir. Je suis revenu à Urçay en 1985 sur les traces de mon passé. À part l'Hôtel de la gare où Georges Dumas avait pris une chambre, je n'ai rien reconnu, et les agriculteurs n'avaient quasiment aucun souvenir de ce camp...

Comme Jean-Pierre ne pouvait plus venir à Limoges où il était connu sous sa vraie identité de réfugié, nous nous étions donné rendez-vous à Montluçon, à mi-chemin entre Lyon et Limoges. Je vais l'accueillir à la gare, et au bout d'un moment, il me lance :

– Suppose que les flics nous arrêtent maintenant et qu'ils te demandent comment je m'appelle, que leur réponds-tu ?

– Je n'en sais rien, moi.

– Eh bien, tu «dois» savoir.

Il avait encore changé de nom. Ça l'amusait. Le risque l'excitait aussi. Il était toujours sur le qui-vive. Il m'envoyait des mots où il me recommandait : «Sois prudent, ne te fie à personne.» Depuis sa fuite d'Autriche, il s'était armé pour la lutte clandestine. C'est d'ailleurs pour cette raison que mon père m'avait confié à lui. Ainsi ai-je appris à ne pas parler inconsidérément, à ne pas faire confiance au premier venu. Cette expérience a été essentielle pour moi.

J'avais, au début de l'Occupation, fait des « coups » avec des copains de lycée quand on collait des affiches ou distribuait des tracts, mais on ne pouvait appeler cela de la Résistance. Ma rencontre avec Jean-Pierre François, si inattendue, a été déterminante pour la suite. Rien n'était laissé au hasard. Il me donnait des leçons d'allemand et je lui donnais des leçons de français car il ne parlait presque pas notre langue quand il est arrivé. C'était vital de connaître les deux langues. Très vite, Jean-Pierre a pu composer des rédactions de français et de philosophie. Il avait compris que le prof de philo était catho et réac ; il inventait alors des citations des Évangiles qui lui valaient un « bien » dans la marge !

Quand je serai élu député en 1956, je ferai passer une loi concernant ces réfugiés étrangers qui avaient changé d'identité. Ma loi leur donnait l'opportunité d'obtenir la nationalité française sous leur nom de clandestinité. Ainsi a-t-il pu devenir juridiquement français sous le nom de François. À Genève, il suscitait une vive animosité dans les milieux bancaires. Bien avant qu'il ne fût président, François Mitterrand m'avait mis en garde :

– Faites attention à ce Jean-Pierre François.

– Mais pourquoi donc ? Je le connais depuis l'âge de 20 ans.

– J'ai des informations en provenance du Vatican qui me poussent à vous mettre en garde...

Il ne m'en a pas dit plus. Était-ce lié à la protection et à la fausse identité accordées par l'abbé Sage qui étaient remontées jusqu'à Rome ? Étaient-ce les inimitiés et les jalousies qui lui avaient valu en Suisse plusieurs procès civils qu'il avait tous gagnés ? Je ne l'ai jamais su.

Je me suis souvent rendu en Suisse, notamment au moment de la guerre d'Algérie quand Francis Jeanson, le chef du réseau que je défendais, y était réfugié. J'y suis retourné quelquefois avec Christine Deviers-Joncour car elle avait besoin de travailler avant qu'elle ne soit l'égérie d'Elf. Comme mon ami possédait à Genève le petit journal de la communauté française, je lui avais demandé de l'employer pendant quelque temps comme correspondante de la rédaction à Paris. Je l'ai fait d'autant plus facilement que c'était un ami personnel, un «frère de lait» qui avait d'énormes moyens et ne m'a rien demandé en retour. Il n'était pas une relation politique ou économique liée à mes activités officielles. Le conflit d'intérêt ne pouvait donc pas être retenu contre moi.

Premier coup sur la tête

À Lyon, nous jouions les commissionnaires pour la Résistance. Nous cachions les messages dans le creux du cadre de nos vélos, sous la selle. Un jour, j'ai même dû convoyer des mitraillettes à Limoges pour le maquis. Elles étaient démontées. Lâchement, je les avais déposées dans le wagon à côté du mien, dans l'hypothèse d'un contrôle ou d'une rafle. Parfois, nous agissions à visage découvert. En mai 1942, les Allemands organisèrent un concert du Philharmonique de Berlin à l'opéra de Lyon. Un ordre venu de Londres demandait à la Résistance lyonnaise que cette première manifestation culturelle des Allemands n'ait pas lieu. Nous avions donc loué toutes les places avec l'idée de ne pas y aller au dernier moment et de lancer des bombes lacrymogènes sous la verrière. La supercherie ayant été éventée, ils avaient rouvert la location. Nos chefs avaient donc pris la décision de s'y opposer par la force. Un cordon de policiers avait été déployé devant l'entrée de l'opéra. Nous étions en zone libre et la police française était donc dans son secteur de compétence.

J'ai réussi à monter sur les marches, mais j'ai pris un coup de matraque sur la tête et perdu connaissance. J'ai repris mes esprits dans le fourgon qui nous conduisait dans un sous-sol du commissariat central situé sous la mairie de Lyon.

Mon camarade Jean Melchior, qui fut par la suite médecin des hôpitaux, m'avait rafraîchi la mémoire en me rappelant une anecdote que j'avais oubliée. Je voulais absolument dormir car j'avais des examens le lendemain à Sciences-Po! Je me suis donc allongé sur un banc en bois où j'ai passé la nuit sans plus d'inquiétude jusqu'au lendemain matin. Insouciance de la jeunesse... Mais je n'ai pas pu passer mes examens. Les inspecteurs nous ont brièvement interrogés et, face à l'esprit frondeur des étudiants que nous étions alors, nous ont internés. Des camions gardés par des types en armes nous ont conduits vers une destination inconnue. Nous nous sommes retrouvés dans l'Isère, à Fort Barraux, une forteresse grandiose construite par Vauban, au pied de la Grande Chartreuse, pour garder la frontière italienne. Notre état d'esprit ne nous conduisait pas vers la contemplation du paysage. Melchior m'a rappelé quelques scènes violentes et grotesques. Nous avions entendu des coups de feu qui nous avaient terrorisés. Craignant le pire, nous étions restés terrés dans nos cellules pour nous faire oublier. En fait, les gardiens avaient mis la main sur une portée de chiots qu'ils s'amusaient à jeter en l'air pour les tuer à coups de revolver! Nous crevions de faim et avions fini par mettre la main sur un vieux cheval que nous avions poussé dans une douve du fort. Il était blessé, et nous l'avions achevé et dépecé pour avoir de la viande à manger...

Les mailles du filet étaient lâches. D'un côté, avaient été rassemblés tous les trafiquants du marché noir bien pourvus en victuailles dont ils nous faisaient profiter. De l'autre, c'était le carré des internés administratifs. J'ai été surpris d'y trouver des communistes enfermés depuis 1939 en vertu du décret Daladier

qui avait interdit le PCF. Installés là depuis trois ans, ils contrô-
laient le camp. Nous passions le temps avec eux. C'est là que j'ai
pris conscience qu'ils étaient des types bien, solidaires, frater-
nels et organisés. Pour moi, c'était nouveau. Le communisme,
je savais à peine ce que c'était. J'avais connu le Front populaire
à Limoges et me sentais socialiste, c'est tout. J'ai vu, compris et
adhéré intellectuellement à cette forme d'humanisme fraternel
auquel j'ai toujours été sensible.

Résister, c'est renoncer

En 1943, mes parents avaient accueilli un type venu de
Londres. Tous les soirs, il y transmettait par radio les informations que lui donnait la Résistance, notamment les horaires
des trains d'armement pour en faciliter la destruction. Il lui
fallait trouver un endroit pour déployer son antenne sans être
remarqué. Mon père l'a mis en relation avec le patron d'une
fabrique de porcelaine, Henri Lafarge, car les cheminées des
fours permettaient d'installer son matériel sans se faire repérer.
J'étais chargé de « cornaquer » le radio. Il nous disait: « Moi, je
ne crains rien car j'aurai toujours une longueur d'avance sur
l'ennemi, en dépit de leur matériel de détection de plus en
plus sophistiqué; mais prenez garde car ils vont finir par vous
localiser. » Au bout d'un mois, il est parti dans le Nord où le
malheur a voulu que les Allemands l'arrêtent et le fusillent sans
autre forme de procès. Ils avaient amélioré leur matériel de
détection des émissions pirates...

Lafarge, qui lui avait prêté son usine, était menacé car
l'endroit avait été localisé. Il s'est donc résolu à devenir clandestin. Mon père l'a conduit dans sa voiture personnelle
se cacher en Creuse où il a commandé un maquis jusqu'à la
Libération. Ce grand bourgeois, vénérable de la loge de Limoges,
s'est ainsi retrouvé du jour au lendemain à vivre dans des

conditions plus que précaires. Lafarge avait trois enfants dont le dernier était encore au biberon. Avant de partir pour le maquis, il a fallu organiser une mise en scène pour qu'il les revoie une dernière fois : planqué derrière le rideau, chez nous, il a regardé passer ses enfants dans la rue, accompagnés par la bonne. Ce père sanglotant derrière notre fenêtre en apercevant ses enfants, peut-être pour la dernière fois, reste pour moi un des plus beaux exemples d'amour paternel.

Le sacrifice

Georges Dumas, mon père, a été fusillé à Brantôme, en Dordogne, le 26 mars 1944. Ils étaient 25 partisans devant le peloton, exécutés en représailles de l'attaque de la voiture de Walter Brehmer, général major chargé de l'élimination des maquis et de l'arrestation des juifs dans le grand centre-ouest de la France. L'affaire est remontée jusqu'à Paris où Carl-Heinrich von Stülpnagel, commandant de la Wehrmarcht, a demandé en représailles la tête de 100 otages. Après des tractations avec le préfet, les Allemands ont concédé le nombre de 25 hommes. Ils sont allés les chercher à la prison de Limoges, à 90 kilomètres, où mon père était enfermé depuis deux jours pour faits de résistance. Membre de l'Armée secrète, il était devenu le chef régional du NAP (Noyautage des administrations publiques). Il n'avait pas été interrogé, encore moins jugé. Le lendemain matin à 6 heures, les Allemands ont fait monter les prisonniers dans un autocar. Mon père ne devait pas se douter de sa fatale destination car il faisait des signes plutôt joyeux à ceux qui l'ont croisé. Les passants qui l'ont vu ne se sont pas inquiétés non plus. Ils ont imaginé qu'on les transférait vers une autre prison. Il n'a vraisemblablement compris ce qui l'attendait que devant le peloton. On ne lui a même pas laissé le temps d'écrire un mot à sa famille.

Par une cousine qui habitait rue Tarbé à Paris, j'avais appris que mon père avait été arrêté, mais rien de plus. On le cherchait partout. Personne ne savait ce qui avait pu lui arriver après son départ de la prison. Moi, j'étais à Paris où il m'avait fait un mot de recommandation à un fonctionnaire de ses relations au ministère des Finances. Je suis donc allé trouver ce dernier à son domicile. Il avait un poste important et avait reçu un courrier du responsable local selon lequel leur collègue avait probablement été emmené en déportation. Après enquête, il avait fini par apprendre la funeste nouvelle. Je le revois, en compagnie de sa fille, essayant de me dire la vérité pendant un long moment.

– Tu sais, c'est très grave.

– L'ont-ils changé de prison ?

– Non, il est plus loin que cela.

– En déportation ?

– Non, encore plus loin.

Là, j'ai compris. Il m'a donné un verre de rhum et m'a laissé seul dans une pièce. À ce moment précis, j'ai senti que ma vie ne serait plus jamais comme avant. J'ai repris mon vélo et suis entré dans la première église sur le chemin, Saint-Séverin, au Quartier latin. Pour me recueillir. Je ne savais pas prier. Je suis resté là un long moment, deux heures peut-être, dans un état d'hébétude total. Que faire, où aller ? Je suis resté caché chez Charles Cestre, le vieux professeur de la Sorbonne qui m'avait accueilli dans son appartement au deuxième étage du 9, rue du Regard, dans le quartier du Montparnasse. Jusqu'à la Libération, il m'a hébergé dans une petite chambre près d'un escalier de service qui m'aurait permis de m'échapper en cas de nécessité.

Je retrouve alors des copains de Résistance de mon père qui m'interdisent de rentrer à Limoges car les Allemands se battent encore là où les maquis ne se sont pas rendus maîtres de la situation. Paris avait été libéré. Le Limousin aussi, grâce à Georges Guingouin, mais, entre les deux, il y avait encore des combats sporadiques. Je n'avais pas revu ma mère. Elle ne savait pas que j'étais vivant. Elle m'avait fait passer un petit mot chez une cousine pour m'annoncer la terrible nouvelle. Je suis rentré à Limoges fin septembre. Ma mère était folle de joie de retrouver un de ses deux garçons. Mon frère Jean, de quatre ans mon cadet, était toujours dans le maquis, mais elle savait qu'il était vivant car il donnait des nouvelles de temps en temps. Il aura du mal à en revenir, dans tous les sens du terme.

Quand il s'est agi de reconnaître le corps de mon père, ses amis de Limoges m'ont dit: «Est-ce que tu te sens capable d'y aller car il ne faut pas que ce soit ta mère?» J'ai pris mon courage à deux mains et me suis rendu au petit cimetière de Brantôme. Ils avaient exhumé une trentaine de cercueils alignés dans les allées car d'autres maquisards avaient été fusillés entre-temps. Après l'exécution, ils avaient été jetés dans des fosses creusées par deux frères réquisitionnés par les Allemands. L'un des deux avait eu l'idée de couper un morceau de la cravate de mon père pour aider plus tard à son identification. Personne ne savait alors jusqu'à quand durerait la guerre. Entre-temps, le maire de Brantôme leur avait fait donner une sépulture digne dans un cercueil, en attendant qu'ils soient reconnus par les familles. Grâce au morceau d'étoffe, j'ai rapidement reconnu mon père figé dans la mort. Certains corps n'ont jamais été réclamés et gisent toujours là, dans l'anonymat.

Georges Dumas a été «vendu» par un Alsacien qui a été rapidement exécuté par les résistants. Ils lui ont fait un procès expéditif au cours duquel il a reconnu les faits et raconté son histoire. La sentence a été transmise à Londres qui a en retour donné l'ordre d'exécution. C'était un «dormant» qui avait adhéré au nazisme, dès les premières années. Il s'était fondu parmi les réfugiés alsaciens nombreux en Limousin et avait noyauté le réseau du Centre-Ouest. C'est ainsi que mon père a été raflé avec plusieurs de ses camarades.

La revanche

La mort de ce père arraché à notre affection a été une épreuve, mais j'en ai fait un socle sur lequel j'ai fondé ma vie. J'ai, d'une certaine façon, pris sa place alors que je n'avais que 23 ans. Je suis devenu le chef de famille comme je l'étais déjà un peu quand mon père était mobilisé. Je relisais encore récemment ses lettres. Il écrivait à sa femme : «Demande à Roland, vois avec Roland...» C'était donc ma vocation... À 44 ans, maman était encore belle. Des hommes la courtisaient. Elle se refusait toujours en disant : «Il faut que j'en parle à Roland.» Elle n'a jamais refait sa vie, prétextant que je ne voudrais pas, alors que je n'avais jamais rien dit de la sorte. Il est vrai cependant que j'aurais eu du mal à accepter un autre homme à la maison. La mort avait sacralisé le disparu. D'où cette haine qui m'a longtemps poursuivi quand je rencontrais des Allemands, jeunes arrogants ou manchots de la guerre aux cheveux blancs.

J'en ai fréquenté d'intelligents ou d'exceptionnels comme Hans-Dietrich Genscher à qui j'ai raconté toute cette histoire. Le ministre des Affaires étrangères de la République fédérale d'Allemagne m'a aidé à dépasser les seules contingences personnelles et je lui en suis reconnaissant. Il voulait même venir se recueillir sur la tombe de mon père en Limousin, mais je n'ai pas pu y consentir. J'étais bloqué. Je ne voulais pas donner l'impression que je pouvais «récupérer» les choses à mon profit, notamment auprès de ceux de mes camarades qui n'avaient pas fait, comme moi, leur «révolution culturelle». François Mitterrand et Helmut Kohl se sont bien tenu la main à Verdun en un geste historique. Le cas de conscience n'avait plus lieu d'être.

Paris gagné

Le 25 août 1944, j'étais dans la capitale. Une hache à la main, j'abattais les arbres du boulevard Raspail pour arrêter les chars allemands. J'étais acharné à cette besogne avec quelques camarades qui se sont vite égaillés quand, du bas du boulevard, on entendit un coup sourd. Un char nous tirait dessus. J'ai juste eu le temps de me jeter à terre. J'aurais pu être tué le jour de la Libération de Paris! Dans l'insouciance de mes 22 ans, je ne m'étais pas rendu compte du danger. J'en mesurai enfin les risques quand, de retour chez mon logeur, celui-ci m'apprit que son gendre, Jean Rist, avait été atteint par la balle d'un tireur isolé. Quelque temps après la Libération, son frère, Louis Cestre, un ingénieur arrêté à Bourges en 1942, revint de déportation. Je suis allé l'accueillir à l'hôtel Lutetia qui avait été réquisitionné pour héberger les pauvres hères de retour des camps. L'homme, d'une maigreur telle que je n'en avais jamais vu de semblable, était au «bout du rouleau». La guerre terminée continuait à vomir l'horreur.

Je n'avais toujours pas «digéré» la mort de mon père. J'étais persuadé qu'il était «quelque part». Je rêvais qu'il avait été déporté et qu'il allait revenir. Personne ne savait où j'étais. J'errais, solitaire. Je suis resté un long moment devant la gare Montparnasse où étaient alignés les chars Leclerc. Les militaires étaient perchés sur les tourelles où grimpaient les belles Parisiennes pour les embrasser et récupérer du chocolat et des cigarettes. La fête a duré toute la nuit, mais je n'éprouvais aucune joie. Pour moi, c'était un spectacle grandiose comme un opéra de Verdi, mais irréel comme un songe. Je n'avais pas de raisonnement logique du genre: «Papa n'est pas mort pour rien.» Cette évidence est venue après, à force d'entendre mes amis et les copains de mon père me seriner une telle banalité.

Papa était donc mort. Je n'arrivais pas à accepter cette idée. Il n'était plus là, mais il était là quand même. Parce que l'idéal pour lequel il s'était battu renaissait; parce que ses copains, qui m'apportaient un peu d'argent pour vivre, parlaient de lui; je ne leur en voulais pas à ces mêmes copains qui avaient pris sa place dans les organisations qu'il fréquentait, c'était la loi de la guerre. Vint alors le temps du vrai deuil, le moment des discours sur les tombes et devant les monuments. Les souvenirs d'hier devenaient froids comme le marbre. Je réapprenais à vivre au présent.

D'autres, comme mon frère Jean, n'ont pas pu se relever. Il est demeuré une victime secondaire de la guerre. Il s'est suicidé en 1983, le jour anniversaire de la mort de notre père. Et c'est François Mitterrand qui m'a appris son décès. Je n'étais pas encore ministre et plaidais à Strasbourg. L'information avait été transmise par le préfet qui ne me trouvait pas. Il avait appelé l'Élysée, et c'est ainsi que le président de la République m'a fait prévenir à l'audience pour m'annoncer lui-même la triste nouvelle. Mon frère ne s'était jamais réadapté à la vie normale. Il avait fait des crises d'éthylisme et plusieurs cures de désintoxication. Toutes les semaines, il montait au cimetière fleurir la tombe du père. Il était dans la mécanique, mais n'avait pas réussi dans son métier. Peut-être était-il jaloux de moi?

Je faisais tout ce qu'il fallait pour réussir. Tout le monde me croit désinvolte alors que j'ai toujours été travailleur. Longtemps, je me suis levé de bonne heure pour préparer mes dossiers. Même si la fin de la vie de mon père fut glorieuse, je l'ai mal vécue matériellement et socialement. Le gouvernement de Vichy avait supprimé le traitement de mon père le jour même où il a été arrêté et ma mère a vécu pendant deux ou trois ans grâce aux subsides que lui allouait le syndicat de l'administration des contributions indirectes auquel appartenait mon père. C'est ainsi que j'ai pu terminer mes études. Je rêvais de diplomatie comme d'un rivage lointain et inaccessible, compte tenu de mes origines modestes. Mon père voulait que je sois inspecteur des Finances, mais j'avais évidemment choisi la section diplomatique de Sciences-Po. J'admirais les types de deuxième année que je croisais ; c'était des fils d'ambassadeurs, avec une particule et des pantalons de golf, des séducteurs. Pour apprendre les langues, pendant l'Occupation, ils filaient en Suisse ! C'était pour moi un monde qui scintillait auquel je pensais ne jamais accéder. Arrivent les drames : la guerre, mon arrestation, l'exécution de mon père, mon frère au maquis, ma mère qui pleurait dans sa chaumière. Mon navire s'éloignait du Quai...

À la fin de l'été 1945, je demande audience au directeur de l'École des sciences politiques pour lui expliquer que je me suis trompé de voie, que je ne serai jamais diplomate ! Je souhaite changer de section. Il me convoque pour me dire que c'est impossible car cela remet en cause trois ans d'études. Il finit par accepter à condition que je repasse tous mes examens dans la section Finances publiques. Je les ai tous réussis et suis sorti major à l'écrit. Je lui ai envoyé une lettre de remerciement pour lui redire que j'étais heureux d'avoir trouvé ma voie. Trente ans plus tard, tandis que j'étais ministre des Affaires étrangères, le directeur d'alors est venu m'offrir la fameuse lettre qu'il avait retrouvée dans mon dossier !

2

Hommes d'esprit et lieux « inspirés »

Héros et convictions

Il est des lieux où souffle l'esprit.
Maurice BARRÈS *(La Colline inspirée)*

Les clins d'œil de l'histoire sont curieux. Le hasard a voulu que Léon Blum ait habité au 23, quai de Bourbon, à deux immeubles de mon domicile. Mais il est décédé en 1950, et nous n'avons pas été voisins. Aucune plaque ne commémore la mémoire du grand homme. Il m'est encore plus sympathique pour avoir publié en 1937 un essai oublié, intitulé *Du mariage*, vantant la polygamie chez les hommes et les femmes ! Derrière chez moi, au coin de la rue Le Regrattier et de la rue Saint-Louis-en-l'Île, est né en 1845 Jules Guesde, « théoricien et apôtre inlassable du socialisme », comme en témoigne une plaque apposée sur la façade. Blum et Guesde, je ne pouvais rêver meilleur voisinage, même si ce dernier est un peu trop doctrinaire à mon goût. Et surtout, il n'a eu ni le panache ni le destin de Jaurès.

Je me suis donc installé, en 1956, au rez-de-chaussée d'un immeuble classique, l'hôtel de Jassaud, sans savoir que mon appartement avait abrité l'atelier du sculpteur Camille Claudel. On a posé, depuis, sur le mur, une plaque qui lui rend hommage avec la citation extraite d'une lettre à Rodin de 1886: «Il y a quelque chose d'absent qui me tourmente.» Demeure encore aujourd'hui la porte-fenêtre qu'elle avait fait ouvrir sur la rue pour pouvoir faire entrer ses marbres et sortir ses œuvres monumentales. La dernière pièce qu'elle y ait sculptée est un marbre, *Persée et la Gorgone*. Sans vouloir me comparer au fils de Zeus, j'ai parfois eu l'impression de me battre contre la Méduse dont les tentacules judiciaires m'ont poursuivi pendant des années.

Quand j'ai acheté cet appartement, je ne connaissais pas son histoire, mais j'ai tout de suite aimé le fleuve hautain qui baigne les pieds de ces hôtels du XVIIe siècle, havres de grands serviteurs de l'État. Le quartier m'a «parlé» la première fois que je l'ai vu, dans la brume d'un petit matin d'hiver. Je venais d'être élu député de la Haute-Vienne, le 5 janvier, et cherchais un pied-à-terre à Paris. Débarquant toutes les semaines à la gare d'Austerlitz, j'achetais *Le Figaro* pour les petites annonces. Mon attention fut attirée par l'une d'elles pourtant curieusement rédigée. Le taxi me déposa très tôt dans l'île Saint-Louis. J'ai attendu l'heure décente pour frapper à la porte, l'heure du laitier, ou plutôt celle de Mme Joly, mais ceci est une autre histoire...

Un aventurier conservateur

Une femme en bigoudis, entourée de marmots, m'a ouvert. L'appartement sinistre était chauffé par des poêles. Les murs étaient recouverts de papiers peints lépreux dont le plus ancien datait du second Empire. Quand les travaux de rénovation ont commencé, les peintres ont en effet découvert en dessous un petit calendrier de 1853. J'ai gardé des morceaux de cette tapisserie car je suis un «conservateur», un progressiste conservateur ou plutôt un aventurier conservateur. Ce dont j'ai horreur, ce sont les conservateurs authentiques, les bourgeois obtus que chantait Jacques Brel.

Cet appartement dont on m'a reproché la possession n'est ni un héritage ni un don. Je l'ai acquis avec mes économies, à une époque où les prix de l'immobilier à Paris n'avaient rien à voir avec ceux d'aujourd'hui. Quand je me suis marié, en 1964, j'ai installé mon cabinet au rez-de-chaussée et acheté un autre appartement au premier étage. Deux de mes enfants y sont nés. Mais, quand j'ai été candidat à Brive, j'ai dû vendre ce second appartement pour acheter un pied-à-terre dans ma circonscription. Tous les jours, à travers la fenêtre de mon bureau, mes yeux se portent vers l'appartement du premier étage que je regrette d'avoir vendu.

J'avais repéré, sous le rez-de-chaussée, deux caves qui recélaient des rebuts d'avant guerre et permettaient à deux vieilles femmes de stocker du charbon. Je les ai convaincues de faire un échange contre un petit bakchich. C'est ainsi qu'un escalier permet aujourd'hui de joindre les deux niveaux. J'y ai installé un sauna et une petite piscine, ce qui a donné lieu à des élucubrations sur «Dumas et sa folie des grandeurs». Quand on a vidé le charbon et les saletés, on s'est en effet aperçu qu'il y avait une autre cave en dessous. C'était en fait une fosse ou une citerne comblée de gravats, idéale pour aménager un bassin à peu de frais. Un avocat de gauche n'a pas droit à ce confort! On m'a fait le même procès qu'à Picasso, «le communiste milliardaire». Grands artistes et hommes d'action ont de tout temps suscité jalousie et controverse. Je m'en suis toujours moqué, ce qui m'a parfois coûté cher. Ma désinvolture a été assimilée à de l'arrogance, ce qui n'est pas le cas.

J'aime les maisons qui sont des lieux «inspirés». Ainsi, suis-je attaché à ma propriété de Saint-Selve, en Gironde, qui est plutôt le domaine où règne ma femme, Anne-Marie. C'est une ancienne maison de vigneron entourée de prés et de bois, mais je profite aussi de la vue sur les terres de mes voisins où paissent chevaux, troupeaux de vaches et de moutons. Près de ma fenêtre le gros tilleul me rappelle toujours celui que nous avions dans le jardin de Limoges. Tous les ans à la Saint-Pierre, notre père nous faisait humer l'odeur doucereuse des fruits que nous récoltions pour en faire des tisanes. Je trouve qu'à Saint-Selve ils embaument moins les belles soirées de juin. Le souvenir idéalise même les odeurs...

Les vignes de Montesquieu

Les vignobles ne sont pas loin. Mon fils Damien qui travaille dans le négoce du vin m'assure que la vendange 2010 a été excellente. Mais il me dit toujours que «c'est dur». J'entends cette même chanson de la part de tous ceux qui travaillent la terre. J'ai eu une bonne cave. Il reste encore quelques bouteilles exceptionnelles, mais je constate qu'il y en a de moins en moins. Mes enfants et leurs amis s'y servent... Ce sont surtout des graves puisque nous sommes au cœur de ce terroir. Je les apprécie car ils sont légers, à la différence des médocs qui sentent trop la pierre à mon goût.

Je suis installé sur les terres du grand Montesquieu. Son château de La Brède est à 3 kilomètres, et certains de mes terrains lui ont appartenu. Comme tous les bons bourgeois, il a vendu ses terres au fur et à mesure de ses besoins d'argent, quand le négoce de son vin en Angleterre ne suffisait plus à assurer ses revenus. Mon notaire conserve encore des archives signées Charles de Secondat, baron de La Brède et Montesquieu. La dernière héritière a légué la propriété à la ville de Bordeaux car elle était grande «admiratrice» de Jacques Chaban-Delmas. Je crois cependant savoir qu'il ne lui faisait pas plus que le baisemain. Malagar, la propriété de François Mauriac, est à une trentaine de kilomètres. C'est Mitterrand qui m'a présenté à l'écrivain, mais je l'ai peu connu, bien qu'il fût mon voisin. Il l'aimait comme polémiste, mais ne le vantait guère comme écrivain. Il m'avait dit d'un ton un peu condescendant : « C'est un bon écrivain régional. » Il lui préférait Jacques Chardonne, un écrivain régional, lui, dont il avait décidé de faire un écrivain d'envergure nationale !

J'ai utilisé ma maison de Saint-Selve pour nombre de rencontres diplomatiques qui se voulaient discrètes. On pourrait dire que c'est un haut lieu de la construction européenne. Mon ami Hans-Dietrich Genscher, ministre des Affaires étrangères de la République fédérale d'Allemagne, a habité chez moi pendant quelque temps, notamment quand il s'est agi d'interdire la fabrication des armements chimiques au sein des pays de l'Union. La négociation pour l'entrée de l'Espagne dans l'Europe, intervenue le 1er janvier 1986, y a eu lieu aussi. C'est là que nous avons fini de rédiger le traité d'adhésion avec Fernando Morán López, le ministre des Affaires étrangères du premier gouvernement socialiste de mon ami Felipe González. En divergence politique avec ce dernier, notamment à cause d'une plus grande intégration de l'Espagne à l'OTAN, il fut remplacé par un autre bon ami, Francisco Fernández Ordóñez, surnommé « Paco ». Felipe González a eu la sagesse de quitter la politique après avoir contribué à ramener la démocratie dans son pays, gagné les élections et dirigé son pays pendant seize ans ! Nous parlions espagnol même s'il s'exprime parfaitement dans notre langue.

Avant son accession au pouvoir, j'avais accueilli Felipe à mon cabinet de l'avenue Hoche où, en tant qu'avocat, il disposait d'un bureau. Il m'avait demandé l'autorisation d'y recevoir Santiago Carrillo, secrétaire général du Parti communiste espagnol, avec qui il était en tractations et en bons termes. J'écoutais alors en permanence les nouvelles sur un petit poste à transistors. C'est ainsi que je les avertis de la mort du général Franco le 20 novembre 1975. J'ai ouvert la porte coulissante du bureau en criant : «Franco est mort!» Ils étaient plus interloqués que joyeux. Carrillo demanda alors à Felipe :

– Qu'est-ce que tu fais?

– Je pars pour Madrid dès ce soir.

– Moi, je vais attendre un peu...

Carrillo n'était pas rassuré. Il a repris le chemin de son pays au bout de quinze jours.

À Saint-Selve, j'ai aussi reçu Geoffrey Howe, le patron du Foreign Office «sous» Mme Thatcher, au moment de l'affaire du *Rainbow Warrior* qui a empoisonné les relations franco-britanniques. Ceci bien à tort car la lumière est faite sur cette malencontreuse affaire dont le Premier ministre d'alors, Laurent Fabius, m'avait dit : «C'est une connerie qui aurait pu coûter la vie à notre gouvernement.» Francophile, Geoffrey Howe avait loué une maison dans le Lot et était venu chez moi à deux reprises au cours de l'été 1985. Son premier travail en arrivant a été de se mettre en maillot de bain et de plonger dans la piscine en disant : «On parlera de ce qui fâche après!» L'excentricité des sujets de Sa Gracieuse Majesté m'a toujours ravi.

Chez l'empoisonneuse

L'autre maison à laquelle j'étais très attaché se situe au 28, rue de Bièvre dans le Ve arrondissement de Paris. J'ai également dû la vendre et le regrette encore. Ce petit hôtel particulier est situé tout près de celui que François et Danielle Mitterrand habitaient au numéro 22. Danielle y réside toujours ainsi que Jean-Christophe qui vit chez sa mère depuis qu'il a été ruiné par ses mauvaises affaires.

Les Mitterrand vivaient jusqu'alors rue Guynemer, dans un vaste appartement dont le balcon donnait sur les jardins du Luxembourg. L'immeuble, réquisitionné à la Libération, avait été «occupé» pendant la guerre et l'on voyait encore des inscriptions en allemand dans la cage d'escalier. À Pâques 1973, le couple s'est installé dans l'hôtel particulier du Quartier latin qui fait désormais partie de la légende mitterrandienne. Le bâtiment étant trop grand et surtout trop cher pour lui, mon ami me demanda alors si j'acceptais que nous l'acquérions ensemble, *via* une société civile immobilière. Je gagnais bien ma vie comme avocat et lui donnai mon accord sans hésiter. Je rédigeai donc sur cette base les actes de copropriété. C'est un immeuble en angle avec une partie «noble» qui lui était réservée et une aile «moins noble» dont j'étais le propriétaire, mais que je n'ai jamais occupée. Quand sa situation personnelle s'est améliorée, il a racheté ma part.

Mon cabinet se situait alors avenue Hoche, mais je trouvais cet emplacement trop éloigné du Palais de justice où je plaidais tous les jours. Je souhaitais donc me rapprocher du centre ancien de Paris pour y installer mes bureaux, mais pas mon domicile car j'ai toujours eu la hantise d'habiter sur mon lieu de travail... Je me suis adressé à un marchand de biens et lui ai exposé mes souhaits. Quelques semaines plus tard, cette dame, qui ne connaissait pas mes liens avec Mitterrand, me propose une maison... rue de Bièvre. Certains commentateurs mal intentionnés ont évidemment imaginé par la suite que j'avais quitté l'«Étoile» pour me rapprocher de l'«Astre», tel un servile Grossouvre! Mitterrand n'était alors que parlementaire et chef de l'opposition. C'est vraiment le hasard qui a opéré, comme souvent avec les maisons et les coups de foudre qu'on y éprouve...

L'immeuble était frappé d'un arrêté de démolition pour vétusté, mais la mode était à la réhabilitation des quartiers anciens de la capitale. Je visitai l'endroit qui était, de fait, insalubre. Des clochards et des rats logeaient à l'étage tandis qu'au rez-de-cour des artisans du quartier avaient installé leurs remises. J'étais dubitatif devant l'ampleur des travaux à réaliser, mais l'agent immobilier ajouta un argument qui fit mouche : « L'endroit est historique car c'était l'ancien hôtel particulier de la marquise de Brinvilliers. » Je trouvais plutôt excitante l'idée de m'installer chez une débauchée, empoisonneuse qui plus est ! Elle fut soumise à la question et eut la tête tranchée à la fin du XVIIᵉ siècle.

Une fois retombée la passion historique, je suis revenu à la réalité des choses. Non seulement les travaux étaient coûteux, mais l'administration des impôts, qui ne trouvait rien à redire si l'immeuble était démoli, appliquait un coefficient d'occupation maximum dans le calcul des surfaces habitables. J'ai longuement discuté avec le ministère des Finances qui ne voulait rien entendre. Je me suis donc résolu à lui faire un procès. Mitterrand venait parfois sonner et ironisait : « Imagines-tu, Roland, la Brinvilliers se penchant à cette balustrade pour voir passer les jeunes gens dans la rue ? » Cette histoire titillait à l'évidence son imagination.

J'ai installé les bureaux de mon cabinet sur deux niveaux et transformé le dernier étage en appartement où habitait ma proche collaboratrice de l'époque, Stéphanie Bordier. Les travaux de restauration ont permis de mettre au jour des vestiges anciens, dont un puits situé dans la cave où l'on peut toujours le voir. Mes successeurs ont installé une petite piscine à côté. Ce quartier était quasiment construit sur l'eau car c'est à cet endroit que la Bièvre se jette dans la Seine. Les immeubles étaient donc surélevés grâce à des étages de caves superposés. Le recouvrement de la rivière à ciel ouvert date de la fin du XIXᵉ siècle quand les tanneurs et les peaussiers ont abandonné leur artisanat. Ces caves anciennes étaient mystérieuses et propices à laisser vagabonder l'imagination. En déblayant, les ouvriers ont découvert des ossements qui m'ont immédiatement fait fantasmer. Sans doute était-ce là les restes des victimes de l'empoisonneuse ! Je me suis empressé de les faire analyser. Le résultat fut sans appel : c'était des os de lapin datant de l'Occupation... Dans les sous-sols, un petit passage muré semblait se diriger vers l'immeuble proche de Mitterrand en passant sous le jardin qui séparait les deux propriétés. La légende nous a ainsi prêté des réunions et des complots secrets...

Quand il s'est agi d'aménager l'appartement, j'ai fait appel à Charlotte Perriand, collaboratrice de Le Corbusier, qui avait décoré la maison des Leiris, les amis de Picasso dont j'étais devenu l'avocat. Il ne restait rien des décors d'origine si bien qu'elle a pu laisser libre cours à son imagination. Pour mettre en valeur ma collection de dessins de Masson, Picasso et Giacometti, elle avait inventé des panneaux coulissants qui permettaient de changer de décor au gré de ma fantaisie. Elle avait pris le parti d'une décoration sobre à base de bois cérusé dans les tons clairs. Elle avait aussi dessiné certains meubles. Au dernier étage, on accédait par trois marches à une petite terrasse qui donnait sur Notre-Dame. J'y prenais avec bonheur mon petit déjeuner quand j'avais passé la nuit rue de Bièvre.

Ce goût pour les maisons qui m'a souvent été reproché s'enracine en fait dans mon histoire familiale. Je viens du Limousin, une région où l'on « aime la pierre », sa solidité et sa pérennité. Des vertus paysannes dont je n'ai jamais pu me départir. Et je rends ici hommage aux tailleurs de pierre du Limousin qui ont largement contribué à enrichir le patrimoine immobilier parisien.

Ma passion de l'opéra n'a d'égale que mon goût pour l'histoire. J'ai préparé le concours général d'histoire en 1940 que je n'ai pas passé à cause de la guerre. J'aime quand le passé s'incarne dans les monuments. Quand je suis devant les Invalides, je rêve de Louis XIV ; à l'Étoile, j'admire Napoléon qui reste, avec Robespierre, mon personnage historique préféré. Les monarques savaient que la meilleure façon de rester à la postérité était de construire des monuments à leur gloire. François Mitterrand partageait la même ambition. Sa plus belle réalisation architecturale restera incontestablement le Grand Louvre. Sa compagne, Anne Pingeot, a été très présente au moment de l'élaboration des plans par l'architecte sino-américain Pei. Elle était conservatrice générale au musée d'Orsay. Je crois qu'elle a sa part dans la réussite du Grand Louvre. Si l'Opéra-Bastille est esthétiquement raté, il demeure l'un des plus beaux équipements au monde sur les plans acoustique et technique. Les critères n'étaient pas de faire un beau bâtiment, mais un bon opéra. J'y ai entendu les plus célèbres airs et applaudi les plus grandes divas. La musique et la voix humaine m'ont aidé à trouver ma «voie». Parler à un auditoire ou chanter en public, c'est capter l'attention, entrer en communion avec quelqu'un. Ce mystère continue à m'interroger.

Formidable TSF

Ainsi, pendant l'Occupation, la radio a-t-elle joué un rôle considérable dans mon éveil au monde et aux autres. Bien qu'il ne fût pas bricoleur, mon père avait «bidouillé» un poste à galène dont il avait trouvé le modèle dans une revue spécialisée. Un casque sur les oreilles, on entendait dans le crachotement d'ondes improbables les premiers discours du chancelier Hitler au Reichstag. Rapidement, le garagiste qui avait son atelier au fond de notre impasse avait construit un poste à lampes plus sophistiqué. Plus les mois passaient et plus les discours du Führer devenaient furieux. Mon père parlant la langue de Goethe, le garagiste venait le chercher pour être sûr que ce qu'il captait était bien de l'allemand et comprendre ces effrayantes vociférations. Nous ne connaissions rien de l'Allemagne. Ces tirades guerrières nous inquiétaient fort et confortaient mon père dans l'idée qu'il ne fallait rien attendre de bon de notre ennemi d'hier. Il rentrait catastrophé de chez notre voisin. L'apparition de la TSF a été à cette époque un événement aussi considérable que la « révolution » Internet aujourd'hui.

J'écoutais sur Radio-Paris les chroniques quotidiennes de Philippe Henriot, collaborateur notoire, anticommuniste, anti-sémite, antimaçon et antiparlementaire, qui savait trouver les mots venimeux, mais convaincants pour jeter la suspicion sur les Français libres et le général de Gaulle. Celui qu'on surnom-mait le Goebbels français a poussé à son paroxysme l'art oratoire mis au service d'une cause ignoble. Il était inéluctable qu'il fût exécuté par la Résistance. Dans cette guerre des ondes, Henriot s'en prenait à Maurice Schumann qui, de Londres, savait nous redonner le moral. Une de ses chroniques, qui avait vanté nos mérites d'étudiants résistants, à Lyon en mai 1942, avait éclairé notre chemin. Bien des années plus tard, je l'en ai remercié alors que nous nous côtoyions à l'Assemblée ou au Sénat.

De façon encore plus inattendue, et toujours sur les ondes de la radio, c'est un sermon qui m'a conforté dans l'idée « qu'à l'origine était le Verbe », pour faire référence à l'Évangile selon saint Jean. En mars 1946, à l'occasion du carême, j'avais entendu le premier sermon du révérend père Riquet, prédi-cateur à Notre-Dame de Paris, intitulé « Le chrétien face aux ruines ». J'étais encore étudiant à la Cité universitaire et quand j'avais enfourché mon vélo mes copains m'avaient demandé où j'allais : « À Notre-Dame ! » Ils pensaient que je plaisantais. Pendant plusieurs années, je fus un auditeur assidu et enthou-siaste, à la radio, mais aussi sous la nef de la cathédrale. Je me retrouvais dans un saint lieu comme le jour où j'appris la mort de mon père, sans trop savoir ce que je venais y chercher, mais convaincu que l'homme désemparé n'est jamais ridicule quand il doute et cherche un réconfort.

J'ai eu par la suite l'occasion de rencontrer le père Riquet et d'être séduit par son esprit libre et anticonformiste, celui-là même qui l'avait conduit à être arrêté par la Gestapo. La narration qu'il faisait de son internement au camp de Mauthausen était saisissante d'humanité. Il racontait qu'au dispensaire du camp il s'était retrouvé entre un communiste qui lui récitait du Baudelaire et un jeune bolchevique de 17 ans qui le réconfortait alors qu'il avait été battu par les gardiens. Il fallait savoir tout cela pour comprendre cette adresse lancée un jour de carême, du haut de la chaire de Notre-Dame : « Frères communistes, je vous aime. » Elle justifiait et confortait *a posteriori* ma propre admiration de ces frères d'armes qui m'avaient appris le sens du sacrifice. J'ai vu le père pour la dernière fois lors des obsèques de Marie-Madeleine Fourcade, en juillet 1989. Elle avait été mon chef de réseau et, en tant que ministre des Affaires étrangères, j'avais trouvé normal qu'elle eût droit à des obsèques militaires en l'église des Invalides. L'hommage funèbre fut prononcé par le R.P. Riquet. Il avait 90 ans passés, marchait mal, mais la voix et la pensée étaient toujours aussi lumineuses. Médecin et jésuite, il ne reniait rien de se convictions. À la fin de l'office, je ne pus m'empêcher de lui avouer combien ma carrière d'avocat et d'homme politique lui était redevable. Il sembla ému de la confidence. Toute ma vie, j'ai tourné autour de la religion sans aller jusqu'au saint des saints. Si je suis d'accord pour respecter un rituel, j'ai toujours trouvé que la mise en scène de la messe catholique est « maniériste ». Je suis plus sensible à une spiritualité qui encourage la vertu dans le secret des consciences.

Je me souviens de la participation de François Mitterrand à l'émission littéraire « Apostrophes ». À la question rituelle de Bernard Pivot : « Quand vous vous présenterez devant Dieu, qu'aimeriez-vous vous entendre dire ? » il avait répondu : « Eh bien, maintenant tu sais ! »

Pour moi, Dieu n'existe pas car il ne me parle pas. Le bonhomme à barbe blanche sur son nuage dont on vous dit: «C'est lui qui commande, tu dois lui obéir» n'est pas pour moi. Quand on voit comment les prescriptions religieuses, les règles morales ont évolué depuis le Moyen Âge, on peut quand même douter de l'absolu de la religion. Cela n'empêche pas de réfléchir à l'organisation de l'Univers. Je crois plus aisément au «Grand Architecte» que l'on porte en soi et qui nous pousse à réfléchir à l'humaine condition. Tant que les sciences n'auront pas progressé jusqu'au point ultime de la compréhension du «big bang», l'homme n'aura pas d'explication et sera toujours en recherche.

Dieu et le Grand Architecte

J'ai été un maçon sincère juste après la guerre, mais je ne suis plus guère pratiquant. Je suis au-delà... *Par-delà bien et mal*, a écrit Friedrich Nietzsche. Je ne vais plus prendre mes consignes dans aucune chapelle. Si j'entends une bonne parole dans une église un dimanche matin, je l'écoute. Mais si j'ai affaire à un cas humainement désespéré, je ne vais pas prendre conseil auprès du curé de la paroisse, qui est peut-être ivrogne ou analphabète. Et, en matière politique, je n'ai plus besoin des anathèmes, même ceux du parti socialiste, pour savoir ce que je dois penser. Je préfère aller à l'opéra.

Si j'adhère à la maçonnerie dans les années 1950, ce n'est pas par ambition, mais, là encore, par piété filiale. Je n'ai d'ailleurs jamais fait de prosélytisme ni introduit quiconque chez les frères, sauf un copain de lycée qui avait insisté pour que je le parraine. J'ai trop vu dans les loges d'appétits intéressés pour oser recommander quelqu'un. J'écarte tous ceux qui sont là pour leur profit personnel: les entrepreneurs ambitieux et les fonctionnaires carriéristes.

J'en étais resté à l'idéal de la maçonnerie clandestine, notamment avec l'exemple de mon ami Lafarge qui avait tout abandonné, sa famille et ses ouvriers, pour prendre le maquis. C'était à mes yeux un véritable acte de résistance. J'admirais aussi un collègue de mon père, un certain Roche, simple rédacteur aux contributions indirectes, farouchement laïc et franc-maçon. Il était anticlérical, mais pas ostensiblement comme le père Herriot qui, lors d'obsèques officielles, faisait apporter son fauteuil de maire devant la cathédrale de Lyon pour ne pas assister à l'office. Quand le décret de Pétain est tombé pour éradiquer de la fonction publique tous les francs-maçons et que ceux-ci devaient démissionner ou renier leur engagement, Roche a rédigé une lettre pour dire que franc-maçon il était et franc-maçon il restait. Il a bien sûr été révoqué. Pour moi, c'était l'exemple même du courage et de la fidélité à des convictions. Je ne l'ai jamais oublié.

Quand Lafarge est revenu à la vie civile à Limoges, il a repris toutes ses fonctions : président du tribunal de commerce et conseiller municipal. J'étais encore étudiant et il avait trente ans de plus que moi. Un jour de 1946, bien avant qu'il ne vienne me solliciter pour la députation, il me confia : « Roland, il faut que je te dise quelque chose ; ton père n'était pas franc-maçon ; il avait été sollicité un grand nombre de fois, mais il avait des réticences ; il nous a promis que lorsque la liberté serait rétablie il nous rejoindrait. » Pour moi, c'était une révélation. « Les copains de la loge ont décidé qu'il y avait une place pour toi. » J'étais jeune, j'avais 24 ans, mais je saisis l'opportunité sans trop réfléchir. « Tu fais ce que tu veux ; tu peux adhérer à Paris [où je faisais mes études] où à Limoges. » C'est ainsi que je suis entré en loge à la place de mon père. Plus que jamais, je me sentais « dans son sillage ». Pour des raisons de commodité, j'ai été initié dans la capitale. Mais j'étais « garant d'amitié » entre la loge de Paris et celle de Limoges. Au début, j'étais très assidu et prenais les choses à cœur, comme on entre au carmel ou à la Légion étrangère. On y discute de tous les points de vue, religieux, politiques, philosophiques, éthiques. C'est très ouvert. Seuls les anciens maçons qui « bouffent du curé » sont encore assez sectaires. Moi, je suis entré en maçonnerie avec un esprit libre. Aujourd'hui, je n'assiste qu'aux tenues solennelles et ne vois que les grands maîtres, de temps en temps. Je participe parfois à une tenue interobédience. On n'imagine pas les zizanies inutiles qui s'y font jour alors que nous faisons référence aux mêmes lois universelles. Il y a des chapelles comme chez les curés ! Nous intégrons parfois les femmes, ce qui n'est pas pour me déplaire, encore que les sœurs répondent rarement aux critères esthétiques que j'affectionne !

La franc-maçonnerie a beaucoup perdu de son folklore, sauf peut-être chez les jeunes que cela amuse encore de tendre une main fraternelle ou d'utiliser des formules de connivence, du genre « quel âge as-tu ? », qui permettent de repérer les non-initiés. Il arrive qu'on s'embrasse encore, mais comme tout le monde le fait de nos jours... C'est un lobby beaucoup moins puissant qu'il ne l'a été, mais les « vrais » maçons exercent sans doute encore une influence, un contre-pouvoir, donc un pouvoir.

J'ai aimé le pouvoir. Mais j'ai surtout aimé les responsabilités que m'a confiées Mitterrand. Il était d'ailleurs intrigué par la maçonnerie. Il me demandait souvent : « Pourquoi entre-t-on en loge, qu'est-ce qu'on y fait donc ? » La maçonnerie ne m'a pas servi dans ma carrière. C'est même parfois un inconvénient de l'afficher quand on exerce un poste ministériel. Cela passe auprès des non-initiés comme l'adhésion à une sorte de secte. Au bout du compte, je puis confesser que la franc-maçonnerie ne m'a ni nui ni servi.

Un gaulliste paradoxal

Mon parcours humain et politique est constitué de plusieurs strates. Tant que, depuis le XIXe siècle, le socialisme existait, je me contentais d'être socialiste, comme mon père et mon grand-père. En 1940, l'attitude de certains socialistes, qui avaient trahi leur idéal et Blum, étant incompatible avec nos convictions, mon père et moi avons œuvré pour un socialisme clandestin, fidèle à ses valeurs d'origine. L'honneur et l'espoir étant du côté du général de Gaulle, c'est tout naturellement que je me suis retrouvé gaulliste, comme la plupart de ceux qui se sont opposés à Pétain. Mais je demeurais progressiste, socialo-gaulliste en quelque sorte ! J'aurais sans doute pu être un gaulliste de gauche, mais, dès la Libération, j'ai compris que le gaullisme ne pouvait pas être de gauche. En 1947, le Rassemblement du peuple français (le RPF qui, après 1958, renaîtra sous le label UNR, puis UDR et enfin RPR) est devenu, à mes yeux, le prototype du parti de droite, comme l'UMP l'est aujourd'hui. À partir du moment où il avait libéré la France, de Gaulle avait achevé sa mission histo-rique. J'ai eu beaucoup d'amis parmi les gaullistes de gauche qui étaient vraiment de gauche, parfois francs-maçons. Ils ont rompu avec de Gaulle dès les élections de 1947. Pour être provo-cateur, je dirais que je reste le dernier gaulliste de gauche !

J'avoue qu'il était difficile d'être gaulliste et mitterrandien à la fois. Si l'histoire de Mitterrand n'avait rien eu à voir avec mon parcours personnel, cela n'avait plus guère d'importance dans les années 1980 et ne m'empêchait pas de rester fidèle à la mémoire de mon père. Je suis donc un gaulliste viscéral doté d'une admiration ambiguë. Je faisais en effet de la poli-tique et n'ai pas pardonné au Général de nous avoir promis de conserver nos sièges de députés, lorsqu'il a été élu en 1958, et de nous avoir liquidés, sans autre forme de procès, en dissol-vant l'Assemblée.

Pourtant, j'appartiens encore aujourd'hui au quasi inconnu Club des 22, où nous ne sommes que des gaullistes, ceux de Londres et quelques-uns de la Résistance intérieure. Nous disparaissons les uns après les autres. J'étais et reste le seul homme de gauche parmi les Messmer ou Druon (décédés) ou encore les Pasqua, Cordier ou Guéna. Ce dernier a été mon adversaire à la députation en Dordogne. Plus tard, il a été cependant très convenable en tant que membre du Conseil constitutionnel quand j'ai eu mes ennuis dans l'affaire Elf. Moi aussi, puisque je l'ai installé dans mon fauteuil quand j'ai dû démissionner en mars 1999. C'est la grande tradition républicaine et démocratique où l'on passe sur les divergences et considère un adversaire pour ce qu'il est, soit un homme de valeur, soit un médiocre.

Je ne suis pas arrivé par hasard à cette évidence « contrastée ». Une vie confortable ne suffit pas à faire de moi un homme de droite. Jamais de la vie ! Lorsqu'un membre d'un parti de droite me rencontre, il ne tarit pas d'éloges : « C'est bien ce que vous faites ; j'ai beaucoup d'admiration pour vous ; vous n'êtes pas socialiste, au fond ; vous êtes à part... » Je ne suis pas dupe de ces tentatives de récupération. La droite nous déteste parce que nous l'avons privée pendant quatorze ans de sa raison d'être qui est l'exercice du pouvoir. Elle n'aime les socialistes que morts ! S'il m'arrive d'avoir de la sympathie pour quelques hommes de droite, j'en ai encore plus pour les types de gauche ! Par exemple, les communistes. Je n'ai jamais voté pour les politiques de droite. Ils sont insupportables, les types de droite. Chirac était sympathique, mais vaniteux. Il s'est toujours pris pour un être supérieur. Il affichait de prétendues idées de gauche parce que son grand-père, président d'une loge maçonnique, était au parti radical. Il le citait souvent, mais quand il s'agissait de prendre une décision politique, c'était toujours un texte de droite. Ce sont des gens de classe. Certains peuvent avoir une intelligence brillante qui vous éblouit. On peut avoir des affinités avec un individu. Mais, au plan des idées, je combattrai la droite jusqu'à mon dernier souffle.

Peu de temps après son élection à la présidence de la République, Mitterrand m'avait confié: «De Gaulle est un héros semblable aux jeunes généraux de la Révolution, mais c'est aussi l'homme qui a confisqué la Résistance.» Le président était en fait plus attentif au sort de Jean Moulin dont il disait qu'il était «l'âme» de la Résistance parce qu'il avait accompli son acte héroïque avant l'appel du 18 juin 1940. L'un de ses premiers soucis en arrivant à l'Élysée a été de poser la question de la réhabilitation de la Résistance intérieure, ce qui a hérissé tous les gaullistes historiques, comme son vieux copain Guillain de Bénouville, qui en était un peu froissé. Pour moi aussi, de Gaulle reste un héros. Mon père était gaulliste, ma mère était en transe quand elle voyait le Général et moi j'avais appartenu au mouvement des jeunesses gaullistes. Mais je mets au même niveau l'engagement d'un type comme Georges Guingouin, ce jeune communiste qui, dès les premiers mois de 1940, a organisé et dirigé la Résistance en Limousin. Il ne faut pas négliger tous ces actes héroïques individuels de la première heure qui, ensuite, se sont fédérés autour de De Gaulle.

Un héros de légende

Georges Guingouin a marqué ma vie à plus d'un titre. Son engagement corps et âme pour la libération de la patrie a toujours suscité mon admiration. J'assurerai sa défense et obtiendrai le non-lieu pour les scandaleuses accusations qui avaient été portées contre lui. Je dois reconnaître que ce procès a lancé ma carrière d'avocat. Ce jeune instituteur communiste n'avait pas accepté la ligne officielle du parti qui déclarait: «Nous devons être sans haine vis-à-vis des soldats allemands. Nous sommes contre de Gaulle et le clan capitaliste dont les intérêts sont à Vichy. » Il ne pouvait cautionner une telle politique et s'en fut au plus profond des forêts de Haute-Vienne où il créa les premiers maquis qui compteront jusqu'à 8 000 hommes en armes. De sa tanière, Guingouin dirigera des centaines d'opérations contre l'occupant et la collaboration : sabotage de voies ferrées, destruction d'usines, paralysie de l'administration et du ravitaillement. Autant d'actions héroïques qui n'allèrent pas sans des exécutions parfois sommaires. Le « préfet du maquis », comme il se faisait appeler, n'a pu arriver à ce résultat sans une autorité inflexible exercée dans un extrême dénuement. À plusieurs reprises, l'armée allemande et la gendarmerie française partiront, sans résultat, à l'assaut de la « petite Russie ». Le seul nom de « Gouine-Gouine » suffira bientôt à semer la terreur dans les rangs allemands, suscitant de la part des gendarmes un prudent attentisme. Chef des FTP en 1944, le colonel Guingouin refuse d'exécuter l'ordre du parti communiste clandestin de prendre Limoges d'assaut, ne voulant pas mettre en danger les populations civiles. Cet acte d'indiscipline, qui évitera pourtant des représailles semblables à la tragédie des pendaisons de Tulle (99 hommes exécutés et 101 déportés), sera l'une des causes des ennuis qu'il connaîtra à la Libération. Le 21 août 1944, la capitulation des Allemands interviendra sans qu'aucune goutte de sang soit versée. Il se décernera alors le titre de « libérateur de Limoges », se comparant lui-même à Tito.

Début septembre 1944, conformément aux instructions du général de Gaulle dont il n'a jamais contesté la légitimité, il remet ses pouvoirs au commissaire de la République et défile le 12 en héros à la tête de ses troupes. Peu après la gloire, une période sombre s'annonçait. Elle commença en novembre avec un étrange accident de voiture dont j'ai toujours pensé qu'il s'assimilait à du sabotage. Beaucoup de gens avaient intérêt à l'élimination de Guingouin. Après une longue convalescence, il fut élu en mai 1945 maire de Limoges. C'est à ce moment que je le rencontrai pour la première fois. Il avait en effet souhaité donner le nom de Georges Dumas, mon père, à la rue qui relie la mairie au pont Neuf. Les deux hommes ne se connaissaient pas, mais étaient du même acier. Quand, le 14 juillet suivant, les plaques furent dévoilées, mon émotion était à son comble. Mais ses camarades du parti et ses adversaires politiques ne désarmèrent pas. Communiste sincère qui rêvait d'une société nouvelle, il se heurtait à la ligne officielle du parti. Quant aux dirigeants socialistes, ils se battaient pour retrouver leurs positions d'avant guerre. Léon Betoulle, qui avait pourtant voté les pleins pouvoirs à Pétain, en juillet 1940, lui ravit la mairie de Limoges. Et Jean Le Bail, de la SFIO, qui avait refusé son concours à la Résistance, fut réélu député. Les notables reprenaient leur place. La rhétorique de l'instituteur prônant le «gouvernement du peuple» n'était plus de saison.

Il demanda sa réintégration dans l'Éducation nationale et quitta le Limousin pour l'Aube, le pays de sa femme, qu'il avait épousée en 1945 à Limoges. Il se pensait à l'abri des représailles jusqu'à la visite d'un inspecteur de police, en 1953, enquêtant sur l'assassinat de deux agriculteurs, en novembre 1945 au cœur du fief de Guingouin. À l'évidence victime d'une machination politique, judiciaire et policière, son calvaire allait durer six longues années. Incarcéré à la prison de Tulle, passé à tabac à la prison de Brive, il est transféré à Toulouse dans un état physique et mental préoccupant. Je suis convaincu qu'il a été la victime d'une nouvelle tentative d'assassinat. Il ne sera libéré qu'en novembre 1959.

Ses amis de Limoges me firent appeler pour le défendre, et ceux de Paris se tournèrent vers Henry Torrès qui dépêcha sur place un de ses collaborateurs, Robert Badinter. C'est à cette occasion que je fis la connaissance du jeune et brillant avocat. Nous ne savions pas alors que nos routes ne cesseraient de se croiser pendant plus d'un demi-siècle.

Quand je revis Georges Guingouin dans sa cellule, je fus impressionné par les qualités humaines de cet homme qui, dans l'adversité, n'avait rien renié de son idéal ni de ses amitiés. Ses convictions n'étaient pas dénuées d'orgueil. C'est à ce prix, peut-être, qu'un chef peut accomplir sa mission. En janvier 1955, la cour d'appel de Limoges renvoya Guingouin et ses co-accusés devant la cour d'assises. Surpris de cette décision, je cherchai à en savoir plus sur les trois magistrats qui la composaient. À ma grande surprise, je découvris que l'un d'entre eux, collaborateur notoire, avait eu des démêlés avec Guingouin alors qu'il était maire de Limoges; et que le second avait prononcé, en 1943, deux condamnations par contumace à vingt ans de travaux forcés contre le «préfet du maquis». L'épuration de la magistrature était loin d'avoir été conduite à son terme!

Face à l'injustice, se mirent en place des comités de défense au plan national et local. À Limoges, bravant l'ordre établi, les amis de Guingouin et des résistants de toutes origines témoignèrent de l'engagement de leur ancien camarade. Je pris la parole devant plusieurs centaines de personnes pour défendre son honneur. La Cour de cassation annula, le 20 octobre, l'arrêt de la cour d'appel de Limoges et renvoya le dossier devant la chambre des mises en accusation de Toulouse.

Le destin allait accélérer son cours à la fin de l'année quand Edgar Faure décida contre toute attente de dissoudre l'Assemblée. J'expliquerai plus loin comment je serai élu député de la Haute-Vienne, en partie grâce à l'aide de Georges Guingouin et de ses amis. J'adhérai à l'Union démocratique et socialiste de la Résistance (UDSR) dirigée par François Mitterrand qui devint garde des Sceaux dans le gouvernement Guy Mollet. Je vins plaider devant lui la fragilité de l'accusation. Il écrivit au procureur général de Toulouse qui requit un non-lieu. Mais l'affaire n'en était pas close pour autant. Le procureur ne fut pas suivi pas la cour qui, peu pressée d'abandonner sa vindicte, ordonna le renvoi devant la cour d'assises. Je formai un pourvoi devant la Cour de cassation, qui cassa à nouveau l'arrêt de la cour de Toulouse et renvoya l'affaire devant la cour d'appel de Lyon.

Le marathon se poursuivit pour s'achever, à la fin 1959, par les réquisitions du substitut général Thomas qui, à ma grande surprise, demanda le non-lieu. Mon travail d'avocat en fut facilité! À la fin de l'audience, j'allai saluer et remercier le magistrat qui me serra longuement la main et m'avoua, les larmes aux yeux, que ses deux fils avaient été fusillés par les nazis. Mon émotion était à son comble. Georges Guingouin était libre. Je compris à ce moment que la liberté n'était jamais acquise et qu'elle est un combat permanent.

Quand, le 21 août 1995, Limoges fêta le cinquantième anniversaire de sa libération, je fus à nouveau ému par la présence et les paroles de Georges Guingouin. Son éternel béret de maquisard vissé sur la tête, il termina son discours par une mise en garde aux jeunes générations: «Soyez vigilants», leur lança-t-il. Sa leçon d'histoire pesait de tout son poids.

L'histoire en questions

Après la guerre, je me suis trouvé beaucoup plus en phase avec les communistes, malgré le procès permanent qu'on leur intentait, car j'ai toujours considéré que les communistes, et en particulier les Soviétiques, avaient, par leur détermination, triomphé d'Hitler. Pour ma génération, cela n'a pas de prix. Même s'il fallut en passer par Staline. Quand j'étais ministre des Affaires étrangères, j'ai parfois soutenu à la tribune un texte en faveur de l'URSS au nom de ce principe.

Toute la lumière n'est pas faite sur le pacte germano-soviétique. N'oublions pas que les gouvernements français et anglais avaient envoyé deux missions à Moscou pour essayer d'obtenir une alliance avec l'URSS contre l'Allemagne. Or, les Russes voulaient à tout prix obtenir l'autorisation de faire passer leurs troupes par la Pologne. Compte tenu de l'antagonisme qui existait depuis des siècles entre les deux pays, la Pologne a refusé. Ça a traîné. Finalement, il semble bien que Staline, lassé des atermoiements des Alliés, ait fini par signer avec Ribbentrop car il savait que les Allemands préparaient l'invasion de la Russie. Disant cela, je sais que je heurterai des gens qui pensent que les Russes nous ont trahis. Je ne suis pas aussi catégorique. Toutes les archives n'ont pas été ouvertes. La vérité, c'est la vérité. Grâce à Gorbatchev, on en sait un peu plus, par exemple, sur les exécutions d'officiers polonais par l'Armée rouge à Katyn. On n'a pas tous les éléments car les relations entre la Pologne et la Russie sont difficiles à démêler. Le crime reste le même, mais il s'éclaire d'un jour différent.

L'autre énigme historique que j'aimerais voir élucidée, c'est celle des « malgré nous ». Les Allemands ont annexé l'Alsace, enrôlé tous les jeunes Alsaciens pour les envoyer sur le front. Certains ont refusé et d'autres ont suivi. Et, parmi eux, certains sont allés jusqu'à Oradour-sur-Glane dont ils ont massacré les habitants le 10 juin 1944. Ce sont les malheurs de l'histoire. Qui faut-il incriminer ? Les pauvres Alsaciens, dont on menaçait les familles, et qui ne pouvaient peut-être pas faire autrement, ou bien les Allemands qui avaient pour eux la « légitimité de la race » (avec tous les guillemets nécessaires) et trouvaient normal d'intégrer au Reich toutes les populations germaniques ? C'est un débat difficile.

Les Alsaciens parlaient souvent mieux l'allemand que le français. Ainsi, ceux qui s'étaient réfugiés dans le Limousin avaient-ils intégré nos classes. Moi qui étais toujours le premier en cours d'allemand, j'ai dû rétrograder quand ils sont arrivés car ils parlaient évidemment leur langue mieux que moi. Mon aptitude aux langues me vient du goût de la musique et des sonorités. Cette passion m'a beaucoup servi pour apprendre les langues phonétiquement, comme une partition. Je répétais comme un perroquet. Puis les choses se mettaient en place toutes seules.

Je parle anglais, allemand, russe, espagnol et italien. Ça épatait Mitterrand qui s'étonnait: «Vous parlez beaucoup de langues "européennes"!» Lui baragouinait un peu d'anglais, mais mal. Il disait quelques mots à Mme Thatcher, mais ne voulait pas s'exhiber en pratiquant une langue qu'il ne maîtrisait pas. Lors des photos officielles, il la prenait par le bras et lui disait en anglais quelque chose du genre: *«Let's go for the picture.»* (Allons faire la photo.) Elle parlait correctement le français, mais avec un fort accent britannique. Cela faisait sourire Mitterrand qui, au sommet de Fontainebleau, me glissa à l'oreille avec malice: «Si on ferme les yeux, on croit entendre Jane Birkin.»

Le pape des psys

J'ai bien connu Jacques Lacan dont j'ai été l'avocat. Il me disait: «Après 50 ans, c'est trop tard pour entreprendre une analyse, tout est noué!» Je n'ai donc pas entrepris de psychanalyse, mais j'étais impressionné par son charisme et la pertinence de son propos. C'était une star. Je vois toujours son gendre, Jacques-Alain Miller, qui se veut plus lacanien que Lacan. Paradoxalement, Lacan était soit intarissable, soit muet, en fonction des circonstances et des interlocuteurs.

Séjournant à Málaga pour une réunion internationale, j'avais emporté avec moi un ouvrage de Michel Jouvet, *Le Sommeil et le Rêve.* Un passage retint particulièrement mon attention. L'auteur y évoque les fellahs du Nil qui s'enveloppent le crâne d'un turban pour empêcher leur âme de quitter leur tête pendant le sommeil. De même, chez les tribus masaï du Kenya, il est interdit de réveiller brusquement un dormeur de peur que son esprit qui vagabonde ne puisse réintégrer son corps. Ce passage me remémora et éclaira un étrange souvenir. Je me trouvais à Saint-Selve où Jacques Lacan me téléphonait souvent. Il était alors dans une période de dépression : « Roland, que se passerait-il si je me suicidais sur-le-champ ? » Je détournais la conversation, sachant qu'en pareille circonstance il faut parler à l'interlocuteur, *a fortiori* quand il s'agit du pape des psychanalystes ! Ce jour-là, il appela très tôt et tomba sur Anne-Marie. Je dormais. Elle lui proposa de m'appeler. Malgré son désir visible de me parler, il lui fit cette réflexion : « Non, non, surtout pas ! On ne réveille pas brusquement un homme qui dort... » Je m'étais souvent interrogé sur cette phrase dont je trouvai une partie de la réponse dans le livre que je lirais lors de ce séjour espagnol. Le psychanalyste rejoignait le « felouquier » et l'homme de la steppe ; d'une certaine façon, il validait l'importance faite au songe prophétique dans l'Antiquité.

Quand il y eut une scission au sein de l'École française de psychanalyse, certaines décisions du maître furent contestées par une partie de ses troupes. Il fallut donc refaire des assemblées générales, incontestables juridiquement, dont la réunion fondatrice de l'école freudienne. Ce jour-là, Lacan me lança, ironique : « Les psychanalystes ont découvert le droit... » 300 ou 400 personnes sont ainsi réunies à la Maison de la chimie, au Quartier latin. On commença par dissoudre la précédente assemblée générale parce qu'une partie des membres contestaient le « pouvoir personnel » de Lacan. J'organisai donc une seconde assemblée générale avec un administrateur judiciaire dont la spécialité était les baux commerciaux... Il n'était pas exagéré de dire que la psychanalyse n'était pas son domaine. Il était d'Afrique du Nord et essayait de calmer les incessants tollés par des « poh, poh, poh » qui faisaient se bidonner l'assistance.

Lacan s'était assis tout en haut de l'amphithéâtre, au dernier rang. En fin de matinée, nous le prions, respectueusement, de bien vouloir nous rejoindre à la tribune pour exposer son point de vue: «Monsieur le professeur...» Il descend majestueusement la travée en prenant son temps, tirant sur son cigarillo. Il arrive en bas de la salle en faisant mine de ne pas savoir où il est, monte sur l'estrade et nous salue. L'administrateur judiciaire lui désigne le micro. Il reste planté là sans dire un mot pendant cinq minutes. Cinq minutes, c'est long. Murmures dans la salle. Il ne bronche pas. Il laisse le silence se faire et il repart comme il était venu, à la même allure! Et il remonte s'asseoir à sa place. Et l'assemblée générale a voté à l'unanimité les statuts que j'avais préparés pour lui. Une scène inouïe, inoubliable.

Jacques Lacan possédait *L'Origine du monde*, le célébrissime tableau de Courbet, qu'il ne montrait pas volontiers. Le tableau était accroché dans une petite pièce à côté de son cabinet. Un ingénieux système de panneau mobile coulissait pour laisser apparaître ce sexe de femme en gros plan. C'était saisissant. Sylvia Maklès, sa compagne, était la belle-sœur du peintre André Masson. Elle avait auparavant épousé l'écrivain Georges Bataille dont elle vivait séparée depuis 1932. Comédienne, amie de Jean Renoir, elle était éblouissante dans son film *Partie de campagne*. Sylvia avait convaincu Lacan d'acquérir ce tableau. Et c'est tout naturellement Masson qui avait peint sur le panneau mobile un «paysage érotique» qui suivait les contours du corps du modèle. Ce tableau de Courbet est aujourd'hui dans les collections nationales au musée d'Orsay et suscite toujours un vif émoi chez les visiteurs. J'en suis très heureux.

De son mariage avec Bataille, Sylvia avait eu une fille, Laurence, très engagée dans la bataille de l'Algérie algérienne. C'est en août 1993, au cours d'un déjeuner Au petit zinc, rue Saint-Benoît, avec sa seconde fille, la philosophe Judith Miller-Lacan, qu'elle me rappela les circonstances qui firent de moi son défenseur: «J'avais d'abord rencontré maître Georges Izard qui ne s'intéressait guère au dossier quand, au coin de la rue des Saints-Pères et du boulevard Saint-Germain, votre nom m'est soudain revenu; je savais que vous étiez l'avocat du réseau Jeanson; je bondis dans un café pour trouver votre numéro de téléphone et vous appelai angoissée car je n'avais pas de nouvelles de ma fille...» Je la reçus sans tarder et appelai les «services» du ministère de l'Intérieur, rue des Saussaies. J'obtins quelques renseignements sur la détention de Laurence qui dormait entre deux interrogatoires. Le lendemain, Sylvia était de nouveau dans mon antichambre. Je lui conseillai de faire une petite valise d'affaires personnelles et de la porter elle-même à la DST. Vingt ans après, elle m'en était toujours reconnaissante car les policiers lui permirent de bavarder dix minutes avec sa fille détenue. Ils en profitèrent pour tenter de la «cuisiner», mais Sylvia Bataille était une fine mouche et ils n'obtinrent rien d'elle.

C'est à cette époque que je fis la connaissance de Jacques Lacan. Il avait l'habitude de dire à sa compagne: «J'aime bien Dumas parce qu'il s'attache à la valeur des mots.» Je m'amusais à développer avec lui des théories en utilisant des mots du jargon juridique qu'il ne connaissait pas. Il disait que cela «l'aidait à comprendre...» C'était l'occasion de joutes verbales, sans doute absconses, mais jamais dénuées d'humour, voire d'autodérision. Il professait: «Toutes les femmes sont folles...» Et ajoutait avec un air entendu: «Pas folle la guêpe!» Je repense souvent à cette formule face au comportement de certaines femmes, y compris celles qui me sont proches. Leur apparente «folie» est en fait dictée par leur seul intérêt; autrement dit, elles habillent leur intérêt par un semblant de folie à laquelle se laissent prendre la plupart des hommes.

Ce passionnant déjeuner avec Sylvia et Judith fut aussi l'occasion d'évoquer Georges Bataille, dont on vante aujourd'hui l'influence dans les lettres françaises modernes. Il a pratiqué une littérature de transgression dont on n'a pas mesuré les fulgurances à l'époque. Il avait envoyé à Sylvia le manuscrit d'*Histoire de l'œil*, pour qu'elle lui donne son avis. Quand elle fut éditée, cette œuvre fut considérée comme de la pure pornographie. Il était audacieux de donner à lire un tel texte à une lycéenne de 16 ans! En évoquant l'histoire, Sylvia ouvrit ses grands yeux et ne m'en dit pas davantage.

Elle me rappela, en revanche, une autre anecdote que j'avais oubliée. Au moment où je défendais leur fille ils vinrent tous les deux à mon cabinet. Bataille était inquiet. Il m'avait apporté un exemplaire de son dernier ouvrage, *Madame Edwarda*, avec cette dédicace que Mme Lacan considère comme l'une des plus belles qu'il ait jamais écrites : «À Roland Dumas, ce livre qui appelle un plaidoyer impossible.» J'ai gardé le souvenir d'un homme assez corpulent qui marchait avec difficulté ; il était voûté, avait les cheveux blancs et parlait avec une voix suave. Un homme en fait assez quelconque qui ne correspondait pas à l'image sulfureuse de son œuvre. Il m'était apparu ému, mais préoccupé par autre chose. Comme j'en faisais la remarque à son ex-femme, elle me fit cette étrange réponse : «Il était surtout préoccupé par le fait que la femme du préfet d'Orléans avait atteint l'âge de la ménopause...» Il est vrai qu'à l'époque il était bibliothécaire à la bibliothèque municipale de la préfecture du Loiret. Sylvia me confirma qu'il était tout à fait apte à se comporter dans la vie comme dans sa littérature, mais que celle-ci dépassait souvent sa pensée et ses agissements. Elle ajouta cette autre anecdote : «La plus belle lettre d'amour qu'il m'ait jamais envoyée avait été écrite dans un bordel ; je l'ai malheureusement déchirée...»

Avec les Lacan, Bataille, Masson, j'avais trouvé une *gens*, au sens romain du terme. Je veux dire à la fois un réseau, une confrérie, une famille où enfants, parents, voire grands-parents se trouvaient engagés, mêlés autour d'un idéal commun : lutter pour la dignité de l'homme et sa libération. Grâce à la guerre d'Algérie, j'ai connu auprès d'eux une sorte de fraternité, une autre forme de morale qui échappait aux canons généralement admis.

Hommes de foi

Certains tenants d'un idéal plus traditionnel m'ont aussi impressionné, comme le pape Jean-Paul II. La bonté irradiait de sa personne, malgré la fatigue et la maladie. Je me souviens d'avoir été en retard à son audience, ce qui ne se fait pas au Vatican ! Je lui ai demandé son absolution... C'était une forte personnalité, un gaillard. Des bruits ont circulé, jamais démentis, selon lesquels il avait connu la chair dans sa jeunesse, ainsi que l'abbé Pierre, ce qui me les rendait d'emblée plus sympathiques ! Nous discutions des affaires du monde, mais surtout de la Pologne. Pour lui, les choses étaient claires : « Si vous vous rapprochez du peuple polonais, vous vous éloignez de ses dirigeants ; si vous vous approchez de ses dirigeants, vous vous éloignez du peuple. » Il parlait de la situation de Jaruzelski. C'est à la suite de cela qu'il a reçu le président polonais. Ils ont eu un très long entretien dont on n'a jamais connu la teneur. Son successeur Benoît XVI est loin de m'être aussi sympathique, même si j'approuve ce qu'il a dit, en français et entre les lignes, sur le devoir d'accueil des plus démunis. Je l'ai rencontré avant son sacre quand il n'était que le cardinal Ratzinger. J'ai tout de suite repéré la rigueur allemande ! Il faut dire les choses comme elles sont : il a été membre des jeunesses hitlériennes.

Le dalaï-lama, lui, était tout en souplesse et en douceur. Sans aspérité, mais avec un regard pétillant où se lisait une profonde intelligence, l'humour aussi. En tant que ministre des Affaires étrangères, il m'était difficile de le recevoir « officiellement » sans nuire à nos relations avec Pékin. Au programme de sa visite en France était notamment inscrite l'inauguration d'un temple bouddhiste dans mon département. J'étais aussi, à l'époque, député de la Dordogne. L'occasion était toute trouvée de le recevoir à ce titre dans ma circonscription. Je demande à un maire ami d'organiser une petite réception. C'est ainsi que pendant trois quarts d'heure nous avons bavardé en tête à tête autour d'un thé. Au moment de prendre congé, il me dit qu'il aimerait bien être reçu au ministère. Je lui réponds que je ne peux l'accueillir à la fois ici et à Paris. Il a bien compris car le saint homme est avant tout un politique. C'est comme cela qu'on est passé à côté de l'incident diplomatique. Les Chinois ont dit : « Il ne l'a pas reçu officiellement au Quai d'Orsay, donc ça va. » Quelle supercherie !

Monseigneur Lustiger était aussi un de mes amis. Intransigeant, il était un peu fermé à la modernité. Quand je lui avais posé la question sur son histoire de petit juif converti, il m'avait fait cette étonnante réponse : « Tout juif converti est un juif accompli », sous-entendu « en devenant chrétien ». Je me suis souvent interrogé sur cette phrase. Au-delà de la provocation, elle devait être comprise comme la lente évolution d'une recherche spirituelle, la justification de sa propre démarche. Inutile de dire que les prises de position de monseigneur Lustiger heurtaient souvent sa communauté d'origine.

Cette conversion m'en rappelle une autre. Au cours d'un voyage au Proche-Orient, j'avais tenu à visiter une communauté catholique dirigée par un juif converti en plein secteur arabe de Jérusalem. C'était un ancien couvent où s'arrêtaient croisés et pèlerins avant leur arrivée à Jérusalem. Ils m'ont considéré comme un des leurs, je n'en rougis pas, et ont entonné des cantiques en mon honneur. Hommes et femmes chantaient tous *a capella*. Ils étaient trop pauvres pour s'offrir un orgue. Très ému par ces voix divines, j'ai appelé mon directeur de cabinet et lui ai demandé s'il restait des fonds secrets dans nos caisses. Il me répondit par l'affirmative. Je lui demandai alors de prendre une somme convenable pour leur permettre d'acheter l'orgue dont rêvait la communauté. Depuis cette époque, je reçois des vœux et le témoignage de leurs prières. J'ai même une carte du cardinal Lustiger qui s'y était rendu et me confirmait qu'on y priait pour moi. Voilà aussi à quoi peuvent servir, exceptionnellement, les fonds secrets!

3

Un continent s'émancipe

La décolonisation
« au nom du peuple français »

Je sais mal ce qu'est la liberté,
mais je sais bien ce qu'est la libération.

André MALRAUX *(Antimémoires)*

Les bombardements de Sétif par l'aviation française, le 8 mai 1945, ont été une monstruosité. La répression a été féroce à la suite des émeutes suscitées par le meurtre d'un jeune brandissant le drapeau algérien par un policier. On oublie de dire que c'est de Gaulle qui a ordonné ce bombardement et qu'il a engagé l'indépendance de l'Algérie par un bain de sang. Personne n'en parle car l'histoire officielle ne peut affirmer qu'il a été le « massacreur » avant d'être le « libérateur » de l'Algérie. C'était l'état d'esprit d'un colonialisme avéré. Le nombre des morts est en deçà de ce que l'on a dit. Il était à l'évidence de plusieurs milliers côté algérien. 1945 était l'année de la Libération en métropole, mais il n'y avait pas la même volonté de l'exprimer en Algérie. À l'évidence, le drame de Sétif fut le prélude à la guerre qui commencera en 1954. C'est à cette date que j'ai pris conscience du problème colonial et décidé de le combattre.

Au même moment, devant une commission de l'Assemblée nationale, Mitterrand déclarait à la fin de cette même année : « La rébellion algérienne ne permet pas de concevoir une négociation ; elle ne peut trouver qu'une forme terminale, la guerre. » Nos divergences politiques eurent lieu là. L'année suivante, l'existence de la torture fut portée à la connaissance de l'opinion publique qui en ignorait tout. Claude Bourdet dans *France-Observateur* et François Mauriac dans *L'Express* en ont été les révélateurs. Ils furent bientôt relayés par des intellectuels comme Colette et Francis Jeanson dont le brûlot, intitulé *L'Algérie hors la loi*, fit l'effet d'une bombe. Mes liens avec ce pays vont vraiment se nouer en 1956. Je me suis alors engagé au côté des Français qui ont eu le courage de ne pas cautionner cette guerre affreuse.

Prendre le parti des Algériens contre les Français était assimilé à de la trahison. J'avais donc commencé par adopter des positions plus nuancées sur cette « guerre », surtout en Limousin. Parler à l'époque de l'émancipation des colonies n'était pas « porteur », politiquement parlant. J'en faisais quand même un sujet de campagne électorale avec un autre dossier qui me tenait à cœur : mon opposition au réarmement allemand et à la Communauté européenne de défense. Ces deux prises de position avaient en fait un lien : un attachement farouche à la paix plutôt qu'un « pacifisme », terme trop connoté.

À propos de l'Algérie, j'approuvais alors la position de Mendès France qui condamnait la guerre et prônait la négociation. Il allait même plus loin : « [...] toutes les fractions de l'opinion musulmane glissent de plus en plus du côté des rebelles ; même dans les groupements syndicaux et dans les associations d'étudiants où elle s'était le plus longtemps maintenue, la collaboration des populations européenne et musulmane a cessé [...] Il faut maintenant envisager courageusement les formules politiques qui seules pourront demain donner à l'Algérie un régime qui assure à chacune de ses populations le libre épanouissement de leur personnalité, dans l'égalité et dans la liberté [...]»

Quand le Front républicain a gagné les élections de 1956, nous nous attendions à ce que le président Coty appelle Mendès France à former le nouveau cabinet, comme on disait alors. Il n'en a rien été. Il a nommé Guy Mollet qui, dans son premier discours, a appelé à négocier avec les Algériens. J'ai donc voté son investiture. Le 12 mars 1956, j'ai même approuvé, sans état d'âme, les pouvoirs spéciaux, rassuré par la présence au gouvernement de Mendès France et de Mitterrand et surtout parce que le thème de campagne du Front républicain était «la paix en Algérie». Ces pouvoirs spéciaux étaient, à l'origine, destinés à mettre au pas la droite tenue par les grands propriétaires et commerçants qui n'entendaient pas remettre en cause leurs privilèges, les «féodaux», comme les appelait Mendès France.

Une répression féroce

Trois mois plus tard, je votais la défiance parce que Mollet avait mobilisé le corps expéditionnaire et appelé le contingent. On s'orientait, à l'évidence, vers tout autre chose que la négociation: une répression féroce dont la presse commençait à se faire l'écho. Par les Algériens emprisonnés que j'allais visiter à Fresnes ou à la Santé, j'avais des informations plus «crues» encore sur ce qui se passait réellement.

Un jour que Mendès France parlait à la tribune de l'Assemblée pour défendre sa politique en Algérie, je croisai dans les couloirs Guy Mollet. Quittant l'hémicycle, il me lança avec morgue: «J'ai autre chose à faire que d'écouter ses palabres; moi, je fais la guerre.» Le clivage était total. Le 23 mai,

Mendès France, suivi d'Alain Savary, démissionna du gouvernement avec éclat, trois mois après son entrée en fonctions. Je reconnaissais la clairvoyance de son analyse, mais lui reprochais cependant de ne pas aller jusqu'au bout de sa logique. Par exemple, il n'admettait pas la désertion, à l'instar des communistes d'ailleurs. Il me faisait grand reproche de la prôner. Tous ces «hommes de progrès», y compris Mitterrand, osaient encore moins prononcer le mot «indépendance». Ils ne s'étaient pas faits à l'idée que la France puisse abandonner un jour ses prébendes, résultat de la conquête coloniale. Ils comptaient sur une évolution politique en douceur dont on ne voyait pourtant pas l'amorce.

Le colonialisme a été l'une des aventures humaines les plus détestables. Cela a fait briller la France, mais au profit de quelques privilégiés. On a fait honorer le drapeau tricolore un peu partout, mais en l'entachant d'une sinistre façon! Or, quelle était la situation réelle? Les meilleures terres de la côte avaient été concédées aux colons. Il n'y avait pas un journal en langue arabe. Même les Soviétiques n'ont pas fait cela dans leurs républiques satellites. Quand on parle de l'œuvre civilisatrice française, elle se déployait au bord du littoral, là où se concentrait la richesse. Certes, depuis un siècle, on y avait construit des ponts et des routes, mais les provinces du Sud n'avaient pas vu un médecin militaire français depuis 1939. Et la grande majorité des «indigènes» vivaient dans une misère qui nourrira le ferment de la révolution nationaliste. Il faut dire que nous n'avions pas envoyé de l'autre côté de la Méditerranée ce que nous avions de plus émancipé ni de plus intelligent...

À cette époque-là, pour Mitterrand, «l'Algérie, c'est la France». Il ne m'a jamais imposé aucune discipline de parti, mais il n'était pas content. J'étais d'ailleurs le seul à l'UDSR, au sein de ce parti «un peu de gauche», à prendre de telles positions. Le seul vote contre était toujours celui de Roland Dumas!

Ces divergences ne nous empêchaient pas d'avoir de bonnes relations, de dîner ou de sortir ensemble. Il savait que mes convictions étaient plus fortes que la politique. Le fait de lui tenir tête a peut-être même joué en ma faveur pour notre avenir commun. Mitterrand et moi avions souvent des conversations vives, surtout quand j'ai dû lui avouer que je travaillais avec les Algériens et les Français pro-FLN et que, d'une certaine façon, j'étais impliqué dans le processus d'indépendance.

Il ne se reconnaissait pas dans la SFIO, mais avait déjà dans l'idée qu'il pourrait devenir président du Conseil. Son plan était de jouer la carte de la solidarité avec les socialistes qui traversaient un moment difficile; il en aurait un jour le bénéfice et pourrait alors conduire une œuvre de paix en Algérie. Sa position était selon lui un «investissement politique». C'était un pur calcul tactique : rester au gouvernement pour être solidaire des socialistes. Il pensait en effet que Guy Mollet échouerait et qu'il lui laisserait la place. À deux reprises, au cours d'un dîner chez Lipp, qui était sa «cantine», il m'avait clairement dit : «Préparez-vous à entrer au gouvernement.» J'étais aux anges. Il expliquait : «J'ai eu un entretien avec le président de la République, René Coty; il envisage de m'appeler pour constituer le cabinet; vous en serez car vous êtes garant d'une politique de paix.» Nous appartenions alors à l'UDSR-RDA (Union démocratique et socialiste de la Résistance-Rassemblement démocratique africain). Le RDA était le mouvement créé par Houphouët-Boigny. «Vous avez des relations en Afrique; je vous nommerai secrétaire d'État à la France d'outre-mer.» Mitterrand pensait arriver enfin au but qu'il s'était fixé, être nommé à Matignon, mais rien ne se produisit. Il faudra attendre...

Je ne sus pas tout de suite le fin mot de l'histoire. Comme j'aimais bien l'interroger pour connaître le dessous des cartes, je lui ai demandé six mois plus tard pourquoi son plan avait échoué. C'était quelques semaines avant le putsch d'Alger

de mai 1958 et la mise en place d'un Comité de salut public:
«Ne m'en parlez pas. Coty m'a dit qu'il n'avait pas pu faire
appel à moi car cela aurait déclenché une émeute à Alger.»
C'est dire la prescience des politiciens de l'époque puisque
la IVᵉ République fut emportée par l'émeute d'Alger! Coty,
comme les autres, avait manqué de courage. La nomination
de Mitterrand comme président du Conseil n'aurait sans doute
rien changé aux événements, mais, au moins, une vraie politique de paix aurait été amorcée. En attendant, la politique du
pire se mit en place.

Le 19 juin 1956, Ahmed Zabana fut exécuté dans d'horribles
conditions. Le bourreau dut même s'y reprendre à trois fois.
C'était le premier condamné à mort guillotiné dans la cour de
la prison d'Alger. Allait suivre une longue liste de 44 membres
du FLN dont un Français, Fernand Iveton. Ce jeune militant
communiste, en opposition avec son parti, avait posé, dans
l'usine à gaz où il travaillait, une bombe qui n'avait pourtant
pas explosé. Il fut exécuté en février de l'année suivante. Mon
dégoût était à son comble. Je retrouvais la révolte de mes 20 ans
contre l'occupant.

J'ai lu avec intérêt l'ouvrage récent de Benjamin Stora et
François Malye, *Mitterrand et la Guerre d'Algérie*, où les responsabilités du garde des Sceaux sont bien mises en évidence, mais
je m'interroge quand même sur un point: pourquoi n'ont-ils
pas intitulé leur opus *Guy Mollet et la Guerre d'Algérie*? La seule
chose que je puisse dire aujourd'hui est que Mitterrand ne
parlait jamais de ces morts pour lesquels il n'avait pas tenté de
retenir le couperet. Une fois ou deux a-t-il confessé, de façon
elliptique: «Ma seule faute a été l'Algérie.» C'est pourquoi j'ai
toujours pensé que sa détermination à faire voter, dès son élection, l'abolition de la peine de mort était une façon de ne pas
se retrouver face à ce terrifiant dilemme, voire une façon de se
«racheter».

Divergences avec Mitterrand

À partir de ce moment, j'ai voté contre la politique du président du Conseil Guy Mollet et de son gouvernement où siégeait François Mitterrand. À chaque fois, ce dernier m'en faisait reproche. Quand je descendais les travées de l'hémicycle et qu'il siégeait au banc du gouvernement, il me lançait au passage :

– Mais enfin, Roland, vous n'allez pas encore voter contre la majorité à laquelle vous appartenez !

– Je voterai contre aussi longtemps que votre gouvernement conduira cette politique d'aveuglement.

– Faites-moi confiance, cela va changer. Je suis intervenu au Conseil des ministres. J'ai des assurances...

Mitterrand n'était pas exempt de reproches à mes yeux car, par sa présence au gouvernement, il cautionnait la politique de répression. Je peux même dire que je lui en voulais. Le seul pouvoir dont je disposais était donc de voter contre les décisions du gouvernement et de faire des discours contre les internements administratifs et en faveur de la désertion. Sur ce dernier point, j'encourais les vifs reproches de Pierre Mendès France aussi. C'est à ce moment que se révéla ce que d'aucuns ont bien voulu appeler «mon talent d'orateur». J'ai été alors suspendu comme avocat parce que je plaidais trop durement contre la légitimité française. L'argument était : «Vous contribuez à poignarder nos soldats qui sont dans le djebel.» C'était douloureux à encaisser.

En 1956, Mitterrand m'avait demandé de l'accompagner en Algérie. Il connaissait déjà mon engagement contre le colonialisme et pour l'émancipation des peuples. Il devait installer les cours d'appel d'Alger, Oran et Constantine. De retour à Paris, il me demanda :

– Alors, qu'avez-vous pensé de notre voyage ?

– Permettez-moi de faire une remarque.

– Je vous en prie.

– Vous venez dans un pays, qui n'est pas tout à fait la France, installer trois hauts fonctionnaires. Or, vous avez nommé trois Français de métropole et pas un seul Arabe !

– Vous avez raison, mes services sont idiots, ils auraient dû me le proposer...

Il n'y avait pas pensé. C'est dire combien était fort le contexte d'aveuglement d'alors. Mitterrand connaissait l'Algérie, dont lui parlait souvent Georges Dayan, juif originaire d'Oran. C'était son meilleur ami, son condisciple de la faculté de droit et son copain de régiment avec lequel il était monté au front en 1940. Les Mitterrand passaient chez les Dayan des vacances au soleil de l'Algérie, dans une ambiance insouciante. Cela ne faisait pas de lui un complice de l'Algérie française, bien au contraire, mais ne le conduisait pas pour autant à épouser la vision historique d'un de Gaulle, qui refusait toute assimilation de la population musulmane et pour qui l'indépendance était la seule issue. Aucune politique d'évolution « à la Mendès » n'était possible parce que la classe politique qui dirigeait le pays ne s'était pas fait à cette idée. Elle était sans vision à long terme et végétait dans le confort de ses idées reçues : faire « suer le burnous » ne gênait personne. Les réformes étaient renvoyées aux calendes grecques. La seule solution envisagée était le recours à la force. La déflagration était inéluctable. Le déni était tel qu'officiellement on ne parlait que de maintien de pacification et de maintien de l'ordre. Le mot « guerre » était banni du vocabulaire. Pourtant, c'était bien d'une guerre qu'il s'agissait, et le plus difficile a été d'y mettre fin. Il a fallu un homme comme de Gaulle pour régler le contentieux. Son « Je vous ai compris », c'était sans doute : « Comprenne qui pourra. » Mais il fallait bien en passer par là.

Sans que le Parlement en fût saisi, le gouvernement rendit les armes le 7 janvier 1957 et confia les pouvoirs de police sur le Grand Alger à Massu. Ce général allait pouvoir entreprendre la sinistre besogne restée dans l'histoire sous le nom de la bataille d'Alger. Le gouvernement Mollet ne démissionnera que le 21 mai. Mitterrand quittera alors son magnifique bureau de la place Vendôme, où, les derniers temps, il s'était fait le plus discret possible pour ménager ses chances d'être nommé à Matignon. Cette tactique ne le servira pas. Il ne retrouvera le pouvoir qu'un quart de siècle plus tard.

Porteurs de valises

Parallèlement au contrat que j'avais avec les Français inquiétés au sein du réseau Jeanson, j'ai accepté de défendre, à titre individuel, des Algériens poursuivis. François Mitterrand, garde des Sceaux, m'avait envoyé, en 1957, les jeunes Bouthiba et Bouderba, deux étudiants, fils de grandes familles musulmanes. Ils étaient inculpés pour activités nationalistes et menées subversives. Mitterrand était pourtant au gouvernement, c'est-à-dire dans le camp de ceux qui les faisaient arrêter... On n'était pas à un paradoxe près ! Je les ai fait relaxer tous deux. Ça m'a valu dans le milieu des Algériens de France une gloire, injustifiée, mais une gloire quand même. Ils repéraient ceux qui, en métropole, étaient susceptibles de les aider.

Je reçus un jour, à l'Assemblée nationale, la visite de Christiane Philip, fille d'André Philip, ancien ministre de De Gaulle. Cette mère de famille protestante militait au sein du parti qui deviendra le PSU. Elle était porteuse d'un message : « Les Algériens sont sensibles à vos interventions et à vos votes ; accepteriez-vous d'entrer dans une organisation qui défendrait les Français amis des Algériens ? Ce réseau est constitué par Francis Jeanson, le collaborateur de Jean-Paul Sartre. Il est déterminé à aller jusqu'au bout, mais il y aura des arrestations. Il faudra donc un avocat pour les défendre. Si vous en êtes d'accord, nous leur donnerons votre nom et ils vous choisiront. »

Après réflexion, je la revis pour lui dire que je souhaitais au préalable rencontrer Jeanson. Une organisation d'avocats algériens défendant leurs compatriotes étant déjà constituée, il fut décidé que mon rôle se cantonnerait à la défense des Français, ceux que Jean-Paul Sartre avait surnommés les « porteurs de valises ». Ces valises contenaient des sommes importantes servant à alimenter la guerre d'indépendance qui commençait à s'organiser sur notre sol. L'argent provenait en grande partie de ce qu'il faut bien appeler le « racket » des 400 000 Algériens qui travaillaient à la reconstruction de la France. On était bien content alors de compter sur eux ! Les commerçants et membres de professions libérales d'origine algérienne ou sympathisants, sans parler des activités moins licites, étaient également « taxés ». Des collecteurs ramassaient ces petites coupures, souvent froissées et malodorantes, qui étaient ensuite rassemblées et mises en liasses. Ce travail de « fourmis comptables » était mené dans des appartements de Français complices. Les fameuses valises de billets étaient ensuite cachées chez des « bourgeois » insoupçonnables, comme Sylvia Maklès, la compagne de Jacques Lacan, ou Françoise Sagan, qui hébergeait aussi, en cas de nécessité, un fugitif sans poser de questions. À n'importe quelle heure du jour ou de la nuit, la romancière voyait ainsi débarquer chez elle des grands gaillards moustachus, ce qui l'amusait beaucoup. Pour être encore moins repérables, ces valises pouvaient d'ailleurs prendre la forme de paquets siglés au logo de grandes maisons de luxe, véhiculés en berline avec chauffeur !

Je n'ai jamais eu de cas de conscience car la cause était juste. Comme mes camarades, j'ai été un porteur de valises. Nos rapports étaient riches en humanité. Nous étions solidaires car nous étions minoritaires. Je retrouvais l'ambiance de la Résistance. On se posait, bien sûr, des questions différentes. Au moins, avec les Allemands, cela avait le mérite d'être clair. Vis-à-vis des Algériens, nous n'avions pas d'affinités à proprement parler. Ce combat était un peu artificiel, presque abstrait. Ces Algériens en lutte nous posaient un problème à nous, Français. Par rapport à notre idéal des Lumières, à la Révolution française ou bien à ce qu'on croyait être, plus largement, la «civilisation». Quand j'entendais un tribunal, militaire ou civil, énoncer «au nom du peuple français nous vous condamnons à la peine capitale», je ne comprenais pas ou, plus exactement, je rejetais cela de toutes mes forces car, «au nom du peuple français», je les aurais acquittés pour avoir voulu libérer leur pays. Je ne pouvais retenir ma colère quand j'entendais dans les prétoires ces réquisitoires qui n'étaient que bavardages ridicules. Le fossé était tellement profond que les mots avaient perdu leur sens. Le commissaire du gouvernement, drapé dans ses certitudes, qui parlait de «liberté», et le petit gars dans le box utilisaient le même mot, mais il n'avait pas le même sens pour l'un et pour l'autre!

Au début de 1958, les sommes qui se retrouvent à l'étranger tous les mois atteignent les 400 ou 500 millions d'anciens francs (750 000 euros). Jeanson utilise les services d'un courtier rémunéré pour faire passer cet argent principalement en Suisse. Arrivent également sur les comptes du FLN des sommes en provenance des «démocraties populaires». C'est à cette date que Jeanson a fait la connaissance d'un personnage ambigu, Henri Curiel, militant anticolonialiste de la première heure, juif égyptien, millionnaire et communiste. Il sera assassiné en 1978 dans des conditions mal élucidées. J'ai pour ma part la conviction qu'il a été éliminé par les services secrets français. C'est alors Curiel qui va gérer les flux d'argent. En bon marxiste, il profite de ce poste stratégique pour noyauter l'organisation et y introduire des «camarades».

Fin 1959, je rencontre Francis Jeanson en Allemagne puis en Suisse où il est réfugié. Je me mets d'accord avec lui sur le type de défense à conduire. La DST, plus habile que les membres du réseau amateur, organise une rafle de 17 des nôtres qui se sont donné rendez-vous place de la Bastille au bistrot Le Tambour. Le stratagème mis au point fonctionne à merveille : comme un seul homme, ils me désignent en tant qu'avocat ! Je téléphone donc au juge d'instruction Batigne pour lui demander l'autorisation de voir les dossiers. Je le trouve mielleux, mais distant.

— C'est une affaire banale, dis-je.

— Pas tant que cela ! La meilleure preuve que c'est un réseau subversif, c'est que tous vous désignent nommément...

Nous avions commis une erreur. On ne pouvait nier que c'était un réseau. Sept ou huit filles de l'organisation ont ainsi été enfermées à la prison de la Petite Roquette, près du cimetière du Père-Lachaise, d'où elles finiront par s'évader. Quelques jours plus tard, je reçois, à mon cabinet du quai de Bourbon, la visite de Jacques Vergès, flanqué de quatre avocats algériens qui deviendront, par la suite, des amis. Ils se sont comportés en conquérants, Vergès les pieds sur mon bureau :

— Il faut que tous tes clients nous désignent pour leur défense.

— Envoyez-moi une lettre pour m'expliquer tout cela. Je ne peux décider seul...

Moi, je m'en tenais à notre règle : c'était une défense française pour des citoyens français impliqués dans une « guerre » étrangère. J'étais quand même un peu désarçonné par leur aplomb. Je prends l'avion pour aller rendre compte en Suisse à Jeanson qui fulmine : « C'est inadmissible qu'ils vous envoient promener ; il ne faut pas céder ; Vergès veut se faire mousser. » Il est vrai que défendre des artistes et des intellectuels, on dirait aujourd'hui des *people*, était plus médiatique pour un avocat avide de publicité ! Même s'il n'était pas encore inculpé,

Jean-Paul Sartre était impliqué dans ce combat et sa seule présence suffisait à donner à l'affaire une audience internationale. Après explication avec le FLN, les choses sont rentrées dans l'ordre.

C'est à cette période que Jean Schuster et Dionys Mascolo rédigèrent le Manifeste des 121 que Maurice Blanchot corrigea. Sous-titré «Déclaration sur le droit à l'insoumission dans la guerre d'Algérie», il a été publié le 5 septembre 1960 dans le magazine *Vérité-Liberté*, le jour même de l'ouverture du procès du «réseau Jeanson». On retrouvait parmi les signataires tous les «Amis de la rue Saint-Benoît», où habitait Marguerite Duras, très active dans le mouvement. Y adhéraient des communistes ayant quitté le parti en 1956 comme Edgar Morin ou Robert Antelme, l'ex-mari de Duras. Le couple impliqué dans la Résistance pendant la guerre était tombé dans un guet-apens dont un certain Jacques Morland avait réussi à les extraire. Repris, Antelme sera envoyé au camp de concentration de Buchenwald où Morland (qui n'était autre que Mitterrand) le retrouvera quasi mourant en avril 1945. Ce dernier avait été nommé représentant de la République française auprès des Américains qui libéraient les camps. Marguerite Duras fera de cette histoire un récit sous le titre *La Douleur*.

Le Manifeste avait été signé par un grand nombre d'intellectuels. Des cinéastes comme François Truffaut ou Alain Resnais; des comédiens comme Simone Signoret, Alain Cuny ou Danièle Delorme; des chanteurs comme Catherine Sauvage. On y trouve aussi le nom de Florence Malraux qui obtenait des informations précieuses auprès de son père. Il faut dire que le ministre du général de Gaulle était un peu «branque»! Avaient signé aussi des artistes comme André Masson dont j'apprécie tout particulièrement l'œuvre. J'étais l'avocat de son fils Diego, qui avait été arrêté pour avoir fait passer des déserteurs en Suisse. Celui-ci fait, depuis, une magnifique carrière de chef d'orchestre.

Une femme remarquable, Paule Thévenin, était la cheville ouvrière du Manifeste. Amie de Jean Genet, c'est par son intermédiaire que je deviendrai l'avocat du poète. Elle restera surtout dans l'histoire de la littérature celle qui a révélé au public l'œuvre d'Antonin Artaud. Jeune interne en psychiatrie, elle s'était liée d'amitié avec l'écrivain jusqu'à sa mort en 1948. Elle a ensuite consacré quarante années de sa vie à déchiffrer, ordonner et publier les centaines de cahiers d'écolier de l'auteur du *Théâtre et son double*. Paule fut d'une efficacité redoutable dans la «pêche» aux signatures, relançant les uns, convainquant les autres, y compris des gens de droite comme le compositeur et chef d'orchestre Pierre Boulez. Cet appel a joué un rôle capital dans la formation d'une nouvelle gauche et fut surtout l'une des rares manifestations d'intellectuels en réaction au pouvoir personnel de De Gaulle.

Confusion au prétoire

Le procès fut une grande pantalonnade. Vergès et moi étions convenus de ridiculiser les galonnés du tribunal militaire réuni dans la vieille prison du Cherche-Midi, où avait été enfermé et jugé le capitaine Dreyfus, si bien que les allusions historiques fleurissaient... La cour était composée de trois civils et six militaires. Le commissaire du gouvernement (l'avocat général dans une cour militaire) était également un galonné. Dans le box étaient rassemblés dix-sept métropolitains et six musulmans, comme on disait alors, inculpés d'«atteinte à la sûreté de l'État». Francis Jeanson, en fuite, n'était pas présent à l'audience. Avec quatre ou cinq collègues, comme Gisèle Halimi, nous nous étions réparti la défense des Français. Nous avons essayé de faire comprendre au tribunal que l'Algérie n'était pas la France et avons raconté ce qu'était l'attitude de l'armée dans cette guerre. Mais le président était un militaire borné qui ne voulait rien entendre. On avait prévu de faire répondre les prévenus algériens en arabe littéraire que l'interprète ne comprenait pas. Vergès se tourne alors vers la cour : « Monsieur le président voulez-vous demander à l'interprète de traduire. »

Le traducteur, hébété, restait muet.

– Monsieur l'interprète, je vous donne l'ordre de traduire !

– Monsieur le président, je ne comprends rien !

C'était la risée générale ! Et Vergès d'enfoncer le clou : « Alors, s'il n'a rien compris depuis le début, on va recommencer le procès de zéro... » La confusion était à son comble. Je dois reconnaître que Vergès et moi nous « tirions la bourre ». D'effets de manche en bons mots, les débats s'éternisaient, parfois jusqu'à la nuit, et le tribunal s'impatientait. À une parole exaspérée du président, Vergès rétorque : « Nous sommes maîtres des débats. » Et moi de renchérir : « Le procès se terminera quand nous l'aurons décidé. » « Insulte au tribunal », hurle le président qui demande sur-le-champ ses réquisitions au commissaire du gouvernement. Il requiert deux ans de suspension pour Vergès et un an pour moi. Le tribunal se retire alors pour délibérer. Comprenant que nous allions effectivement nous faire suspendre, nous avons pris la tangente pour que la sentence soit rendue par défaut. Nous nous sommes repliés au bistrot d'en face où les copains venaient nous informer de la situation. Le tribunal nous condamna selon les réquisitions de l'avocat général. Nous avons fait opposition et sommes revenus dans le prétoire, affectant une attitude fière, voire insolente qui indisposa encore plus le tribunal. Ce fut alors un clash mémorable Le président, imprudent :

– Où étiez-vous, maître Vergès ?

– Monsieur le président, je n'ai pas à rendre compte de ma vie privée au tribunal...

– Je vous demande, maître Vergès, où vous étiez quand le tribunal a rendu la sentence contre vous et maître Dumas ?

– Eh bien, puisque vous insistez, je vais vous le dire. J'étais entre les mains d'une masseuse !

Fou rire général dans la salle. « L'audience est suspendue. » Les « képis » sont sortis fous de rage.

Un faux Sartre

L'un des moments forts du procès fut la lecture de la lettre de Jean-Paul Sartre au tribunal, mais là encore, ce fut une mascarade. Le philosophe était en voyage en Amérique latine et n'avait pu témoigner. Il avait envoyé un télégramme pour assurer les accusés de son « entière solidarité ». Considérant que c'était insuffisant, nous avons décidé, pour marquer les esprits, d'inventer une fausse lettre de Sartre. Rédigée par Marcel Péju et Claude Lanzmann, deux journalistes des *Temps modernes* qui connaissaient leur Sartre sur le bout des doigts, la lettre fut dictée par moi, un soir à mon cabinet, à Paule Thévenin qui l'a dactylographiée. Nous étions plutôt fiers de notre belle et longue lettre et de ses formules chocs, du genre : « Si Jeanson m'avait demandé de porter des valises ou d'héberger des militants algériens, et que j'aie pu le faire sans risque pour eux, je l'aurais fait sans hésitation. » La phrase concernant les accusés n'était pas mal non plus : « Ce qu'ils représentent, c'est l'avenir de la France et le pouvoir éphémère qui s'apprête à les juger ne représente plus rien. » Dans l'euphorie nous avions oublié la signature de Sartre. Il fallait un talent d'artiste pour l'imiter. « Allons réveiller Siné. » Le dessinateur et caricaturiste politique arrive chez moi en pleine nuit. On lui avait apporté des modèles de l'écriture et de la signature de Sartre. Il a fait des essais consciencieux puis a lancé à la cantonade : « On y va. » Et Siné d'apposer avec conviction la signature du philosophe sur le document. Cette lettre figure toujours comme authentique dans les pages du procès!

Le lendemain matin, ce fut la bagarre entre les avocats pour savoir qui la lirait devant la cour car elle représentait un moment fort de l'audience... Les Algériens, chauffés par Vergès, voulaient que ce soit lui. Il était évident que, là encore, il en escomptait un bénéfice «publicitaire». On a oublié l'autorité morale que représentait à l'époque le philosophe. Les Français insistaient pour que ce soit moi. J'argumentais en effet que seul un avocat défendant des Français pouvait lire la lettre du grand intellectuel français. Nous avons tiré à pile ou face, et c'est moi qui ai gagné. J'ai donc déclamé le texte en ménageant les effets de manche!

De retour de voyage, Sartre vint me rendre visite pour me dire:

– Vous y êtes quand même allés un peu fort avec la lettre!

– Mais vous nous aviez donné carte blanche et assuré de votre total soutien...

Je viens de me replonger dans cette histoire parce qu'une université américaine fait des recherches sur cette époque et essaie de retrouver la trace d'une de mes clientes qui a totalement disparu. J'ai défendu en effet une jeune Américaine du nom de Gloria de Herrera. Elle vivait avec Vera Harold, une céramiste bordelaise, décoratrice à ses heures, dans un appartement où se tenaient des réunions secrètes, «dont les hommes étaient exclus», comme se plaisait à le mentionner insidieusement *Paris-Presse* dans le compte rendu de leur évasion. Les filles avaient été raflées lors de la réunion clandestine au bistrot Le Tambour et elles s'étaient comme par hasard évadées de la prison de la Petite Roquette, faisant les gros titres de la presse du soir. L'ambassade des États-Unis était intervenue pour la libération de Gloria. Elle a fini par fuir en Belgique et on ne l'a plus jamais revue. J'aimerais bien savoir ce qu'elle est devenue.

Les hommes furent répartis entre la Santé et la prison de Fresnes où les conditions de détention étaient souples. En costume de ville, bénéficiant de contacts avec l'extérieur, ils continuaient en fait à communiquer avec le réseau.

Aveuglement

Mon engagement en tant qu'avocat des indépendantistes me valait de solides inimitiés. Je croise un jour Robert Lacoste, ministre résidant en Algérie de février 1956 à mi-1958, membre de la SFIO, proche de Guy Mollet et adepte de la répression à outrance. Arrivant à l'Assemblée nationale, flanqué de ses gardes du corps, il me lance avec le sens de la nuance qui le caractérisait :

– Si je n'avais pas connu ton père pendant la guerre, je te ferais fusiller.

– Pas ici en tout cas, ironisai-je.

Ce n'était pas agréable à entendre. Le climat politique était très tendu. Avec Mitterrand, nos discussions étaient toutes en «nuances», mais nous n'étions pas d'accord. Mendès France était marginalisé depuis qu'il avait quitté le gouvernement Guy Mollet, mais il intervenait de temps en temps à l'Assemblée nationale. Il m'a cependant soutenu jusqu'au jour où j'ai participé à la campagne prônant la désertion des appelés du contingent en Algérie dont le Manifeste des 121 était le fer de lance. Je défendais dans le même temps plusieurs déserteurs. C'est là où nos chemins ont divergé car il était en outre embarrassé par son histoire personnelle. Il était en butte à des attaques sordides de l'extrême droite, et notamment de Le Pen, sur le thème : «Mendès est pour l'indépendance de l'Algérie parce ce que sa femme a des intérêts en Égypte.» Les critiques sur son patriotisme, sur le fait qu'il était juif et que son épouse était propriétaire de magasins au Caire et à Alexandrie l'ulcéraient.

Critiquer le patriotisme de Mendès France, qui avait fait la guerre dans l'aviation, était innommable. Ces campagnes calomnieuses l'empêchaient d'aller jusqu'à prôner la désertion. Mais il savait bien que j'avais raison. Cette désertion était la pierre d'achoppement.

Mais l'aveuglement de la classe politique française était général, de la droite à la gauche, y compris le parti communiste. Lors de mes rencontres avec le sympathique Waldeck-Rochet, un homme simple qui avait conservé son bon sens de fils de sabotier, nous parlions de la situation en Algérie. Au moment de la campagne que nous avons menée incitant les appelés du contingent à la désertion, il me disait avec son accent rocailleux :

– Quand même, Dumas, on ne peut pas soutenir la désertion.

– Les types à qui on donne un fusil, il faut qu'ils y aillent ou non ?

– Il faut qu'ils y aillent.

– Vous, le patron du parti communiste, comment pouvez-vous dire une chose pareille ?

– Oui, il faut qu'ils y aillent pour apprendre à faire leur devoir.

Pour la grande majorité de la population française, les déserteurs étaient des traîtres à qui il fallait tirer une balle dans le dos.

La France honnie

Parmi les Algériens emprisonnés, j'avais sympathisé avec Ahmed Taleb Ibrahimi. Cet étudiant en médecine était le président de l'Union générale des étudiants musulmans algériens. Membre du FLN, il sera plus tard candidat à la présidence de la République algérienne. Nous avons toujours gardé des contacts. À chaque voyage en Algérie nous nous rencontrions.

Une voiture de l'ambassade de France me conduisait chez lui à l'époque où j'étais ministre. Jusqu'au jour où il a été nommé ministre des Affaires étrangères. Quand il est venu à Paris à ce titre, il m'a fait dire qu'il refusait de se rendre au Quai d'Orsay. Il détestait les Français. Alors, je l'accueillais chez moi. Et quand j'allais à Alger, il ne mettait pas les pieds à l'ambassade de France non plus. Il me recevait chez lui alors que sa maison était interdite à tout autre Français. Ainsi ai-je fait la connaissance de son père, un vieil imam très religieux qui m'a fait les honneurs de sa bibliothèque remplie de corans et de livres sur l'islam. C'était une famille d'Algériens patriotes et de musulmans pieux qui, par la force des choses, avait fini par honnir la France.

Quand Ibrahimi a été nommé ministre, François Mitterrand s'est inquiété de ses prises de position antifrançaises. «J'en fais mon affaire», ai-je répondu au président. Et de fait, mon ami et moi étions convenus de nous parler directement sans passer par nos administrations respectives, ce qui facilitait les échanges entre les deux pays et évitait les crispations inutiles. Nous avions en outre signé un «pacte» moral selon lequel l'un ne s'en prendrait jamais à l'autre. La diplomatie est aussi affaire de relations personnelles.

J'ai connu tous les chefs du FLN et tous les présidents algériens: Ben Bella, Boumédiène, Chadli, Bouteflika. Quand j'ai organisé la visite officielle du président français à Alger, en novembre 1981, il était un peu surpris qu'ils viennent tous m'embrasser. Il était satisfait car cette chaleur sincère prouvait qu'une forme de réconciliation était en marche. Cela m'émeut encore aujourd'hui car la situation entre les deux pays est plus que paradoxale. Elle touche à toutes les fibres sentimentales; elle est pleine de ressentiment et d'affect. Elle est surtout idiote quand on analyse tous les malentendus dont elle se nourrit. Pourtant, les liens tissés pendant la guerre d'indépendance demeurent. J'en veux pour preuve le message du président Bouteflika que le consul d'Algérie à Paris a lu lors des obsèques de Francis Jeanson auxquelles j'ai récemment assisté.

En 1983, alors que j'étais ministre des Affaires européennes, j'ai effectué un voyage officiel en Algérie. C'est Mohamed Zitouni qui a organisé mon séjour, et j'ai découvert à ce moment qu'il était très lié avec la nomenklatura militaire. J'ai été très surpris de voir que j'étais reçu comme un chef d'État, avec tapis rouge et honneurs militaires. Le chef d'état-major était venu me chercher. Blessé pendant la guerre d'indépendance, il avait une jambe artificielle. Il m'a fait rencontrer tous les militaires de haut rang et visiter toutes les casernes.

Je reverrai bientôt revenir Zitouni auprès de moi en tant qu'intermédiaire dans l'organisation de mes contacts avec Kadhafi. Mais c'est une autre histoire.

Les malentendus demeurent

Je me désole de voir que la réconciliation est encore si laborieuse. Je ne m'en mêle pas car je ne veux pas servir de faire-valoir à M. Sarkozy. Les Algériens le détestent, et je ne souhaite pas perdre mon crédit auprès d'eux. Ce qu'il fait autour de l'interdiction du niqab pour 1 000 ou 2 000 femmes voilées est désolant. Il mécontente tous les pays musulmans. Il n'est pas du tout dans une logique de réconciliation, que ce soit en Algérie ou ailleurs. Il faudra deux générations pour qu'on en finisse. Les fils, voire les petits-fils ont la mémoire de ce qui s'est passé. Dans toutes les familles, il y a eu des drames : un blessé, un torturé, un mort, un disparu. La mémoire doit s'appuyer sur l'examen des archives rapportées d'Algérie, aujourd'hui entreposées à Aix-en-Provence. J'en avais parlé avec Mitterrand qui était d'accord pour qu'on leur offre les originaux et que nous gardions des copies.

Ce malentendu entre les deux pays demeure car il achoppe sur une seule chose. Les Français veulent un grand traité général de réconciliation. Les Algériens refusent tant que nous n'aurons pas reconnu nos torts : les massacres de villageois, les femmes violées, les paysans brûlés vifs, les fellaghas jetés vivant des hélicoptères, les fameuses « crevettes Bigeard », et bien d'autres exactions de toutes sortes. Ce dialogue de sourds se soldera quand chaque partie en cause aura pris le recul nécessaire.

Le fait du prince

Au Maroc, on ne peut pas parler de colonisation à propos de la présence française. Le protectorat avait maintenu le roi dans ses prérogatives même si les relations avec lui n'étaient pas aisées. Il faut dire que nos hommes politiques ne brillaient pas toujours par leur subtilité et leur clairvoyance. Je me souviens, par exemple, d'un Georges Bidault qui, à la tribune de l'Assemblée nationale, moquait « ces chefs arabes qui descendent de leur Cadillac ou de leurs chameaux », sous les applaudissements de la majorité de droite et les hurlements de l'opposition. En mars 1956, deux mois après mon élection, le Maroc accédait à son indépendance. Sous la conduite de Mohammed V, il marchait vers son destin.

J'ai surtout connu son fils, Hassan II, qui m'apparaissait cruel, mais intelligent. Je devais régulièrement « recoller les morceaux » avec lui, surtout après les déclarations de Danielle Mitterrand contre les prisonniers politiques ou la conquête du Sahara espagnol. Il vitupérait cette « présence morganatique » auprès du président. Il aimait et pratiquait à merveille le beau langage. Il était aussi docteur en droit de la faculté de Bordeaux et savait en expert argumenter une controverse. Nos échanges étaient ainsi un jeu du chat et de la souris. Je prenais mon temps et ne le heurtais jamais de front. Volontairement, je ne réagissais pas à ses provocations. Il me poussait alors dans mes retranchements :

– Je ne vous intimide pas au moins, monsieur Dumas ?

– Oh, non, Majesté. J'ai de la résistance et j'ai pour vous plus de considération que cela !

Le président m'avait envoyé le voir pour nous réconcilier car un film documentaire avait fait grand bruit en France sur les camps de rétention marocains dont le plus terrible était Tazmamart. Les opposants au régime y étaient enfermés dans des conditions affreuses qui offensaient toutes les lois de la dignité humaine et tous les accords internationaux. Le roi avait pris ombrage de la campagne qui s'était développée chez nous contre sa politique et sa personne. Il en voulait particulièrement à Danielle Mitterrand qui avait exprimé sa réprobation dans un langage fort peu diplomatique. Le président : «Ma femme dit ce qu'elle pense, je ne peux pas la désavouer, mais essayez d'arranger ça car il y a trop d'intérêts économiques en jeu.» Le roi, fâché, avait rappelé son ambassadeur qui est resté six mois absent de France. Hassan avait souhaité voir le reportage que je lui avais fait projeter au palais. Je lui ai proféré quelques bonnes paroles en préliminaire, mais ne l'ai pas ménagé quand il m'a reçu en tête à tête.

– Monsieur le ministre, vous avez bien fait de venir me voir. Dites-moi franchement ce que votre président attend de moi.

– Majesté, puis-je vous répondre d'homme à homme ?

– Je vous en prie.

– Vos prisons sont des centres de torture incompatibles avec les droits de l'homme et les conventions internationales...

– Laissez-moi un peu de temps et je vais y mettre bon ordre.

Il l'a fait plus ou moins. Après la projection, il m'a pris par la main pour rejoindre les invités qui attendaient dans les jardins du palais et, devant tout le monde rassemblé, il a fait un signe à son ambassadeur perdu dans la foule. Le diplomate arrive, courbé, et lui baise les mains : « Bon, tu repars pour Paris demain. »

Et se tournant vers moi : « Voilà, c'est réglé. » Il décidait seul et n'avait pas besoin de réunir le Conseil des ministres... On ne peut pas dire que ce fut un démocrate. Je me souviens de lui avoir – respectueusement – suggéré d'organiser un référendum auprès des populations habitant le Sahara anciennement espagnol.

– Je vous assure, Majesté, que vous gagneriez cette consultation populaire.

– C'est absolument impossible, monsieur Dumas. Le Sahara que vous appelez « occidental » est pour le Maroc comme l'Alsace-Lorraine pour la France !

Cela s'appelle une fin de non-recevoir. Le roi avait un goût prononcé pour les métaphores et les paraboles. En février 1992, je suis reçu en audience en son palais de Rabat. La presse française parle de son état de santé. Je m'enquiers donc de sa « grippe ». « Je suis complètement guéri », m'affirme-t-il dans une quinte de toux. Je lui redemande : « Est-ce une suite de la grippe ? » « Non, c'est de la trachéite. » Il enchaîne, agacé : « Parlons plutôt de l'avenir, tout le reste n'est que péripétie. » Le statut de Jérusalem est au cœur de nos entretiens. Sa position est empreinte d'une grande sagesse :

– Ou bien les Israéliens veulent une solution politique, auquel cas la ville doit être libre d'accès pour tout le monde sous contrôle international, ou ils choisissent une solution cultuelle ; dans ce cas, de la même façon que nous ne voulons pas gérer les biens juifs, nous ne pouvons leur laisser la gestion des biens musulmans.

– Vous ne seriez pas hostile à une Jérusalem capitale éternelle d'Israël ?

– Pourquoi pas ? Mais, dans ce cas, il faut que les Israéliens abandonnent aux musulmans la partie de la ville qui leur revient, notamment les lieux de culte.

Devant mon air interrogateur, il poursuit par cette image en forme de mise en garde: «Israël doit faire bien attention car au conflit israélo-arabe pourra se substituer un conflit israélo-islamiste, mettant en cause l'Islam tout entier jusqu'au Pakistan, voire l'Indonésie; enfourcher le cheval palestinien est une chose, enfourcher le destrier de l'Islam en est une autre...» Au moment où je comprends que l'audience prend fin, j'use d'une formule un peu passe-partout dont les diplomates ne sont pas avares: «La France est attachée à la stabilité du Maroc, facteur de paix dans toute la région; nous faisons donc toute confiance à Votre Majesté...»

Il sourit, satisfait: «Laissez-moi vous raconter l'anecdote du poète vieillissant qui dit à ses valets: "Servez-moi du vin, mais dites-moi à l'oreille que c'est du vin." Comme les domestiques s'étonnent de cette bizarrerie: "Vous êtes des sots; car le vin je peux le humer, admirer sa couleur, le déguster, le boire, mais je ne peux l'entendre; et j'aime qu'on me dise que c'est du vin!" C'est la même chose avec vous, monsieur Dumas. Je sais bien que la France veut la stabilité du Maroc, mais j'aime tellement vous l'entendre dire...»

Hassan avait un harem, mais je ne l'enviais pas sur ce point. Ces dizaines de femmes ainsi recluses dans des jardins clos et des bains turcs ne correspondaient pas du tout à la conception que je me fais des relations entre les femmes et les hommes. Le harem fait surtout fantasmer les mâles occidentaux. En Tunisie, la résidence de l'ambassadeur de France est un beau palais en bordure de mer qui appartenait au bey de Tunis. Quand je suis allé en Tunisie, l'ambassadeur m'a fait faire le tour du propriétaire et m'a montré un bâtiment en retrait: «C'étaient les chambres de ses femmes.» Il n'y avait qu'une dizaine de pièces...

J'ai connu le président Habib Bourguiba de façon émouvante. J'avais pris position pour lui et son parti le Destour quand il était venu chercher des appuis en France, notamment au sein de la gauche. J'avais suivi sa carrière politique à l'époque où Mendès France a mis sur pied le processus politique qui aboutira à l'indépendance quelques jours après celle du Maroc en 1956. Je l'avais revu lors de deux voyages que j'ai effectués en Tunisie. Quand j'y suis revenu comme ministre, il avait beaucoup vieilli. Son directeur de cabinet m'avait prévenu qu'il allait me faire un numéro, mais qu'il ne fallait pas que je me laisse émouvoir. Bourguiba me reçoit dans son bureau, me prend par la main et m'emmène vers une galerie de portraits. Il pleurait à chaudes larmes en détaillant les photographies : « Ce sont mes copains du Destour ; ils sont tous morts. »

Mitterrand m'avait demandé de l'inviter à Paris. Je suis allé l'accueillir à l'aéroport. Nous passons les troupes en revue et saluons le drapeau. À ce moment, une rafale de vent le jette à terre. Un photographe a saisi la scène où j'aide ce vieux monsieur à se relever. Je l'ai raccompagné à l'ambassade de Tunisie où il racontait son « sauvetage » à tout le monde.

C'était un esprit très cultivé. Quand je l'ai connu, il était « fatigué », mais j'ai eu les confidences d'actrices de la Comédie-Française qui étaient élogieuses à son endroit. Il aimait le théâtre classique et venait ensuite féliciter les comédiennes dans leurs loges. L'une d'elles m'a raconté qu'elle avait été vexée car, en venant saluer la troupe après la représentation, il lui avait dit : « Vous n'avez pas bien respecté la scansion d'un vers... L'alexandrin a douze pieds, mademoiselle... »

Il demeure quand même le héros national. Au moment de l'Occupation, il a été d'une loyauté à toute épreuve vis-à-vis de la France. Bourguiba était en prison en tant que nationaliste, et les Allemands sont venus lui proposer de le libérer et de lui confier le pouvoir s'il acceptait leurs conditions. Bourguiba a refusé cette proposition et préféré rester en prison jusqu'à la fin de la guerre. Il ne voulait pas arriver au pouvoir « dans les bottes de l'ennemi » et il a attendu la Libération pour revenir sur son âne, selon le cliché qui symbolise ce moment historique.

Le sourire de l'Afrique

J'ai trouvé émouvant le défilé du 14 juillet 2010 sur les Champs-Élysées : la diversité des pas et des couleurs. J'ai revu tous ces chefs d'État africains que j'avais connus dans d'autres circonstances. Des récriminations se sont fait jour, des associations ont souligné qu'étaient peut-être présents des gens contestables. C'est sûr qu'ils n'ont pas tous les mains blanches. Et pour cause, elles sont noires ! Quand les bien-pensants affirment qu'ils n'ont pas fait que des bonnes choses de leur liberté, il faudrait y regarder d'un peu plus près. Ont-ils agi par eux-mêmes ou ont-ils été inspirés par l'Occident ? La lâcheté n'a-t-elle pas consisté à leur confier des missions dont on ne voulait pas se charger ? Le contexte actuel de l'Afrique est bien différent de ce que nous avons connu à l'époque où les chefs d'État de l'indépendance étaient d'anciens fonctionnaires au service de la France.

Il manquait dans la tribune mon bon ami Omar Bongo, le président du Gabon, mais son fils était là dans toute sa « plénitude ». On sait très bien que Bongo avait des relations tous azimuts et le portefeuille facile. Il estimait aussi bien la droite que la gauche françaises et les traitait l'une et l'autre de la même façon. Du temps de François Mitterrand, je l'ai entendu, lors d'un dîner officiel, prendre la parole et faire aussi bien l'éloge de la gauche, en la personne du président de la République, que de la droite en rendant hommage à Jacques Chaban-Delmas, l'ancien Premier ministre et maire de Bordeaux, qui était à la table. Ce dernier, qui était mon voisin, me poussait du coude en chuchotant : « Il est gonflé, mais il connaît bien la politique française. »

Le Sénégal était aussi l'un des pays d'Afrique où nous avions eu une bonne influence. Léopold Sédar Senghor, un grand président-poète, marié à une Française, a vécu dans l'ombre de la France dans le bon sens du mot. Il ne venait pas nous manger dans la main, avait de l'autorité et a beaucoup fait pour une meilleure compréhension mutuelle.

La politique africaine de la France n'a pas toujours échappé au ministre des Affaires étrangères, comme ce fut le cas ces dernières années. J'avais une relation personnelle et ancienne avec tous ces chefs d'État car j'avais été élu avec certains d'entre eux à l'Assemblée en 1956. À cette époque, l'Ivoirien Houphouët-Boigny ou le Guinéen Sékou Touré étaient députés français. Nous appartenions à la même formation politique, l'UDSR-RDA, et avions en outre des relations «fraternelles». Celui dont j'étais le plus proche était, sans conteste, Félix Houphouët-Boigny. Fils de chef coutumier, il avait conservé sa religion animiste, mais était aussi une sorte de mystique catholique. Il avait rêvé de faire bâtir une réplique de Saint-Pierre de Rome en pleine brousse! J'ai visité cette basilique dans son village natal de Yamoussoukro qu'il a transformé en capitale. Je m'y suis rendu juste avant d'être nommé au Conseil constitutionnel. Dans son «Versailles» personnel, il a tenu à me montrer comment on nourrit ses crocodiles sacrés. Des domestiques apportaient des morceaux de barbaque qu'ils offraient dans les fosses à une quinzaine de monstres qui se les disputaient. Pour plaisanter, je lui ai demandé s'il jetait là ses opposants. «Jamais, tant que j'ai été au pouvoir, je n'ai fait donner la mort; aucune exécution capitale, et j'en suis fier», m'a-t-il répondu.

J'ai aussi le souvenir d'une rencontre à Paris avec Félix Houphouët-Boigny, lors de la préparation de l'élection du secrétaire général de l'ONU que je souhaitais francophone. Le président ivoirien a, de mon bureau du Quai d'Orsay, appelé personnellement tous ses homologues pour les enjoindre de voter pour le candidat de Paris. Cette politique avait son sens dans la mesure où l'on croyait à la démocratie dans cette instance internationale et à l'importance des décisions de l'ONU. Houphouët m'a alors demandé : « Quand le président de la République va-t-il recevoir ses "pairs" ? » Mitterrand nous réunissait alors longuement pour harmoniser les positions, et c'est ainsi qu'a été élu l'Égyptien Boutros Boutros-Ghali. Sans nos pays « satellites » africains, sa candidature n'aurait pas été acquise. Les Américains m'en ont voulu car ils avaient un candidat qui n'était francophone que du bout des lèvres !

Houphouët-Boigny, président de la République de Côte d'Ivoire, avait été invité en Angleterre par la reine qui l'avait reçu. Mme Thatcher, Premier Ministre, lui avait demandé :

– Expliquez-moi pourquoi vous êtes si bien avec les Français qui vous ont longtemps traités en esclaves ?

– Simplement parce qu'ils ont fait de nous des ministres !

Les Anglais ne traitaient pas leurs colonies de cette façon. Ils les ont emmenés à l'indépendance d'une façon un peu brutale. Certes, ils ont fait le Commonwealth, mais nous n'avons rien à leur envier. Aux sommets franco-africains, qui se tiennent désormais tous les deux ans, le climat à l'époque valait celui du Commonwealth. Par exemple, au moment de l'invasion du Tchad par Kadhafi, tous les chefs d'État étaient inquiets de l'évolution de la situation sur le plan politique. Ils craignaient de voir démantelée l'Afrique francophone. La démonstration était faite par la Libye qu'un puissant voisin pouvait mettre en péril l'équilibre de la région. Lors d'un sommet, Mitterrand a dû longuement répondre à l'inquiétude des participants sur ce problème politique. Le climat était amical. Ils s'exprimaient tous en français. Et ils emboîtaient le pas de la France si l'on était assez adroit. Nous n'en étions pas encore aux affirmations de M. Balladur, candidat à la présidence de la République, qui voulait « larguer » l'Afrique ou à celle de tel ministre des Finances qui ne voulait plus soutenir le franc CFA.

La Côte d'Ivoire et la démocratie

Les relations actuelles avec la Côte d'Ivoire et le président sortant Laurent Gbagbo sont très mauvaises. C'est pourquoi je me suis rendu fin 2010 à Abidjan avec mon ami Jacques Vergès pour essayer d'aider à résoudre la crise politique inextricable liée à l'élection présidentielle. Mais, avant de développer les raisons qui m'ont poussé à proposer mes services, il me faut rappeler que ce n'était pas la première fois que je jouais le « Monsieur Bons Offices » dans ce pays. Sous la présidence de Jacques Chirac, je m'étais déjà rendu à deux reprises en Côte d'Ivoire pour tenter d'opérer une réconciliation. J'ai ainsi vu longuement le président ivoirien et j'ai rendu compte au président français qui m'a paru un peu « étroit » sur le sujet :

— Gbagbo a manqué à sa parole.

— Monsieur le président de la République, si vous tournez le dos à tous ceux qui manquent à leur parole...

— Il est fou. Il est allé raconter à l'un de ses homologues que je voulais le faire assassiner ! Ce dernier m'a immédiatement alerté. Vous me voyez, monsieur Dumas, faire assassiner un chef d'État ?

— Évidemment, non. Mais il ne faut pas se fier à tout ce que l'on raconte...

Jacques Chirac ne voulait pas recevoir Laurent Gbagbo, mais j'avais fini par le persuader de me laisser tenter quelque chose pour rapprocher les deux clans. M'inspirant de la célèbre partie de ping-pong qui avait concrétisé aux yeux du monde la réconciliation sino-américaine, j'avais imaginé organiser dans les Pyrénées un match de football mettant en présence des joueurs ivoiriens et français et les ministres des Affaires étrangères des deux pays. Le match a eu lieu, mais pas la rencontre ministérielle. Rien n'a bougé. Gbagbo est le seul chef d'État à avoir boycotté le défilé de troupes africaines sur les Champs-Élysées le 14 juillet 2010.

Ce dossier des élections est pour moi une affaire juridique à connotation politique. Je ne suis pas un avocat qui débute et j'ai présidé une institution dont le travail est précisément de juger de l'équité des élections. J'ai donc une certaine « pratique » que j'ai voulu mettre au service d'un pays ami et de son président à qui j'ai proposé mes services. J'ai souhaité être accompagné d'un confrère. Nous avons passé en revue quelques « académiciens du droit » qui ne convenaient pas et sommes tombés d'accord sur le nom de maître Jacques Vergès. À la différence de tous ceux qui glosent sans s'être déplacés, nous avons au moins le mérite de nous être rendus sur le terrain pour y étudier les documents et entendre les témoignages. Il est inexact de répéter à l'envi que Gbagbo a perdu les élections. Les classes politique et médiatique françaises ont véhiculé avec complaisance des lieux communs qui ne résistent pas à l'examen. Nous avons passé en revue nombre de bordereaux de bureaux de vote où les irrégularités sont patentes. À Bouaké, dans le centre-nord du pays, car il s'agit d'un conflit entre le Nord et le Sud, nous avons constaté par exemple que dans un bureau le nombre des votants pour Ouattara était supérieur à la liste des inscrits et que sur plusieurs milliers de personnes aucune n'avait voté pour Gbagbo... Je peux montrer copie de ces documents à qui souhaite les examiner. Si cela n'alerte pas les « Démocrates » avec un grand D et des guillemets, les mots n'ont plus de sens ! J'ai également vu les photos d'une femme, membre du comité de soutien de Gbagbo à Bouaké, qui a été maltraitée et abandonnée nue dans une pièce pendant deux jours avant qu'on ne la transporte à l'hôpital. J'affirme donc que la commission électorale n'a pas bien fait son travail. La seule erreur qu'ait faite Laurent Gbagbo, et je le lui ai dit, est que les conditions n'étaient pas réunies pour organiser des élections. Il aurait dû exiger le désarmement des milices et la révision des listes électorales, ce qui était d'ailleurs les deux conditions émises par l'ONU pour la tenue de ces élections.

Une cause n'est cependant jamais perdue, et j'apprécie autant que Vergès les dossiers difficiles qui méritent eux aussi d'être défendus. Il m'est bien égal de passer pour un minoritaire. Minoritaire, je l'étais dans la Résistance quand il n'y en avait que pour Pétain; à la Libération, c'était l'inverse, nous avions la majorité avec nous! La deuxième fois où j'ai été minoritaire, c'était pendant la guerre d'Algérie où le résident général de France avait menacé de me faire fusiller... L'injure suprême était que nous «poignardions dans le dos les petits Français qui se battaient contre les bougnoules». On a vu comment cela s'est terminé! Je suis donc fier d'être minoritaire et fier surtout d'aider un État indépendant comme la Côte d'Ivoire à se faire respecter et à ne pas accepter les ingérences de l'ancienne puissance coloniale. La Françafrique a vécu.

Une fois au Quai d'Orsay, j'ai continué à m'inspirer de la politique du général de Gaulle. Depuis la guerre, il avait beaucoup de considération pour l'Afrique. J'avais observé qu'à son arrivée au pouvoir en 1958 il avait changé les méthodes. Du temps de la IVe République, on envoyait un fonctionnaire ou un secrétaire d'État accueillir chaque chef de région qui venait à Paris. En leur donnant l'indépendance, de Gaulle les a élevés au rang de chefs d'État, et c'est lui qui allait les accueillir à l'aéroport. C'était très intelligent et cela a compté dans les relations personnelles qui se sont alors instaurées.

La Françafrique existait avant de Gaulle. Il ne l'a pas contrariée en laissant Jacques Foccart et ses réseaux prospérer. Mais ils ont toujours reposé sur des relations personnelles entre chefs d'État et hauts dignitaires dans chaque pays. Chacun y puisait ce dont il avait besoin, généralement des fonds pour des élections. Cela créait aussi des relations souterraines où l'on traitait des problèmes avec la France.

Les contacts étaient personnels. Il n'était peut-être pas très judicieux d'envoyer un membre de sa famille comme l'a fait Mitterrand avec son fils Jean-Christophe. Celui-ci avait été correspondant de l'AFP en Mauritanie et connaissait certains chefs d'État de la zone. Il n'avait peut-être pas un grand sens politique, mais c'était moins audacieux que de vouloir nommer le fils de M. Sarkozy à la présidence de l'EPAD (Établissement public pour l'aménagement de la région de la Défense). Jean-Christophe Mitterrand rendait compte aux ambassadeurs et à mon ministère. Il n'a pas fait de bêtises pendant cette période. Et l'on pourrait épiloguer sur les ennuis qu'il a ensuite connus en Mauritanie.

Il est inexact de dire que tous les conseillers pour l'Afrique de l'Élysée étaient francs-maçons. Le fils de Mitterrand n'était pas franc-maçon, mais Guy Penne l'était. Il était surtout compétent car il connaissait bien tous ces chefs d'État. Et je ne crois pas que Foccart le fût. La franc-maçonnerie a toujours eu une influence dans les pays africains. Les loges y étaient nombreuses, par exemple chez Bongo qui était lui-même franc-maçon. Un jour, il m'a montré à la fois sa carte du parti socialiste qui datait de 1936 et le document qui témoignait de son appartenance à la franc-maçonnerie. Et mon ami Jean Mons, que j'ai défendu dans «l'affaire des fuites», qui était grand maître d'un ordre proaméricain, faisait continuellement le tour des loges en Afrique.

Mais il ne faudrait cependant pas oublier qu'il y avait deux courants de pensée qui régissaient les relations franco-africaines. Historiquement, l'Église catholique était présente sur le continent. Les papes ont eu l'habileté de nommer des évêques et des cardinaux noirs. On les remarque lors des conciles à Rome. Aujourd'hui, même les prêtres africains sont de plus en plus nombreux en métropole.

En juin 1990, le sommet de La Baule a été un cap dans les relations entre la France et l'Afrique. Le président de la République s'y était clairement exprimé : « Il n'y a pas de développement sans démocratie ni de démocratie sans développement. » Ça a fait grincer quelques dents parmi les chefs d'État africains couchés sur leur tas d'or. J'avais préparé le terrain avec le roi du Maroc qui était assez habile pour comprendre notre position sans remettre en cause ses propres prérogatives. Les autres ne voulaient pas qu'on entame leurs pouvoirs. J'étais suffisamment bien avec eux pour leur faire admettre qu'il fallait faire des progrès. Ils approuvaient de la tête, et puis c'est tout. Ils sont venus me voir après pour me demander ce que cela allait changer.

De tous les chefs d'État africains que j'ai connus, celui qui m'a le plus impressionné est bien sûr Nelson Mandela, l'ancien président de l'Afrique du Sud. J'ai une dédicace de lui très élogieuse pour la France « à laquelle je dois ma liberté… ». La première visite officielle qu'il ait faite a été en France. C'est moi qui l'ai accueilli. Il est arrivé à pas lents, avec une certaine majesté, qui lui donnait l'allure d'un avocat anglais fort distingué. J'avais peine à imaginer qu'il sortait de vingt-sept années d'incarcération. Il parlait un bel anglais.

Avec l'élargissement de Nelson Mandela sonnait enfin le glas de cette monstrueuse politique d'apartheid et de colonisation. L'Afrique avait gagné un héros… et un beau sourire.

4

Dans l'ombre de Mitterrand

La prise du pouvoir par « Mazarin »

En fait de calomnie, tout ce qui ne nuit pas
sert à l'homme qui est attaqué.

Cardinal de R<small>ETZ</small>

La citation du cardinal de Retz, qui fut l'ennemi juré de Mazarin et dont Louis XIV redoutait l'esprit frondeur, va comme un gant à François Mitterrand qui reste l'un des hommes politiques français parmi les plus vilipendés. Elle avait été reprise par François Mauriac en 1954, dans un de ses « Bloc-Notes » de *L'Express*, où il prenait la défense du garde des Sceaux Mitterrand, injustement soupçonné dans une histoire d'espionnage au service de l'Union soviétique, l'affaire dite des « fuites ».

De tous les personnages historiques que ce dernier admirait, le plus cher à son cœur était Jules Mazarin qui fut le mentor et le parrain du jeune Louis XIV. Il sauva la France de la guerre civile et rétablit l'autorité de l'État. Le président appréciait en connaisseur le *Bréviaire des politiciens*, attribué à l'ecclésiastique, où les maximes sont un traité éclairé sur l'art de gouverner. Ce n'est sans doute pas par hasard s'il a baptisé sa fille du nom inattendu de Mazarine... Il est aussi intéressant de savoir qu'il lisait peu de temps avant sa mort le testament de Louis XIV. L'histoire de France le passionnait. Formé à l'école des «bons pères», il avait une éducation provinciale et une culture classique. Élevé dans une famille de la petite-bourgeoisie charentaise – son père était vinaigrier –, il a mis longtemps avant de se départir de ce passé conservateur.

Mitterrand à droite?

On a oublié que François Mitterrand s'était fait élire sur une liste de droite à Château-Chinon aux législatives qui se tinrent fin 1946. Il s'était déjà présenté dans le département de la Seine, en juin de la même année, aux élections législatives, chargées de renouveler l'Assemblée constituante, mais il avait été battu. Il avait été investi par le Rassemblement des gauches républicaines qui n'avait de gauche que le nom. C'était l'alliance de l'UDSR et des radicaux de Daladier, qui dirigeait cette liste, classée à droite sur l'échiquier politique. Mitterrand n'avait pourtant aucune estime pour l'ancien président du Conseil qu'il considérait comme l'un des grands responsables de la défaite de 1940. Dans la Nièvre, il bénéficiera du soutien du Parti républicain de la liberté et remportera un siège avec le parrainage de l'ensemble des formations de droite.

Je ne sais si François Mitterrand était au plus profond de lui-même un homme de gauche, mais ce dont je puis témoigner, c'est qu'il s'est comporté, en politique, comme un homme de gauche. Qu'est-ce que cela veut dire être un homme de gauche? Si c'est avoir la carte du parti communiste ou du parti socialiste, il ne l'était assurément pas. Mais il l'était dans sa vision du monde, dans son combat pour l'amélioration de l'humaine condition: éradiquer la pauvreté, lutter pour que l'humanité mange à sa faim et pour que les enfants soient éduqués.

Mitterrand était de ceux qui pensaient que l'intervention de l'homme était indispensable pour rectifier ces grandes injustices. Il était resté un chrétien libéral, un adepte d'Ernest Renan et un disciple de Marc Sangnier et de son mouvement progressiste Le Sillon.

Religieusement et intellectuellement, il avait été influencé par sa mère, catholique rigoureuse. Il ne pratiquait pas et avait horreur des simagrées dont abusait autrefois le rite catholique romain. Mais il affectait une reconnaissance éternelle au vieux prêtre qui lui avait appris le grec et le latin quand il était collégien à Angoulême. Il n'avait pas été élevé, comme moi, par des instituteurs laïcs, ces hussards noirs de la République. On sait que les enfants sont très influencés par leurs maîtres. Il a «viré sa cuti» après la Libération.

Ses yeux se sont alors ouverts sur l'organisation de la société telle que la concevait la droite. C'est à ce moment qu'il a opté pour l'UDSR, un petit parti de centre gauche qui lui a servi de tremplin. Puis il a réunifié le parti socialiste quand il a considéré que c'était la voie du progrès et le seul moyen d'arriver au pouvoir, il faut le reconnaître aussi. Il y avait une brèche dans laquelle il s'est engouffré, des tabous qu'il fallait abolir, notamment l'anticommunisme. C'était audacieux dans les années 1970 de faire ce qu'il a fait, pas à pas. Il avait compris qu'il fallait s'appuyer sur les franges populaires pour prendre le pouvoir. On a oublié les entraves qui ont été mises à la réalisation de cette ambition aussi bien à l'extérieur qu'à l'intérieur du parti. Guy Mollet, qui voulait garder le monopole de l'opposition apparente à de Gaulle, se vantait d'être le seul qui pouvait parler aux communistes. L'audace de Mitterrand a été de franchir toutes ces barrières. Il aurait pu échouer et tomber dans le trou de l'histoire comme tant d'autres. Dieu sait pourtant que les obstacles ont été nombreux sur sa route vers le pouvoir suprême.

L'«affaire des fuites» fut la première qu'il eut à affronter. Le président de la République, René Coty, et le président du Conseil, Pierre Mendès France, préoccupés par la divulgation de secret-défense à l'Union soviétique, *via* le Parti communiste français, firent procéder à des enquêtes par la DST. François Mitterrand, ministre de l'Intérieur, fut ainsi surveillé à son insu. L'enquête révéla que les fuites venaient du secrétariat général du Comité de défense, tenu par Jean Mons, dont je serai le défenseur et que je réussirai à faire acquitter. Il n'était pas responsable de ces divulgations, opérées par deux de ses collaborateurs, opposés à la guerre d'Indochine, qui transmettaient les informations à un flic infiltré au Parti communiste français. Mitterrand avait été blanchi bien avant le procès même, mais la rumeur continuait à faire son œuvre dévastatrice car il commençait à contrarier des ambitions, à gauche notamment.

Sur Mitterrand, j'en ai entendu des balivernes: que c'était un agent soviétique; que, chez lui, servaient des valets habillés à la française; qu'il était toujours à court d'argent et que ses ressources étaient mystérieuses, qu'il possédait un palais à Venise. Mais la pire, parce que la plus infamante, a été incontestablement cette «affaire des fuites», à partir de laquelle Mitterrand n'a plus eu les mêmes sentiments d'amitié à l'égard de Mendès France. L'histoire a entaché leur relation pour longtemps. Le seul lien qui les unissait encore était leur opposition à de Gaulle, c'est-à-dire une opposition républicaine à ce qui ressemblait à un pouvoir personnel.

Alors que Mendès France était resté un homme de la IIIe République, défenseur du pouvoir parlementaire, Mitterrand s'est glissé sans état d'âme dans les habits de «monarque républicain». Il n'a jamais touché à la Constitution de la Ve République, mais l'a utilisée au plus près du texte. Il utilisait cette formule: «La Constitution est dangereuse; tant que je serai là, il n'y aura aucun risque; mais après moi, tout redeviendra dangereux. » Il n'a jamais eu recours, par exemple, aux pouvoirs spéciaux comme l'avait fait de Gaulle pendant la guerre d'Algérie qui était certes une période d'exception.

À l'époque de l'«affaire des fuites», je ne connaissais pas François Mitterrand. Ou plus exactement je l'avais croisé en 1947 ou 1948 dans les organisations de résistants. Je me souviens de l'avoir salué rue de l'Échelle, près de l'Opéra, dans les locaux de l'association qui venait en aide aux familles des anciens combattants de la France libre. Nous deviendrons proches quand je serai élu, contre toute attente, député de la Haute-Vienne en 1956, sous l'étiquette UDSR. À partir de ce moment je serai son avocat, à une époque où il était en butte à nombre d'attaques, dont la plus douloureuse fut, sans conteste, celle des «jardins de l'Observatoire», à la mi-octobre 1959.

Quand je l'accompagnais au Sénat pour le défendre dans l'affaire du faux attentat de l'Observatoire, je faisais un choix judiciaire, mais aussi un choix politique. C'est cette attitude désintéressée qui, je crois, l'a impressionné et séduit. Je ne lui ai jamais rien demandé, lui suis resté fidèle contre vents et marées et ne lui ai jamais «manqué», comme on disait autrefois. Tout le monde ne peut pas en dire autant dans son camp... Au moment de l'affaire de l'Observatoire, il n'y avait pas grand monde autour de lui, en dehors de ses copains de régiment et de captivité qui étaient ses amis, mais pas les miens. D'aucuns auraient cependant pu dire que nous constituions une bande, même si j'en étais la «pièce rapportée».

Faux attentat et vraie naïveté

Cette histoire a empoisonné la vie politique de François Mitterrand pendant dix ans. Exploitée à l'envi par les gaullistes et les chansonniers, elle lui fera le plus grand tort lors de l'élection présidentielle de 1965. Il était alors facile de voir «à qui profitait le crime». En 1959, le général de Gaulle «régnait» depuis un an, et la guerre d'Algérie était à son comble avec ses répercussions sanglantes des deux côtés de la Méditerranée. Le sénateur de la Nièvre était au creux de la vague. Mais imaginer qu'il ait pu organiser un faux attentat contre lui-même pour redorer son blason est une plaisanterie. Je n'y ai jamais cru. La vérité est qu'il s'est laissé manipuler et piéger car, contrairement à ce qu'on pense, Mitterrand avait une part de naïveté qui lui a souvent nui.

Dans la nuit du 15 au 16 octobre 1959, vers 0 h 30, François Mitterrand quitte la brasserie Lipp boulevard Saint-Germain après avoir dîné avec Georges Dayan. Il rentre chez lui avenue Guynemer, seul au volant de sa Peugeot 403 quand, se voyant suivi, il fait un détour par l'avenue de l'Observatoire pour en avoir le cœur net. Au moment où il saute de sa voiture pour se réfugier derrière un bosquet, une rafale de fusil-mitrailleur transperce la carrosserie. Mitterrand n'est pas blessé et porte plainte le lendemain.

Ce jour-là, j'avais plaidé à Lyon et entendu à la radio qu'une tentative d'assassinat avait été perpétrée contre lui. Au téléphone, Danielle me dit qu'il était chez son ami Dayan où je suis allé le rejoindre tard. Il était pâle et tournait en rond dans l'appartement en répétant cette phrase: «Ce sera sa parole contre la mienne.» Il évoquait Robert Pesquet, ancien député gaulliste, proche de l'extrême droite, qu'il avait eu la maladresse de rencontrer à trois reprises. Au cours de ces contacts, Pesquet lui avait «révélé» qu'un groupe d'extrême droite préparerait un attentat contre lui, au motif qu'il avait cessé de défendre l'Algérie française depuis la chute du gouvernement de Guy Mollet en 1957.

Pesquet le manipule et lui fait peur, ce qui était relativement facile dans le climat de terreur qui régnait alors. Il le dissuade de prévenir la police, prétextant que cela mettrait sa vie en danger. Ce n'était d'ailleurs pas difficile de l'en convaincre car Mitterrand se méfiait de la police aux ordres de l'appareil gaulliste. Cette maladresse vaudra au sénateur de voir son immunité parlementaire levée et d'être inculpé d'«outrage à magistrat» pour avoir caché à la justice ses rencontres avec Pesquet. Ce dernier voulait au mieux le ridiculiser, au pire le «couler» politiquement. Pour affiner sa manipulation, Pesquet avait consigné dans une lettre les détails du prétendu *deal* avec Mitterrand. Il se l'était envoyé à lui-même en poste restante, avant même les faits, de façon à «mouiller» sa victime. Une semaine plus tard, Pesquet racontait sa version des faits dans le journal d'extrême droite *Rivarol*. Il lançait la thèse du faux attentat organisé par Mitterrand lui-même. Le piège se refermait car ce dernier ne pouvait plus nier être au courant puisque leurs rencontres étaient ainsi révélées par la lettre. Des recherches menées plus tard par des journalistes d'investigation mettront en lumière les possibles implications de l'extrême droite en la personne de Jean-Louis Tixier-Vignancour, avocat de Pesquet dans un premier temps, voire des officines gaullistes où Michel Debré aurait pu jouer un rôle pour discréditer un futur adversaire. Cette dernière version rejaillira bien plus tard, en 1974, quand Pesquet reprendra cette thèse dans un livre à scandale destiné, une fois de plus, à se faire «mousser» et surtout à gagner de l'argent.

Je crois que la vérité est beaucoup plus simple et plus sordide à la fois. En tant que conseil de Mitterrand, j'avais été chargé de trouver des moyens de défense. Comme le juge Braunschweig campait sur sa position, considérant que mon client était complice de ce faux attentat, j'ai essayé par tous les moyens d'embarrasser le magistrat. J'y suis arrivé au-delà de toute espérance. Je dois confesser que j'y ai été aidé par Pesquet lui-même et surtout par son nouvel avocat, Jacques Isorni! Ce dernier détestait Tixier-Vignancour et appréciait Mitterrand. Entre avocats de droite et de gauche, il n'est pas interdit de trouver des arrangements... J'avais compris en effet que Pesquet agissait surtout par intérêt. Il avait besoin d'argent et était prêt à monnayer une photo datant de 1939. Sur ce cliché, banal en apparence, on voit quatre copains de régiment en tenue militaire, un peu niais avec leur calot de travers et leurs bandes molletières. Mais en y regardant de plus près on reconnaît, au centre, Pesquet et son ami Braunschweig. Le député et le magistrat avaient fait leurs classes ensemble à l'école des sous-officiers de Rambouillet ! Le juge était dans la nasse.

Pesquet avait décidé que la transaction interviendrait en Suisse, dans un grand hôtel de Lausanne, où je me suis rendu avec une liasse de billets en poche. De retour à Paris, je fais réaliser des copies de cette photo et prends bien soin de ne pas la révéler dans la presse. Je ne voulais pas d'agitation médiatique, mais seulement affoler le tribunal et obtenir un non-lieu pour Mitterrand, ce qui se passera selon mes plans.

Mitterrand m'avait demandé de passer le voir le soir même pour lui faire le compte rendu de la transaction. Je sonne à son domicile où il dîne avec Guy Mollet et quelques socialistes, alors en pleine discussion sur la reconstruction de la gauche. Première parole :

– Ça s'est bien passé ?

– Merveilleusement bien.

– Attends-moi dans mon bureau, j'arrive.

Délaissant ses convives, il me rejoint, et je lui montre le document qui le stupéfie.

– Mais comment as-tu fait ?

– J'ai donné de l'argent à Pesquet qui ne demandait que cela...

– Dis-moi combien je te dois ?

– Rien. Ce sera ma contribution à la campagne électorale !

La somme que j'avais payée sur ma cassette était rondelette, mais en aucun cas astronomique. Je crois que, de cette époque, date son amitié profonde pour moi. Je demande audience au juge Braunschweig et lui présente la fameuse photo. Il est devenu blanc et m'a demandé d'attendre un moment dans son cabinet pour aller en référer au procureur général, le premier magistrat de Paris. On ne parlait guère à l'époque de l'indépendance de la magistrature ! J'ai su, par la suite, que le procureur général lui avait recommandé « de ne pas bouger ». Mais la panique était générale. De pourvoi en renvoi, l'affaire ne fut jamais jugée et fut amnistiée par une loi initiée par le président Pompidou qui, lui-même, avait eu à souffrir des coups tordus de certaines officines dans l'affaire Markovic.

Mais la vraie question à se poser est : pourquoi la droite n'a-t-elle pas mieux « exploité » par la suite le faux attentat dit « de l'Observatoire » ? La réponse se trouve dans une autre affaire, celle « du bazooka », qui avait eu lieu deux ans auparavant à Alger. Un autre attentat, un vrai, avait été perpétré, en janvier 1957, contre le général Salan, commandant en chef des forces armées en Algérie. Mais le coup avait raté sa cible, en tuant cependant le commandant Rodier, son officier d'ordonnance. Une procédure militaire fut ouverte à Alger. Par le plus grand des hasards, je connaissais une shampouineuse dont l'ami, le docteur René Kovacs, un jeune médecin algérois, était désigné comme le commanditaire de l'attentat. J'avais ainsi des informations de première main car les femmes sont bavardes. Au cours des interrogatoires, il révéla que leur action avait été « inspirée » par le sénateur Michel Debré, farouche militant de l'Algérie française, sans toutefois apporter la preuve de l'implication du futur Premier ministre de De Gaulle.

Les « parties nobles » de Giscard

L'enquête permit de découvrir aussi qu'un jeune député, un certain Valéry Giscard d'Estaing, était pour le moins sympathisant du complot organisé par un mystérieux « Comité des six ». Tous ces jeunes gens voulaient concourir à renverser le gouvernement pour changer la politique de Guy Mollet jugée trop molle dans la défense de l'Algérie française. La manœuvre devait commencer par l'élimination physique du général Salan qui avait été préféré au général Cogny, réputé plus ferme, comme le laissait supposer son surnom de « Borgia ». Cet assassinat programmé était le prélude à ce qu'il faut bien appeler un coup d'État.

Des noms de comploteurs commençaient à circuler à Paris, à la suite d'écoutes téléphoniques et de bavardages approximatifs. Ainsi évoquait-on, à la tête des conjurés, un « homme politique important » qui répondait au patronyme baroque de M. Giscard-Monsservin ! C'était à l'évidence une confusion. Car il existait bien un fringant Giscard d'Estaing et aussi un vieux parlementaire du nom de Boscary-Monsservin. L'affaire donna lieu à un débat à l'Assemblée nationale où Tixier-Vignancour eut ce mot admirable : « Ce comité est dirigé par un personnage mystérieux, constitué des bas morceaux de M. Boscary-Monsservin et des parties nobles de M. Giscard d'Estaing ! » Rigolade générale dans l'hémicycle.

Jeune député, j'avais participé à la constitution d'une sorte d'amicale intergroupes des nouveaux élus. Giscard, nouvel élu lui aussi, en faisait partie et vint me faire part de ses soucis. Il me demanda d'intervenir auprès du garde des Sceaux qui n'était autre que François Mitterrand... J'étais son jeune député UDSR. Il n'était pas commode dans son rôle de ministre de la Justice, voire autoritaire, mais ne me refusait rien. Profitant de l'absence du président Guy Mollet en voyage en Amérique, il fit «remonter le dossier» d'Alger à Paris pour l'étudier en personne. Son message fut le suivant: «Dites à Giscard qu'il ne bouge pas; pas de déclarations et surtout qu'il ne reconnaisse rien; je m'occupe de tout...» Il a fait rouvrir une information dans la capitale et désigner un juge d'instruction parisien.

C'est pourquoi Giscard était bienveillant à mon égard car nous partagions ce secret. Mitterrand avait bien joué. Il voyait en Giscard un brillant député plein d'avenir... L'affaire a été étouffée. C'est cette manœuvre qui fut reprochée au garde des Sceaux de l'époque. On peut dire que Giscard doit une «fière chandelle» à Mitterrand. Michel Debré aussi. Je pense que le pouvoir gaulliste n'a pas attaqué Mitterrand lors de l'affaire de l'Observatoire car il craignait qu'on ne ressorte l'affaire du bazooka qui aurait pu nuire à «l'amer Michel», comme le surnommait *Le Canard enchaîné*. C'était en quelque sorte un échange de bons procédés.

La fidélité pour viatique

On a assimilé la trajectoire politique de François Mitterrand à de la simple habileté avec un goût maladif pour la dissimulation. La réalité est plus complexe et les détracteurs manichéens. J'ai souvent constaté que les grands patriotes se sont surtout révélés à partir de 1944! Contrairement aux confortables «bien-pensants» d'aujourd'hui comme Jacques Attali, je pars de l'idée qu'il est difficile de reprocher à un homme de 25 ans d'avoir été à Vichy, en passant sous silence qu'il est entré dans la Résistance dès 1943.

En revanche, j'aurais bien commandé le peloton d'exécution contre René Bousquet! Mitterrand a entretenu toute sa vie des relations avec lui parce qu'il était fidèle en amitié. Il est vraisemblable que, si Mitterrand avait été un adversaire politique, j'aurais été plus virulent contre lui. Mais c'était un ami dont je connaissais l'histoire par cœur. Et il ne faut pas compter sur moi pour aller cracher sur sa tombe comme le font ceux qui se prétendaient ses amis. Je crois surtout qu'une commune détestation de De Gaulle rapprochait les deux hommes.

J'ai failli rencontrer Bousquet pendant la guerre. En 1943, j'étais clandestin. Je vivais dans les bibliothèques parce que c'était chauffé. Un jour que j'étais à celle des Sciences politiques, rue Saint-Guillaume, un garçon de mon âge s'assied à côté de moi. Il cherche à savoir pourquoi je fréquente cette bibliothèque tous les jours. Dans la conversation, je lui confie imprudemment que j'ai été arrêté deux ans auparavant et que je n'ai pas de papiers. « Je vais t'arranger cela », me dit-il. « Présente-toi demain matin à 11 heures à la préfecture de police. Tu demanderas M. Bousquet. » Je n'en avais jamais entendu parler. J'étais clandestin et vivais dans un autre monde. J'ai passé une nuit blanche à me demander si c'était un piège ou non. Le lendemain, bien inspiré, je n'y suis pas allé…

Bien plus tard, en 1967, alors que je venais d'être élu député de Brive, Mitterrand m'appelle et me dit : « Rendez-vous demain à la Banque de l'Indochine où je vais te faire rencontrer un type très bien. » Il me raconte toute son histoire : comment Bousquet était devenu un héros national en sauvant de la noyade des dizaines de personnes lors des catastrophiques inondations de 1930 dans le sud de la France ; puis sa brillante carrière de fonctionnaire, après qu'il fut nommé sous-préfet de Vitry-le-François, à 29 ans, en 1938. Mais rien sur l'Occupation. Mitterrand me confie aussi que Bousquet, ami de Jean Baylet alors décédé, était devenu l'amant de Mme Baylet, la patronne de *La Dépêche du Midi*. Bousquet, membre du conseil d'administration du quotidien, en assurait de fait la direction politique. Comme j'étais député, Mitterrand m'assura que le journal pourrait m'aider dans ma carrière politique, comme il l'avait fait pour lui, en 1965, en menant une virulente campagne antigaulliste. L'éditorial quotidien de Joseph Barsalou, qui lui était favorable, était repris dans les revues de presse. Mitterrand avait bien besoin de soutiens quand il s'est présenté la première fois car tout l'appareil gaulliste était contre lui. Je me souviens du numéro spécial de *France-Soir* entièrement opposé à Mitterrand et diffusé à plusieurs millions d'exemplaires sur l'ensemble de la France. Danielle Mitterrand refusera de serrer la main de Pierre Lazareff, le patron du journal, qu'elle avait vertement apostrophé en public.

Nous déjeunons tous les trois à la banque dans un bureau hors du temps, aux murs tapissés de lourdes boiseries. Je n'avais pas la maturité de Mitterrand. Il avait été ministre, connaissait le Tout-Paris. Moi, j'arrivais de mon Limousin natal et n'étais à nouveau député que depuis un an. Bousquet était arrogant et sûr de lui, complètement réintégré à la société française : Banque de l'Indo, parti radical, *Dépêche du Midi*. En sortant, Mitterrand me demande :

– Comment l'as-tu trouvé ?

– Odieux ! Arrogant !

– Mais non, il est un peu raide, mais c'est quelqu'un de valeur. S'il n'y avait eu la guerre, il aurait été ministre, voire président du Conseil.

Inconsciemment, je devais sentir que ce genre de personnage n'était pas fréquentable. De plus, je ne supportais pas son côté autoritaire. C'était à mes yeux l'archétype de l'homme de droite. Tout ce que je détestais. Je ne l'ai plus jamais revu. Mitterrand m'avait pourtant convié à Latche où il recevait Bousquet, mais quand j'ai su qu'il serait là, j'ai décliné l'invitation. En fait, il l'avait connu à Vichy par l'intermédiaire de Jean-Paul Martin, récemment disparu, dont il fera un membre de son cabinet quand il sera ministre de la Justice. C'était des relations de cabinet, de bureau.

C'est Serge Klarsfeld qui m'a affranchi sur Bousquet. Un jour que nous nous croisions au Palais de justice, il me lance : « Tu as de curieuses fréquentations ! » Je réfute que Bousquet soit mon ami. Mon confrère, qui faisait alors ses recherches historiques, me raconte que Bousquet était l'un des instigateurs de la rafle du Vél d'Hiv en juillet 1942. Je ne le savais pas. J'étais stupéfait. Mon instinct ne m'avait pas trompé.

Cette histoire aura un rebondissement inattendu en 1992 lors de la commémoration du cinquantième anniversaire de la rafle. Alors que le président dépose une gerbe devant le mémorial, des sifflets et des huées fusent dans l'assistance. Le malaise est palpable dans les rangs des officiels et des membres du gouvernement. Badinter bondit à la tribune, éructant d'indignation. Il a été admirable, encore que grandiloquent et excessif, mais on peut le comprendre : « Vous m'avez fait honte [...] », a-t-il lancé à l'adresse des manifestants. « Il y a des moments où il est dit dans la Parole, les morts vous écoutent [...] je ne demande que le silence que les morts appellent : "Taisez-vous." » Mitterrand était livide. Une pauvre femme d'une cinquantaine d'années qui ne contenait pas son émotion et était incapable de parler s'est jetée dans ses bras. Celui-ci a essayé de la consoler en prenant sa tête entre ses mains et en lui promettant de la recevoir prochainement. Elle était une enfant quand la rafle a eu lieu. Elle s'en est sortie, mais toute sa famille est morte en déportation.

Je n'avais pas plus de détails sur le passé vichyste de Mitterrand. En fait, je n'ai connu l'affaire en profondeur qu'au moment où Pierre Péan a publié, en 1994, son ouvrage *Une jeunesse française*, illustré en couverture par la fameuse photo inédite de Mitterrand serrant la main du Maréchal. Je savais qu'il avait été en poste à Vichy où sa famille avait des relations. Par l'intermédiaire de son frère Robert et du beau-père de celui-ci, le colonel Cahier, il avait trouvé un modeste emploi à la documentation générale de la Légion des combattants et volontaires de la Révolution nationale.

Pour les avoir rencontrés ensemble, je n'ignorais pas non plus les relations amicales qu'il entretenait avec André Bettencourt puis, plus tard, avec son beau-père Eugène Schueller, patron fondateur de L'Oréal. Les deux jeunes gens s'étaient connus avant la guerre quand ils étaient pensionnaires à l'internat des frères maristes du 104, rue de Vaugirard. Fréquentaient aussi ce foyer d'étudiants les futurs écrivains Claude Roy et Jean Guitton, ainsi qu'un certain Pierre Bénouville qui se fera appeler plus tard Pierre Guillain de Bénouville. Grand résistant, compagnon de la Libération, il aidera son ami François à organiser son réseau de résistance à partir de 1943.

Avant de mourir

Autant d'informations qui ont été révélées au grand jour quand, cerné de toutes parts, il a décidé de crever l'abcès, au cours d'une mémorable interview télévisée menée par Jean-Pierre Elkabbach. Il m'était quelquefois arrivé d'évoquer son histoire avec Mitterrand quand, par exemple au cours d'un dîner en ville, j'avais entendu une prétendue « source sûre » raconter des anecdotes sur « Mitterrand-la-francisque ». J'ai même assisté à des débats houleux à l'Assemblée nationale où des députés y faisaient allusion. Jusqu'à 1994, il avait décidé de ne jamais s'abaisser à répondre aux attaques personnelles. Il restait jusqu'alors évasif. Puis, un jour, il a tout déballé au cours de cette fameuse émission. Je me suis permis de lui poser des questions auxquelles il a répondu gentiment. Avant d'entrer dans les détails, il a cependant pris soin de me parler, une fois encore, de la mort de mon père, comme pour atténuer la portée de la confidence :

– Pourquoi avoir attendu aussi longtemps pour dire la vérité et pourquoi parler maintenant?

– J'ai voulu, avant de mourir, que les Français qui m'ont fait confiance et m'ont élu sachent tout de mon passé et l'apprennent par ma bouche.

Il m'a même raconté qu'il tenait de bonne source qu'on était un jour venu montrer à de Gaulle la fameuse photo avec Pétain. Le Général aurait répondu: «Je ne veux pas qu'on utilise ces coups bas car il sera peut-être un jour président de la République.» C'est ce qu'on lui avait rapporté car Mitterrand n'avait pas de relation directe avec de Gaulle.

Je dois reconnaître que cette histoire me choquait en tant que résistant et fils de résistant parce que j'avais pris une option radicalement opposée. Mais je ne voulais pas «juger». L'époque de l'Occupation n'était ni blanche ni noire. J'ai lu, avec plaisir, le livre de Daniel Cordier, *Alias Caracalla*, qui fut le secrétaire de Jean Moulin dans la Résistance. Il évoque avec subtilité cette «confusion des sentiments» qu'il est difficile de condamner dans le confort d'aujourd'hui. L'itinéraire de l'auteur, de la droite extrême à la gauche, n'est pas sans rappeler celui de Mitterrand. J'y retrouve aussi tous les personnages que j'ai connus par la suite. Notamment Georges Bidault dont on a oublié l'incroyable carrière dans la Résistance. Il succéda à Jean Moulin à la tête du Conseil national de la Résistance et fut un brillant ministre des Affaires étrangères dans de nombreux gouvernements d'après guerre. Je l'ai rencontré souvent à l'Assemblée nationale où nous discutions volontiers. Je me souviens de l'une de ses remarques pleines de sagesse qui résument les ambiguïtés de . l'époque: «Pendant la guerre, ce n'était pas de faire son devoir qui était difficile, c'était de savoir où il était!»

En glorifiant, à juste titre, une poignée d'hommes, on oublie de dire que jusqu'au milieu de la guerre la grande majorité des Français était pétainiste car il était pour elle inconcevable que le héros de Verdun les conduise sur le chemin du déshonneur et du renoncement.

Traqué par son passé

L'essentiel sur la vie de François Mitterrand est désormais connu, mais on pourra encore glaner ici ou là des anecdotes. Le ministre de la Culture m'a annoncé récemment qu'il préparait un livre sur sa famille. Je ne sais pas si François serait heureux de voir Frédéric rue de Valois. Je puis témoigner qu'il aimait bien son neveu, mais il avait quand même sa fierté. Il ne fallait pas lui «manquer». Compromettre ainsi le nom des Mitterrand chez Sarkozy ne lui aurait sûrement pas plu. Il savait pourtant que Frédéric n'était pas socialiste, comme tout le reste de sa famille d'ailleurs. Ce dernier m'a ainsi appris que non seulement sa mère était la nièce du cofondateur de la Cagoule en 1935, mais aussi la maîtresse du général Dusseigneur, l'autre patron de l'organisation fasciste. Ce ne sont pas des révélations, mais ça devrait faire quelques remous... C'est peut-être de l'autoflagellation! Je préfère le Frédéric pratiquant l'autodérision et le coup de patte à son prédécesseur: «Quand on m'appelle monsieur le ministre, j'ai l'impression que Jack Lang va surgir derrière moi...» Ça m'amuse.

Quand le président m'interrogeait sur mon passé, je lui rétorquais que je n'avais aucun mérite. Je n'avais fait que suivre le chemin paternel, à gauche toute, sans me poser de question. En 1936, j'avais 14 ans et me bagarrais à la sortie du lycée avec des fachos des Croix de feu qui portaient des bagues à tête de mort. Nous avions les bagues à trois flèches du parti socialiste. Nous revenions à la maison avec des plaies et des bosses. Lui qui avait été un enfant sage souriait, songeur...

J'ai vu, de mes yeux vu, en 1984, des membres de sa famille le harceler au moment de la grande polémique autour de l'école libre. Dans ses 110 propositions de candidat à la présidentielle de 1981, il avait promis un grand service public unifié de l'Éducation nationale qui mettait à mal les spécificités de l'enseignement confessionnel en France. Pressentant les difficultés, Mitterrand n'avait pas montré de zèle à mettre en route le projet défendu par Alain Savary. Trois ans après son arrivée à l'Élysée, Mitterrand ne put faire autrement que de céder au lobby laïc. L'effet dans l'opinion fut dévastateur. La passion était à son comble. Le 24 juin, 2 millions de personnes se retrouvèrent dans la rue. Tous les leaders de droite, les Chaban, Giscard, Chirac, Veil étaient en tête de la contestation.

Je me souviens qu'un matin où je venais chercher le président à son domicile de la rue de Bièvre je tombai sur sa sœur qui attendait dans la cour. Il en avait trois, toutes plus grenouilles de bénitier les unes que les autres. Geneviève ne s'était pas fait annoncer « pour ne pas déranger ». Au moment où son frère sort, elle fond sur lui, s'agrippant à son bras :

– François, tu ne peux faire une chose pareille ; pense à tes vieux maîtres, à ta famille...

– Écoute, Geneviève, laisse-moi tranquille, j'ai des affaires importantes à voir avec Roland. Nous avons beaucoup à faire.

– Promets-moi de ne pas sacrifier « notre » école.

– Ne t'inquiète pas...

Il n'avait dit que ces paroles banalement rassurantes, mais dans le silence qui suivit, je compris : « Je te promets d'arranger cela... » La suite devait me donner raison. Dans la voiture il se lamenta : « Mes sœurs sont ainsi, il ne faut pas en tenir compte. »

En 1984, j'étais ministre des Affaires européennes et n'avais donc rien à voir avec le dossier de l'école libre, mais il évoquait souvent avec moi cette affaire qui le préoccupait. Au Sénat, Charles Pasqua avait demandé que la parole soit donnée au peuple par voix référendaire, sachant que la réponse serait négative, entraînant dès lors des conséquences politiques graves pour le président. Comme il aurait été dévastateur de refuser l'idée d'un référendum, il lui fallait faire diversion alors qu'il était cerné par la droite et les tenants de l'école libre. Il me demanda de réfléchir à un «moyen juridique» d'abandonner le projet Savary en sortant de la chausse-trappe par le haut. Mitterrand me disait: «Il faut que nous fassions la démonstration que la solution envisagée est juridiquement impossible!» En bon soldat, j'ai construit l'argumentaire qui expliquait pourquoi ce référendum ne pouvait être mis en place. En effet, la Constitution de la Ve République ne permettait pas, à l'époque, d'utiliser la consultation populaire dans de telles circonstances. Il aurait donc fallu qu'un premier référendum autorisât la modification de la Constitution et l'élargissement des cas de saisine. Puis un second pour demander aux électeurs de trancher le nœud gordien de l'école libre. Autrement dit, il fallait organiser un référendum sur le référendum!

Au cours d'une interview télévisée, le 12 juillet, il déclara: «Le moment est venu d'organiser la réforme constitutionnelle qui permettra au président de la République de consulter les Français sur les grandes questions que sont les libertés publiques...» Ce fut un coup de tonnerre. Dans la voiture qui nous ramenait rue de Bièvre, après son annonce à la télévision, je fus surpris par la teneur guerrière de sa conversation: «La politique n'est qu'action.» Arrivé à son domicile où l'attendaient Danielle, sa sœur Christine, son mari Roger Hanin ainsi que deux ou trois amis, il répéta la même phrase en développant son idée. «Nous étions assiéges; il fallait bien sortir sous le feu de l'ennemi.» Ses interlocuteurs échangent des regards surpris. Et le président d'enfoncer le clou: «Quand on tente une sortie, on perd forcément des hommes; nous aurons donc des pertes», faisant allusion aux laïcs furibards. Après un bref commentaire sur les difficultés qui nous attendent après l'été, il prend congé: «Je vais aller dormir.» Il me demande de l'accompagner jusqu'à son bureau. Nous montons lentement les marches qui mènent à son pigeonnier; appuyé à la rampe en fer forgé de cet hôtel du XVIII\ :sup:`e` siècle, il contemple et commente les tableaux naïfs haïtiens qui décorent la cage d'escalier. Il me dit beaucoup apprécier ce courant artistique. Il a l'air satisfait, apaisé. Avant d'aller dormir, il me sert la main et ajoute: «C'est dur la vie politique.»

Comme il l'avait imaginé, son initiative sema la confusion dans les rangs de la droite qui, après avoir réclamé un recours au peuple, fit machine arrière. Le Sénat, tenu par l'opposition, refusa le projet de loi constitutionnelle. C'est ainsi que nous avons franchi l'obstacle en évitant la guerre civile que Mitterrand craignait par-dessus tout. Il fallut alors régler la crise sur le plan politique. Au cours de la traditionnelle interview télévisée du 14 juillet, le président annonça solennellement l'abandon du projet de loi Savary. Les manifestants des deux bords sont rentrés chez eux. Le ministre de l'Éducation nationale ne put faire autrement que de démissionner, suivi le lendemain par le Premier ministre Pierre Mauroy et son gouvernement.

Le 18 juillet au matin, j'appelle ce dernier pour lui exprimer mon affection. «Je t'embrasse», me dit-il en raccrochant. Fabius, le nouveau Premier ministre pressenti, me téléphone aussitôt pour savoir si j'ai des nouvelles de la situation de Jacques Delors à Bruxelles dont la nomination en tant que président de la Commission européenne traînait depuis des mois. Cette information conditionne son entrée ou non dans son gouvernement. J'ai alors immédiatement entrepris la tournée des capitales européennes pour obtenir en deux jours l'accord de nos partenaires. Le plus difficile fut d'obtenir celui de Mme Thatcher qu'elle me concéda «sous condition». De retour à Paris, j'en fis part au président qui recevait précisément Delors pour l'informer qu'il ne ferait pas partie du gouvernement bien que rien ne fût encore décidé à la Commission. Je me fis annoncer, porteur d'un message important. François Mitterrand interrompit l'audience pour me recevoir dans son secrétariat. Satisfait, il est reparti vers son visiteur pour lui faire part de la nouvelle.

La seconde astuce résida alors dans l'entrée de Jean-Pierre Chevènement au gouvernement en remplacement d'Alain Savary, de façon à donner des gages aux tenants de la laïcité. Je quittais souvent le salon du Conseil des ministres en même temps que le président qui en profitait pour faire une recommandation à l'un ou un rappel à l'autre. S'adressant au nouveau ministre de l'Éducation nationale:

– Bonjour, Chevènement. Je suis très heureux de vous voir parmi nous.

– Merci, monsieur le président.

– Maintenant tout est réglé...

Et il tourna les talons. Ainsi fut enterrée la réforme de l'école, sans autre forme de procès. Cela pouvait apparaître comme de l'habileté pure, du Machiavel, disaient ses détracteurs. Pour avoir vécu l'histoire de près, j'y voyais surtout de la sagesse pour éviter les affrontements. Il se sentait sincèrement dépositaire de l'unité nationale et se refusait de jouer avec les convictions des Français. Même s'il se défendait de toute imitation, je le soupçonnais d'avoir pris sa décision bien en amont, comme de Gaulle le fit au moment de l'indépendance de l'Algérie. Donner le change dans un premier temps, céder en apparence pour mieux atteindre ensuite le but radical qu'on s'est fixé. Avec le recul, je pense qu'à l'instant où il rassurait sa sœur dans la cour de sa maison il avait déjà cette idée en tête. C'était un calculateur hors pair qui réfléchissait toujours au coup suivant. Un stratège.

Quelques jours plus tard, au cours d'un déjeuner auquel assistent ses deux fils, il file toujours la métaphore militaire, comme un conseil qui leur serait destiné: «Il ne faut jamais se laisser enfermer dans une situation dont l'issue ne dépend pas de vous.» C'est en fait une vraie leçon de politique dont j'ai toujours essayé de faire mon profit. Et il ajoute: «C'est pour éviter cela que j'ai décidé de changer de plan en proposant le référendum.» C'est au cours de ce même déjeuner du 20 juillet que nous décidons que l'association dont nous allons provoquer et faciliter la création portera le nom d'Association pour le référendum sur les libertés publiques. Le projet n'est pas abandonné, mais ce n'est plus l'urgence du moment. Pour ma part, je reste aux Affaires européennes avec, en plus, la fonction de porte-parole du gouvernement. Claude Cheysson a manifesté le souhait de rester quelque temps encore aux Relations extérieures. Je lui succéderai en décembre 1984, à l'occasion d'un remaniement.

L'hallali

Parmi les zones d'ombre de la vie de Mitterrand, un personnage a alimenté les fantasmes, de par ses «fonctions» et sa fin tragique qui a développé le mystère. François de Grossouvre venait lui aussi d'un milieu de droite. Il fit partie quelque temps du Service d'ordre légionnaire (SOL), mais, dès 1943, entra en résistance au réseau de la Chartreuse. La légende raconte qu'il fit la connaissance de Pierre Mendès France dans un bombardier et que ce dernier le présenta à François Mitterrand. Ils se lieront de fait en 1959 lors d'un voyage en Chine. Industriel prospère, il aidera financièrement son ami lors des élections présidentielles de 1974 et 1981. Le président le récompensera en lui confiant des missions discrètes, veiller notamment sur la «seconde famille», dont il était le voisin dans les appartements de fonction du quai Branly. Il était le parrain de Mazarine et se sentait «en charge» de la mère et de la fille. Cette longue amitié se terminera en tragédie. Son rapport à Mitterrand était excessif. On pourrait aller jusqu'à dire qu'il était amoureux «à en perdre la raison», comme l'écrit Louis Aragon dans son poème chanté par Jean Ferrat. À l'Élysée, les trois secrétaires du président, dont elles me savaient l'intime, se plaignaient à moi. Le «conseiller» les harcelait de questions : «Est-il là, qui a-t-il vu, quand part-il ?» Elles ne le supportaient plus. Et lui n'a pas supporté sa disgrâce.

Il fréquentait beaucoup de types de droite, comme Gérard de Villiers, l'auteur de la série de polars *SAS*, qui lui racontaient des sornettes et lui tiraient les vers du nez. Grossouvre s'imaginait protéger Mitterrand et ses secrets en le suivant pas à pas. Pendant la campagne électorale, il avait même ambitionné d'habiter rue de Bièvre pour être «au plus près». Mitterrand n'en voulait pas, et comme j'étais voisin, Grossouvre m'avait demandé d'occuper un studio inutilisé à mon cabinet. Heureusement, ça n'a duré que le temps de la campagne électorale !

Les choses ont commencé à se gâter quand il a vu des complots partout et a demandé un port d'arme. J'ai appelé le préfet de police qui m'a mis en garde : «C'est contraire aux règles car cette autorisation permettrait de conserver cette arme en permanence.» Il a tellement insisté qu'il a réussi à obtenir ce port d'arme en se faisant offrir, pour son anniversaire, le 357 Magnum spécial du GIGN. C'est le préfet Christian Prouteau, en charge de la sécurité du président, qui raconte l'histoire. Grossouvre a mis fin à ses jours avec cette arme en 1995 dans son bureau capitonné de l'Élysée. Il était devenu très critique vis-à-vis de Mitterrand qui l'avait éloigné en lui confiant la direction des chasses présidentielles à Chambord. Il se voyait toujours dans la peau du conseiller spécial qu'il n'était plus. L'heure de l'hallali avait sonné.

C'était des phénomènes de cour dont le président savait jouer en orfèvre. Il suffisait de le voir arriver dans une soirée avec une fille ou un ami pour s'en convaincre. Quand il était pris par une ambiance et qu'il voulait étinceler, il pouvait être irrésistible. Mais, s'il avait autre chose en tête, un rendez-vous important ou s'était disputé avec sa fille, on ne pouvait pas lui arracher deux mots. Il fallait attendre que ça se «débloque». Moi, qui le connaissais bien, j'avais parfois l'impression d'être face à un monarque. Il avait une majesté naturelle. J'avais même éprouvé ce sentiment avant son élection. Il ne passait jamais inaperçu, quitte d'ailleurs à apparaître comme arrogant. C'était aussi un conteur merveilleux. Il adorait disserter longuement sur un sujet politique, historique ou littéraire. Il connaissait toutes les régions de France et avait une anecdote sur chaque endroit. Il soignait ses relations. S'il fallait passer une soirée avec un bourgeois prétentieux ou un gauchiste emmerdant pour les amadouer, il le faisait. Mais il préférait bien sûr le commerce des intellectuels. Il adorait se faire inviter à déjeuner chez Sagan ou prendre un hélicoptère pour débarquer presque à l'improviste chez Michel Tournier qu'il visitait dans son presbytère de la vallée de Chevreuse.

Il lisait en permanence, surtout des classiques, dans de belles reliures du XIXe siècle. En voyage, il emportait bien sûr des dossiers, mais il les laissait souvent de côté au profit d'un «bon» livre: le *Journal* de Jules Renard, les *Mémoires* du duc de Saint-Simon ou *L'Homme de cour* de Baltasar Gracián, un jésuite espagnol du XVIIe siècle. Le commandant de bord arrivait alors dans la cabine:

– Monsieur le président, nous allons bientôt atterrir...

– Oui, oui. Je ne suis pas prêt, faites encore un tour ou deux.

Ce n'était pas des caprices. Il avait besoin de la lecture pour s'oxygéner l'esprit, tant la tâche était lourde. Il était incontestablement dans son époque, dont il possédait la géopolitique mieux que quiconque, mais, par sa culture, il était un homme du XIXe siècle. Un paradoxe apparent pour celui qui avait dit de De Gaulle: «Il appartient au siècle de sa naissance.»

Une vie de patachon

Le président voyageait dans un Concorde hyper-sophistiqué avec lequel nous traversions l'Atlantique et parcourions le monde. L'avant de la cabine était transformé en appartement pour le chef de l'État qui bénéficiait d'une chambre, d'un bureau et d'un salon. Plus tard, quand son état de santé le nécessita, un petit espace fut aménagé en infirmerie. Son médecin, le docteur Claude Gubler, voyageait avec ses deux valises fermées par des serrures à combinaison. Il avait ordre de ne laisser aucune trace des soins qu'il lui prodiguait. Pas le moindre morceau de coton ou fond de verre qui aurait permis à des services étrangers de procéder à des analyses. Il y avait une salle à manger où se réunissaient ceux qui étaient conviés à sa table. Dans le supersonique présidentiel, les couverts étaient en métal argenté. J'en ai conservé quelques-uns car il était permis d'en emporter.

Ces voyages étaient l'occasion d'observer d'amusants phénomènes de cour dans cet espace confiné car le bel oiseau n'avait rien à voir avec les vastes Airbus d'aujourd'hui. L'appartement présidentiel était séparé des autres passagers par un simple rideau qui symbolisait le mystère, la frontière qu'il fallait franchir pour faire partie des «happy few». Bien que je ne fusse pas encore son ministre, Mitterrand me demandait de l'accompagner en Algérie ou à l'ONU, façon non dite de m'initier à mes futures fonctions. Lors d'un déplacement à New York en septembre 1983, j'avais remarqué que les courtisans étaient de plus en plus actifs. Le rideau frémissait, une secrétaire faisait son apparition dans la partie arrière de l'appareil; elle se penchait vers un passager en lui murmurant à l'oreille: «Le président veut vous voir...» L'intéressé, qui s'était mis à l'aise, se lève, cherche son veston et disparaît derrière le rideau. Les autres échangent des regards où se mêlent l'envie, la jalousie, voire l'animosité, en se demandant si leur tour viendra. À ce petit

jeu, certains ne gagneront jamais; d'autres sont des spécialistes, à l'exemple d'Edgar Faure qui fait partie de l'expédition.
Mitterrand a invité son ancien «patron» (il fut son ministre),
peut-être en témoignage de reconnaissance. L'ancien président
du Conseil se livre alors à un festival qui me laisse perplexe.
Dès notre arrivée à New York, il commence ses caprices
de vieillard en refusant de s'installer à l'hôtel Harley, au coin
de la 2e Avenue et de la 46e Rue, qu'il trouve trop éloigné de
celui du président. Le petit singe turbulent est en éveil permanent pour fondre sur la personne «en charge» susceptible de
lui obtenir un passe-droit pour être plus près du bon Dieu.
Il fait des pieds et des mains pour être mieux placé ici, conduit
plus vite là. Quand le président monte à la tribune des Nations
unies, il est déjà installé au plus près dans la salle. Il ne supporte
pas de ne pas être là où les choses se font. Quelle constance,
quelle présence d'esprit, quelle attention de tous les instants!
Je suppose qu'il n'a pas toujours été ainsi, ce cher Edgar, dont
les membres de la délégation se répètent les bons mots qui sont
cependant de plus en plus rares. Il ne parle que de lui, toute
conversation le ramène à lui. Que retiendra l'histoire de ce petit
bonhomme bourré de tics dont le crâne chauve le fait ressembler à un Iroquois? Les hommes qui marqueront leur temps
sont rares. Je me fais cette réflexion en écoutant le président de
la République à la tribune. La voix de la France, forte et déter-
minée en ce matin de septembre, parle de désarmement et de
développement, de social et d'économie...

Nous menions une vie de patachon. À chaque voyage,
nous recevions aussi des cadeaux. Comme nos hôtes officiels connaissaient mes goûts, ils m'offraient des disques
de musique classique ou d'opéra ainsi que des livres d'art ou
d'histoire. Le président des États-Unis m'a donné des boutons
de manchette en or gravés «*President of the United States
of America*». À Saint-Laurent-sur-Manoire, à côté de Périgueux,

où j'étais maire adjoint, j'ai fait installer un petit musée car je ne savais pas quoi faire des cadeaux qui sont souvent moches, il faut bien l'avouer. Certains étaient atypiques, comme ce drapeau dont les insurgés roumains contre Ceausescu avaient découpé au centre la faucille et le marteau. J'ai aussi laissé au musée des batteries de décorations qu'il faut porter les soirs de réception dans le pays qui vous les a décernées. On ne peut les arborer en France, sauf à demander l'autorisation à la grande Chancellerie.

Je regrette un peu cette vie-là, mais j'ai toujours su que cela ne durerait pas. En revanche, beaucoup de personnages importants ont du mal à revenir à la «vraie» vie. Sur le moment, on ne se rend pas compte de tous ces privilèges. Un jour, Mitterrand me demande:

– Vous avez de l'argent dans votre poche?

– Non.

– Eh bien, moi non plus.

Il ne payait rien et se vantait même de ne jamais ouvrir une porte: «Il y a toujours un majordome pour le faire.» Nous n'avions pas besoin d'argent car nous étions reçus partout où nous allions. La grosse difficulté était les périodes préélectorales où il fallait trouver des sommes importantes, à une époque où le financement n'était ni codifié ni garanti. On ne peut faire de politique sans argent. Il fallait donc se «débrouiller». Je n'étais pas en charge des budgets de campagne et pas au courant de la façon dont les choses se déroulaient.

Quand il se présentait dans la Nièvre, je voyais Mitterrand, alors simple député, fréquenter un homme étrange que je ne connaissais pas. J'avais fini par savoir que cet ancien proche de Pétain apportait à Mitterrand ses petites économies. Un jour que nous échangions des banalités avec cet inconnu, j'ai essayé d'en savoir plus, et il me fit cette curieuse confidence: «Il se peut qu'un jour François soit président de la République...»

L'homme était déjà âgé et ne pouvait prétendre à aucun «avantage». Il croyait sincèrement au destin de Mitterrand.

J'ai moi-même souvent apporté à ce dernier des sommes en liquide de la part de chefs d'État amis ou de riches relations. Mon «frère» Jean-Pierre François y allait régulièrement de son obole ou lui apportait directement des espèces. Peu de temps avant sa réélection, je revois encore le président me dire, émerveillé: «Ça arrive de tous côtés!» Il rangeait alors les billets dans le tiroir de son bureau. Austère et réservé, Jean-Pierre François était cependant sensible au commerce des «grands» car leur fréquentation pouvait se révéler un investissement rentable à long terme. Jean-Pierre aimait jouer les conseillers occultes sur les questions économiques et financières, notamment à l'époque où il fallait décider de sortir ou non du Serpent monétaire européen (SME), au début du premier septennat. Depuis 1982 et la deuxième dévaluation du franc, un débat vif alimentait en effet la chronique entre les proeuropéens, de droite comme de gauche (dont j'étais), qui prônaient la rigueur et le maintien dans le SME, et une grande partie de la gauche, qui militait pour la sortie. Ils assortissaient cette mesure de l'instauration de barrières douanières et l'injection massive de liquidités sur le marché pour relancer la consommation et la croissance, quitte à entraîner une troisième dévaluation.

Histoires de famille

Les proeuropéens finirent par l'emporter, et leur victoire fut concrétisée par l'arrivée à Matignon de Laurent Fabius le 17 juillet 1984. Il était à l'époque un fervent défenseur de l'Europe... Il ne le sera pas toujours. Successeur désigné et «fils spirituel» de François Mitterrand, il n'a pas su se montrer à la hauteur des enseignements de son mentor. Son opposition à la Constitution européenne a été fort dommageable au parti socialiste, à la relation franco-allemande et, d'une façon plus générale, à l'avenir de l'Europe. Je lui en ai voulu sur le plan des principes et des idées, surtout qu'il s'agissait d'une petite manœuvre pour prendre le parti socialiste «par la cuisine».

Les fils sont rarement à la hauteur du père. Ce n'est pas une raison suffisante pour s'acharner comme on l'a fait sur ce pauvre Jean-Christophe Mitterrand qui était le maillon faible de la famille. Danielle faisait pression sur François pour qu'il trouve un «job» à l'ancien journaliste de l'Agence France-Presse. Après avoir longtemps résisté, son père l'a pris à la «cellule Afrique» de l'Élysée. Tout le monde s'est gaussé de son surnom «Papa m'a dit» qui accréditait, il est vrai, une certaine naïveté... Quand ont commencé à courir des bruits sur lui à propos de ses affaires de pêcheries en Mauritanie, je lui ai demandé ce qu'il en était. C'est François de Grossouvre qui répandait des fables dans tout Paris. Il voyait des journalistes d'extrême droite à qui il distillait de prétendues révélations. Certains matins, quand François Mitterrand et moi quittions la rue de Bièvre en voiture, je lui racontais les bavardages de Grossouvre. Je considérais qu'il était de mon devoir d'en informer le président. «Ne faites pas attention, il est fou. Tenez-moi quand même au courant, mais n'attachez pas d'importance à ses dires.» La police l'avait déjà prévenu de ce qu'on colportait sur son fils. Jean-Christophe Mitterrand paiera au prix fort sa filiation. Convoqué par le juge d'instruction Courroye, le prévenu, menotté, se voit demander après avoir décliné son identité: «Nom, prénom et profession du père?» Je sais bien que la justice a toujours fonctionné comme cela pour casser les gens. La torture était légale et codifiée, il est vrai.

Je voyais moins le cadet, Gilbert, bien qu'il fût maire de Libourne, une ville proche de ma circonscription. Je les avais surtout croisés, adolescents, quand je fréquentais la famille Mitterrand, rue Guynemer d'abord et rue de Bièvre ensuite.

J'étais évidemment plus proche de Mazarine que j'avais connue dans son berceau au milieu des années 1970, à l'époque où je m'étais éloigné de la politique. Notre première rencontre fut plutôt étrange, bien dans le goût des secrets que le président aimait à cultiver. Je sortais de plaider une affaire et butte sur François Mitterrand poussant un landau derrière le Palais de justice ! Il avait la soixantaine et n'était plus que député. Il me montre un petit bout de chou emmitouflé. Il ne m'a pas dit : « Ma fille », mais j'ai tout de suite compris. Il était solennel, très patriarche de province. Je l'accompagne quelques pas. Puis il soulève son chapeau et continue sa promenade le long des quais comme si de rien n'était. C'est plus tard qu'il est devenu un peu paranoïaque au sujet de sa fille. Il voulait la protéger. La petite commençait à renâcler car elle ne supportait pas d'être ainsi « séquestrée ».

Au début de l'année scolaire, la maîtresse faisait remplir une fiche aux élèves. Profession du père ? Ni une ni deux, Mazarine avait écrit « président de la République ». L'institutrice, stupéfaite, est allée voir la directrice qui en a référé à l'inspecteur d'académie et ainsi de suite jusqu'au cabinet du président. « Eh bien, oui, et alors ? » fut sa seule réponse. Ce qui est incroyable est que l'information soit si longtemps restée confidentielle.

Mazarine avait un sacré tempérament. Quand son père était malade, à la fin de sa vie, elle était très dure avec lui. C'est elle qui a viré les médecins et imposé le gourou, ce charlatan qui lui donnait des mixtures et des onguents. Elle a toujours eu une grande influence sur lui.

Les bretelles de Mitterrand

La sécurité de Mazarine était son obsession. Le président faisait écouter le polémiste Jean-Edern Hallier. Il prétendait qu'il était en relation avec des groupes terroristes susceptibles de kidnapper sa fille. C'était l'habillage. En fait, il le faisait surveiller parce qu'il voulait révéler publiquement l'existence de Mazarine, ce qu'il redoutait au plus haut point. Il m'a même dit un jour : « Il ne peut faire un pas sans que je sache où il est. » Il a fallu une circonstance inattendue pour que je comprenne qu'il avait mis en place un système d'écoutes dites « de l'Élysée », bien qu'elles ne fussent pas installées au palais présidentiel.

La haine de Mitterrand contre lui était d'autant plus forte qu'ils avaient été amis. Il l'avait comparé à Rimbaud ! Il lui avait fait miroiter quelques postes prestigieux qu'il ne lui donna pas, s'étant rendu compte que le personnage n'était pas fiable. L'autre, ulcéré, trempa alors sa plume dans le fiel en menaçant de révéler l'existence de la « seconde famille ». Ce qu'il finit par faire. Quand j'ai réussi à me procurer les épreuves du pamphlet de Jean-Edern Hallier, Mitterrand m'a demandé d'aller porter l'exemplaire à Danielle pour l'avertir et la mettre en garde :

– Il va sortir un livre très désagréable...

– Roland, ne perds pas ton temps, je sais tout cela depuis le premier jour.

On pouvait se fier aux bonnes âmes pour l'avoir prévenue de son « infortune »... C'est pareil dans tous les ménages !

Mitterrand aimait à faire des promesses aux gens dont il s'entichait : par exemple envisager le Quai d'Orsay pour Régis Debray ! Il a vite compris les problèmes que la personnalité de l'écrivain « révolutionnaire » poserait vis-à-vis des Américains, à cause de ses engagements passés en Amérique latine. Régis Debray, ami de Jacques Lacan, lui faisait ses confidences. Et c'est ainsi que le psychanalyste m'a demandé si j'étais bien sûr que Mitterrand ne me laisserait pas tomber au profit de Debray. Le président souhaitait avoir le ralliement de cette figure de la gauche intellectuelle, mais il n'a pas voulu prendre le risque de heurter Washington de front. Debray a été déçu quand il a compris qu'il ne serait jamais nommé aux Affaires étrangères. Il rêva un moment de la Culture. Mais c'était sans compter avec l'inoxydable Jack Lang... Les promesses à Debray étaient sans doute réelles. Je ne peux en dire autant de ce qu'il aurait promis à Edern-Hallier qui se serait bien vu aussi rue de Valois. On l'imagine ministre de la Culture à la place de Lang! Mitterrand n'était pas aveugle à ce point.

Bien sûr, on a fait reproche à Mitterrand d'avoir utilisé des écoutes téléphoniques illégales que les flics dans leur jargon avaient surnommées les «bretelles». Il a esquivé pendant long-temps en affirmant à plusieurs reprises avec justesse: «Il n'y a pas d'écoutes à l'Élysée.» Il jouait évidemment sur les mots car le système dépendait financièrement de Matignon et se trouvait physiquement dans des locaux de la Défense nationale. C'est là que résidait la supercherie!

J'ai sûrement été écouté, moi aussi, mais si je l'ai été, c'était pour de «bonnes raisons». J'ai toujours été considéré comme un marginal, un subversif, lié aux Algériens puis aux Palestiniens. Il est donc plausible que la DST ait imaginé faire œuvre de «salut public» en faisant écouter plus tard le ministre des Affaires étrangères. Je n'exclus rien.

En revanche, ce dont je puis témoigner est de l'existence d'un «dossier Dumas» dans les archives. Dès mon entrée en fonction au Quai d'Orsay, j'ai vu arriver un type des «services spéciaux» avec un volumineux dossier. Ils étaient très bien renseignés, surtout sur mon époque algérienne, quand je défen-dais les membres du réseau Jeanson. Tous mes déplacements à l'étranger et mes rencontres étaient consignés. On m'a dit que, selon la coutume, un homme politique devenant ministre se voit ainsi confier les documents le concernant pour éviter toute instrumentalisation. Je crois bien que je l'ai gardé dans mes archives personnelles. S'il faut le rendre, je le rendrai volontiers. Ils peuvent venir le chercher. J'ai dû l'expurger un peu. Et de toute façon la guerre d'Algérie ne présente plus guère d'intérêt aujourd'hui. Tous les gens qui menaient cette lutte clandestine sont aujourd'hui connus et pour la plupart décédés. Surtout, le temps a passé ; tout le monde ou presque est aujourd'hui du bon côté...

Une balle dans la tête !

À propos de l'élimination physique d'un personnage qui peut nuire à la sûreté de l'État, le président m'a confié que, par deux fois, il a donné cet ordre écrit, selon une procédure très codifiée. Elle prévoit que le président peut, au nom de la raison d'État, décider d'éliminer un traître par exemple. Il ne m'a pas dit de qui il s'agissait, mais je connais un nom au moins. C'était un terroriste poseur de bombes. Les services secrets ne prendront jamais la responsabilité de faire disparaître tel ou tel personnage encombrant de leur propre chef.

Il peut cependant exister des officines parallèles, comme c'était le cas du temps de De Gaulle. Dans l'affaire Edern-Hallier, on pourrait en effet imaginer qu'il en a été victime car j'ai entendu Mitterrand me dire : « Ce sont des individus qui ne méritent qu'une balle dans la tête. » Rien que de le dire était troublant. On a eu également des soupçons à propos de Roger-Patrice Pelat dont on murmurait qu'il devenait gênant pour le président qui avait dit à la télévision : « Si les faits qui lui sont reprochés sont exacts, notre relation ne sera plus de même nature. » Une façon de dire : « Je le désapprouve et je l'écarte. » C'est à la suite de cela que Pelat a eu une crise cardiaque et a été transporté à l'Hôpital américain où il est mort. Les « faits reprochés » étaient la vente de sa société Vibrachoc à Alsthom pour une somme bien supérieure à sa valeur, vente qui aurait fait l'objet de rétrocommissions.

Mitterrand était très prudent et ne se serait jamais compromis dans des affaires financières. Il n'aurait jamais décroché son téléphone pour donner une instruction ou demander un privilège. Il suffisait que Pelat se montrât avec le président ou racontât qu'il avait déjeuné avec lui la veille pour que ce type de proximité avec le pouvoir favorise ses affaires. Ce sont des phénomènes de cour courants, des « abus d'amitié », comme il existe des abus de faiblesse. Les manœuvres de Pelat insupportaient Grossouvre qui le trouvait vulgaire. Il ne voulait voir en lui que le garçon boucher qui s'était engagé dans les brigades internationales en Espagne avant la guerre. Il associait communisme et vulgarité, ce qui n'a évidemment rien à voir. J'ai connu des communistes très distingués, comme Enrico Berlinguer qui fut secrétaire général du Parti communiste italien de 1972 à sa mort en 1984. Il est vrai qu'il était italien. Mitterrand ironisait : « Si nos communistes avaient la classe du Baron rouge, ce serait beaucoup plus difficile pour nous ! »

Dans mes activités ministérielles, j'étais souvent confronté aux services secrets. Lors de prises d'otages ou quand il s'est agi d'expulser des agents libyens, russes ou bulgares. Ça se passait discrètement. C'était un jeu codifié. On les accusait. Ils niaient. Sur la foi d'un rapport qui m'était remis par mon directeur de cabinet, je demandais le dossier de l'« affaire » à la DST qui me le communiquait sans difficulté. En fonction de la gravité, nous nous mettions d'accord sur un nombre d'expulsés et sur leur grade dans l'échelle de la représentation diplomatique. Je me souviens, par exemple, de cet agent russe qui avait loué une petite villa à Brest où il notait simplement les sorties et les entrées de nos sous-marins atomiques pour en déduire combien de temps ils pouvaient rester en opération sans être ravitaillés. Ce personnage disposait d'un passeport diplomatique, ce qui ne l'a pas empêché d'être expulsé.

Si le ministre des Affaires étrangères n'est pas directement opérationnel, il est informé au plus près car ce genre d'affaires a des répercussions diplomatiques. Je n'avais pas accès, par exemple, à ce qu'il est convenu d'appeler les «notes blanches» réservées au président de la République et au ministre de l'Intérieur. Joxe était un maniaque de la note blanche. Au Conseil des ministres, il n'écoutait pas ce qui se disait, mais tournait ostensiblement les pages de ses notes qui ont comme caractéristiques d'être sans en-tête ni signature. Ces documents n'étaient pas toujours de haute volée. Cela pouvait aussi bien être une broutille concernant un collègue, qu'il se gardait de prévenir, voire une anecdote cocasse sur un président de région dont la maîtresse fréquentait un adversaire politique (ce n'est qu'un exemple). Les notes blanches ne passaient pas par Attali, qui pourtant aurait bien aimé les lire pour en nourrir ses *verbatim*, mais directement par le secrétariat du président.

La France qui gagne

Plus que Mitterrand, c'est Bérégovoy qui s'était entiché de Bernard Tapie. Il voyait en lui un modèle de la France des entrepreneurs, des ambitieux qui réussissent. À la sortie du premier Conseil des ministres auquel assistait, en bout de table, le nouveau secrétaire d'État à la Ville, le président sort et lui lance: «Ah, monsieur Tapie, vous n'arrêtez pas de me surprendre...» Et de continuer sa route, on ne peut plus solennel. Tapie reste interdit, ce qui était rare chez lui. Comme étaient rares les compliments qui sortaient de la bouche de «Dieu»!

– Mais qu'est-ce qu'il a voulu dire?

– Il voulait te féliciter pour les excellents résultats de l'Olympique de Marseille.

– ?

Je voulais le rassurer car je n'étais pas sûr que ce fût un compliment.

L'année précédente, Tapie avait talonné Rocard aux élections régionales. Élisabeth Guigou, qui faisait campagne avec lui, avait été épatée par son énergie et son charisme auprès des plus jeunes. Il se déplaçait dans les quartiers et tapait le ballon avec les gosses. Je me suis rendu compte par moi-même de l'incroyable popularité de l'homme d'affaires. J'avais accompagné le président lors d'une visite officielle à Nevers, la ville dont Pierre Bérégovoy était le maire. Tapie était aussi du voyage. La foule était en liesse et faisait un accueil enthousiaste au ministre de la Ville. La jeunesse le portait quasiment en triomphe en hurlant : « Tapie, Tapie, Tapie! » ignorant complè-tement le président et sa suite qui poursuivaient leur chemin. Il serrait des mains et signait des autographes. Mitterrand me fit signe et me glissa à l'oreille : « Vous devriez rester un peu plus près de lui... » Je compris d'emblée que ce tapage n'était pas de son goût. Je me rapprochai de Bernard et le tirant par la manche :

– Reste avec moi.

– Mais pourquoi ?

– Je crois qu'il faut faire un peu moins de chahut...

– Tu sais, c'est partout pareil !

C'était l'apprentissage du rôle de ministre. Le maître avait sifflé la fin de la récréation. Ce rêve de gamin des quartiers devenu ministre ne durera qu'un temps. Il est très vite rattrapé par les « affaires » pour lesquelles il sera inculpé le 27 juin 1992. Les hasards de l'agenda font que, précisément, ce jour-là, je l'ai convié à déjeuner au ministère. Par délicatesse, il m'a téléphoné pour me demander si ce déjeuner était maintenu. Je n'ai pas de raison de lui fermer ma porte. Il me raconte qu'il vit cloîtré chez lui et pleure toutes les nuits. Pour quitter son hôtel particulier de la rue des Saint-Pères, cerné par la foule et les journalistes, il a dû fuir par les toits et sortir par un immeuble voisin.

À table, il se plaint de ce qu'il appelle la « lâcheté » de Mauroy à son endroit. Mais il s'en prend surtout au garde des Sceaux, Michel Vauzelle, et à Laurent Fabius qui, selon lui, ont circonvenu le procureur général pour hâter les poursuites contre lui. Il en veut tellement au ministre de la Justice qu'il fera tout pour le faire battre aux législatives de 1993 en présentant un candidat contre lui. Et il menace : « Tous ceux qui m'ont manqué dans la vie, je les ai flingués *(sic)*. » Et d'ajouter : « Claude Bez [le patron des Girondins de Bordeaux] est en prison et Michel Pezet [le successeur désigné de Gaston Defferre] n'est plus rien à Marseille... » Il s'enquiert auprès de moi de la façon de se comporter devant le juge Boizette, chez qui il est convoqué dans quelques heures. Je lui fais part de ma longue expérience d'avocat en matière d'audition : « Ne te comporte pas en petit garçon devant un juge ; proteste énergiquement contre l'inculpation ; élève-toi contre la violation du secret de l'instruction ; étonne-toi que, la veille de ta première comparution, le juge d'instruction ait cru bon de donner une interview à *France-Soir* ; dépose au dossier l'exemplaire du journal qui a reproduit cette interview... » Je lui recommande surtout de réunir ses partisans sans tarder pour dénoncer, lors d'un meeting, à Marseille ou ailleurs, la machination politique dont il est la victime. Enfin, dernier conseil d'un « vieux routier des prétoires » : « Dans une telle épreuve, il est indispensable de s'appuyer sur sa famille, ses proches et ses amis ; ne jamais rester seul face à ses juges. » Je suis frappé par l'intelligence brute, simple, directe du personnage en perpétuel mouvement, maîtrisant ses mimiques comme un acteur. Je le raccompagne à sa voiture qui quittera le Quai par une porte dérobée. Les huissiers le reconnaissent et lui sourient. L'un d'entre eux s'approche pour lui serrer la main et lui glisse à l'oreille : « Nous vous soutenons, monsieur Tapie. » Et il ajoute : « M. Bérégovoy a été très bien pour vous hier soir à la télévision. » De fait, le chef du gouvernement a défendu son ministre, comme cela devrait toujours être le cas...

À la vie, à la mort

Être au service du président Mitterrand sous-entendait une discrétion sans faille. Il fallait à tout prix éviter les fuites. Nous avions acquis un certain savoir-faire dans ces exercices de dissimulation. Lors d'un sommet au Portugal, il a «séché» comme un écolier. Il m'a avoué qu'il allait au Maroc avec Mazarine et Anne Pingeot alors qu'il était censé être avec moi. Le roi Hassan II les recevait à titre tout à fait privé. Je crois bien que cela amusait le monarque de faire ainsi un pied de nez à Danielle Mitterrand qu'il détestait et qui le lui rendait bien... Avant de regagner Paris, il est repassé par Lisbonne. Rien n'avait filtré de l'escapade. Je savais tenir ma langue.

Comme il était difficile de l'emmener en voyage, il écrivait à Mazarine. Elle a, bien sûr, conservé comme un trésor toutes les lettres de son père. J'en ai parcouru quelques-unes qu'il me faisait lire quand nous étions en voyage. Lors des conférences internationales, souvent longues et ennuyeuses, il me demandait de suivre les débats. Pendant ce temps, il faisait son courrier. C'était de belles lettres d'amour paternel comme on n'en écrit plus guère aujourd'hui.

Je passais parfois le soir à l'Élysée pour bavarder avec lui. Le président levait la tête de ses dossiers. «Ah, c'est vous! Je finis ça et suis à vous.» La première question concernait souvent ma fille qui avait des ennuis de santé. Le fait que nous ayons chacun une fille nous rapprochait.

– Comment va Delphine?

– Grincheuse, elle râle après son père...

– Ah, Roland, on a voulu des filles, on les a!

Je sentais qu'il était parfois blessé par l'attitude de Mazarine qui n'était pas facile avec lui. Elle ne se laissait pas faire et lui ne l'épargnait pas non plus: «Il faut être dur dans la vie, affirme tes convictions, ne te laisse pas marcher sur les pieds.»

Il savait que la vie de Mazarine ne serait pas facile. Il l'a élevée à la dure.

Même après la mort de son mari, Danielle me disait: «Tout ce qui touche à la fille de François est sacré.»

5

D'un Quai, l'autre

La conquête du pouvoir

La perfection évangélique ne conduit pas l'empire.
L'homme d'action ne se conçoit guère
sans une forte dose d'égoïsme, de dureté et de ruse.

Charles de GAULLE *(Le Fil de l'épée)*

Du quai de Bourbon, dans l'île Saint-Louis, où j'habite, au Quai d'Orsay, où je me suis installé derrière le prétendu bureau de Vergennes en 1984, le chemin n'est pas très long pour le flâneur. Il suffit de longer la rive « gauche » de la Seine en admirant l'un des plus beaux sites urbains qui soient au monde. Un extraordinaire concentré d'histoire. Entre Hôtel de Ville, Notre-Dame, Palais de justice, Louvre, Académie française, Assemblée nationale et Invalides se rassemblent tous les pouvoirs qui, depuis dix siècles, ont régné sur la France. Pour ma part, il m'aura fallu presque trente ans de luttes politiques pour arriver à ce ministère des Affaires étrangères dont je rêvais depuis mon adolescence. Entre ces deux quais, ma route a été semée d'embûches. En choisissant l'opposition à de Gaulle, je n'avais pas emprunté la plus aisée !

Dans les années 1950, je n'avais guère de moyens. Ma mère touchait encore une pension de l'organisation de la Résistance. Tout le monde me juge au travers de ce que je suis aujourd'hui. Mais ce qui est intéressant, c'est de considérer le chemin parcouru. On me caricature toujours comme un grand bourgeois qui aime l'argent. J'ai économisé très tôt en faisant des «pirouettes» et j'ai surtout essayé d'en gagner toujours plus. Ce n'est pas le cas de mes enfants. Deux sur les trois viennent encore me «taper» sans se préoccuper de savoir s'il y a des écus dans le bas de laine. Et leur mère les y encourage: «Allez donc demander à votre père!»

Ceux qui n'ont jamais manqué d'argent ne peuvent pas comprendre. Je me suis trouvé, à certaines périodes, sans rien dans les poches. Comme j'étais doué pour les langues, je donnais des leçons d'espagnol et d'allemand. J'aime l'argent, non pas pour m'enrichir, pour amasser, mais pour avoir la seule sensation de n'en point manquer. C'est la raison pour laquelle je n'aime pas «claquer du fric». Je ne joue pas au casino. J'ai essayé une fois ou deux fois, mais ça ne me disait rien. J'avais une petite amie, très mignonne, dont je voyais les yeux s'allumer devant les bandits manchots. Au bout d'une heure, je suis parti après avoir compris ce que représente l'excitation du jeu.

Pour moi, l'excitation était plus intellectuelle: réussir mes examens ou apprendre les langues car j'ai toujours pensé que ce bagage me servirait un jour pour jouer un rôle de premier plan. Disons que cela s'appelle l'ambition. Pourquoi est-ce si mal vu? À l'époque où Albert Lebrun était président de la République, j'avais 12 ou 13 ans. Lors des fêtes de famille, les adultes se croyaient intelligents en demandant immanquablement:

– Et toi, Roland, que veux-tu faire plus tard?

– Président de la République!

– Ha, ha, ha, est-il drôle cet enfant! Mais tu sais vraiment ce que c'est que d'être président de la République?

– Mais quand M. Lebrun avait mon âge, savait-il qu'il deviendrait un jour président de la République?

Apprentissage politique

J'avais été formé par la proximité des maquis et par l'exemple de garçons comme Georges Guingouin. Mais, à la différence de ce dernier, je n'étais pas communiste. Je n'étais plus socialiste non plus parce que j'étais entré en dissidence. Le parti socialiste, c'était la SFIO de Guy Mollet et, en Haute-Vienne, c'était celle Jean Le Bail. Ce socialiste vichyste avait dénoncé les maquis tenus par les «rouges». Il avait mis *Le Populaire du Centre*, journal socialiste, à la disposition du maréchal Pétain. Son rédacteur en chef y écrivait, à propos de Guingouin, des articles du genre «Limousin terre d'épouvante». Mon père, au nom de la Résistance, était allé voir Le Bail, en tant que secrétaire du parti d'avant guerre, pour lui demander de soutenir et d'aider les gars qui partaient dans la clandestinité. Le Bail lui avait rétorqué : «C'est prématuré ; aujourd'hui il faut être derrière le maréchal Pétain ; on ne doit rien entreprendre de séditieux ; on verra à la Libération...» Mon père a raconté cette scène affligeante à ses camarades de maquis désabusés : «Il n'y a rien à tirer des anciens socialistes», ont-ils conclu. Ils ont donc décidé, en 1942, de créer un parti socialiste clandestin.

La guerre, la mort de mon père, la poursuite de mes études de droit et la nécessité de gagner ma vie m'avaient éloigné de la politique même si je restais un socialiste convaincu. Je vivais dans une HLM de la Ville de Paris près de la porte Dorée, dans le XIIe arrondissement. Contre toute attente, le 2 décembre 1955, Edgar Faure, président du Conseil, dissout l'Assemblée nationale. Les élections législatives sont fixées au 2 janvier de l'année suivante. Je reçois un jour la visite d'Henri Lafarge, accompagné de deux amis de Limoges, qui me tient le discours suivant : « Roland, il faut que tu te présentes aux législatives ; si ton père était là, il serait d'accord. » Je me suis laissé faire. C'est ainsi qu'à 33 ans j'ai été élu député de la Haute-Vienne dans la mouvance du sénateur Gaston Charlet, lui aussi dissident de la SFIO, non seulement pour combattre la droite, mais aussi le vieux parti de Guy Mollet favorable au réarmement allemand. Le plus drôle est que je me suis opposé localement à Jean Le Bail qui avait été mon professeur de lettres, au lycée Gay-Lussac, quinze ans auparavant. Mon élection doit beaucoup au sénateur Charlet, ancien interné, qui avait du panache et une forte autorité. J'admirais ce brillant avocat. Il a influencé mes premiers pas en politique. J'ai ravi, à la surprise générale, le siège du député sortant, un autre avocat nommé André Bardon (RPF) qui fut un éphémère secrétaire d'État.

À l'époque, les élections se faisaient au scrutin de liste avec un système d'apparentements destiné à constituer une majorité entre communistes et gaullistes. On pouvait s'allier à une autre liste que celle de son parti d'origine. Je m'étais donc apparenté aux radicaux-socialistes, ne pouvant l'être au parti socialiste de Le Bail qui était favorable à la Communauté européenne de défense (CED). En tant que candidat isolé, il me fallait bénéficier en outre d'une investiture nationale. C'était une autre invention d'Edgar Faure pour ligoter les candidatures personnelles incontrôlables. Ne pouvant avoir l'investiture de la SFIO, mes amis et moi avons pensé que l'Union démocratique et socialiste de la Résistance, fondée à la Libération par François Mitterrand et René Pleven, était la formation où je me sentirais le plus à l'aise. Le représentant local de l'UDSR, un maître verrier homosexuel et sympathique, fit le voyage en train dans la nuit pour proposer ma candidature à François Mitterrand et obtenir sa signature. On se connaissait à peine mais ce dernier accepta de me donner l'investiture de son parti sans trop croire, cependant, à mes chances d'être élu.

J'ai, tant bien que mal, et dans l'urgence, mis sur pied une liste faite de bric et de broc. Elle comptait bien sûr les socialistes dissidents *via* Lafarge et la loge de Limoges. J'avais aussi avec moi les communistes en rupture de ban de Guingouin qui a fait campagne pour moi dans son fief. Le soutien du «préfet du maquis» était loin de plaire à tout le monde. Enfin, je bénéficiais de la force d'appoint des poujadistes! Pierre Poujade, chantre populiste des petits commerçants et des artisans, imprimait son journal dans la même maison que celle où je composais ma feuille de chou. C'est ainsi que nous avons fait connaissance. Il m'aimait bien et m'invitait à casser la croûte pour parler politique. «Je ne vais pas présenter de candidat contre toi», m'assura-t-il. Au dernier moment, il a en effet appelé à voter en ma faveur: «Il est jeune et sympathique et pas trop compromis avec ceux de la IVe République.» J'ai ainsi récupéré 10 ou 12% de voix de droite. J'étais inexpérimenté, mais déjà assez malin pour «combiner» les choses... Par l'entremise de Poujade, j'ai fait la connaissance de Jean-Marie Le Pen qui fut, comme moi, élu député en 1956. Nous faisions partie, avec Valéry Giscard d'Estaing, des plus jeunes élus de l'Assemblée, les «bleus» que les anciens chargeaient de compter les voix lors des votes.

Naufrage d'une république

À l'Assemblée, j'ai découvert les aberrations de la IVe République. Je suis arrivé dans l'hémicycle, seul élu en métropole d'un petit parti de centre gauche, apparenté radical-socialiste, investi par l'UDSR. Pour compliquer les choses, bien qu'appartenant à un groupe allié de la SFIO je votais contre Guy Mollet et sa Communauté européenne de défense parce qu'elle induisait le réarmement allemand! Et pour corser le tout, Mitterrand, mon «patron», appartenait à la majorité gouvernementale alors que j'écrivais de virulents articles anti-allemands. Il me disait: «Je sais ce qui est arrivé dans votre famille, mais réfléchissez bien; regardez l'avenir; l'Europe est la grande aventure de notre génération.» Une position qui me vaudra bien des quolibets à l'Assemblée nationale. Une fois ministre, quand je défendais le traité de Maastricht, mon ami Pierre Mazeaud, député gaulliste antieuropéen, sortait de sa poche mes articles de l'époque en vociférant: «Mais vous avez voté contre l'Europe!» C'était de bonne guerre. Je faisais celui qui n'entendait pas et tournais la tête pour répondre à une autre interpellation.

Après l'insurrection en Algérie et la démission du gouvernement Pflimlin, le président Coty fit, en désespoir de cause, appel au général de Gaulle pour former le gouvernement. Même si, dans mon journal, *Le Socialiste limousin*, j'avais pris mes distances avec la IVe République et plaidé pour le renforcement du pouvoir exécutif, je votai contre l'investiture de De Gaulle, avec Mitterrand et deux autres membres de l'UDSR. Mendès France aussi, de son côté, vota contre lui. Il était très opposé au Général. Il me racontait: «J'ai connu de Gaulle à Londres; c'était quelqu'un qui refusait tout aux Anglais; il dormait dans son bureau de Carlton Gardens enveloppé dans une couverture pour ne pas avoir à quémander du charbon; sa vie était héroïque parce qu'il n'avait rien; c'était un homme qui savait dire non.» Pour l'heure, il l'accusait de faiblesse par rapport à la rébellion en Algérie car il ne percevait pas le calcul de De Gaulle à plus long terme. Et il concluait: «Le de Gaulle que j'admirais était l'homme déterminé de Londres; en Algérie, je ne peux accepter sa soumission aux rebelles.» La position de Mitterrand était plus brutale encore. Pour lui, de Gaulle était l'homme du coup d'État permanent avec, en filigrane, un reproche plus égoïste: «À cause de leurs manœuvres, les gaullistes me privent d'accéder au pouvoir.» Par reptations successives, il pensait bien arriver à être choisi comme président du Conseil dans une «majorité de rencontres»: «Les Français vont finir par s'habituer à voter pour moi», me confiait-il. Cette tactique parlementaire n'a pas marché! Je suis pourtant allé le soutenir dans la Nièvre. Tous les deux jours, après mon travail, je prenais ma petite Renault, direction Château-Chinon. Je rentrais dans la nuit parce que je plaidais au Palais le lendemain matin.

Il labourait son champ entre la droite et les communistes dont il savait qu'il «les aurait»; Son calcul, cynique sans doute, était simple: «Ils ne voteront pas Mitterrand au premier tour pour des questions idéologiques, mais ils le feront au second; s'ils disent qu'ils voteront, ils le feront car ils sont disciplinés.» Fort de cette équation, il tenait ouvertement un discours anti-communiste: «Je puis affirmer, sous le contrôle des Nivernais, que je l'ai fait reculer [le communisme] dans ce département; je lutterai sans faiblesse pour épargner à la France les horreurs d'une dictature collectiviste.»

Il ne risquait rien à tenir ce genre de discours, sachant que, ayant pris position contre de Gaulle, il était sûr de récupérer au second tour une partie des voix communistes. Or, les «jean-foutre» de De Gaulle contrarieront ses plans. Nous avons été battus lors du raz de marée gaulliste de 1958. Philosophe, il a plaisanté: «Nous en allons en prendre pour dix ans, mais il nous restera la littérature, la poésie et la musique.» Il n'a pas ajouté «les femmes», mais c'était sans doute implicite! 1958-1968, la prédiction était celle d'un visionnaire.

Tout vient à point...

Il m'arrive de penser que j'aurais pu faire une carrière plus fulgurante. Léon Blum avait en effet comme directeur de cabinet Jean Deglane, un ami de mon père qui avait travaillé avec lui aux contributions indirectes à Limoges. Il était navré

que je parte pour Londres poursuivre mes études et perfectionner mon anglais. Je le voyais régulièrement et j'aurais pu,
par son intermédiaire, approcher le grand homme. Mais j'avais
encore l'insouciance étudiante qui me poussait vers le chant et
les langues, quand il ne fallait pas penser à ma thèse de doctorat
en droit. Je regrette de ne pas avoir eu l'audace d'entrer en politique à ce moment-là, probablement de façon plus avantageuse.
J'aurais perdu moins de temps et peut-être connu une épopée à
la Mitterrand qui fut ministre à 30 ans dans le gouvernement
Ramadier. C'était fréquent à cette époque car tout le personnel
politique d'avant guerre avait été balayé. Les Paul Reynaud et
autres Édouard Daladier n'ont jamais pu reprendre place.

Je crois cependant avoir été plus à l'aise dans le parcours qui
a été le mien. Tout est arrivé à son heure et nous avons eu deux
septennats pour mettre en œuvre nos convictions, un record !
Sous la IVe, les gouvernements n'avaient pas le temps d'appliquer leur politique. Quand j'étais parlementaire, je voyais
défiler à la tribune un Paul Reynaud venu faire son discours
d'investiture. Le président Coty l'avait chargé de former le
gouvernement. Il n'avait pas démérité, mais les circonstances
l'avaient discrédité. Un député de droite est monté pénible-
ment à la tribune car il avait une jambe raide, séquelle de la
Grande Guerre, pour prendre la parole contre son investiture.
Il a parlé trois minutes: «Monsieur Reynaud, je n'oublierai
jamais que vous avez été président du Conseil en 1939 et,
qu'à ce titre, vous avez géré la débâcle dans les pires conditions. Je vous affirme solennellement aujourd'hui que vous ne
serez jamais président du Conseil avec les voix des patriotes de
Londres. Mais vous ferez toujours un excellent président de la
commission des Finances !» L'orateur est redescendu en boitant.
L'exécution était capitale. J'étais tout jeune député et n'avais
jamais été ainsi confronté à la virulence des mots. Cela m'avait
impressionné.

L'art oratoire avait encore ses adeptes au Palais-Bourbon. On en est loin aujourd'hui. Mitterrand avait la science de la formule qui fait mouche, du mot assassin. Il parlait souvent sans notes à partir de quelques phrases griffonnées sur une carte de visite. Je sais par expérience que pour conquérir un auditoire il ne suffit pas de lire un papier!

On ne s'improvise pas orateur. Si j'ai appris «sur le tas», j'ai bénéficié de conseils, en particulier ceux du sénateur Charlet qui m'a mis le pied à l'étrier. Je me souviens d'une tournée électorale en 1956 du côté de Saint-Germain-les-Belles, à côté de Limoges, un nom de commune qui nous convenait bien à tous les deux... J'ânonnais dans les réunions publiques en lisant des notes. Il me disait: «Mets un peu de flamme, tu ne plaides pas un divorce à la première chambre du tribunal!» Il m'avait appris qu'un bon orateur est «impudique». Je me suis toujours souvenu de cet excellent conseil.

En dehors de François Mitterrand et de Pierre Mendès France, les grands orateurs qui m'ont marqué ont été Pierre Cot et des hommes de droite comme Jacques Isorni, Jean-Louis Tixier-Vignancour et bien sûr Charles de Gaulle. Après le discours d'investiture du Général, en tant que dernier président du Conseil de la IVe République, Jacques Isorni, qui fut le défenseur de Pétain, monte à la tribune et lance à l'adresse du grand homme: «Vous comprendrez que l'avocat de Louis XVI ne puisse pas voter pour Robespierre!» Et de Gaulle, du tac au tac se tournant vers les communistes pour solliciter un hypothétique soutien: «Alors, pour Robespierre.» Je prenais des leçons chaque jour.

Ces grands modèles d'éloquence ont évidemment influé sur moi quand il s'est agi de faire entendre ma voix. En 1958, je suis monté à la tribune pour m'opposer aux internements administratifs pendant la guerre d'Algérie. Mon deuxième discours a été pour dénoncer la censure à la télévision qui était tenue par les gaullistes. Alors que je redescendais de la tribune, Mitterrand a chuchoté à Mendès France : « Vous avez vu les nouveaux élus de l'UDSR, ils ont du talent, hein ? » C'est ainsi qu'en 1965 je serai amené à animer une association pour l'objectivité de l'Office de la radio-télévision française et qu'en 1968 je serai élu président de la commission parlementaire spéciale sur l'objectivité de cet ORTF.

Entre 1956 et 1958, j'avais pris au vol ce combat pour la libération de l'information et de la parole à propos de la guerre d'Algérie, sans abandonner l'animation de mon forum d'avocats pour la défense des Français favorables à l'indépendance de l'Algérie. À l'époque, la loi ne nous interdisait pas de plaider ni les procès en diffamation ni les affaires de droit commun. Les procès contre l'État ou les procès financiers et fiscaux n'ont été interdits aux avocats parlementaires qu'à partir de 1960. J'avais compris, dès le début, qu'il me fallait conserver ma profession d'avocat et mener les deux activités de front pour ne pas me trouver tributaire de difficultés d'argent quand je perdrais mon siège de député, ce qui arrivera deux ans après. J'ai alors repris mon cabinet où j'ai travaillé plus que jamais à la défense de clients impliqués dans des procès politiques.

La trajectoire interrompue

D'une certaine façon, Mendès France a facilité les ambitions politiques de Mitterrand en ne se mettant pas en travers de sa route. Quand ce dernier a été candidat en 1965 pour la première fois contre de Gaulle, les choses étaient loin d'être gagnées. Le candidat naturel de la gauche était alors Gaston Defferre qui, avec son projet de grande fédération, ambitionnait de constituer une alliance avec le centre. Malgré son éloquence et sa conviction, il ne réussira pas à cause de la défection de la SFIO de Guy Mollet, de l'opposition des communistes et de l'indécision des chrétiens sociaux du MRP. Il annoncera son retrait le 20 juin 1965. Les socialistes étaient alors en plein désarroi.

J'étais moi-même dans la confusion. Je me tournai alors vers mon «mentor», Pierre Mendès France, dont j'étais proche depuis notre voyage en Chine. J'étais aussi son avocat. Il m'invitait à déjeuner plusieurs fois par mois. Nous parlions évidemment politique. Je suis venu le voir un matin pour le convaincre d'être candidat à la présidence de la République. Il m'a reçu à son domicile de la rue du Conseiller-Collignon, dans le XVIe arrondissement. Assis à son petit bureau, il m'a fait un long discours assez stupéfiant: «Il faut que vous sachiez, Dumas, que je ne serai jamais président de la République parce que je ne serai pas élu. D'abord, parce je suis tout à fait opposé à cette élection présidentielle au suffrage universel. Une procédure qui n'est pas conforme à nos institutions parlementaires; elle est risquée car elle peut faire, un jour, le lit du bonapartisme. Ensuite, je serais obligé de compter avec les voix communistes qui me sont toujours hostiles et me feront le même coup qu'à Defferre; je n'aurais donc pas de majorité...»

J'essayai de réfuter son raisonnement quand il asséna l'estocade:

– Enfin, les Français n'éliront jamais un juif à la présidence de la République.

– Mais alors, qui voyez-vous pour nous sortir de ce mauvais pas?

– Il n'en est qu'un qui peut être élu, c'est Mitterrand; il fait déjà figure d'opposant au pouvoir personnel et il saura mener une campagne «coup de poing».

– M'autorisez-vous à le lui dire?

– Vous pouvez lui annoncer tout de suite que je lui apporte mon soutien.

Le jour même, j'ai rendu compte à Mitterrand. Il ne croyait qu'à moitié cette proposition de Mendès France dont ce dernier n'a pourtant jamais dérogé. Cette attitude explique la phrase énigmatique du président nouvellement élu qui, lors de sa prise de fonction le 21 mai 1981, salue par ces mots un vieil homme ému aux larmes: «Sans vous, tout cela n'aurait pas été possible.»

Pour arriver au pouvoir Mitterrand n'avait pas d'autres choix que de fédérer tous les antigaullistes de gauche, de droite et même des extrêmes. C'est moi qui étais chargé des relations politiques. J'ai ainsi eu des contacts en 1965 avec Tixier-Vignancour afin de trouver un accord politique pour le second tour de l'élection présidentielle à laquelle ils étaient l'un et l'autre candidat contre de Gaulle. J'avais fait sa connaissance au Palais de justice avant d'être député. Il avait pour moi de la sympathie. J'appréciais son talent de tribun. Au cours de notre entrevue, il m'annonce, avec cette gouaille inimitable: «Si Mitterrand ne me traite pas de fasciste, je ne le traiterai pas de communiste!» Quand je lui ai rapporté ce propos, Mitterrand a simplement lâché: «Ça me va.» C'est ainsi que Tixier-Vignancour a fait voter Mitterrand au second tour. Il faut se souvenir que son slogan électoral était: «Tout sauf de Gaulle.» Le soir du premier tour, il est arrivé à la télévision en claironnant de sa voix de stentor: «"IL" est en ballottage.» À ses yeux, c'était déjà une victoire. Mais l'aspect principal de mon action politique a été de mettre au point l'accord avec les communistes.

L'union fait la force

L'union de la gauche s'est ébauchée dès cette élection présidentielle de 1965 contre le général de Gaulle. Il a fallu plus de quinze ans de tractations pour que l'ambition présidentielle de Mitterrand se réalise. L'unanimité ne régnait pas, aussi bien chez les communistes que chez les socialistes. Pendant l'été, il m'avait demandé de passer le voir à son domicile de la rue Guynemer. «Allons parler dehors», me dit-il, toujours convaincu d'être écouté. «Marchons vers le BHV où je dois acheter des meubles de jardin pour ma maison de Latche.» En descendant le boulevard Saint-Michel, il me confie qu'il a reçu, le 23 juin, un émissaire de Waldeck-Rochet, le secrétaire général du parti communiste. C'était un avocat, Jules Borker, militant engagé dans les grandes causes anticoloniales. Il était porteur d'un message selon lequel le PC était d'accord pour que Mitterrand soit le candidat des communistes à la présidentielle. Waldeck-Rochet voulait cependant le rencontrer auparavant pour négocier les détails de l'accord. Mitterrand avait déjà imaginé le scénario:

– C'est compliqué de le faire discrètement car je suis épié de toutes parts par les officines gaullistes et les sbires de Guy Mollet; j'ai décidé que la rencontre se ferait chez vous; nous serons quatre, Waldeck, Borker, vous et moi.

– Cela tombe bien car notre employée de maison est non seulement discrète, mais communiste; quant à son mari, il est le secrétaire de la cellule du PC du IVe arrondissement!

Quand je lui raconte l'anecdote, Borker semble ennuyé, mais en réfère à son patron. Mon confrère me rappelle en me parlant tout d'abord du «divorce des époux Durand...». C'était le stratagème que nous avions mis au point entre avocats pour semer un peu la confusion dans les écoutes téléphoniques que pratiquaient les services secrets. Au bout de quelques minutes, il aborda l'objet de son coup de fil:

– Si tu vois Waldeck à l'Assemblée, il te dira qu'il ne tient pas du tout à ce qu'un communiste soit en cuisine chez toi...

– Je vois que la confiance règne au PC! Je vais donc demander à ma femme de faire la tambouille.

Notre chère Mme Cazin ayant été récusée, Anne-Marie était tout excitée à l'idée de préparer un dîner dans une telle circonstance «historique». La rencontre fut bien organisée à mon domicile du quai de Bourbon comme en avait décidé Mitterrand. Il arriva le dernier, craignant toujours d'être suivi et de compromettre les autres convives. Le repas fut excellent et l'ambiance chaleureuse, malgré les pierres d'achoppement. Elles résidaient surtout dans l'appellation de ce programme de gouvernement et dans la mise au point d'un texte commun auquel Waldeck-Rochet était très attaché, mais Mitterrand beaucoup moins.

Je me souviens d'un Mitterrand ironisant :

– Waldeck, vous êtes plus intéressé par l'intitulé de l'accord que par ce qu'il y aura à l'intérieur !

– Ah, non, Mitterrand, je tiens aux deux !

– Je ne peux pas aller au-delà de ce que la SFIO est prête à accepter.

– Le PC est un grand parti influent et ses militants ne comprendraient pas que l'on ne tienne pas compte de ses exigences.

La discussion étant dans l'impasse, je proposai que Mitterrand tienne une conférence de presse au cours de laquelle il ferait état de ses dix propositions. À charge pour moi de me rendre alors au siège du PCF pour y transmettre, officiellement, aux membres du bureau politique le document accompagné d'un mot signé du « candidat ».

Nous nous sommes séparés à 1 heure du matin, satisfaits de ce scénario. Je me mis au lit, mais ne trouvais pas le sommeil, conscient de l'importance des enjeux. J'allais m'endormir quand la sonnette de l'appartement retentit nerveusement. Inquiet, j'allais ouvrir à un Borker essoufflé : « Waldeck a égaré sa serviette, il pense l'avoir oubliée chez vous... » Le cartable de cuir était toujours au pied du fauteuil où il l'avait déposé. Mon confrère partit rassuré.

Comme convenu, je me suis rendu au siège du PCF. Après avoir fait antichambre un court instant, je fus reçu par Waldeck-Rochet et lui remis les documents. Tout semblait donc se dérouler selon le plan imaginé à mon domicile. Or, le jour de la conférence de presse à l'hôtel Lutetia, la mécanique se grippa. François Mitterrand devait y confirmer publiquement sa candidature à la présidence de la République. Des rumeurs circulaient dans Paris depuis le matin selon lesquelles «tout était par terre». Circonvenu par Guy Mollet, le patron de la SFIO, un prétendu émissaire de Waldeck-Rochet était venu confirmer cette (fausse) nouvelle à Borker. Beaucoup de gens avaient en effet intérêt à contrarier cet accord aussi bien chez nous que chez les communistes où la contestation était orchestrée par Roland Leroy. C'était la frange dure qui avait considéré, fort justement, qu'ils allaient se faire «bouffer» par les socialistes.

Waldeck-Rochet m'avait invité plusieurs fois chez lui à dîner dans son pavillon d'Aubervilliers. La bibliothèque installée dans la salle à manger recélait les collections de livres bon marché des grands auteurs. Celui qui était le plus impressionné par ces négociations et par le rôle que j'y jouais au côté de Mitterrand, c'était Guy Mollet. Il était malin et savait embobiner son monde, mais ça ne prenait pas avec moi. Quand je disais non, il n'insistait pas. Il savait que je ne lui pardonnais pas ses prises de position sur l'Algérie. Pour lui, prôner l'indépendance, c'était de la subversion. Son attitude était indéfendable. Il était sans doute le chef d'un grand parti et un militant socialiste convaincu, mais il n'y avait pas d'affinités entre nous. Il est venu quelques fois me soutenir mollement, «mollettement», dans ma circonscription. C'est Mitterrand qui m'a fait élire, pas lui.

La marge de manœuvre de ce dernier était d'autant plus faible que Guy Mollet n'était pas associé à ces tractations dont il pensait qu'il était le seul habilité à les conduire. Mitterrand marchait sur des œufs, connaissant le pouvoir de nuisance de Mollet. S'il n'était pas contre la candidature de Mitterrand, il voyait en lui un général sans armée, ce qui n'était pas faux.

Mitterrand, s'efforçant d'être loyal, répétait : « Je ne ferai pas un pas de plus que le parti socialiste, mais c'est moi qui le ferai. »

Les grandes oreilles de Mollet

Guy Mollet était au courant de tout ce qui se disait en dehors de lui, ce qui nous laissait à penser qu'il avait le double des minutes des écoutes téléphoniques. Nous en eûmes la preuve au cours d'une de nos réunions à la SFIO. Charles Hernu tenait un discours un peu centriste. Guy Mollet l'arrêta et lui dit : « Ce n'est pas ce que tu dis au téléphone ! » Mitterrand était stupéfait. Nous étions dans la situation aberrante où le pouvoir gaulliste et le chef de l'opposition possédaient les mêmes informations ! Cela s'expliquait sans doute par le zèle de fonctionnaires du service des écoutes, sympathisants de gauche, qui jouaient double jeu. J'ai connu certains d'entre eux, au moment où j'étais proche du *Canard enchaîné*, qui m'avaient approché pour que je les introduise à la rédaction du journal satirique, ce que j'ai fait. Ils étaient morts de trouille à l'idée de balancer des indiscrétions qui embarrasseraient le pouvoir.

Waldeck-Rochet était un type bien. Fils de sabotier, il était resté un rural plein de bon sens. En 1968, il sera bouleversé par les événements de Tchécoslovaquie. Il avait les larmes aux yeux quand il évoquait le Printemps de Prague et l'invasion des chars soviétiques. « Je pensais pouvoir jouer un rôle, mais je n'ai rien pu faire », m'avait-il confié un jour. Il avait eu le courage d'être un des premiers à prôner l'union de la gauche alors que cette idée n'était pas majoritaire dans son parti. Et Mitterrand avait eu l'habileté de le prendre au mot. C'était un formidable coup politique.

Les réticences étaient nombreuses à gauche, à commencer chez les partisans de Mendès France et les membres du PSU. Il fallait se mettre d'accord sur l'intitulé de cette union, son programme et les places des différentes sensibilités. Ce plan aurait pu être superficiel sans réalité ni profondeur. Mitterrand, conscient de l'intérêt de l'enjeu, ne laissait rien au hasard. Toute son énergie était tournée vers le problème communiste. Il voulait bien d'un accord, mais à aucun prix être leur otage. «Si je leur laisse la bride sur le cou, nous allons perdre les élections», me répétait-il à l'envi. Il trouvait que le parti communiste occupait un terrain politique trop vaste dont une partie appartenait légitimement au parti socialiste. Il s'appuyait sur son expérience de maire de Château-Chinon où il s'était fait élire avec le vote des communistes (qui représentait 25 % des voix) en ne leur laissant que quelques sièges sur sa liste. Il s'agissait en fait de les «embrasser» pour mieux les étouffer, disaient les plus malins.

Je dois reconnaître que je n'ai pas eu les mêmes relations avec Georges Marchais quand celui-ci succéda à Waldeck-Rochet au secrétariat général en 1972. Nos réunions n'étaient plus secrètes, et je me rendais alors au tout nouveau siège du PCF, place du Colonel-Fabien. Ils étaient aimables, mais le cadre était glacial dans ce grand vaisseau imaginé par l'architecte brésilien Oscar Niemeyer. Les divergences sont venues après un éditorial publié dans *L'Humanité* sous la signature de Roland Leroy. Mitterrand qui le lisait tous les jours m'appelle un matin: «C'est le signe avant-coureur du tohu-bohu avec les communistes.» C'est à ce moment que nous nous sommes posés la question de savoir à quoi et à qui obéissait Marchais. Nous avons imaginé, sans preuve aucune, que les consignes venaient de Moscou qui ne voulait pas de cet accord.

C'était en plus l'époque où on accusait le secrétaire général d'être parti comme travailleur «volontaire» en Allemagne, dans les usines Messerschmitt où l'on fabriquait les avions qui nous avaient bombardé. Nous pouvions penser que Moscou avait des informations sur son passé et le «tenait» de cette façon. Quand le procès en diffamation a eu lieu, je me suis rendu ostensiblement au Palais pour qu'on m'y voie, compte tenu du rôle qui était le mien dans le rapprochement avec le PCF. J'ai vu un Marchais effondré, pleurant de se voir reprocher d'avoir trahi son pays. C'était terrible. Il était atteint au cœur. Cette période de sa vie passée expliquait peut-être qu'il fût par la suite un communiste d'autant plus «pur et dur». Son côté dogmatique tranchait tellement avec la rondeur de Waldeck-Rochet qui, lui, était un vrai patriote.

Moscou vote à droite

Si de Gaulle était le candidat des communistes, ce n'était pas sur le plan idéologique bien sûr, mais tactique. L'URSS était encore dans la logique résultant de la guerre. Les Soviétiques ont curieusement poursuivi la même politique avec Giscard qui a ainsi donné l'illusion qu'il était soutenu par les Russes. Alors qu'il n'était encore que candidat à la présidence, il avait reçu une visite, pour le moins ambiguë, de l'ambassadeur d'Union soviétique à Paris qui semblait lui apporter son soutien. Moscou ne croyait pas à Mitterrand. Paradoxalement, le Kremlin n'avait pas intérêt à ce que les partis communistes occidentaux participent à des gouvernements de gauche car, ce faisant, ils auraient dû s'amender, risquant d'entraîner une «contagion démocratique» qui aurait immanquablement débouché sur une remise en cause du système totalitaire. C'est ce qui finira par arriver avec l'avènement de Gorbatchev. J'ai toujours été en bons termes avec les communistes qui restaient, à mes yeux, les héros de la guerre et de la Résistance. J'étais convaincu qu'on ne ferait rien dans ce pays sans eux, à condition de les «tenir» évidemment, de bien fixer les bornes et ne pas refaire en France le «coup de Prague».

Je n'ignorais pas les faiblesses du système, mais ce n'était pas une raison pour tomber dans le piège de l'anticommunisme systématique tendu par la droite. Pour asseoir leur règne éternel, tous ces conservateurs avaient réussi à influer sur le jugement des socialistes et à les convaincre de ne jamais serrer la main d'un communiste. C'est le génie de Mitterrand d'avoir réussi à débloquer ce verrou politique. Je me souviens avant l'élection présidentielle de 1965 des interminables réunions de nuit avec le MRP de Jean Lecanuet et de Pierre Abelin qu'on surnommait «Gorge profonde». Nous passions des nuits entières à griller des cigarettes sans parvenir à aucun résultat. À droite, le plus ardent et le plus intelligent était Jean Lecanuet, président du MRP, qui fondera en 1966 le Centre démocrate.

Tout comme Mendès France, Rocard pensait qu'on pouvait s'entendre avec le MRP alors que Mitterrand et moi pensions qu'on n'y arriverait jamais et qu'il fallait pactiser avec les communistes. Rocard savait bercer Mendès France de sa douce voix, mais son disque était un peu rayé. Un jour que je parlais de cette situation, Mitterrand me dit: «Il y a une chose que vous n'avez pas comprise, Rocard est le prototype du centriste, donc de l'homme de droite, passé par le gauchisme.» Certes, ces deux-là ne s'aimaient pas, mais je suis arrivé aujourd'hui à la conclusion que c'était une «détestation noble» qui se situait sur le terrain des idées.

La révélation

J'ai assisté à l'éclosion du Mitterrand président. L'adversaire de De Gaulle, le bretteur de l'opposition, était doué, mais virevoltait d'un parti à l'autre dans une incessante posture de séduction envers la droite et le centre. Il était loin d'avoir la rigueur et la détermination d'un marxiste... Il se transformera à travers les épreuves qui lui seront imposées entre 1965 et 1971, date à laquelle il devient à part entière le chef de l'opposition. «Napoléon perçait sous Bonaparte», pour paraphraser Victor Hugo.

C'est à sa deuxième campagne pour la présidentielle qu'il va vraiment se métamorphoser : il façonne sa réflexion, fait le tri dans ses relations. Il soigne les «détails» : ses complets sont mieux taillés, il perd quelques kilos et se fait limer des canines trop proéminentes, ne porte plus ses grosses lunettes d'écaille à la télévision. Il prend des cours de diction avec des «coaches» en communication. Il pose sa voix, sait prendre un ton solennel quand il le faut, ne sourit plus, ordonne et simplifie son propos.

Le fait que je ne sois plus député ainsi que mes positions contre l'Allemagne et son réarmement m'ont empêché d'accéder au poste de chef de la diplomatie en 1981 dans le premier gouvernement Mauroy. J'ai reconnu assez vite que j'avais tort. Il faut bien comprendre que ce sentiment anti-allemand était encore très présent chez ceux qui avaient connu la guerre. Tous les ans nous allions visiter les cimetières et fleurir les tombes de nos martyrs. Depuis le 26 mars 1944, je n'ai jamais manqué un anniversaire de la mort de mon père. Toute ma vie a été imprégnée par ce drame. C'est Mitterrand qui m'a convaincu de ne pas m'arc-bouter sur cette position. Il m'avait dit très clairement : «Il faut que vous soyez à l'Assemblée nationale pour que je puisse vous prendre au gouvernement.» C'est ainsi qu'il m'a appâté, et ça a marché !

Pour le premier secrétaire du parti socialiste il était impensable de briguer un maroquin ministériel sans être passé par la «case» suffrage universel. Il me l'avait dit à plusieurs reprises. Mais je ne pouvais pas me présenter sur mes terres d'origine car j'étais *persona non grata* en Haute-Vienne. On n'était plus dans la configuration de l'après-guerre où l'audace d'un «franc-tireur» avait pu venir à bout des vieux appareils politiques. Il n'était pas question que j'aille me faire réélire à Limoges car, en 1956, j'avais un peu bousculé les notables locaux qui ne me l'avaient pas pardonné. Mitterrand, entre-temps, avait créé la

FGDS (Fédération de la gauche démocrate et socialiste), une formation hétéroclite rassemblant les socialistes, les radicaux et les clubs de gauche. Moi, j'appartenais aux clubs, mais les socialistes de la SFIO étaient aux premières loges, c'était le cas de le dire. En Haute-Vienne, il aurait donc fallu «dégager» un socialiste pour me faire une place. Ils avaient flairé la manœuvre. J'étais donc devenu la bête noire : «Dumas pas question», clamaient-ils comme un seul homme. C'est là où Mitterrand s'est ingénié à me trouver une circonscription «jouable».

Deux barons en duel

C'était l'époque où Mendès France et moi étions très liés. Au cours de l'un de nos déjeuners, il m'avait confié qu'il envisageait de se présenter à Brive où j'étais moi-même pressenti. Je lui promis de me conformer à son choix. Au mois d'août 1966, nous avons profité des vacances pour nous réunir, Mitterrand, Mendès France et moi dans la villa de Pierre Bloch à côté de la dune du Pyla. Il nous fallait harmoniser nos positions et choisir nos circonscriptions. Mitterrand, chargé des arbitrages, me poussait à me présenter à Brive, tout en reconnaissant que je ne pouvais aller contre le choix de l'ancien président du Conseil.

Celui-ci nous explique alors qu'il est sollicité pour se présenter à Grenoble dont le dynamique maire était Hubert Dubedout, un rocardien qui sera élu député aux élections suivantes de 1973. C'était une ville universitaire et jeune qui lui paraissait plus porteuse que Brive la provinciale. Il y avait commandé un sondage d'opinion dont il n'avait pas encore les résultats. Au cours de quelques gueuletons, nous étions convenus de prendre la décision après les vacances, au vu des résultats. Le sondage révéla qu'à Brive Mendès France ne pouvait compter que sur le soutien des vieux radicaux. Il décida donc de se présenter à Grenoble, ce qui me laissa la voie libre pour affronter – sans conviction – le gaulliste Jean Charbonnel.

Mitterrand prit alors le relais pour me faire désigner par la section socialiste locale qu'il « travailla au corps » toute une nuit. La secrétaire locale m'a confié après : « Qu'est-ce qu'il était emmerdant ; il a tourné autour du pot pendant deux heures avant de lâcher ton nom alors que nous savions tous qu'il plaidait pour toi ! » Il m'a téléphoné en pleine nuit pour me dire : « Ça y est, tu es désigné ; à toi de jouer maintenant ; viens tout de suite ! » La campagne fut courte, mais je me suis démené comme un beau diable. J'animais cinq ou six réunions par jour tout en conservant un « œil » sur mon cabinet à Paris. Je m'amusais à lancer des défis à Jean Charbonnel, sachant qu'il ne les relèverait pas : « Rendez-vous samedi pour un débat contradictoire ! » Il se concertait avec son comité de soutien où j'avais quelques espions. Charbonnel ne savait que faire car j'avais la réputation d'être un bon orateur. Au final, il refusait. Je le traitais de lâche... J'avais la gauche dans la manche et me débrouillais pour séduire les néo-gaullistes qui trouvaient mon adversaire un peu mou.

Mais ma grande idée fut de me présenter comme le candidat du « veau de lait », thème sur lequel j'ai axé toute ma campagne ! Je n'y connaissais rien, mais, en bon avocat, avais étudié le dossier à fond. J'avais tout appris des subtilités de la vache allaitante et du veau sous la mère. J'ai promis aux producteurs un label dont j'avais même fait dessiner le logo. Des articles m'étaient consacrés dans *Le Populaire du Centre*, mais surtout dans *La Dépêche de Toulouse* qui relatait ma campagne. Mme Baylet dirigeait alors son journal avec autorité. Peut-être est-ce à cette période que son fils Jean-Michel a été surnommé par dérision « le veau sous la mère » ? Il est toujours le patron du journal et le président du Parti radical de gauche (PRG).

Mendès France a été élu en 1967 à Grenoble où sa femme Lily est d'ailleurs décédée. J'ai battu Charbonnel de quelques

centaines de voix. J'ai dû me battre pour assister au dépouille-
ment car je craignais les magouilles des gaullistes. Je faisais
des esclandres, enfonçais les portes, occupais les bureaux.
Le sous-préfet, terrorisé, avait peur qu'on en vienne aux mains.
Évidemment, ils voulaient me voler la victoire. Ils recomptaient
les bulletins à n'en plus finir, mais gaullistes et administration
n'avaient pas pu bourrer toutes les urnes. 500 voix ont assuré
ma victoire.

François Mitterrand a recommencé la même opération en
ma faveur en 1981, mais à Périgueux cette fois. La première
circonscription était tenue par un autre député gaulliste, Yves
Guéna, élu depuis vingt ans ; un jeune candidat socialiste rêvait
de s'y imposer face à lui. Mitterrand a balayé tout cela en une
nuit. « Le secrétaire de section attend votre coup de fil. » J'étais
prisonnier ! J'ai téléphoné et suis parti pour Périgueux dans
l'instant. Ils m'ont investi le soir même. Et j'ai gagné facilement l'élection en quinze jours. J'ai battu Guéna de 600 voix.
Il n'était pas utile d'avoir des attaches locales. À l'époque,
quiconque se présentait sous l'étiquette de Mitterrand était
presque sûr d'être élu. Il ne l'a pas fait pour beaucoup d'entre
nous. Badinter, peut-être, mais cela n'a jamais marché...

Au cours de ces deux élections de 1967 et 1981, j'avais
battu deux barons du gaullisme et n'en étais pas peu fier. De
Jean Charbonnel et Yves Guéna, ce dernier était le plus redoutable. Il maniait à merveille les formules assassines. C'était la
France libre avec ce que cela comporte d'intransigeance, voire
d'arrogance, mais aussi de grandeur. Il avait compris que la
partie la plus fragile de mon dispositif était les communistes
qui étaient restés très gaullistes en Dordogne. Il les provoquait :
« Je comprends que votiez à gauche, c'est normal ; mais voter
Dumas, le franc-maçon et le défenseur du FLN, c'est moins
normal ! » Et de taper encore plus fort : « Si vous votez Dumas
au second tour, vous serez les porteurs d'eau des socialistes... »

C'était de bonne guerre. Guéna et moi avons fait la paix depuis longtemps. Demeure cependant une imperceptible gêne entre nous.

Mais, au-delà de cette impression que le chemin vers le pouvoir se dégageait à nouveau, s'imposait le sentiment que mon père n'y était pas pour rien. Cette circonscription de la Dordogne se situait non loin de Brantôme où Georges Dumas avait été assassiné. Une fois de plus, le signe du destin était perceptible...

La trahison de Chirac

Si l'alliance avec les communistes a été essentielle dans le succès de François Mitterrand, il est un autre événement, plus déterminant encore, dont je n'ai cependant pas été le témoin direct : la « trahison » de Chirac pour battre Giscard, le candidat sortant en 1981. C'est le fameux dîner secret qui a eu lieu, à la fin de 1980, au domicile d'Édith Cresson. Cette rencontre a été organisée à l'instigation de Jacques Chirac qui a beaucoup insisté pour qu'elle ait lieu. Il a toujours démenti que ce dîner eût existé. Il disait n'y voir que racontars de journalistes. Cette « défection » de Chirac contre Giscard a apporté à Mitterrand les 550 000 voix qui lui manquaient pour être élu. C'est le président lui-même qui l'a reconnu devant son successeur. Cette histoire a empoisonné la relation entre les deux rivaux de droite et constitue encore une cicatrice mal refermée au sein de la droite.

Ce qu'on sait de ce dîner a été relaté par Valéry Giscard d'Estaing lui-même dans son ouvrage de mémoires *Le Pouvoir et la Vie*. Il voulait tellement en avoir le cœur net qu'il a demandé à Mitterrand de le recevoir trois semaines avant sa mort. Ce dernier était au plus mal, mais il a fait l'effort de lui parler dans son appartement de fonction du Champ-de-Mars à la mi-décembre 1995. Giscard a été tellement blessé par ce double jeu qu'il ne l'a jamais pardonné à Chirac. Quand on visionne les images de l'époque, au moment où Chirac démissionne de son poste de Premier ministre, et qu'on voit son visage fermé, ses mâchoires serrées, on se dit que cet homme était capable de tout.

Mitterrand ne m'en a jamais parlé. Il ne se méfiait pas par un goût maladif du secret, mais par simple prudence : « Les gens sont bavards, imprudents ; ils veulent se faire "mousser". » Il avait les indiscrets en horreur, sauf si cela servait une manœuvre diplomatique. Il affectionnait une formule amusante qu'il m'a répétée plusieurs fois, par exemple quand il m'envoyait voir Kadhafi : « Vous ne lui dites rien de ce qu'il ne doit pas savoir, mais arrangez-vous pour qu'il sache que vous êtes l'homme qui sait... Et n'oubliez pas que vous aurez un "jésuite" face à vous. » Il fallait se débrouiller avec ces seules consignes !

La fin des communistes

J'ai consacré ma vie publique à cet homme complexe. J'ai fait un choix qui ne s'est pas révélé malheureux sur le long terme. Pourtant, rien n'était acquis d'avance. Lorsque j'étais son avocat et que je l'accompagnais au Sénat, en 1959, pour le défendre devant ses pairs dans l'affaire de l'Observatoire, je faisais bien sûr un choix judiciaire, mais aussi politique, dont je n'étais pas sûr du tout qu'il aboutirait un jour. Ce qui a séduit et impressionné Mitterrand, c'est que j'ai fait ce choix de travailler pour lui en toute connaissance de cause, sans jamais rien lui demander. J'étais assez intuitif et adroit pour ne pas lui parler de ma future place au gouvernement ! Si j'étais en harmonie avec Mendès France sur le plan humain, je l'étais moins sur le plan politique. Mitterrand était souvent plus à gauche que lui, par exemple sur l'indépendance de l'Algérie. Cette tactique de conquête du pouvoir lui a valu toutes sortes de querelles qui retombaient sur moi par ricochet.

La question de savoir «avec qui gouverne-t-on» suscitait toutes les spéculations. Quand il s'est agi d'afficher la couleur, Mitterrand s'est bien gardé de lever le lièvre avant le deuxième tour. Au lendemain du premier tour, il est venu me voir à Saint-Selve. Je suis allé l'accueillir à l'aéroport et nous avons fait une longue balade dans la campagne comme il aimait à le faire. Je marchais sans canne à l'époque! D'emblée, il m'affirme: «Je ne vais pas annoncer tout de suite que je prendrai des ministres communistes; je vais le faire puisque je leur ai promis; je ne veux pas être attaqué tout de suite et me voir reprocher d'avoir confisqué à mon profit la victoire commune.»

Les journalistes le harcelaient sans cesse:

– Prendrez-vous des ministres communistes?

– On verra en temps utile, répondait-il, placide.

– À quels postes nommerez-vous des ministres communistes?

– Cette question n'est pas à l'ordre du jour...

C'était très habile de ne pas répondre car, s'il l'avait fait avant l'élection, il aurait perdu le million de voix de ceux qui étaient affolés à l'idée de voir arriver les chars soviétiques sur les Champs-Élysées.

Avant même d'être élu, il avait une idée de ceux qu'il appellerait au gouvernement: Charles Fiterman aux Transports, Jack Ralite à la Santé, Anicet Le Pors à la Fonction publique et Marcel Rigout à la Formation professionnelle. Ce dernier était le seul que je connaissais. Il était originaire de la Haute-Vienne et s'était opposé à moi lors de législatives. C'était un vrai stalinien. Je lui avais fait rencontrer Mitterrand en Limousin. Il avait été séduit et était devenu mitterrandien à 120%.

Au moment de la passation des pouvoirs au ministre des Transports, le prédécesseur de Charles Fiterman, Daniel Hoeffel, lui indique que son homologue américain l'a invité à venir aux États-Unis. Fiterman demande donc un visa pour répondre à cette invitation. Le visa ayant été refusé par les autorités américaines, le président s'est mis en rage! «Si ça n'avait pas été l'Amérique, j'aurais rompu les relations diplomatiques.» Il a écrit au président des États-Unis qui a ordonné qu'on délivre le visa.

Les communistes ont quitté le gouvernement au moment de la nomination de Fabius à Matignon. Je me suis battu pour qu'ils restent, mais ils avaient décidé de rompre parce qu'ils perdaient des voix à chaque élection. Les durs disaient que les socialistes leur mangeaient la laine sur le dos. Ils étaient victimes en retour de ce qu'ils avaient fait pendant des années aux socialistes. Et la situation économique et sociale n'était pas bonne, entraînant un mécontentement général. Fabius leur a fait mollement une offre pour rester, et ils ont décidé de partir.

Mitterrand savait que le processus de perte de vitesse du communisme était engagé. Ne m'avait-il pas dit, au début des années 1980, «nous verrons la fin du communisme avant la fin du siècle». Je n'irai pas jusqu'à dire que c'était un visionnaire, mais il avait un sens politique hors du commun. Personne mieux que lui ne connaissait la carte électorale de la France. Il aimait à rencontrer les maires ruraux de la Nièvre où il avait ses relais. Il avait aussi un entourage varié de «non-politiques» qu'il consultait en dehors des notes et des bavardages de ses conseillers dont il se méfiait. Il sentait le vent de l'histoire.

Quand, en 1981, il a été élu à la présidence, Mitterrand avait contre lui les tenants de l'alliance avec le centre gauche et le centre droit, dont Rocard et *Le Nouvel Observateur* qui préconisaient: «Surtout pas de communistes au gouvernement» alors que nous disions: «Il en faut un minimum.» Comme ils étaient farouchement anticommunistes, ils étaient anti-Mitterrand. Une journaliste m'a raconté que le soir de l'élection de Mitterrand elle se trouvait avec Jean Daniel, le patron du *Nouvel Observateur*, qui était effondré et vitupérait parce que ce Mitterrand «allait nous ramener les communistes au pouvoir». On retrouvait les mêmes idées à *L'Express* de Jean-Jacques Servan-Schreiber. C'était déjà l'équipe de la fausse gauche, ces amis des milliardaires qu'on appelle aujourd'hui les «bobos» et qui sévissent toujours. La divergence politique était profonde, presque philosophique. Elle demeure. Il serait politiquement suicidaire de ne pas en tenir compte dans les prochaines échéances électorales.

Mitterrand au Panthéon

Le nouveau président de la République était attaché aux symboles. Son premier acte politique fut de rendre hommage à ses grands devanciers en déposant une rose, emblème du parti socialiste, sur la tombe de Jean Jaurès, Victor Schoelcher et Jean Moulin.

On m'a souvent demandé pourquoi, en ce jour exceptionnel, je portais un costume de lin clair qui détonnait avec les complets sombres de mes camarades. Il n'y avait pourtant pas d'uniforme requis! La vérité est que je n'étais pas rentré chez moi cette nuit-là... Il faisait beau. J'avais donc mis ce costume beige que je «traînais» depuis plusieurs jours. C'était la fête générale et j'avais dormi chez une femme accueillante. La veille, Mitterrand m'avait expliqué: «Je suis obligé d'aller à l'Hôtel de Ville de Paris pour la visite traditionnelle du président élu au président des échevins. Vous viendrez avec moi demain matin. Rendez-vous à 8h55.» Je suis donc parti directement de chez la dame à l'Hôtel de Ville, sans repasser par mon domicile. Mitterrand m'a pris par le bras pour que je reste à ses côtés et lui serve de témoin quand il rencontrerait Chirac, maire de Paris. Leurs relations n'étaient pas encore ce qu'elles deviendront par la suite. En sortant, il me fait signe de monter dans sa voiture. Je n'ai jamais été aussi ému que ce jour-là. Les hurlements de la foule sur le passage du cortège. Les gens au balcon sur le boulevard Saint-Michel. Il fait arrêter la voiture. Une bouffée de chaleur et de clameurs nous assaille. Aux Champs-Élysées, je tenais Daniel Mayer qui s'est effondré deux fois. Rue Soufflot, Mitterrand m'a fait signe de monter à la tribune avec lui. J'étais au paradis !

Mon ami Placido Domingo a entonné *La Marseillaise*. Il chantait la veille à Berlin. Je lui avais téléphoné pour lui demander de venir au Panthéon et lui avais fait envoyer un avion le matin. Il n'avait pas la partition de *La Marseillaise* de Berlioz, il avait donc fallu en trouver une dans l'urgence et un endroit pour répéter. Nous avions demandé au professeur Duverger de l'accueillir dans son appartement de la place du Panthéon. C'est là que le ténor a répété en dix minutes. Je possède sa partition annotée avec en gros le Z de «Allons z'enfants». Son chant a été un grand moment d'émotion. L'orage a alors calmé les esprits. Nous nous sommes tous engouffrés dans la voiture présidentielle qui, à nouveau, a fendu la foule. Apercevant Pierre Mauroy seul sous l'averse, Mitterrand lui fait signe de monter. Des Africains et des Maghrébins frappent de joie la carrosserie. «Je trouve qu'il y a beaucoup de tiers-monde», a lâché Mitterrand en partant d'un grand éclat de rire. Un type s'est couché sur le capot. «Attention, n'écrasez personne», s'est écrié le président à l'adresse du chauffeur. Le gars s'est emparé du fanion de la voiture et a disparu dans la foule.

Les nouvelles de la Bourse étaient mauvaises. L'argent foutait le camp. Les possédants mettaient leurs avoirs en Suisse. Toujours dans la voiture, il ordonne à Mauroy, Premier ministre désigné, mais non investi : «Pierre, ne décidez rien ; le gouvernement n'est pas constitué ; laissez faire Barre ; c'est de leur responsabilité ; surtout, ne faites rien.» Je me souviens de ce jour comme si c'était hier. J'ai seulement oublié le nom de la dame chez qui j'avais passé la nuit.

Après la cérémonie au Panthéon, André Rousselet et moi nous sommes retrouvés au palais de l'Élysée qui avait été déserté. L'orage nous avait trempés jusqu'à l'os. Les gardes nous ont accueillis et introduits dans le bureau présidentiel. Aucun document, si ce n'est les numéros du standard téléphonique. Nous avons appuyé sur les différentes touches et un type a fini par arriver, ahuri de nous voir ainsi mouillés. Nous lui avons demandé des serviettes chaudes. C'est ainsi que Rousselet et moi nous sommes retrouvés torse nu dans la salle de bain présidentielle en train de nous sécher. Cette scène était grotesque. Nous sommes restés là un long moment. Le planton nous a apporté du café. Petit à petit, le personnel est arrivé. Un intendant nous a demandé si nous comptions dîner à l'Élysée le soir. Nous avons décliné. Ils avaient tous l'air sous le choc, devant ces deux «socialistes» qui occupaient le palais. Ils nous considéraient comme des intrus. Cela traduisait bien la psychologie de l'époque. Mon ami Rousselet n'est pas un bavard. Je ne sais ce qu'il a éprouvé en pénétrant dans ce bureau. Sous ces plafonds dorés, j'éprouvai non pas un sentiment de revanche, mais d'aboutissement. «Papa serait fier de moi» fut la seule pensée qui m'assaillit.

Le pouvoir, enfin

Au cours d'un voyage en Yougoslavie, en 1983, le président me convia à son petit déjeuner pour m'annoncer: «Vous allez entrer au gouvernement.» Ce fut un soulagement. Toute ma vie, j'y avais songé, je dois le confesser. Dès l'époque de la Résistance, j'y aspirais sans trop y croire. Certains se pensent investis, voire prédestinés, comme Sarkozy. Moi, j'aspirais au pouvoir par idéal.

Je suis entré en politique comme on entre en résistance, sans me poser de question. Maintenant que les choses se sont décantées, je dirais que c'est grâce aux valeurs que mon père et mon grand-père m'avaient inculquées. Grâce aussi à Léon Blum dont je lisais les articles dans le journal: la liberté de pensée, le socialisme, le mouvement syndical. Je n'ai donc pas eu beaucoup de mérite à découvrir le socialisme à 15 ou 16 ans. Je ne suis pas un marxiste; je serais plutôt un social-démocrate affirmé, mais pas de la mouvance Strauss-Kahn qui n'est qu'un libéral affairiste.

À mes yeux, le vrai social-démocrate, c'était Mendès France qui reste mon idéal avec Mitterrand, bien sûr. Je les aimais bien tous les deux, même s'ils pouvaient être fatigants. L'un était emmerdant et l'autre insupportable. Le premier parce qu'il n'était jamais d'accord sur rien. Et le second parce qu'il était toujours dans une sorte de rivalité avec son aîné. Il m'avait engueulé une fois, bien avant que je ne sois ministre, parce que j'avais fait un papier très élogieux sur Mendès France dans *L'Observateur* à propos de la guerre en Indochine.

Pas de honte au front

J'avais commencé à prospérer en tant qu'avocat vers ma sixième année au barreau. Quand je rencontre des jeunes confrères, je leur dis toujours qu'il faut attendre au moins cinq ans avant de s'en sortir. «Si vous travaillez beaucoup; si vous vous levez tôt le matin et sortez tard en ville pour vous faire des relations.» La deuxième période faste a été celle où j'ai vu arriver à mon cabinet les grands dossiers «de gauche» quand ce courant a commencé à remonter dans le pays. Nous étions un cabinet d'affaires «militant». J'avais des clients de droite, des amis ou des relations proches qui ne partageaient pas mes idées. Par exemple, le mari de ma sœur, un polytechnicien particulièrement brillant, qui sur le plan des idées économiques est mon opposé. C'est un nomme de droite qui trouvait que Mitterrand était un âne en économie et n'a fait que des bêtises en politique! Et je reconnais qu'il n'y a pas que des contrevérités dans ce qu'il dit. Moi, je me situe plus sur un plan social.

À Saint-Selve, dans le Sud-Ouest, où j'ai ma propriété, j'entretenais des relations fort amicales avec un voisin qui était maréchaliste. Il clamait partout: «Je suis pour Pétain.» Quand de Gaulle venait dans la région, les flics emmenaient discrètement mon voisin se promener dans le département d'à côté. Nous jouions à la belote et faisions des travaux agricoles. Il se répandait dans Bordeaux, ville où j'ai été candidat aux élections municipales, en jurant qu'il allait voter pour moi. Cela faisait hurler ses amis les bourgeois conservateurs. Il était provocateur, ce qui n'est jamais pour me déplaire.

Mitterrand m'avait confié la mission d'approcher les derniers fidèles du maréchal Pétain. Lors de la campagne de 1981, il leur avait fait la promesse de faciliter le transfert du cercueil de l'Île d'Yeu à Douaumont où le vieux soldat souhaitait être inhumé parmi les «siens». Mitterrand n'en avait rien à faire de Pétain, mais si cela pouvait lui rapporter 8 000 à 10 000 voix... Il avait une relation personnelle avec Jacques Isorni, avocat du vieux Maréchal. Il était surtout celui contre lequel j'avais plaidé dans «l'affaire de l'Observatoire». Mitterrand nous était reconnaissant d'avoir déjoué le complot qui avait failli ruiner sa carrière politique. En 1984, un jour que j'avais prévu de déjeuner avec maître Isorni à mon ministère des Affaires européennes pour évoquer la promesse présidentielle, en fin de matinée, le président me convoque à l'Élysée toutes affaires cessantes. Les écoutes avaient révélé qu'Isorni était en contact téléphonique avec le polémiste Jean Edern-Hallier. L'avocat lui avait indiqué qu'il était prêt à le rejoindre si Mitterrand ne tenait pas sa promesse électorale à propos de Pétain. Devant la précision des informations dont il était en possession, le président fut bien obligé de m'avouer de quelle façon il les avait obtenues. Le déjeuner avec Isorni eut lieu en présence de Robert Boulay, un ami fidèle, journaliste à RTL chargé de rapporter la teneur de la conversation. J'étais sur mes gardes et restais plus qu'évasif. C'est ainsi que le maréchal Pétain repose toujours au cimetière de l'Île d'Yeu...

Les sympathies pour le Front national qu'on me prête sont des fables, des anecdotes emportées par le vent de l'histoire. Pour moi, il n'y a qu'un critère, qu'un repère, c'est la vie. J'ai tellement mesuré que je perdais tout avec la mort de mon père que le reste n'est qu'écume des vagues. C'est pourquoi c'est gênant de ne pas être croyant. À certaines époques de ma vie j'ai peut-être été amoral, mais l'amoralité dépend toujours du sujet concerné. S'il s'agissait de tromper une femme, je n'hésitais pas longtemps. Mais, s'il s'agissait de mettre la main dans un panier qui n'était pas le mien ou de tricher à un examen, je ne le faisais pas. Je trichais pour mes copines. Celle qui était derrière moi au baccalauréat était nulle en allemand; je lui ai fait sa traduction; c'était la fille d'un copain de mon père aux «indirectes» du ministère des Finances; elle était assez jolie, mais je la soupçonnais d'aimer les filles car elle montait à cheval même si ce n'est pas un indice suffisant. Sa sœur était très amoureuse de moi, mais ce n'était pas mon type. J'aurais préféré l'amazone!

Troubles amitiés

Jean-Marie Le Pen n'est pas un ami. Je l'ai connu en 1956 quand nous étions jeunes élus à l'Assemblée nationale. Je l'ai toujours pris pour un rigolo. À mes yeux, c'est un radical socialiste dévoyé à droite. Il a dérapé sur les fours crématoires, mais tout le monde dit des bêtises. Moi, j'avais des responsabilités ministérielles et évitais d'en dire! Quand je disais quelque chose d'un peu «limite», c'était repris par toute la presse.

J'ai dû aller dîner chez les Le Pen une fois dans leur propriété de Montretout. Ce n'est pas de la provocation, mais le goût de voir les gens en face. Serrer la main de Le Pen ne veut pas dire qu'on est d'accord avec lui. Si on me dit que j'aurais pu tout aussi bien serrer la main de Pétain, je réponds : « Peut-être, peut-être. » Ne serait-ce que parce qu'il était le vainqueur de Verdun et que, pour ma génération, cela représentait quelque chose. C'est ce que disait Mitterrand quand il faisait fleurir sa tombe à l'Île d'Yeu.

Le Pen avait écrit au président de la République pour se plaindre de ne pas avoir accès de façon équitable aux antennes de la radio et de la télévision publiques. Mitterrand avait chargé un collaborateur de faire pression sur le ministre de la Communication en lui faisant passer le souhait élyséen : « Il faut remédier à cette situation injuste car M. Le Pen fait partie du paysage politique français. » Le Pen a reconnu par la suite que cette intervention avait été déterminante dans son accès aux grands médias d'État.

L'autre axe de cette politique envers le Front national va aussi déboucher sur le changement de scrutin électoral, une manœuvre formidable pour affaiblir la droite. « Il faut que je trouve le moyen de les diviser », affirmait Mitterrand avec obstination, sachant que Chirac s'était tiré une balle dans le pied avec son : « Le Front national, jamais. »

Je n'ai rien relevé dans la vie de Le Pen qui puisse le mettre au ban de la société. Il n'a pas été condamné pour collaboration. C'est un patriote, jeune matelot dans la marine française et vaillant combattant, certes très engagé à droite. Sur l'Algérie, je l'ai combattu à la tribune de l'Assemblée. On ne se voyait plus à ce moment-là.

C'est lui qui a renoué avec moi. Nous nous sommes retrouvés en 2006 aux obsèques de Georges-Paul Wagner, qui fut son avocat et que j'ai fréquenté au barreau pendant de longues années. Le Pen s'était assis devant moi, et à la fin de la cérémonie, quand le prêtre demande de se donner la paix, nous nous sommes serré la main. Il me glisse alors à l'oreille : « C'est dommage qu'on ne se voie plus ; rappelle-toi en 1956, nous étions quand même les deux meilleurs orateurs de l'Assemblée ! » Quelques jours après, il m'a téléphoné pour m'inviter et c'est tout. Je pouvais ne pas accepter de rétablir des relations, mais si je refusais, cela avait une autre signification. Je n'aurais évidemment pas agi de même quand j'étais président du Conseil constitutionnel. Je n'étais plus rien et lui non plus. Alors, nous étions comme deux vieux copains qui souhaitent évoquer « le bon temps... ».

On m'a aussi reproché d'avoir signé une lettre de recommandation pour Louis Aliot, ancien membre du bureau politique du FN et actuel compagnon de Marine Le Pen. J'avais été membre du jury de thèse d'un de ses amis et l'avais rencontré à cette occasion. Pour se consacrer à l'achèvement de son doctorat en droit et devenir avocat, il a quitté l'appareil du parti. Dispensé de se présenter au concours, il devait bénéficier du parrainage de deux avocats et de recommandations Je me suis contenté d'écrire cette lettre, considérant qu'il avait tous les diplômes et qualités requis pour exercer notre profession.

J'ai rencontré Marine Le Pen voilà six mois lors d'un déjeuner chez des amis communs. Elle est également avocat, mais elle n'est pas comme la plupart de ces avocats à l'esprit rétréci qui font de la politique ! Elle a de l'envergure et elle est intellectuellement beaucoup mieux armée qu'on ne croit. Elle s'est incontestablement « recentrée » par rapport à son père. Elle n'est pas de la génération de la guerre et de l'Occupation et ne risque donc pas les dérapages sur cette époque. Je lui vois un avenir politique car je pense qu'elle finira par s'arranger avec la droite.

Le sectarisme en politique m'insupporte. Moi, je veux parler à tout le monde. Je trouvais tout aussi inacceptable que la droite nous interdise de serrer la main d'un communiste, un «suppôt de Moscou portant atteinte aux libertés». Que n'ai-je pas entendu quand je suis allé rendre visite à Jaruzelski à Varsovie? Cela ne m'empêchait nullement d'être critique. Un jour que les communistes me refusaient leurs votes pour faire approuver le traité de Maastricht, m'accusant de céder aux Allemands, j'ai repris la parole et les ai attaqués bille en tête: «Je ne m'attendais pas à ce que le parti communiste, qui a eu tant de malheurs, rendu tant de services à la France, qui a été si brillant dans la Résistance, mène ces combats d'arrière-garde quand on construit l'Europe qui est une chance pour nos enfants.» J'étais déchaîné. Je savais qu'en les prenant sur ce terrain je n'étais pas en porte-à-faux. De par mon passé j'étais autorisé à interpeller ainsi «le parti des fusillés». Dire que le traité de Maastricht était une erreur politique profonde qui ferait resurgir le nationalisme allemand était stupide, on le voit bien aujourd'hui. C'était certes le langage que je tenais en 1954 au sortir de la guerre. Mais j'avais fait ma «perestroïka» avec l'aide bienveillante de François Mitterrand.

6

Côté scène, côté « cour »

Courtisans, épouses et concubines

Pour les hommes, l'infidélité n'est pas l'inconstance.

Pierre Choderlos de Laclos
(Les Liaisons dangereuses)

Une réputation de séducteur me colle à la peau depuis mes jeunes années, mais j'en ai pris mon parti. La meilleure période pour les conquêtes, c'était la guerre. Le danger, les risques et l'aventure ajoutaient à l'excitation. Mendès France m'avait fait des confidences à ce sujet. Les aviateurs, comme lui, savaient qu'ils risquaient de se faire descendre à chaque opération. Dès qu'ils rentraient en vie, la recherche du plaisir devenait une nécessité vitale. Quand il était à Londres avec de Gaulle, la vie était débridée. Tous les soirs, les garçons de la France libre vivaient une nouvelle aventure. La liberté se concevait tous azimuts ! Cela m'avait beaucoup frappé venant de lui. Ce qui prouve qu'on se trompe souvent sur les êtres. J'ai connu une ou deux de ses petites amies, mais cela n'avait rien à voir avec les nombreuses maîtresses de Mitterrand.

J'appréciais tout particulièrement la première femme de Mendès France, Lily, une juive d'origine égyptienne, brune au charme fou. Après la guerre, quand je leur rendais visite, le matin à son domicile, elle nous préparait le petit déjeuner, avec gentillesse et douceur, comme savent le faire les femmes orientales. On pouvait prendre chacun de ses actes pour un geste d'amour. Elle était très éprise de lui. Au moment où elle le fréquentait avant son mariage, de bonnes copines lui avaient dit :

– Tu ne vas quand même pas épouser Pierre, il est si laid.

– Peut-être, mais il est si intelligent !

Il avait aussi du charisme. Quand nous sommes revenus de Chine, il était souvent invité dans les salons pour raconter ce voyage qui, à l'époque, était extraordinaire. J'ai pu constater combien sa séduction jouait sur les dames du monde. De sa voix sombre et voilée, il racontait ses aventures au pays de Mao. L'auditoire était sous le charme. J'ai moins connu sa seconde épouse, Marie-Claire, car j'avais peu de sympathie pour la tribu des Servan-Schreiber.

Quant à de Gaulle, il n'avait pas la réputation d'être un Don Juan. Il pratiquait cependant volontiers la formule assez leste du «militaire baiseur». On racontait qu'il avait ses «habitudes» à la Comédie-Française où il nourrissait une profonde admiration pour une blonde sociétaire. J'ai toujours admiré l'abnégation de Mme de Gaulle qui, après avoir «servi» auprès de son mari, s'est retirée chez les religieuses après la mort du Général. Une belle preuve d'admiration et d'amour conjugal, rares dans le monde inconstant de la politique.

Three weddings and...

Ma première épouse était grecque. On la surnommait Galoufa, ce qui veut dire «roublard» en grec. On m'appelait évidemment Galoufis... Elle venait d'Ithaque, l'île d'Ulysse, «d'où l'on aperçoit les trois mers», selon Homère dans l'*Iliade* et l'*Odyssée*. C'était une très jolie brune digne de l'antique. Elle avait même été Miss Grèce. Nous nous sommes rencontrés à la Cité universitaire dans cette folle ambiance estudiantine de l'après-guerre. Nous nous sommes séparés parce qu'elle ne pouvait pas être mère.

Avec Maria Murano, nous n'avons pas été mariés, mais avons vécu ensemble sept ans. Elle était à l'Opéra de Paris et j'avais fait sa connaissance au cours de chant. C'est ainsi que je n'ai pas fait une carrière de chanteur, mais ai fait carrière «au côté» d'une chanteuse. C'était non seulement une grande interprète, mais aussi une femme très bien. Je l'ai beaucoup aimée. Elle s'est ensuite spécialisée dans l'opérette classique où elle a fait une deuxième carrière. Elle fut une *Périchole* et une *Grande-Duchesse de Gérolstein* éblouissantes dans les œuvres de Jacques Offenbach. Elle a chanté jusqu'à la fin de sa vie. Je l'ai quittée car elle non plus ne pouvait avoir d'enfants. L'idée d'avoir une progéniture était devenue obsédante chez moi.

Mon épouse actuelle, Anne-Marie Lillet, est la mère de mes trois enfants, Delphine, David et Damien. Je l'ai épousée parce qu'elle était belle. Elle n'avait que 18 ans et moi 42, mais je la fréquentais depuis ses 16 ans. Je n'ai pas «épousé la dot» car la famille était déjà sur le déclin. Et je n'ai renoncé à rien de ce qui faisait ma vie passée. L'un de mes fils est artiste, l'autre est dans le commerce du vin. Ma fille travaille au service de communication du Quai d'Orsay. Je me suis toujours occupé d'eux et les ai aidés au maximum de mes possibilités.

Je regrette de n'avoir pu être, pour mes enfants, ce que mon père a été pour moi. Je leur ai peu exprimé de sentiments. Je n'étais ni tendre ni aimant. Ils se sont plaints souvent de mes absences et ont conçu un vif rejet de mes activités: «Avocat, homme politique, jamais!» Quand le «ton monte» entre nous, c'est souvent sur ce thème-là. Ma fille, qui a une santé fragile, est restée proche de sa mère et, comme elle m'est un peu hostile, par la force des choses, je laisse souvent passer la marée... Je dois avouer que j'en ai souffert, mais le temps a cicatrisé les blessures familiales. Le cuir s'est endurci. Les épreuves servent au moins à cela.

Je suis sans conteste un meilleur grand-père, plus présent et plus attentif. Mes petits-enfants sont friands de détails sur la vie « aventureuse » de leur grand-père. Ma petite-fille Pia, qui a 11 ans, est la plus curieuse de tous. À chaque retour de voyage elle me bombarde de questions : « Dis, papy, c'est comment Cuba ? »

J'ai essayé de maintenir mes enfants et mon épouse en dehors de ma vie tumultueuse. Si j'ai beaucoup péché, elle m'a beaucoup pardonné car c'est une bonne chrétienne. Je n'ai pas cherché à transmettre un quelconque héritage spirituel à mes enfants comme mon père l'avait fait pour moi. Quand je vois la façon dont ils vivent, raisonnent et se comportent, c'est peine perdue. Ils sont dans « l'immédiateté », comme beaucoup de gens de leur génération. Ma fille est de droite. Je n'essaie plus de la convaincre du contraire. D'ailleurs, elle prend toujours le parti de sa mère qui est aussi de droite, comme toute sa famille. Pour elles, je suis Satan ! À tout le moins le Méphisto de *Faust* !

Dans les années qui suivirent la guerre d'Algérie, j'étais forcément mal vu de ma belle-famille ! J'étais resté « le type qui avait défendu les bougnoules ». Les frères et sœurs avaient conservé l'« esprit Algérie française », sauf peut-être leur grand-mère, une vieille bigote, qui n'aimait pas les communistes, mais votait Mitterrand.

Je relevais d'une pleurésie et me remettais à Podensac, près de Bordeaux, dans la propriété de famille des Lillet là où, en 1872, un ancêtre de ma femme inventa le célèbre apéritif à base de vin et de macération de fruits. À ses débuts, il allait aux réunions patronales à Bordeaux à bicyclette, équipé de ses pinces à vélo !

Quand les affaires sont devenues florissantes, ses enfants et petits-enfants ont roulé en Panhard, joué au tennis et passé les vacances dans leurs villas du Cap-Ferret. Je leur ai reproché d'avoir récemment cédé leur affaire à Ricard. Je leur disais à mots feutrés qu'ils ne comprenaient pas le monde moderne qui allait broyer leur entreprise et leur environnement. Ils étaient quatre frères qui ne bougeaient pas tandis que la concurrence s'acharnait à développer des parts de marché. Ricard est arrivé, a fait une offre et remporté la mise sans coup férir.

Les femmes appartiennent à une autre race que les hommes à un degré qu'on ne soupçonne pas quand on est jeune. Elles changent en vieillissant et deviennent souvent insuffisantes, voire délirantes. C'est Mitterrand qui avait attiré mon attention sur ce point. Il avait assisté à mon mariage à Saint-Selve, célébré en 1964 par mon cher abbé Sage, et sera le parrain de mon dernier fils, Damien, qu'il a tenu sur les fonts baptismaux. Quand il a su que j'allais épouser Anne-Marie Lillet, dont il connaissait la famille, il m'a félicité pour sa beauté. Mais il a ajouté: «Méfie-toi des femmes qu'on épouse très jeunes car personne ne peut savoir ce qu'elles deviendront à 35 ans...» J'ai constaté qu'il avait raison. En prenant de l'âge, elles sont moins portées sur les choses de l'amour alors que les hommes le demeurent, même s'ils bluffent souvent... La loi de la nature est là!

François m'imite

Les «quadras» séduisant des jeunettes me valaient aussi les reproches de Danielle car j'épousais une mineure. «Tu as fait du beau travail. François t'imite maintenant!» Danielle savait tout (ou presque) de son mari. Chacun avait sa vie, preuve d'un sens très aigu de la liberté, mais aussi d'une forme d'affection nouée dans les affres de la guerre.

Mitterrand établissait un constat scientifique et me faisait profiter d'une expérience dont il ne m'a pas donné tous les détails. Il a toujours été discret. Il fallait deviner à demi-mot, par observation ou par intuition. Mais ce n'était pas quelqu'un qui se vantait. Jamais de plaisanteries de corps de garde non plus. Il était même navré de les entendre quand elles fusaient autour de lui. Il n'était jamais vulgaire.

Marié à Danielle à la sortie de la guerre, il avait une relation suivie avec Anne qu'il avait rencontrée en 1961. Elle avait 18 ans, il en avait 45... Ils tombèrent amoureux quelques années plus tard, je crois. Cette situation n'empêchait pas Mitterrand d'aimer les «coups». Danielle en avait pris son parti, mais Anne le vivait mal et lui faisait des scènes, menaçant de l'empêcher de voir sa fille. Il craignait ces représailles, se tenait à carreau ou se faisait plus discret. La famille Pingeot, que connaissait bien François Mitterrand, ne se satisfaisait guère de cette situation. La mère d'Anne, surtout, trouvait scandaleux que sa fille eût une relation avec un homme marié. Les choses se sont aggravées quand Anne s'est retrouvée enceinte, mais elle désirait tellement un enfant de François qu'elle a réussi à imposer sa volonté à ses parents.

Les Mitterrand auraient pu divorcer, mais Danielle ne le voulait pas et François savait que cela aurait pu nuire à sa carrière. À l'époque, les Français étaient très conservateurs en matière de mœurs. Je crois bien qu'ils le sont encore... Dans les discussions entre amis, il affectait pourtant un certain fatalisme en matière électorale: «Si je suis battu, eh bien, tant pis!» Mais il faisait quand même tout pour être élu. Le seul vrai risque électoral qu'il a pris reste, à mes yeux, de s'être déclaré contre la peine de mort peu avant la présidentielle de 1981.

Mitterrand était un philosophe de l'âme humaine. Il avait des convictions, mais guère d'illusion sur l'amour ni sur les femmes, lui non plus... Il avait cependant de la considération pour celles qui exercent une fonction dans la société. À ses yeux, il y avait «la» femme, plus ou moins belle, plus ou moins «juteuse», plus ou moins désirable, dont il fallait profiter sans aucune notion de péché, et «les» femmes qui représentent quelque chose dans la société par leur intelligence, leur fonction, leur art, leur science. Il citait volontiers en exemple Marie Curie dont il a voulu qu'elle reposât au Panthéon ainsi que son mari. Il aimait à disserter sur ces catégories, mais n'excluait pas les unes au profit des autres. Il se référait volontiers aux Grecs de l'Antiquité qui recommandaient de «posséder» trois femmes ; une pour l'intelligence, une pour les enfants et l'autre pour le plaisir. C'est assez sage si l'on y réfléchit bien...

Je t'ai donné mon cœur

Avec le recul, je dirais que la femme de ma vie a été ma mère. Elle m'a beaucoup aimé, admiré, pardonné. C'est par son entremise que, dès ma plus tendre enfance, j'ai été en contact avec la musique et le chant. La grande voix de ténor de l'opéra français d'avant guerre était Georges Thill, pour lequel ma mère avait une profonde admiration. À 12 ou 13 ans, on me faisait monter sur les tables pour entonner *Le Pays du sourire* : «Je t'ai donné mon cœur...» Mon grand-père, que nous surnommions Peyoux, était ouvrier-pâtissier, mais aussi le concierge de la salle Berlioz qui était le «petit opéra» de Limoges. On y donnait des opérettes comme *Fifi* et des opéras-comiques. Grâce à lui, j'allais dans les coulisses voir de près ces artistes qui me fascinaient et entendre ces airs que je mémorisais comme par enchantement. Là, sans doute, se cristallisa mon envie de «monter sur les planches». C'est à Lyon, en pleine Occupation, que je fus réellement envoûté par *Le Jongleur de Notre-Dame* de Massenet et le *Faust* de Gounod. Même fauché, je me débrouillais aussi pour aller au spectacle et au cinéma voir les films américains qui furent interdits en 1942.

Plus tard, après que j'ai pris des cours de chant au Conservatoire pour devenir ténor, mes airs de prédilection étaient *Manon*, de Puccini, et *Werther*, de Massenet. Je connais encore de la première à la dernière note *Les Souffrances du jeune Werther* qui m'émeuvent toujours aux larmes. Les ténors étant fort peu nombreux dans les classes de chant, les sopranes les recherchaient pour leur donner la réplique. Elles faisaient donc toutes appel à moi. Je ne leur refusais évidemment pas une voix secourable, ce qui me valait quelques ennuis conjugaux. J'étais jeune marié avec ma Grecque au sang chaud. J'arrive un soir tard, et je la vois se décomposer et piquer une colère : « Tu pourrais au moins t'essuyer les lèvres ! » J'avais chanté un duo se terminant par un langoureux baiser qui avait laissé quelques traces. J'ai eu du mal à la convaincre de ma bonne foi !

Ce goût du chant exprimait un besoin de conquête. Donner la réplique à plusieurs femmes avait quelque chose d'excitant. Conquérir un auditoire procure aussi un infini plaisir que j'ai retrouvé au barreau et en politique. On y traite évidemment de causes plus nobles, mais les ténors du barreau ou des tribunes ne sont pas toujours à la hauteur des enjeux. Il faut une dose de désinvolture et d'audace que je n'ai jamais refrénée chez moi ; varier l'attitude et le langage selon l'auditoire.

J'ai beaucoup appris de François Mitterrand, mais je crois pouvoir dire que j'avais des dispositions avant de le connaître ! Je dois beaucoup au sénateur Charlet, excellent orateur aussi dans le genre « avocat de province sentimental ». Il aimait les femmes. C'était un bon « maître » en la matière. En tant que sénateur, il était souvent à Paris où il avait son « dispositif » tout près du Sénat, c'est-à-dire un pied-à-terre où il recevait sa maîtresse attitrée. Elle tenait un magasin de beauté pour dames et, par son entremise, j'ai rencontré nombre de ses amies qui étaient des femmes « intéressantes ». J'avais noté que certains sénateurs avaient une assistante « attitrée », ce qui suscitait parfois des situations cocasses dans des bureaux du palais du Luxembourg.

J'aurais aimé pouvoir mener de front le chant, le barreau et la politique, mais, au moment de ma première élection, j'ai dû abandonner à regret l'idée d'être chanteur professionnel. Rien cependant n'a jamais pu m'éloigner de l'opéra. Quand la cantatrice américaine Renée Fleming arrive à Paris, elle ne manque jamais de me téléphoner pour que nous nous rencontrions. J'ai son numéro de téléphone personnel. Nous dînons généralement en tête à tête. J'ai accroché comme un trophée dans mon bureau la photo prise quand je l'ai décorée de la Légion d'honneur. Figurent à nos côtés deux grands compositeurs français, Pierre Boulez et Henri Dutilleux. Je ne chante plus car je dois me ménager. Mais il y a quelques années encore j'interprétais avec Mirella Freni le duo de *La Bohème*.

Je chantais, ne vous déplaise

Après la guerre, j'allais à l'Opéra de Paris, au poulailler, car je n'avais pas les moyens de me payer une place d'orchestre. J'y ai entendu toutes les grandes œuvres du répertoire, tous les grands artistes réputés. J'avais une telle passion pour les voix italiennes que j'ai même envisagé d'aller me perfectionner en Italie pendant mes études. Je faisais trente-six choses en même temps. J'étais fou. La passion de vivre n'avait pas de limites. J'étais allé un soir écouter *Lohengrin*, de Richard Wagner, dont le dernier acte est pour moi l'un des plus beaux morceaux du répertoire. Je ne voulais le manquer sous aucun prétexte. Or, je devais, le soir même, raccompagner ma mère à Limoges. Elle croyait que je l'avais oubliée et s'était couchée. Je l'ai réveillée à minuit et mise sur ma moto. Je l'ai ainsi ramenée à Limoges dans la nuit, cramponnée à moi. C'était un exploit. Elle était folle de joie. Elle avait entendu à la radio Georges Thill chanter

Lohengrin, mais ne l'avait jamais vu chanter « en chair et en os ». Pour lui faire plaisir, je l'avais ainsi emmenée applaudir son idole sur la scène de l'Opéra-Comique. De retour des camps de prisonniers, il essayait de rechanter, mais il avait perdu sa voix. C'était un déchirement.

Plus tard, j'ai fréquenté Bayreuth où j'allais tous les ans avec Maria Murano. Nous y rencontrions les plus grands, Luciano Pavarotti, à qui j'ai remis la Légion d'honneur sur la scène de l'Opéra de Paris ; Renée Fleming, dont je suis resté proche ; Placido Domingo, avec qui j'ai créé Operalia. Cette association organise des concours et décerne des prix à des chanteurs débutants. Quand les frontières de l'Est se sont ouvertes, j'ai ainsi découvert combien l'opéra était populaire chez les jeunes de ces pays. Ils se cotisaient pour payer l'essence à quatre ou cinq et venaient concourir à Paris. Ils roulaient toute la nuit dans une bagnole bringuebalante pour chanter le lendemain. C'était émouvant.

Échange de bons procédés

Ce goût de l'opéra m'a donné l'occasion de rencontrer des personnages plus incroyables encore. Ainsi, Lucienne Goldfarb, connue sous le nom de Katia la rouquine dans le milieu des nuits parisiennes. Elle a installé, voilà plus de trente ans, un club échangiste dans une ancienne maison close, près de la Porte Maillot à Paris. La rumeur maligne veut surtout voir en elle un personnage sulfureux, mais on oublie que j'étais son avocat et que j'ai plaidé des affaires de proxénétisme dans lesquelles elle était impliquée. Bien que protégée par la police, dont elle avait été une informatrice, elle était régulièrement inquiétée. Et quand on lui reprochait d'avoir trop fréquenté les flics et pas assez les avocats, elle répondait : « C'est justement les flics qui m'ont évité de trop fréquenter les avocats ! »

Juive d'origine polonaise, c'était une gamine de 19 ans en 1943. On a raconté des horreurs sur son compte. On l'a même accusée d'avoir dénoncé les membres du groupe MOI (Main d'Œuvre Immigrée), ce réseau de résistants dont les 23 membres ont été exécutés en 1944. J'ai voulu tirer cela au clair et en ai parlé à mon ami Henri Krasucki, alors secrétaire général de la CGT, lui-même juif, polonais, résistant et, qui plus est, grand amateur d'opéra. Il m'a assuré que c'était des racontars. Il connaissait d'ailleurs ceux qui avaient dénoncé ces malheureux à la Gestapo.

Lucienne n'aimait que les ténors comme José Carreras ou son chouchou Roberto Alagna, mais moins Luciano Pavarotti. Elle était surtout folle de Placido Domingo dont j'ai fait la connaissance par son intermédiaire. Elle traversait l'Atlantique pour aller l'applaudir. À travers elle, j'ai aussi connu toutes les cantatrices, de Renée Fleming à Mirella Freni. Un soir, nous dînions dans un restaurant avec Mirella, son mari, Lucienne et moi. Nous avions sans doute un peu bu. La chanteuse me lance :

– Lucienne me dit que tu chantes ?

– Oui, en amateur.

– Il faut qu'on fasse un duo.

– Volontiers, mais quand ?

– Tout de suite !

Elle a fait téléphoner dans l'instant à l'Opéra-Comique en demandant un pianiste. Ils ont pensé à un caprice de star et se sont exécutés. Elle était l'une des plus grandes chanteuses du monde et moi ministre en exercice. Notre arrivée à l'Opéra-Comique n'est pas passée inaperçue ! La pianiste tremblait de tous ses membres. Et nous voici sur la scène en train de chanter le duo du premier acte de *La Bohème* devant le personnel de l'Opéra-Comique. Il y a un ut à la fin, et j'étais un peu tendu. Mirella m'a donné quelques conseils pour m'en sortir avec les honneurs.

J'ai raté ma carrière de ténor aussi bien que celle d'acteur de cinéma. Un de mes copains à Sciences politiques, Victor Merenda, était originaire de Cannes et voulait faire du cinéma. Il était beau comme un dieu et toutes les filles de la Côte lui tombaient dans les bras. Tous les ans, il m'invitait au Festival où nous sortions le soir en galante compagnie. Il avait dégotté un boulot d'assistant metteur en scène. C'est ainsi qu'il m'avait demandé de tourner une scène dans un des films où il était assistant. Je devais conduire une voiture et prendre en auto-stop une jolie femme. L'actrice était connue à l'époque, mais j'ai oublié son nom et j'étais trop jeune pour qu'elle m'estimât. Une fois la scène achevée, elle m'a cependant félicité en me disant: «On croirait que vous avez fait cela toute votre vie!» J'ai à mon «tableau de chasse» quelques comédiennes dont je ne peux citer les noms car la plupart sont encore de ce monde.

Je ne sais si j'étais un diplomate séduisant, mais j'avais noté qu'il y a une «disponibilité» des femmes dans certaines couches de la société. Lors d'un dîner, vous pouviez repérer une très jolie femme; si c'était une aristocrate, elle en profitait pour prendre les choses de haut; il était dès lors difficile d'être «à la hauteur». Mon terrain de prédilection était la grande bourgeoisie. Quand on est ministre, *a fortiori* aux Affaires étrangères, on n'a pas beaucoup de temps, même si l'on dispose d'une intendance qui facilite le quotidien. Les hommes de pouvoir ont, à l'évidence, un attrait reconnu de tout temps. Très souvent, ce sont les femmes qui se projettent. Elles veulent participer au pouvoir même si c'est dans des conditions «très spéciales». L'*homo politicus* a un prestige. Il décide. Il parle. Il rencontre des gens importants. Si vous êtes à ses côtés, vous en profitez. Le pouvoir érotise. Mitterrand, qui était un séducteur «professionnel», l'exerçait aussi bien sur les femmes que sur les hommes si cela pouvait le servir. Danielle en était consciente. Je l'ai entendu me dire un jour: «Vous êtes tous pareils, amoureux de François, comme des femmes.» C'était le phénomène de cour poussé à son paroxysme. Un lien affectif et individuel dont il savait jouer même si cela lui coûtait parfois. Il parlait de politique avec l'un, de littérature avec un autre ou d'art avec un troisième. Avec les femmes, il était très ardent et surtout plus consciencieux que moi. Il y passait le temps qu'il fallait. Trois heures d'approches si nécessaire, même quand il était président de la République. Il s'intéressait aussi aux histoires des autres et aux miennes en particulier. Il était au courant de tout.

Des histoires de femmes concernant Mitterrand, j'en connais un grand nombre. C'est un des rares sujets sur lequel il était plutôt taquin. Un jour, lors d'une réception à l'Élysée, est invitée la femme du maire d'une grande ville du sud de la France qu'il avait un peu «travaillée». Il avait même demandé à Jack Lang, ministre de la Culture, de lui donner un coup de main car elle voulait créer un musée de la Mode. C'était une assez jolie femme. Le président remettait ce jour-là des décorations. Il avait un œil incroyablement perçant. Alors que je bavardais dans un coin avec la dame, mon regard croise celui de Mitterrand qui était à l'autre bout de la salle des fêtes. Petit à petit, comme dans le roman d'Albert Cohen, où le diplomate tournant la cuillère dans sa tasse à café s'approche de sa proie, il passe de groupe en groupe, de préfet en ambassadeur, pour arriver jusqu'à moi: «Alors, Roland, j'ai vu que tu ne t'ennuyais pas, mais il faut que je t'avoue quelque chose, elle est à moi.» Et il s'est éloigné comme il était venu. Il était très vigilant sur ce sujet. Avant d'être président, il se divertissait des aventures prêtées à Valéry Giscard d'Estaing qui sortait sans escorte pour se rendre à des rendez-vous galants. «C'est Louis XV et le Parc aux Cerfs», plaisantait-il en connaisseur.

Les journalistes étaient aussi des proies faciles. Elles tournaient autour de lui pour décrocher des confidences. Quand elles étaient à son goût, il ne se faisait pas prier. C'est ainsi qu'il a eu un jour une aventure avec la fille d'un haut fonctionnaire giscardien, reporter dans un grand hebdomadaire, où elle sévit toujours à la rubrique politique. Mais il l'avait rayée de son tableau de chasse au motif qu'«elle faisait mal l'amour». Elle «savait que je savais» et, pendant un temps, m'a battu froid.

Le lion de la Tlass

J'étais parfois la victime de sa curiosité : «On me dit que vous voyez beaucoup Mme Nahed Ojjeh...» C'était l'époque où je fréquentais la riche veuve de l'homme d'affaires syrien Akram Ojjeh, le milliardaire qui se paya le paquebot *France*. J'élude et minimise. Il insiste alors : «Je vais vous inviter avec elle et j'en aurai ainsi le cœur net.» Pervers, non? Nahed était assez «nature» malgré les côtés orientaux de son train de vie. Elle acceptait qu'il y ait un «service d'intimité» si nous étions en tête à tête. Quand je débarquais très tard et que je n'avais pas dîné, il arrivait même qu'elle cuisine des pâtes ou des œufs au plat. Au côté de son père, elle organisait des dîners avec grand service, mais ce n'était pas Versailles quand même. Elle habitait un hôtel particulier place des États-Unis où les tableaux régnaient en maîtres. Je me souviens d'un exceptionnel Degas, dans le hall d'entrée, que j'aurais bien aimé avoir dans ma collection.

C'est ainsi que le président l'a invitée à Latche accompagnée par le préfet Prouteau, chef de sa sécurité. J'étais là aussi bien sûr. Je l'avais déjà rencontrée avec son père, le général Tlass, ministre syrien de la Défense Ils étaient, l'une et l'autre, les agents officieux de la Syrie. Le père, très francophile, avait du chic et du charme. Mitterrand m'avait chargé de nous rabibocher avec Hafez el-Assad, le président syrien. J'ai bien arrangé les choses, avec le père, et aussi avec la fille. J'ai mis du lien et du liant. C'est cela la diplomatie !

Le sphinx syrien, qui ne voyait personne, a accepté de me recevoir deux fois. Il m'a invité dans son fief, j'allais dire «électoral», ce qui n'est pas le mot juste! Il m'a envoyé son avion et m'a accueilli à l'aéroport avant de me conduire chez lui dans sa résidence privée. J'ai alors constaté qu'il était très malade. Il s'est excusé de ne manger que des laitages. La première fois, je suis resté une semaine en Syrie et nous avons parlé pendant sept heures. J'avais été convaincu de faire ce voyage par Shimon Peres, mon homologue israélien de l'époque, aujourd'hui président de l'État d'Israël. Au cours d'un dîner officiel que j'avais donné à Paris en son honneur en septembre 1992, il m'avait encouragé à aller proposer aux Syriens de reprendre les négociations: «Mon ami Roland Dumas serait bien inspiré de se rendre à Damas pour expliquer notre position.» Peres savait que les Américains cherchaient à s'entremettre à Damas et souhaitait que la France ait le bénéfice de cette négociation de façon à ce qu'elle soit réintroduite dans le processus de paix au Proche-Orient. Toute la communauté israélite française présente à ma table applaudissait. Je continue à penser que cette position reste toujours d'actualité. Moi, j'avais saisi la balle au bond. Ce côté provocateur n'était pas pour me déplaire. J'avais donc immédiatement fait prévenir Hafez el-Assad qui me fit répondre qu'il était prêt à me recevoir au palais présidentiel dès mon arrivée. Il souhaitait me voir avant que les pourparlers multilatéraux ne reprennent à Washington. Il me verrait en tête à tête avec l'aide d'un seul interprète. Le message précisait qu'il n'était pas nécessaire de prévenir notre ambassadeur et que son ministre des Affaires étrangères ne serait pas là, «ce qui n'avait pas d'importance»...

François Mitterrand étant à l'époque à l'hôpital, j'avertis Bérégovoy qui me donna son accord. Être ainsi reçu par Hafez el-Assad, à deux reprises, sept heures durant, c'était la première fois que cela se produisait. Hafez el-Assad m'a écouté en silence et a fini par me demander:

– Qui vous a demandé cela ?

– Shimon Peres.

– A-t-il l'aval de son Premier ministre ? [Yitzhak Rabin, assassiné en 1995.]

– Non, je ne l'ai pas rencontré.

– Il serait bon que vous le voyiez...

Il ne se fiait pas du tout à Shimon Peres. Nous avons aussi longuement parlé du Liban. Pendant deux heures, il m'a exposé sa théorie selon laquelle le Liban était une terre syrienne et que les problèmes venaient des Anglais et des Français qui avaient tracé un partage aberrant. Il me taquinait car il n'allait pas jusqu'à remettre en cause les frontières héritées de la colonisation.

Mes relations avec la belle Syrienne se sont distendues à propos d'une histoire de scanner à Sarlat où je me présentais à la députation contre le maire, Jean-Jacques de Peretti. L'hôpital n'était pas doté d'un tel appareil. Je lui en fais part, et elle accepte de financer cette installation par l'intermédiaire d'une de ses fondations basée au Liechtenstein. La presse de droite s'en empare alors et *Valeurs actuelles* fait toute une page, avec photo de la dame, sous le titre « Le ministre des Affaires étrangères est le lion de la Tlass ». Le jeu de mots était drôle, mais le contenu de l'article beaucoup moins, surtout pour elle. Ce n'était pourtant pas scandaleux car ce n'était pas du matériel de guerre, mais un appareil pour soigner des malades dans un hôpital qui n'en avait pas. Mais le fait que ce soit la Syrie... Faire plaisir à ma clientèle électorale était plus important à mes yeux que les discours sur la Lune. Je ne vois plus Mme Ojjeh, même si je l'aperçois dans des réceptions. Nous sommes en froid depuis qu'elle est allée « spontanément » raconter à la juge Joly que j'aurais touché des commissions sur des ventes d'armes. Des racontars qui n'ont évidemment jamais été prouvés.

Ma liaison n'était pas du goût de tout le monde car, selon les bien-pensants, elle aurait pu nuire à nos relations avec

Israël. Je réponds qu'elle n'était pas pestiférée. Je savais que les Israéliens l'apprendraient car ils font ce qu'ils veulent en France et mobilisent la DST comme bon leur semble au nom de pratiques fort anciennes. Mitterrand ne m'a jamais laissé entendre que cela pouvait être gênant ; au contraire, cela le faisait rire. D'ailleurs, cette femme ne le laissait pas indifférent, il m'en avait fait la confidence ; mais, selon elle, il n'était pas arrivé à ses fins. Moi, j'avais réussi mon plan... c'est-à-dire bien conduire mon action diplomatique. Je voulais en avoir le cœur net sur ce qui se passait au Proche-Orient pour me faire ma propre opinion. Et s'il fallait en passer par là, le chemin de Damas n'en avait que plus de saveur ! J'avais établi une relation personnelle avec l'un des chefs d'État les plus insaisissables. Mitterrand était bluffé. «Comment avez-vous fait pour avoir ces rendez-vous ?» Et faisant mine de découvrir l'astuce :

– Ah, je vois, c'est Mme Ojjeh !

– Euh...

«Revenez quand vous voulez», m'avait dit Hafez el-Assad en prenant congé. J'ai conservé les mêmes relations privilégiées avec son fils Bachar, qui est un type charmant à l'esprit plus ouvert que son père. Les Israéliens ont tort de ne pas négocier avec lui, même s'il ne signera pas un accord à n'importe quel prix. Quand il est venu à Paris en visite officielle, il m'a fait téléphoner par son ambassadrice pour dire qu'il souhaitait me voir. Il m'a invité à sa conférence de presse dans un grand hôtel de la rive droite. Le service d'ordre était considérable. Il m'a reçu en tête à tête dans son bureau. Nous avons bavardé dix minutes. Il m'a demandé de l'accompagner à sa conférence et m'a fait asseoir à côté de lui. Elle n'a pas eu grand écho car elle a été boycottée. J'ai constaté qu'il a l'esprit vif et délié et n'élude pas les questions embarrassantes. Il m'a reçu de nouveau après et m'a tenu ce langage : «Venez à Damas, je vous recevrai sur-le-champ.»

Casanova plus que Don Juan

« Chez Roland, il n'y a que le volant de sa Porsche qui est
à gauche. » Ce mot attribué à mon ancien collègue et associé
Jean-Marc Varaut est une invention de mes détracteurs. Il était
trop amical pour avoir dit une chose pareille. Ou, plus exactement, je préfère croire qu'il ne l'a pas dite. Il est vrai que
j'ai eu une Porsche pendant un an, une folie. Mais je n'avais
pas besoin de cela pour séduire les femmes ! Je séduisais tout
aussi bien avec ma petite Simca 5 ou mieux encore avec des
motos anglaises ultrarapides qui roulaient à 220 km/h. J'avais
acheté la plus rutilante en Angleterre quand je faisais là-bas
des études. J'ai revu l'autre jour une « jeune femme de 70 ans »
qui a encore beaucoup d'allure. C'était la fille d'un des plus
grands chirurgiens de Paris et la filleule de Claude Cheysson,
mon prédécesseur au Quai d'Orsay. Elle se rappelait que nous
fréquentions tous les deux le même cours de chant et que je
lui avais proposé, un soir, de la raccompagner chez elle sur ma
« superbe moto ». Je n'avais pas osé aller plus loin. Cinquante
ans après, elle avait l'air de le regretter... Moi aussi !

Il m'arrive de croiser en même temps plusieurs de mes
anciennes conquêtes, ce qui est parfois embarrassant. J'ai revu
une fois ou deux fois Christine Deviers-Joncour depuis notre
affaire et toujours dans un lieu public. La dernière fois, c'était
chez Lipp. Elle était avec sa cour. Elle est venue me saluer, indé-
cise. Elle a quitté le restaurant avant moi. En repassant devant
ma table elle m'a tendu une main fébrile. J'ai senti qu'elle me
glissait un petit billet. « C'est mon numéro », a-t-elle murmuré,
émue. Je ne l'ai pas rappelée...

Elle a l'air d'avoir des difficultés. Elle vit avec un compositeur norvégien, ce qui est une façon comme une autre de se
rapprocher de Mme Eva Joly, Norvégienne de naissance, qui a
eu sa peau dans l'affaire Elf et a failli avoir la mienne ! Christine

dit m'avoir aimé. Je ne suis pas sûr que ce fût réciproque, mais c'était agréable. Aimer est fait de tellement de choses, bonnes et moins bonnes. La stupidité de cette femme, la façon dont elle s'est entêtée dans des histoires idiotes ont jeté à jamais un voile sombre sur notre relation.

Je suis incapable de dire aujourd'hui les femmes que j'ai vraiment aimées. Il faudrait que je repasse toutes ces histoires au filtre et au philtre qui est fait de tant de choses impalpables. Maria a été la grande passion de ma vie. Et ma femme Anne-Marie aussi, dans une certaine mesure. Même si nous avons été un moment séparés de fait et que notre relation a connu des moments de grand calme, elle a eu quand même des heures de gloire. Nous n'avons jamais entrepris de procédure de divorce, comme cela a été écrit ici ou là.

J'ai beaucoup travaillé quand j'étais au gouvernement et étais souvent absent, ce qui n'est pas la meilleure vie pour la stabilité d'un couple. Anne-Marie venait de temps en temps au Quai d'Orsay où elle disposait d'un appartement. Elle jouait aussi parfois son rôle officiel d'épouse de ministre quand il s'agissait de recevoir Reagan ou Gorbatchev. Ce dernier l'aimait beaucoup. Mais je n'étais pas très favorable à cette mise en avant des «femmes de» qui doivent jouer un rôle de bobonnes un peu bébêtes au côté de leur «brillant» époux.

Il peut arriver cependant qu'on désigne une femme parce qu'elle a des diplômes, qu'elle est intelligente ou qu'elle a une spécialité. J'ai bousculé les habitudes du Quai en nommant deux femmes à des postes d'ambassadeur. Il n'y en avait pas quand je suis arrivé. J'en ai nommé une en Afrique du Sud, à Pretoria. Elle était brillante, avait un mari romancier. Et l'autre en Allemagne de l'Est. Je la vois toujours sur les questions allemandes dont elle est une remarquable spécialiste.

Beaucoup d'hommes politiques éminents menaient une double vie. J'étais loin d'être le seul dans ce cas. Il faut dire que l'exemple venait de haut ! On l'a même dit de Bérégovoy, ce qui a suscité la confusion et les spéculations après sa disparition. L'entourage a voulu cacher à tout prix son carnet d'adresses pour ménager Mme Bérégovoy, ce qui a été à l'origine de toutes les bêtises qu'on a pu raconter à propos de son suicide. Moi, je n'ai rien truqué. De toute façon, mes carnets et tous mes papiers avaient été saisis par Mme Joly qui visiblement les a étudiés dans le détail car elle a mis longtemps avant de me les rendre. Elle aimait faire saliver les journalistes en leur disant : « Il y a de ces choses ! »

Jean, François, Roland et les autres

Danielle avait depuis longtemps « son » professeur de gymnastique qui lui faisait faire des exercices, déjà à l'époque où les Mitterrand habitaient rue Guynemer. Puis la famille a déménagé rue de Bièvre. Là aussi, Jean était l'homme à tout faire. Il ouvrait la porte, faisait les courses, lavait la voiture et allait chercher le député de la Nièvre à la gare. Il passait aussi une partie des vacances à Latche. Pour les deux garçons, Jean-Christophe et Gilbert, il était une sorte d'oncle-copain qui leur faisait faire du sport, des balades et leur enseignait le ski. Jean accompagnait aussi le leader socialiste dans les réunions électorales qui risquaient d'être houleuses. Danielle disait : « Je suis rassurée quand Jean accompagne François. » Jean était le premier admirateur de Mitterrand à qui il réservait ses commentaires sur tel adversaire politique ou tel contradicteur de meeting. Il ne se posait pas en rival. Rue de Bièvre, chacun avait sa chambre. Danielle dormait au premier étage, François dans son « pigeonnier » sous les toits et Jean dans l'annexe. Mitterrand confessait avec le plus grand naturel : « Je ne me reconnais pas le droit de refuser à ma femme ce que je m'autorise.» C'était une façon élégante de voir les choses. Un régime de grande liberté qui aurait pu servir de scénario à un film de Claude Sautet. Jean était un beau gosse un peu naïf et avait, lui aussi, des aventures. Il en a beaucoup coûté à Danielle de se séparer de lui quand François a été élu à l'Élysée. Je crois cependant qu'elle a essayé à plusieurs reprises de recoller les morceaux, mais Jean avait refait sa vie... L'histoire, en son temps, avait fait le tour de Paris.

Il était fréquent que, le matin, je passe prendre François Mitterrand rue de Bièvre puisque nous étions voisins. Je partageais son petit déjeuner. Danielle descendait dès qu'elle savait que j'étais là. J'avais invariablement droit à ses recommandations sur les Sahraouis du Maroc, les Kurdes de Turquie. Nous avons d'ailleurs, elle et moi, été invités à dîner récemment par le président du Kurdistan irakien en visite à Paris.

Danielle était volontiers exaltée. Son mari tentait de l'apaiser: «Calme-toi, j'ai besoin de parler à Roland.» Elle se taisait alors en faisant un peu la gueule. Comme il avait le poids de l'autre famille et qu'ils n'avaient plus de vie conjugale, il ménageait à son épouse cet espace de liberté. Elle était en effet très impliquée dans sa fondation France Libertés et en profitait pour mettre à contribution les ministres «proches», à commencer par moi, ou les amis influents, patrons de grandes entreprises nationales ou capitaines d'industrie. Ils étaient priés de mettre la main à la poche. Mitterrand y allait aussi de son amicale pression, à la fois pour que la fondation soit plus efficace dans son action, mais aussi pour canaliser les débordements de Danielle qu'il nous fallait ensuite gérer. Elle me demandait d'organiser pour elle des conférences de presse au Quai d'Orsay sur les droits de l'homme, sujet qui lui tenait à cœur. Je le faisais volontiers car elle était toujours adorable avec moi. Elle faisait mon éloge et affirmait que la France avait un grand ministre des Affaires étrangères dont l'engagement témoignait de son intérêt aux causes qu'elle défendait. Je répondais en remerciant cette grande dame qui valorisait la politique étrangère de la France. J'ajoutais qu'elle disait ou faisait tout ce que je ne pouvais ni dire ni faire officiellement. Tout le monde était content. C'est une femme courageuse et de caractère, certes très à gauche et pas toujours adroite, mais toujours sincère !

J'ai toujours été plus proche de Danielle Mitterrand que d'Anne Pingeot. Je ne pouvais pas jouer sur les « deux tableaux », à l'évidence parce que Mitterrand n'aurait pas apprécié. Quand je la croisais, il me disait d'un air détaché : « Vous connaissez Anne, n'est-ce pas ? » Je la saluais, disais un mot aimable, mais sans plus. Je restais dans la « famille légitime », ce qui m'allait bien ! En revanche, Élisabeth et Robert Badinter étaient proches de la deuxième famille parce que Mitterrand l'avait voulu ainsi. Badinter et Dumas se situaient aux deux extrémités de sa géographie affective. Élisabeth et Robert Badinter servaient de « couverture » quand il s'agissait de sortir avec Mazarine. Ils partaient en excursion au Mont-Saint-Michel, à Royan ou visiter les châteaux de la Loire. Mitterrand adorait ces balades culturelles comme le font la plupart des parents avec leurs enfants Ce n'est jamais moi qu'il appelait dans ces cas-là. Ces deux mondes schizophréniques auraient beaucoup inté-ressé Lacan. Mitterrand était coutumier de cette bipolarisation mentale. Il n'était pas rare qu'il demandât le même rapport ou la même note à plusieurs personnes à la fois, celle-ci ne sachant pas que celle-là avait été sollicitée. Je n'étais pas non plus des intimes de l'ascension de la roche de Solutré. C'était une simple balade, pas de l'alpinisme ! J'y suis allé deux fois, mais ça m'ennuyait de voir les courtisans se bousculer pour être sur la photo. Il m'a demandé un jour pourquoi je ne venais pas. J'ai prétexté lâchement la lourdeur de mes obligations...

Les courtisans ne sont pas tous à épingler de la même façon dans l'entomologie mitterrandienne. Pierre Bergé tient une place à part. Quand on lui posait la question de sa succession, Mitterrand était évasif, mais il lui arrivait cependant de répondre. L'ancien patron de la maison Yves Saint Laurent, président des Amis de l'Institut François-Mitterrand, a eu la gentillesse de rappeler une scène dont il fut le témoin. Il raconte l'anecdote dans le compte rendu de la rencontre organisée par son association à l'Assemblée nationale en 2008. Alors qu'ils se promenaient sous les pins de la forêt des Landes, il pose au président l'indiscrète question à laquelle il répond: «Je n'en vois qu'un, Roland Dumas.» Bergé a eu l'élégance de ne pas rapporter la fin de la phrase: «Malheureusement, il a dix ans de trop.» Il l'a répétée, je crois, à un parterre de socialistes très attentifs, rassemblant tous les pontes du parti. Le rappel de cette anecdote n'a agacé personne au PS. Ils croyaient tous que j'étais mort!

Parce qu'ils le valent bien

Il en est un qui pourrait être un exégète plus subtil que moi dans l'analyse de ces phénomènes de cour, c'est le «célèbre» avocat Georges Kiejman qui vit et sévit encore. Comme disait Tixier-Vignancour, à propos d'une autre star du barreau: «Ce n'est pas un grand avocat, c'est un avocat connu.» Un spécialiste de l'entregent aussi. Moi, je me consacrais corps et âme à mon ministère et n'avais pas l'office qui était le sien. Il a été un an mon secrétaire d'État, mais avait conservé ses activités annexes. Il sortait toujours avec de très jolies femmes. C'était sa carte de visite auprès de Mitterrand: «Monsieur le président, je voudrais vous présenter une très belle amie...»

Il a défendu les intérêts de Liliane Bettencourt, ce qui est une belle cause, à la fois pour les honoraires et le procès en lui-même qui ne manquera pas d'être instructif... s'il a lieu. Il ne m'a pas échappé que l'affaire Woerth-Bettencourt a été prétendument révélée par Edwy Plenel, ce qui me la rend suspecte d'emblée et jette sur l'héritière de L'Oréal un voile sympathique à mes yeux.

J'ai bien connu les Bettencourt et souvent dîné chez eux avec Mitterrand qui voulait m'introduire dans la bonne société quand j'étais un jeune député sans relations. André et François étaient copains de collège à Angoulême où ils partageaient le même dortoir. Ils se sont retrouvés à Paris pour faire leurs études. Mitterrand connaissait forcément l'histoire de L'Oréal qui n'était pas blanc-bleu. Certains ont même ressorti des articles de Bettencourt datant de l'Occupation et qui étaient un peu «limites». C'était intéressant de voir tous ces gens qui avaient flirté avec le pétainisme et avaient su se reconvertir à la Libération en devenant d'honorables entrepreneurs dans la société française. Grâce à eux, Mitterrand avait écrit quelques articles dans *Votre beauté*, qui appartenait à L'Oréal déjà du temps de l'Occupation. André Bettencourt se fit élire à l'Assemblée nationale en 1951, sous l'étiquette Indépendants et paysans (futurs Républicains indépendants). En 1954, Mitterrand fera entrer son ami dans le gouvernement Mendès France comme secrétaire d'État. Il avait demandé cette faveur au président du Conseil. Bettencourt occupera par la suite de nombreux postes ministériels sous la Ve République. Plus tard, quand je serai ministre et qu'il sera sénateur de la Seine-Maritime, il aura la coquetterie de voter mon budget ou de s'abstenir, par amitié pour Mitterrand et pour moi.

Les Bettencourt étaient d'un commerce aimable. Sourde de naissance, Liliane apparaissait déjà coupée du monde. Lui était un peu mondain, très XVIe arrondissement, mais un homme exquis. Je ne sais s'il distribuait déjà des enveloppes car je n'en ai jamais eu. J'étais invité chez eux dans leur hôtel particulier de Neuilly où ils recevaient un aréopage de m'as-tu-vu dans le genre de François-Marie Banier. Les femmes, même quand elles sont riches, ont un cœur d'artichaut! Liliane s'était entichée de ce photographe que j'ai bien connu aussi. Il collait déjà aux basques de Mitterrand qui le trouvait amusant. Il a du charme, comme nombre d'homosexuels. Banier est un original, intriguant, un peu faiseur, mais ne manquant pas de «dons», c'est le cas de le dire! Je ne sais si son amitié avec Liliane Bettencourt est sincère. Il m'a parlé un jour de la correspondance qu'il entretenait avec elle sur la peinture, les expositions et l'art en général. Le photographe lui faisait rencontrer des gens décalés et l'emmenait dans des endroits où elle ne serait pas allée en raison de son milieu social et de son handicap. À partir du moment où il n'était pas un gigolo, il fallait bien qu'un autre lien le rapproche. Elle lui a peut-être donné 1 milliard d'euros, mais je crois qu'elle en a donné à d'autres...

L'affaire Woerth-Bettencourt est devenue un scandale d'État en partie à cause des protagonistes eux-mêmes car ils se sont pris les pieds dans le tapis et ne pourront s'en sortir que par le haut. Je n'incrimine pas Woerth, qui a l'air consciencieux, mais tout le système de financement opaque du parti du président. Les avocats des protagonistes ont beau dire que les enregistrements opérés chez Mme Bettencourt ne sont que des «déclarations verbales», ils oublient que, dans la justice française, cela compte comme autant d'éléments de preuve. Tout n'est pas procès civil dans lequel il faut un document, une trace écrite. Des déclarations sous serment peuvent constituer les pièces d'un dossier. Cela n'est pas sans me rappeler mon aventure...

7

Au Quai, vive la rose

Dans les pas de Vergennes et Briand

Pour le roi souvent, pour la patrie toujours.
Pro rege saepe pro patria semper.

Jean-Baptiste COLBERT

En 1944-1945, je n'avais plus de père, pas d'argent, pas de relations, pas de caution d'un oncle ou d'un ami et j'étais plutôt voué à revenir au prolétariat qu'à m'émanciper dans la grande bourgeoisie. Ma seule richesse était donc l'ambition. Je peux aujourd'hui confesser que cela ne suffit pas. Il est indispensable d'avoir des recommandations et des appuis. Avec des camarades, «nous déjeunions chez les bourgeois», comme on disait alors pour tenter de se faire un carnet d'adresses. Dans les listes des anciens élèves de Sciences politiques on repère beaucoup de particules. C'est un milieu conservateur où il est difficile de pénétrer. On regarde d'abord votre pedigree, voire vos armoiries. Moi, j'ai eu la chance de conquérir le Quai par le haut, en évitant les barrages et les humiliations. Certains racontaient, pour s'en gausser, l'histoire d'un orphelin, conseiller de dernière classe qui avait été affecté au service du protocole; un autre fonctionnaire, plus titré, apprend qu'il a été congédié parce qu'il n'était pas jugé assez mondain et lui jette à la figure devant ses collègues: «Même les socialistes t'ont trouvé trop vulgaire.»

Les professeurs étaient également sans pitié. J'ai souvenir d'une anecdote à propos de l'un de mes condisciples qui voulait passer le concours du Conseil d'État, avant la création de l'École nationale d'administration. À l'oral, un conseiller d'État l'interroge sur ses motivations pour rédiger un rapport sur ce qu'on appelait la «cote d'amour» de l'impétrant:

– Pourquoi voulez-vous passer ce concours?

– Je voudrais être au service de l'État...

– Bien, mais que font vos parents?

– Ils sont commerçants, monsieur le conseiller d'État.

– Ah, commerçants. En gros, j'espère!

Souplesse et provocation

La diplomatie est un milieu où il faut faire ses preuves sans doute plus qu'ailleurs. Tout faux pas peut avoir des conséquences graves. J'ai dû, moi aussi, gravir les échelons. Je ne me suis pas installé d'emblée au Quai d'Orsay. J'ai dû passer par la case «Europe» comme une ironie de l'histoire, moi qui m'étais battu contre sa construction. J'ai pris possession du petit hôtel particulier des Affaires européennes qui est contigu au «Quai», à mon entrée dans le troisième gouvernement Mauroy, le 18 décembre 1983.

Quand j'ai été nommé un an plus tard ministre des Relations extérieures, c'était la gloire, mais je n'ai pas manifesté de débordement de plaisir. J'ai remis le bureau ministériel là où il était historiquement, au centre du bâtiment, dans ce salon dit de la Rotonde en raison de son avancée arrondie qui ouvre par trois baies sur le parc. J'ai repris ce bel espace non par vanité, mais par commodité. C'est incontestablement un des plus beaux salons de la République. Je me suis assis, non sans fierté, derrière le bureau plat dit «de Vergennes», le ministre des Affaires étrangères de Louis XVI. C'est en fait une copie de l'original, d'époque Louis XV, qui est conservé au Louvre. Autre entorse à la vérité historique, le somptueux encrier également dit «de Vergennes» est une pièce d'orfèvrerie d'époque Empire, commandée par Talleyrand en 1819. C'est dans son encre que les signataires du traité de Paris en 1856 trempèrent leur plume pour mettre fin à la guerre de Crimée et consacrer une nouvelle ère en Europe. J'ai voulu remettre ce monument dans sa plénitude historique. Je suis même allé au-delà en présentant dans des vitrines quelques archives et documents qui rendent hommage à son riche passé. Je suis reconnaissant à mes successeurs de ne pas avoir remis en cause cette initiative. Ainsi, les visiteurs ne perdent-ils pas leur temps en attendant l'audience du ministre. Ils bénéficient d'une leçon d'histoire en voyant à quoi ressemblaient conventions et traités anciens portant la signature de Louis XIV, de Napoléon et de grands ministres.

Je me suis fait apporter les comptes rendus de missions de ces grands diplomates comme Paul Claudel quand il était ambassadeur à Pékin au début du XXe siècle. Il écrivait de longs rapports sur la situation de la Chine qui connaissait alors une période troublée. Ce sont parfois des morceaux de littérature qui dorment dans les archives, même si les plus passionnants d'entre eux ont été publiés. Je me suis particulièrement penché sur les papiers de Georges Bonnet qui fut ministre des Affaires étrangères en 1938-1939, non pas parce qu'il fut, comme moi, député de Brantôme (lui en 1956 et moi trente ans plus tard), mais parce qu'il se démena pour obtenir en vain l'entrée des Américains dans le conflit, dès le début des hostilités. Bonnet n'était pas aussi mauvais qu'on l'a dit. Dans ce cas particulier, il n'a pas failli, même s'il a eu le malheur de signer les accords de Munich avec son homologue Ribbentrop et de voter ensuite les pleins pouvoirs au maréchal Pétain.

Je n'ai pas l'outrecuidance de me comparer ni à Vergennes ni à Talleyrand. François Mitterrand, quand il voulait me flatter, me portraiturait en «duc de Choiseul», qui fut le secrétaire d'État aux Affaires étrangères, à la Guerre et à la Marine de Louis XV. Et il ajoutait : «Roland, vous avez le plus beau ministère du gouvernement, le seul que je n'ai pas occupé!» Il enjolivait un peu car il y avait d'autres fonctions ministérielles qu'il n'avait pas remplies.

Si je pensais qu'il fallait parfois du *statu quo*, de l'acquis, de la nonchalance, de l'ordre établi, je n'en faisais pas un dogme et n'étais pas ennemi de la provocation. C'est pourquoi un bon ministre des Affaires étrangères ne peut être un fonctionnaire du sérail, mais un «politique». Il faut seulement bien réfléchir à ce que l'on va faire. J'osais. Je l'ai fait dans bien des circonstances et souvent vis-à-vis des Américains pour le Proche-Orient ou l'Amérique latine, à l'époque où Paris n'était pas aligné sur Washington. Surtout du temps de Reagan, mais là j'étais couvert par Mitterrand ; je n'avais qu'à emboîter le pas et suivre. Pour les négociations avec Arafat, c'était différent. C'est moi qui donnais le tempo.

Il est indéniable qu'à ce poste on a le sentiment très net de tenir les manettes du pouvoir dans les négociations internationales et lors de la signature des traités. La considération dont on bénéficie à l'étranger quand on est reçu, avec tous les égards, par exemple dans le bureau ovale du président des États-Unis d'Amérique ou sous les dorures du Kremlin par Gorbatchev, peut tourner la tête si l'on n'y prend garde. On a, à ce moment, la conscience de représenter vraiment quelque chose. Je ne dis pas la France car le mot est trop immense et chacun l'invente à sa façon. Je ne suis pas un mystique de la France. Je suis plutôt attentif à ses réalités plus terre à terre, à son histoire pour le moins chaotique. Je n'ignore pas que notre pays est constitué de petits morceaux d'une étoffe souvent déchirée par les guerres et patiemment ravaudée au gré des mariages, des conquêtes et des traités. Elle constitue une nation, elle aussi composite et sensible. Mitterrand en parlait en exégète et en poète. Tout président de la République est en charge de ce patrimoine exceptionnel sur lequel il doit veiller, certes avec fermeté, mais aussi une infinie délicatesse.

Les secrets du Quai

On raconte que j'ai fait rouvrir les portes dérobées et les cabinets secrets qui dataient d'Aristide Briand, ce n'est pas faux. Au bout de l'ancien bureau du ministre, où j'avais installé mes secrétaires, une petite porte dissimulée dans les boiseries ouvre sur un escalier en colimaçon qui conduit aux appartements du premier étage. C'est par là qu'Aristide Briand, qui était vieux garçon et avait la réputation d'être très actif, faisait monter ses visiteuses quand il en avait le loisir. Ses collaborateurs venant voir le ministre constataient alors qu'il avait disparu... Je ne vivais pas dans cet appartement de fonction. Ma femme s'y est installée quelque temps. Moi, j'étais toujours en voyage. Je ne me souviens pas d'y avoir vécu d'aventures. Christine Deviers-Joncour est souvent venue « officiellement » au ministère, mais elle entrait par la grande porte et passait par le secrétariat pour se faire annoncer. Elle avait le même traitement que tous les autres solliciteurs qui sont fort nombreux : les fonctionnaires, les directeurs des services ou les membres du cabinet, pour préparer dossiers et réunions, et surtout les ministres et ambassadeurs étrangers attirés par Paris au-delà des nécessités diplomatiques. La capitale draine nombre de nobles visiteurs étrangers. Il faut même faire un peu le « tri », et c'est là où la proximité des secrétaires d'État est utile. J'en avais toujours deux ou trois, un pour l'Outre-mer, un pour l'Europe et un autre pour la Coopération, qui me remplaçaient. Ce qui n'empêche pas qu'il faille de temps en temps recevoir les Excellences car elles tiennent à voir le ministre. Les secrétaires d'État sont souvent utiles au ministre pour l'assister dans sa tâche, quitte à se retrouver avec les morceaux les moins nobles du festin. Il faut, dans ce cas, faire contre mauvaise fortune bon cœur.

Ce n'était pas le genre de Kiejman qui fut mon secrétaire d'État de 1992 à 1993. Lors de la signature de la convention sur le désarmement chimique, nous nous étions réparti les rencontres avec les différentes délégations. Je m'entretenais avec mes homologues américains, russes, hollandais alors que Kiejman était chargé de recevoir le ministre des Affaires étrangères mongol, celui des îles Cook et enfin, ce qui est plus prestigieux, le président de Nauru, micro-État d'Océanie. Mais l'humiliation ne s'arrêta pas là. Au dernier jour de la conférence, après avoir présidé la cérémonie pendant toute sa durée (ce qui consistait à appeler les orateurs à la tribune, à vérifier que leur discours ne dépassait pas les cinq minutes, à les remercier et à appeler l'orateur suivant), il apprit avec horreur, par un billet du protocole, que je voulais dire quelques mots de conclusion. Estimant que cela lui revenait de droit, il bouda en représailles la fin des travaux.

Je m'amusais de ces fréquents enfantillages assez éloignés cependant de l'attitude bien comprise d'un diplomate digne de ce nom. En juillet 1992, les élections en Israël ramènent au pouvoir les travaillistes et Shimon Peres prend en charge la diplomatie. Je suis immédiatement l'objet de pressions constantes de la part de Kouchner et Kiejman ; chacun veut être le premier à se rendre dans l'État hébreu, a réservé son voyage, annoncé ses dates, tenu des conférences de travail ; je n'arrive pas à les contenir. Au cours de l'une de ces réunions chez le secrétaire général du Quai, Kiejman insiste et sort cet argument étrange : «Génétiquement parlant, c'est moi qui comprends le mieux les Israéliens.» Kouchner, lui, excipe d'une ancienne invitation relative aux problèmes de santé pour nous forcer la main. Il sera mis fin à ces discussions ridicules lorsque, après avoir parlé à Peres, ce dernier m'eut déclaré : «Juste après la visite du secrétaire américain Baker en Israël, j'entreprendrai une visite en Europe en commençant évidemment par Paris.» Je fis savoir aux «agités» qu'il n'était pas convenable que la première rencontre entre le ministre israélien et le président de la République soit précédée de la visite d'un ministre français à Tel-Aviv. Fermez le ban!

Ces querelles de stars étaient surtout l'apanage de ceux pour qui l'exercice du pouvoir est synonyme de couverture médiatique. La télévision mettait particulièrement en transes Jack Lang et Bernard Kouchner. Quelques membres du gouvernement et moi avons assisté mi-consternés, mi-amusés à une belle empoignade entre les deux tiers-mondistes mondains. En octobre 1992, ils se sont écharpés pour savoir qui, du ministre de l'Éducation nationale ou celui de l'Action humanitaire, irait annoncer sur les petits écrans la campagne pour les enfants de Somalie...

J'avais la réputation de faire «bosser» les services des différentes administrations, à commencer par la mienne. Il ne fallait pas qu'ils me racontent d'histoires! Quand on m'affirmait que telle ou telle chose n'était pas possible, je prenais le problème à la racine et me fâchais. Il fallait que «l'intendance suive». Dès que j'avais proposé un projet au président et qu'il l'avait approuvé, cela devenait son idée. Mais, si ça ne marchait pas, ce n'était pas de sa faute... La négociation et la rédaction de textes diplomatiques mettent en œuvre beaucoup de monde dans chacun des pays concernés : secrétaires d'État, membres des cabinets, juristes, représentants personnels des chefs d'État et des gouvernements. Élisabeth Guigou a fait un gros travail en tant que conseiller aux Affaires européennes. Elle se rendait tous les mois à Berlin et rendait compte au président et à moi qui ne pouvait suivre ces travaux au jour le jour. J'ai moins apprécié son action quand elle était garde des Sceaux au moment de l'affaire Elf. Elle aurait dû ramener le procureur à la raison et au respect des textes quand il donnait à la presse des éléments du dossier. Quand mon avocat lui avait écrit pour s'en plaindre, elle avait répondu : « Je suis toujours du côté de "mes" procureurs. » Les sceaux lui étaient montés à la tête...

Quai de l'Élysée

Même quand il était membre du gouvernement Fillon, Bernard Kouchner s'est toujours comporté en ami. Je l'aime beaucoup, malgré ses côtés fantasques. Il arrivait, quand il était encore en poste, qu'il me téléphone pour me demander un avis et me convier à déjeuner. Il l'a fait quand je me suis rendu à Cuba où je connais personnellement le numéro trois du régime, Ricardo Alarcón, président de l'assemblée populaire qui devrait jouer un rôle dans l'après-castrisme. Bernard Kouchner ne s'entendait pas avec Nicolas Sarkozy parce que les vrais ministres de l'ombre étaient Claude Guéant, le secrétaire général de la présidence, et Jean-David Levitte, le conseiller diplomatique de l'Élysée. Il est vrai que c'est une position difficile à tenir car le ministre des Affaires étrangères est au carrefour de décisions qui concernent aussi d'autres administrations. Le dernier mot appartient toujours au président de la République puisque la politique étrangère fait partie de son domaine réservé. Il est impensable qu'un ministre des Affaires étrangères ne soit pas en harmonie avec l'Élysée. C'est ce qui m'a servi. À ce poste, il faut certes de l'imagination, mais surtout avoir l'échine souple.

On aurait pu craindre que, pendant les périodes de cohabitation, la diplomatie française ne pâtisse de cette situation, il n'en a rien été. Alain Juppé, mon successeur au Quai, n'est pas quelqu'un dont le commerce est facile, même s'il semble avoir mis beaucoup d'eau dans son vin de Bordeaux. Mitterrand m'affirmait cependant qu'il n'avait eu aucun problème avec lui pendant la cohabitation : «Je lui donne des instructions, il les applique.» Hubert Védrine, dans le gouvernement Jospin, semble avoir fonctionné en bonne intelligence avec le président Chirac. Il faut dire qu'à l'époque la politique étrangère de la France était constante et s'inscrivait dans la droite ligne du dogme gaulliste. On en est loin aujourd'hui, après le calamiteux épisode de Michèle Alliot-Marie à qui la Tunisie fut fatale. On peut penser qu'Alain Juppé, de retour au Quai, saura donner à notre diplomatie un peu de son lustre passé. Ses premières déclarations le laissent à penser.

Védrine était un proche de Mitterrand parce que son père avait été un ami de captivité. Il avait fait Sciences-Po, l'École nationale d'administration et il est resté au service de Mitterrand pendant longtemps, à la fois en tant que conseiller diplomatique puis secrétaire général de l'Élysée. Quand Anne Lauvergeon était l'adjointe de Jean-Louis Bianco au secrétariat général de l'Élysée, Védrine était un peu jaloux de cette proximité avec le président. C'est elle qui montait dans sa chambre pour étudier les dossiers. Ce qui donnait lieu à des quolibets et des insinuations de la part de Védrine. Je pense cependant que le président n'était plus «en état», mais je n'en sais rien, à vrai dire. Peut-être la présence de cette femme était-elle un simple revigorant? Je ne sais d'ailleurs pas si Anne et Hubert se sont réconciliés. Je le vois régulièrement. La dernière fois, il partait pour la Chine. Juppé et Védrine ont été à l'évidence de bons ministres des Affaires étrangères. Il y en eut aussi d'insignifiants, comme Philippe Douste-Blazy, à qui on a offert un poste sur mesure à l'ONU.

Niveau d'Excellences

D'autres personnages sont importants dans le fonctionnement du ministère des Affaires étrangères : le secrétaire général,
le directeur de cabinet et les directeurs des grands services.
Le premier remplace le ministre quand ce dernier est en voyage
car il est le pivot de l'administration. Il y a eu de grands secrétaires généraux comme Alexis Léger, plus connu sous son nom
de poète Saint-John Perse. Le corps diplomatique est en règle
générale d'une très haute compétence. Je suis plus que réservé
sur cette mode venue des États-Unis qui consiste à nommer
ambassadeur des membres de la société civile.

J'en veux pour preuve la nomination de l'écrivain Jean-
Christophe Ruffin au Sénégal qui n'a pas été concluante.
C'est peut-être une réussite pour lui puisqu'il a écrit un livre
d'après son aventure et siège désormais à l'Académie française.
Kouchner s'en mord les doigts car c'était son ami du temps
où ils étaient dans l'humanitaire. C'est lui qui l'a nommé, et
Nicolas Sarkozy n'a nullement imposé ce choix. Ruffin a voulu
faire un coup en parlant du népotisme de M. Wade à propos de
la succession du président sénégalais, mais c'est raté. Il a ainsi
mécontenté ce dernier qui est devenu, dit-on, mégalomane.
Il ne l'était pas autrefois. C'était un avocat intelligent et scrupu-
leux qui avait fait une belle carrière.

L'esprit de caste, parfois regrettable, qui règne dans notre
diplomatie ne porte préjudice en rien à la qualité du personnel
diplomatique français. Et je regrette le peu de cas que semble
lui porter Nicolas Sarkozy. J'ai d'ailleurs été heureux de lire
dans *Le Monde* du 23 février 2011 la tribune d'un groupe de
diplomates humiliés qui, sous le pseudonyme de «Marly»,
développaient la thèse selon laquelle «on ne s'improvise pas
diplomate». Ce texte faisait écho à un précédent article publié
le 25 août 2010. Cette tribune courageuse était signée de

MM. François Scheer, Bertrand Dufourcq et Loïc Hennekinne, tous trois anciens secrétaires généraux du Quai d'Orsay. Ces trois ambassadeurs de France ont été mes collaborateurs directs et je les range dans le « grand livre » comme on qualifie chez nous les diplomates d'exception. Leur texte est d'autant plus fort qu'il est sobre. Je souscris à 100 %.

Le seul moment où le budget du Quai d'Orsay était en augmentation à plus de 1 % de celui de l'État, c'était à mon époque. Il faut dire que j'ai dû tenir tête au ministre des Finances et surtout au secrétaire d'État au Budget, qui était le plus acharné, mon ami Michel Charasse qui a toujours détesté le « Quai ». Il avait décidé d'autorité de diminuer mon budget de 10 % sans m'en avertir. J'ai répondu en supprimant 10 % du budget des ambassades et des consulats. Plus exactement, je l'ai annoncé ! Comme je l'avais imaginé, le président me téléphone séance tenante :

– Roland, qu'est-ce qui vous prend ?

– J'applique les décisions du gouvernement...

– Comment cela ?

– Charasse a décidé de diminuer mon budget de 10 % sans me prévenir.

– Mais c'est moi qui commande la politique étrangère de la France.

– Mais, monsieur le président, si on n'a pas d'argent...

– Je vois cela tout de suite.

Le soir même Charasse m'appelle et m'engueule :

– Tu t'es adressé directement au président...

– Que voulais-tu que je fasse ?

– Tu me mets dans l'embarras.

Le lendemain, mon budget était rétabli avec 5 % de plus ! Je peux témoigner du poids démesuré du ministère du Budget sur le financement de notre diplomatie qui pourtant est directement liée au rôle de la France dans le monde. L'état d'esprit de Charasse et de ses successeurs est partagé par les services administratifs qui ont beau jeu de se moquer du Quai qui souffre de préjugés et de clichés : « Les ambassadeurs ne font rien ; ils vont à l'aéroport accueillir le ministre ; ils organisent des cocktails ; le premier conseiller accompagne la femme de l'ambassadeur qui est toujours une grincheuse ; sans parler des thés et des chocolats de l'ambassadeur ! » On ne voit pas les rapports et les études de tout premier ordre, avec des analyses très fines. Je n'ai eu qu'à me louer de leur travail et j'ai toujours défendu cette administration d'excellence.

Il faut bien considérer qu'on ne peut traiter à la légère le rayonnement de la France dans le monde au travers de ses 150 ambassades et sa centaine de consulats. Nos diplomates y font des miracles. Il ne faut pas accréditer l'idée qu'ils jettent l'argent pas les fenêtres. On leur demande toujours plus, et ils foncent sans se plaindre. Ils ne descendent pas dans la rue pour manifester. Et s'ils rédigent des tribunes dans les journaux, c'est vraiment que « la coupe est pleine ». Ils remplissent en outre des missions que la diplomatie n'abordait pas voilà un siècle : des responsabilités économiques, financières, culturelles et scientifiques de la plus haute importance pour notre influence et notre sécurité.

La seule réserve que j'apporterais à ce point de vue constant au Quai concerne l'Europe. Les signataires écrivent : « La diplomatie européenne naissante ne peut être un prétexte pour nous décharger de nos responsabilités ; le service diplomatique [européen] en formation sera un complément des diplomaties nationales, non un substitut. L'Union européenne est moins à même de parler d'une seule voix. » Il ne faut pas prendre son désir pour la réalité. Il s'agit là d'un réflexe corporatiste. Moi, j'ai toujours plaidé pour une politique diplomatique européenne plus énergique. J'ai même proposé, par économie, qu'on mette sur pied des ambassades communes avec l'Allemagne dans des pays qui ne présentent pas d'intérêt stratégique ou économique de premier plan. Genscher et moi avions choisi quatre capitales du genre Oulan-Bator ou Katmandou. Le Conseil d'État a estimé que c'était incompatible avec la notion de souveraineté nationale. Nous avons dû faire machine arrière. Aberrant.

Quand je vois écrit, ici ou là, que j'ai «viré» François Scheer à cause de l'affaire Habache [ce dirigeant palestinien venu se faire soigner en secret à Paris], je suis contrarié car ce n'est pas vrai. La vérité est que je l'ai sauvé, à la demande du président de la République. Lui et mon directeur de cabinet, Bernard Kessedjian, ont été les victimes des «impulsions incontrôlées» de Mme le Premier ministre, pour ne pas employer le terme d'hystérie, qui fait partie du vocabulaire médical et non diplomatique. Elle a demandé la démission de tout le monde, y compris la mienne. Mitterrand était fâché, mais n'a pas focalisé sur moi. Il a surtout été attentif au sort de mes deux collaborateurs. Il m'avait dit: «Scheer et Kessedjian sont de remarquables diplomates, des hommes que j'estime beaucoup; trouvez-leur un poste sans tarder.» Kessedjian pleurait dans le bureau voisin. Il a remis mes archives en ordre avant de retrouver des postes à sa mesure à Alger ou à l'ONU. Il a fini sa carrière au Vatican, poste convoité par les diplomates car il est «honorifique». Il y est d'ailleurs décédé.

Bertrand Dufourcq est un homme de droite. Sa femme Élisabeth a été «juppette», en 1995, secrétaire d'État à la Recherche dans le premier gouvernement Juppé. Nous avons été très liés lors des négociations entre la France et l'Allemagne. C'est avec lui que j'ai mis au point le traité 4 + 2, réunissant les quatre vainqueurs de la dernière guerre et les deux Allemagne. Il a été signé à Moscou en septembre 1990 et a été l'acte juridique fondateur de la réunification. Jamais je n'aurais pu imaginer, quarante-cinq ans plus tôt, être l'un des artisans de cet événement majeur dans l'histoire de l'Europe.

Après l'affaire Habache, François Scheer a été nommé ambassadeur en Allemagne en 1993. C'est un poste clé où il est resté six ans, preuve de son efficacité. Je ne nommais pas de diplomate à ce poste sans en parler à Genscher. Et lui avait nommé à Paris son plus proche secrétaire d'État aux Affaires étrangères. Ce dernier et moi étions fous d'opéra, ce qui nous rapprochait. Nous nous rencontrions tous les ans à Bayreuth, avec sa charmante femme, pour assister à la *Tétralogie*. J'y suis allé une seule fois avec Christine Deviers-Joncour, même si elle prétend y être allée souvent en ma compagnie. Elle était émerveillée. Mais il ne faut pas extrapoler quant à son assiduité.

Opéra et diplomatie ont beaucoup à voir. Ainsi ai-je donné l'autorisation, que mon prédécesseur Jean François-Poncet avait refusée, pour que le deuxième acte de *La Tosca* soit tourné au Palais Farnèse sur les lieux mêmes où Puccini et Victorien Sardou ont imaginé que se situait l'action. Certes, l'ambassade de France à Rome est un lieu fragile, mais je ne pouvais refuser ce bonheur à mon ami Placido Domingo qui tenait le rôle principal du chevalier Cavaradossi. Ce fut une production exceptionnelle où l'art, l'histoire et l'architecture se parlaient, ou plus exactement chantaient ensemble. J'étais fier de ma contribution à ce grand moment d'émotion et de culture. Je le reste.

Le Quai à tribord

Mes services et moi-même nous divertissions de ces petits « coups de patte » sans conséquence avec d'anciens (et futurs) collègues de l'autre bord. Toutes les informations, même les plus anodines en apparence, devaient « remonter » au ministre. Le directeur de l'Asie m'informe un jour qu'il a été saisi par M. Giscard d'Estaing d'un prochain voyage à Taïwan. L'ancien président demande qu'il lui prépare un dossier sur la situation du pays, ce que j'accepte évidemment. Il y est invité à faire une conférence sur l'unité chinoise qu'il a envisagé de prononcer en chinois. Peu d'Occidentaux possèdent cette langue faite d'inflexions et d'intonations quasiment impossibles à reproduire par un étranger. Avec toute la diplomatie qui convient en pareil cas, le directeur de l'Asie expliqua à VGE qu'il était sûrement plus raisonnable d'abandonner ce projet.

Dans la même période, le directeur des Affaires économiques, très impliqué dans les dossiers européens, avait fait savoir, de façon informelle, que les gaullistes «déconnaient sur Maastricht». Alain Juppé, fort mécontent, lui avait demandé une «note» sur ce sujet. J'ai été tout à fait d'accord pour qu'on la lui remette... Une autre fois enfin, un membre éminent de l'opposition en partance pour les États-Unis m'avait demandé de lui préparer un dossier sur les sujets en dispute ou en discussion avec notre grand allié. Je confie ce travail à l'un de mes collaborateurs auquel l'opposant en question s'adresse quelque temps plus tard: «J'ai demandé une note à Dumas, mais j'aimerais bien que vous m'en fassiez la critique.» Le fonctionnaire le rassura: «Ne vous inquiétez pas, c'est moi que le ministre a chargé de ce travail...»

La couleur politique des diplomates n'avait pas d'importance à mes yeux. Il valait mieux car, de par leur origine familiale et le moule culturel qui était le leur, ils sont le plus souvent de droite. Le Quai a toujours penché à tribord. Serge Boidevaix, par exemple, fait partie des 15 ou 20 ambassadeurs qui constituent le dessus du panier de notre diplomatie. Je me suis très bien entendu avec lui car il était à la fois un spécialiste du Moyen-Orient et de l'Allemagne. Je savais qu'il était un chiraquien pur sucre, ce qui ne me gênait nullement. Il était de ceux qui, comme moi, pensaient qu'il fallait porter à un niveau plus élevé les relations avec le monde arabe. Il a surtout été très utile, lui aussi, au rapprochement franco-allemand.

Nos diplomates «de droite» me valaient quelques accrochages avec le président de la République. Il était très attentif aux nominations aux grands postes comme Washington, Bonn ou Pékin et rechignait à y nommer des «opposants».

Peu avant la conférence de Paris sur le Cambodge, j'étais particulièrement soucieux de mettre les Chinois dans le jeu, sur les conseils de Norodom Sihanouk. Quand il s'est agi de nommer un ambassadeur à Pékin, le président, comme c'était l'usage, me demanda une liste officieuse dans laquelle il avait le loisir de choisir un nom. La nomination officielle intervenait ensuite en Conseil des ministres. Mon choix s'était porté sur Claude Martin, un brillant sinologue qui a épousé une Chinoise. Mitterrand m'interroge:

– Vous savez que c'est un adversaire politique.

– Non.

– Regardez un peu son dossier.

– Je vous demande quinze jours.

Je me renseigne. C'était en effet la «chiraquie pure». Je suis revenu voir le président en lui disant:

– Je ne sais pas s'il va à la messe ou s'il est franc-maçon, mais la seule chose dont je sois sûr, c'est qu'il convient parfaitement pour le poste.

– Oui, mais il est chiraquien.

– C'est vrai, c'est un homme de droite, mais je suis convaincu de sa fidélité.

– Bon. C'est vous le ministre, c'est vous qui décidez.

On ne peut pas appeler cela «tenir tête» au président, mais je savais jusqu'où aller dans l'opposition et surtout quand on pouvait le faire. À l'Élysée aussi, c'était de la diplomatie! Certains jours, c'était possible, d'autres, pas; quand c'était sérieux, il ne fallait pas plaisanter; lâcher du lest si nécessaire et revenir le lendemain; changer de sujet si l'affaire était mal emmanchée; d'une façon générale, d'esquive en attaque et de repli en offensive, j'arrivais à ce que je voulais.

Le seul problème que j'ai eu, c'est quand il s'est agi de nommer un ambassadeur auprès de l'Europe à Bruxelles. La nomination avait transité par tous les canaux. Le matin, le président me fait signe au Conseil des ministres et m'annonce que le Premier ministre n'est pas d'accord avec la nomination. Je l'ai donc retirée de l'ordre du jour du Conseil. C'est la seule fois où j'ai eu un refus, et encore venait-il du Premier ministre.

La difficulté pour le ministre est de choisir *the right man at the right place* [la bonne personne au bon endroit], celui (ou celle) qui a du bon sens, du sang-froid, de la culture et connaît bien la langue et l'histoire du pays où il va être en poste. Ce sont des gens de qualité pour peu qu'on les «tienne» bien. Il faut reconnaître qu'ils sont rarement socialistes... On a eu un mal fou à monter un syndicat des diplomates de gauche au Quai! Je me souviens de Jean-Maurice Ripert qui fut mon conseiller et l'un des rares ambassadeurs de gauche, fils de Jean Ripert, économiste et diplomate, fondateur des clubs Jean-Moulin. Il était lui aussi dans le «grand livre», cet ouvrage mythique qui n'existe pas et où figurent les noms de ceux qui sont appelés à une grande carrière. Quand il était représentant de la France aux Nations unies, il n'a pas eu l'heur de plaire au président Sarkozy qui lui a trouvé une autre affectation.

Rares sont ceux qu'il fallait «virer» pour incompétence. Cela m'est arrivé une fois ou deux seulement. Je ne me souviens plus du nom de cet ambassadeur au Danemark ou plutôt j'ai tenu à l'oublier. Nous devions organiser un sommet européen à Copenhague. La France occupait la présidence de la Communauté. C'était à l'époque de la présidence tournante pour laquelle il fallait s'y prendre six mois à l'avance. J'avais fait confiance à mon directeur de cabinet qui m'avait affirmé que «tout roulait». Ils se protègent tous un peu les uns les autres... Trois semaines avant le sommet, je le convoque et organise une réunion avec mes directeurs. Je passe en revue tous les dossiers les uns après les autres. Rien n'était prêt! J'ai piqué une grosse colère et l'ai dessaisi et destitué sur-le-champ. Le pauvre était frappé à mort. J'ai nommé un remplaçant dans la foulée. Le sommet s'est déroulé dans de bonnes conditions. J'étais toujours méticuleux. Avant chaque rencontre importante, je prenais moi-même les choses en main et allais au bout de chaque dossier. Si j'avais réagi la veille en demandant: «Où sont mes dossiers; mon avion part à quelle heure?» nous allions droit à la catastrophe et j'aurais eu bonne mine à Copenhague! Je n'ai pas perdu la face devant la reine Margrethe qui fait des recherches sur les Vikings. Nous avons eu un échange érudit car je suis d'origine normande par ma mère. Et nous avons disserté en connaisseurs (et en français) sur les mérites comparés des graves et des cahors car la famille de son mari, Henri de Monpezat, possède une propriété viticole dans cette région. Je n'ai pas voulu offenser la souveraine en faisant part de mes préférences en la matière...

En français dans le texte

Pendant mes mandats aux Affaires étrangères, j'ai tout fait pour défendre la langue française qui est toujours dans les textes la langue de la diplomatie à défaut de l'être dans les faits. Mitterrand y était d'ailleurs très attaché. Il me faisait régulièrement le reproche que tel ambassadeur de France s'était exprimé en anglais. Parlant pour la plupart très bien la langue de Shakespeare, nos diplomates affectent de s'exprimer en anglais pour se faire «mousser». Je dois reconnaître cependant qu'on ne peut plus aujourd'hui faire une carrière diplomatique sans parfaitement maîtriser cette langue.

Lors d'une réunion européenne, la Grande-Bretagne était représentée par un jeune secrétaire d'État, une caricature d'Anglais. C'est mon ami Genscher qui a beaucoup œuvré pour la promotion de l'anecdote qui va suivre car il la racontait dans les rencontres internationales en se tapant sur les cuisses. Pour l'efficacité des échanges, nous avions décidé de nous réunir sans experts ni interprètes. Quand mon tour arrive, je m'exprime évidemment en français. L'Anglais m'interrompt : « Est-ce que monsieur le ministre aurait l'obligeance de s'exprimer dans une langue "civilisée" que tout le monde comprenne ? » Je ne dis rien et continue, sans ciller, mon propos en allemand... Genscher est parti d'un éclat de rire énorme à la mesure de sa corpulence. Le fou rire a gagné tous les participants, sauf le secrétaire d'État subalterne qui souriait jaune.

Je me suis toujours efforcé d'apporter le concours de mon administration à ceux qui défendent la francophonie. J'ai continué à m'y intéresser même après mon départ du Quai. Je me souviens du VIIe sommet au Vietnam où je me suis rendu en novembre 1997. Le changement est vertigineux par rapport à mon dernier voyage avec le président Mitterrand. Une jeunesse dynamique, le portable vissé à l'oreille, fait vrombir des motocyclettes de fabrication japonaise. Envolés les chapeaux de paille et les vélos rafistolés du début des années 1990.

L'impression générale dans le Vietnam d'aujourd'hui est encourageante ; malgré l'agitation et le bruit de la rue, une société dont la jeunesse me frappe semble vouloir prendre son destin en main. Mais la plupart de ces jeunes ne parlent pas notre langue. Lors de la séance plénière, j'observe avec malice les participants : Chirac bavarde à droite, à gauche et donne toujours l'impression de faire des confidences, en ponctuant ses propos des mêmes mimiques ; le Togolais Eyadema a des gestes de géant, caressant de la paume ses cheveux coupés court du front jusqu'à la nuque ; le Gabonais Bongo semble sommeiller derrière ses lunettes noires, mais j'aperçois ses yeux qui balaient l'assistance sans bouger la tête ; le Béninois Kérékou s'exprime avec une voix de stentor qui réjouirait un imitateur ;

le président libanais, lui, fait de la politique en ne parlant que de l'occupation israélienne et passant sous silence l'occupation syrienne ; arrive le tour du président du Vietnam dont on me dit qu'il a répété son discours deux jours durant en le lisant phonétiquement ; il n'avait jamais parlé un mot de français et son propos était inintelligible !

Immuable protocole

Je me souviens de la dernière cérémonie de réception des nouveaux diplomates en poste à Paris. Traditionnellement, depuis le président Patrice de Mac Mahon, elle se tient dans le salon appelé de ce fait des « Ambassadeurs ». C'était le jour du dernier Conseil des ministres auquel il m'ait été donné d'assister en 1993. La manifestation, purement protocolaire, était pour le moins ennuyeuse. Ils devaient présenter leurs lettres de créance au président de la République. C'était immuable et un rien ridicule. Tant qu'ils n'avaient pas souscrit à ce formalisme désuet, ils ne pouvaient faire aucune démarche officielle pour leur gouvernement. À chaque fois, il fallait recevoir une « fournée » de six ou sept ambassadeurs les uns à la suite des autres. Entre chaque audience, il se passait cinq à dix minutes que nous mettions à profit pour parler des affaires en cours. Nous faisions les cent pas dans le salon Murat entre les fenêtres donnant sur la cour avec les gardes républicains et celle donnant sur le parc avec les canards. Le chef du protocole allait alors chercher le nouveau venu qui faisait antichambre et l'annonçait solennellement : « Son Excellence monsieur l'ambassadeur de Malaisie... » Le président saluait en souriant le petit homme à la toque ronde qui joignait les mains en s'inclinant respectueusement. Et nous allions tous trois dans un coin du salon pour faire les photos. Il faisait signe alors de se diriger vers les fauteuils. En marchant, il commençait la conversation.

Il connaissait deux mots d'anglais et commençait invariablement par un «*Good journey?*» [Vous avez fait bon voyage?] Ils étaient tous impressionnés par le cérémonial, mais cela ne durait pas plus de dix à quinze minutes. Et il enchaînait en français : «Quand êtes-vous arrivé? Êtes-vous bien installé?» On prenait place dans les fauteuils : «Votre président va bien? Vous le saluerez de ma part. Je vous souhaite un bon séjour à Paris.» Parfois, il faisait une digression s'il connaissait le pays ou le chef d'État en question. Il mettait fin à la conversation, si l'on peut dire, par un : «Huissier, voulez-vous raccompagner monsieur l'ambassadeur.» Suivait l'ambassadeur du Népal portant une veste de ville sur un large pantalon blanc serré aux chevilles. Le rite reprenait de plus belle.

Las, il s'assoit alors en allongeant les pieds sur la table basse, une attitude dont il n'était pas coutumier. Il sort de sa poche une feuille de papier. C'est un message de Valéry Giscard d'Estaing qui le supplie de ne pas prendre son futur Premier ministre au sein du RPR... Le président m'en lit des passages dont je retiens le point essentiel : le RPR fourbit ses armes pour le chasser de l'Élysée. Cela le fait sourire...

Le protocole reste très présent au Quai où la préséance, la bienséance sont encore de mise, et c'est heureux Contrairement aux idées reçues, le protocole, gravé dans le marbre sous la responsabilité d'un fonctionnaire sourcilleux, facilite notre travail. Tout est codifié. Imagine-t-on une rencontre internationale réunissant un pape, une souveraine, des chefs d'État, des présidents d'assemblée, des ministres et des académiciens sans que l'on puisse faire référence à des usages validés depuis des lustres? Ce serait une belle pagaille et la source de bien des incorrections et des frustrations!

L'autre sujet à fantasmes est la valise diplomatique car on imagine qu'elle transporte des choses inavouables. Il est vrai qu'on y trouve à peu près tout, même ce qui ne devrait pas y être... En dehors des documents confidentiels du ministère, elle recèle la correspondance privée qu'il est plus prudent d'acheminer par ce moyen plutôt que par la poste, non pas seulement pour des questions de discrétion, mais surtout d'efficacité. La poste dans nombre de pays perd les plis ou met trois mois à les acheminer.

Ce sont des caisses à serrure soumises à la surveillance d'un accompagnateur. Cela coûte cher, c'est pourquoi il n'y en a souvent qu'une seule par mois. Dans les pays arabes, on y trouve du whisky ; et pour ceux qui sont plus loin encore, c'est le trafic de camembert qui fait florès !

La reine à la baguette

Parmi les nombreuses charges protocolaires qui incombent au chef de la diplomatie, il en est une qui exige une perfection absolue : la réception de la reine d'Angleterre. C'est, bien sûr, le président de la République qui invite et reçoit la souveraine en visite d'État, mais il ne l'accompagne pas d'un bout à l'autre de son séjour sur notre sol. C'est alors à son ministre de prendre le relais, notamment pour ce qui concerne le déplacement en province. En ce 12 juin 1992, S.M. Elizabeth II a choisi de se rendre à Bordeaux, sans doute en souvenir de l'époque où la Couronne anglaise régnait sur l'Aquitaine. Son yacht le *Britannia* est ancré dans le port. Elle reçoit à dîner le président de la République à son bord ainsi que ses hôtes officiels. La réception est on ne peut plus anglaise, le menu aussi... Comme il se doit, est servi au dessert le porto élevé dans le vignoble royal. Le protocole m'a placé au côté de lady Diana dont je ne peux m'empêcher d'admirer la plastique. Sa beauté est telle qu'elle semble irréelle.

Le lendemain matin, j'accompagne la souveraine dans sa visite de la ville, en compagnie du maire Jacques Chaban-Delmas :

après la réception au Grand Théâtre, où elle est accueillie par *La Petite musique de nuit* de Mozart, elle s'attarde au marché des Grands Hommes devant les différents étals; puis nous nous dirigeons vers l'Hôtel de Ville où a été organisée une *garden party*. Je retrouve là tout ce qui compte parmi les habitants des Chartrons, ces héritiers des grands marchands de la marine à voile, tous plus anglophones et anglophiles les uns que les autres, j'allais dire plus royalistes que la reine. Après avoir pris congé du maire, nous redescendons sous les vivats le cours Gambetta en direction des quais. Entre deux sourires et deux saluts à la foule, Sa Majesté me dit dans son français parfait: «J'ai été très intéressée par la visite du marché; j'ai beaucoup apprécié les étalages, en particulier celui du pain...» Alors que la voiture roule et que nous parlons d'autre chose, elle revient à la charge:

– J'aurais bien aimé acheter du pain, mais, au fond, je dois pouvoir trouver la même chose à Londres.

– Oui, Majesté, sans doute y existe-t-il des boulangeries françaises?

– Certainement, mais ce sera sans doute moins bon qu'à Bordeaux!

Les désirs d'une souveraine étant des ordres, je sais ce qu'il me reste à faire. Je prends l'initiative de faire stopper sa Rolls. Je m'adresse à son officier d'ordonnance et le prie de bien vouloir appeler immédiatement les services de sécurité français. Inquiétude dans le cortège. On se demande bien pourquoi la limousine royale s'est arrêtée, contrairement au planning minuté et millimétré... Un officier de police français accourt et attend mes instructions: «Courez tout de suite à la première boulangerie acheter une baguette de pain.» Stupeur du policier qui n'a pas l'air d'avoir compris. Je lui répète ma requête. «À vos ordres, monsieur le ministre.» Il part en courant. Le hasard a bien fait les choses. Nous sommes à deux pas de ce qui paraît être une boulangerie. Le policier demande une baguette de pain, offre de la payer en précisant que « c'est pour la reine d'Angleterre » ! Incrédulité du commerçant qui refuse l'argent. Elle, ravie : « Très bien, je vais pouvoir rentrer avec ma baguette sous le bras ! » Et elle part d'un inhabituel éclat de rire. Elle pose le pain sur son inséparable sac à main à ses pieds et continue de saluer la foule de la main. La voiture s'engage sur l'autoroute en direction de l'aéroport.

La conversation vagabonde sur les grandes questions d'actualité. Alors qu'elle est censée ne pas afficher de position politique, elle montre son grand intérêt pour la marche du monde, l'Europe centrale, Maastricht, le référendum annoncé sur le traité. Elle ne parle évidemment pas de la situation en Grande-Bretagne où la majorité est en question précisément sur l'Europe. En revanche, sur les élections américaines, elle se permet à ma grande surprise ce commentaire : « Bush [senior] est en grande difficulté et c'est dommage ; c'est un bien brave homme, mais je le trouve trop gentil. Il devrait être plus dur dans la vie publique, aussi bien à l'intérieur qu'à l'extérieur des États-Unis. » Je croise alors le regard étrange de cette petite femme, tout sourires. Derrière le bleu de ses yeux, je perçois une certaine froideur, pour ne pas dire dureté.

Nous arrivons à l'aéroport où je lui rappelle les obligations du protocole :

– Nous devons, Majesté, passer les troupes en revue.

– Oui, mais je ne veux pas laisser mon pain...

Elle fait signe à son officier d'ordonnance de prendre soin de la baguette. De fait, elle passe de main en main jusqu'à la passerelle de l'avion, au pied de laquelle je la raccompagne après la revue des troupes. Elle repartira avec son pain que nous avons acheté ensemble à la boulangerie Lagarde qui pourra se prévaloir du titre de « fournisseur de S.M. la reine Elizabeth II d'Angleterre ». Renseignement pris, il ne s'agit pas d'une boulangerie, mais d'un petit magasin d'alimentation qui porte le nom de L'Orientalerie...

Souverains et voyous

J'ai eu l'occasion de rencontrer à plusieurs reprises le roi d'Espagne Juan Carlos, à l'époque où j'étais en charge de la donation du *Guernica* de Picasso. Le premier ambassadeur de France, envoyé par Giscard à l'avènement de la démocratie en Espagne, fut Jean-François Deniau. C'était un touche-à-tout prétentieux qui prétendait faire l'Europe à lui seul! Le président Giscard d'Estaing, un autre prétentieux, qui racontait avoir convaincu le roi Juan Carlos de sauver la démocratie, avait donné à son ambassadeur une liste de livres d'histoire et d'essais politiques à remettre au roi de la part du président de la République française. Sans doute pour parfaire sa culture, ce qui ne manquait pas d'audace. Je tiens l'anecdote de Deniau lui-même qui fut obligé d'exécuter sa mission à contrecœur. Le roi reçut le cadeau sans mot dire. Je suppose qu'il fit porter les ouvrages dans une quelconque bibliothèque. Juan Carlos était très conscient de son rang et de ses prérogatives. Je crois que c'est un authentique démocrate qui n'avait pas besoin des conseils de l'étranger.

Un autre personnage européen m'a aussi bluffé, mais d'une tout autre façon, c'est l'inoxydable président du Conseil italien, Giulio Andreotti. Sa souplesse d'esprit et ses propos vachards étaient un enchantement. Il était plus que drôle. Il avait le besoin d'être toujours sur la scène politique. Je suis allé à une réunion pour le soutenir. Je me souviens d'un congrès de la démocratie chrétienne qui était une fête incroyable. Il était venu m'accueillir à l'entrée du meeting et nous avons traversé la salle immense sous les vivats. Des milliers de partisans hystériques scandaient son nom: «Giulio, Giulio.»

Ses adversaires politiques et la mafia ont tout fait pour l'abattre. J'ai rarement vu des campagnes de dénigrement poussées à ce paroxysme. Son calme et sa sérénité m'impressionnaient. Il semblait toujours convaincu de la victoire. Il a traversé nombre d'épreuves, plus que moi, même si j'ai eu ma part.

Je n'ai rencontré Berlusconi que deux fois. La première, il n'était pas président du Conseil. J'étais allé en Italie à l'invitation d'une très jolie femme, une actrice française, qui vivait avec un prince italien. Le socialiste Bettino Craxi était alors au pouvoir. Il était, lui, avec une actrice américaine. J'ai été invité à une soirée mondaine très avant-garde à laquelle assistait également Silvio Berlusconi. J'ai été surpris par son incessante agitation qui n'était pas sans rappeler celle de l'actuel hôte de l'Élysée. Il était alors patron des chaînes de télévision privées et ambitionnait d'acquérir La Cinq en France. Craxi m'avait fait venir pour me présenter Berlusconi. Celui-ci voulait que j'intervienne auprès de Mitterrand pour qu'on lui facilite l'acquisition de cette chaîne. Cette démarche m'a un peu embarrassé, même si l'ambiance était des plus chaleureuses. J'en ai parlé à Mitterrand qui n'y voyait pas d'inconvénient si bien que Berlusconi a été le repreneur favori de la chaîne pendant longtemps. Pour me séduire sans doute, il avait fait installer un « mur d'images » où, à l'aide d'une télécommande, il faisait apparaître toutes « ses » chaînes. Il était comme un enfant capricieux ou un bonimenteur voulant vendre sa camelote. Je l'ai revu quand il est venu à Paris pour l'appel d'offres des différents candidats à la reprise de la chaîne.

Quand Craxi était au pouvoir, Mitterrand l'aimait bien, mais il deviendra vite infréquentable pour cause de « corruption massive ». J'en ai eu la confirmation, en 1992, quand j'ai vu débarquer dans mon bureau Bettino Craxi sans qu'il se soit annoncé. L'ancien président du Conseil italien venait de faire l'objet d'une condamnation dans le cadre de l'opération « mains propres ». Il était en fuite, accusé de financement illégal du Parti socialiste italien et de corruption. C'était un homme très sympathique, auréolé d'une légende dorée, un Italien flamboyant à l'argent facile et au bagout aisé. Il n'était plus au gouvernement, mais se déplaçait pour ses rendez-vous internationaux dans un Boeing personnel ! Il m'annonce :

– Je suis en fuite, est-ce que tu peux m'accorder l'asile politique ?

– Donne-moi deux heures pour la réponse.

Il m'explique qu'il est poursuivi et va probablement être arrêté. Je suis allé voir Mitterrand sans rendez-vous. Le président, surpris :

– Alors, que se passe-t-il ?

– Craxi, en fuite, nous demande l'asile politique. Je voulais savoir ce que vous en pensez...

– Hum, hum. C'est un bon ami, c'est vrai. Il est sympa et nous a toujours soutenus. C'est un vrai problème. Écoutez, c'est à vous de trancher.

– Si cela relève de la souveraineté de l'État, le souverain, c'est vous... Si c'est seulement sur le terrain des relations diplomatiques, je dis non. Je ne veux pas avoir à dénouer un contentieux entre la France et l'Italie.

– Bon, eh bien, prenez vos responsabilités...

Entre-temps, j'avais fait venir le patron de la DST qui me confirma que Craxi était « noir comme un corbeau », que la police le recherchait et qu'il serait arrêté où qu'il se trouve. D'une façon très solennelle, il m'a vivement déconseillé d'accéder à sa demande : « Ne faites pas cela, monsieur le ministre, c'est trop risqué. » La mort dans l'âme, j'ai annoncé à Craxi que je ne pouvais rien pour lui. Il est reparti le soir même comme il était venu. Quelque temps après, j'ai appris qu'il s'était réfugié en Tunisie où il est décédé en 2000. Il y a d'ailleurs rendu beaucoup de services au président Ben Ali. Ce dernier gouvernait sans partage depuis 1987 et sa famille, à commencer par sa femme, tenait les rênes économiques du pays. C'est ainsi qu'il a bénéficié de l'admiration de Jacques Chirac, de Nicolas Sarkozy et de Michèle Alliot-Marie. On connaît la suite...

8

L'Ami Fritz

Mon combat pour l'Europe

*Pour faire une colombe,
il faut d'abord lui tordre le cou.*

PICASSO

Il a fallu trois guerres et des millions de morts pour que cessent les hostilités entre la France et l'Allemagne. Pourtant, après chaque conflit, renaissait le slogan : «Plus jamais ça!» Et on recommençait de plus belle. J'ai du mal à comprendre pourquoi ce sentiment de bon sens se muait à chaque fois en revanche inéluctable. Ou plutôt je ne le sais que trop. C'était l'œuvre maléfique du parti des canons qui, je pense, est encore à la manœuvre de nos jours. Sinon à qui profiterait le crime des guerres éternelles?

Ainsi, nous avait-on élevés dans la haine du boche. Dans mon enfance, on racontait encore que, lors de la Première Guerre mondiale, les Allemands qui avaient envahi le nord de la France coupaient la main des garçons pour qu'ils ne puissent plus tenir un fusil! J'ai appris l'allemand, comme mon père, justement parce que c'était la langue de l'ennemi. Ce n'était pas par hasard. Mon père se vantait auprès de ses camarades de guerre de ce que cela lui permettrait d'interroger les prisonniers qu'il ferait sur le champ de bataille. Ce n'était pas un instrument de paix d'apprendre la langue de l'ennemi, mais une arme de guerre. C'est dans cet état d'esprit que je l'ai fait moi aussi.

Je suis devenu proallemand, ou plus exactement proeuropéen, à partir du moment où j'ai été nommé ministre des Affaires européennes. Cette révélation va prêter le flanc à la critique. À la fin de 1983, l'Europe était dans une impasse. Le sommet d'Athènes avait été un fiasco. Mme Thatcher ne comprenait pas pourquoi on l'avait fait venir en Grèce pour parler du prix de la tomate, et le président de la République n'était pas loin de lui donner raison.

Alors que je l'avais accompagné en Yougoslavie, il me convia à son petit déjeuner et m'annonça: «J'ai besoin de vous.» Mitterrand m'a gardé un long moment avec lui. Il m'a fait un cours sur la construction de l'Europe et ce que cela représentait pour nous. Il a eu l'habileté d'aborder une fois encore le sujet qui m'était personnel: «Je sais ce qui vous est arrivé, je connais l'histoire de votre père; je comprends que vous ne puissiez adhérer tout de suite à cette politique, mais je vous demande de bien y réfléchir; les morts sont les morts; mais on peut faire en sorte que de nouveaux morts ne viennent pas.» À ce moment, j'ai compris que la mort d'un père, capital insaisissable, peut être mis au service d'une grande cause, la paix. Ce n'était pas, bien sûr, les mêmes Allemands mais nous reportions, d'une génération l'autre, les haines ancestrales. Il a fallu que je fasse un cheminement profond, nourri de réflexion, d'analyses et surtout de bon sens pour opérer ce bouleversement intellectuel et politique.

Comme Émile Erckmann et Alexandre Chatrian avaient écrit à quatre mains *L'Ami Fritz*, ce roman du XIXe siècle qui raconte les aventures de Fritz Kobus, un jeune Bavarois en butte aux Prussiens, Mitterrand et moi avons, dès lors, composé une symphonie, un *Hymne à la joie* avec Kohl et Genscher devenus nos amis. Cet ami Fritz avait pour moi un sens très fort car, dans mes jeunes années de l'après-guerre, je n'aurais jamais pu imaginer jouer un tel rôle dans le rapprochement avec nos voisins qui, pendant longtemps, restèrent pour nous les Fritz, les Fridolins, les Boches, les Chleuhs ou les doryphores, car ils dévoraient nos patates !

Révolution culturelle

C'est ainsi que, le 19 décembre 1983, je suis devenu ministre des Affaires européennes, à la place d'André Chandernagor, à qui François Mitterrand avait trouvé un point de chute en tant que premier président de la Cour des comptes. J'accédais enfin aux responsabilités, mais pas du tout au poste que j'attendais. Moi qui fus antiallemand pendant si longtemps et qui, en 1957, n'avais pas voté la ratification du traité de Rome, constitutif de la création de la Communauté économique européenne, j'étais chargé de redonner une impulsion à la construction européenne en panne, c'est-à-dire aux bonnes relations entre Paris et Bonn. L'histoire, une fois de plus, se jouait de moi. Parlant la langue de Goethe, les relations avec nos voisins d'outre-Rhin s'en trouvaient facilitées, mais ma réussite à ce poste dut surtout à la personnalité du ministre allemand des Affaires étrangères, Hans-Dietrich Genscher qui, dès le début, a été mon allié et devint mon ami.

La première réunion à laquelle j'ai participé en tant que ministre des Affaires européennes s'est déroulée au château de La Celle-Saint-Cloud, résidence des hôtes du Quai d'Orsay. Le chef de la diplomatie, Claude Cheysson, était chargé de préparer avec nos homologues la rencontre entre le président et le chancelier. Le 2 février suivant, nous avons rencontré Kohl et Genscher ensemble, impressionnants par leur stature.

Ils pesaient 120 kilos chacun. J'avoue avoir eu un petit mouvement de recul! Pendant toute la séance, Genscher m'a observé du coin de l'œil, alors que je restais muet, me nourrissant de la conversation des autres. En prenant congé, il m'a invité en Allemagne où, ensuite, je lui ai souvent rendu visite. J'habitais l'hôtel du ministre, le Venusberg, le mont de Vénus, qui me rappelait l'opéra *Tannhäuser* et bien d'autres choses encore... Nous nous sommes raconté nos vies qui n'étaient pas sans points communs. J'ai appris qu'il venait de l'Est, de Saxe, où il avait commencé dans la vie comme avocat. D'origine paysanne, il avait fui son pays et le communisme en traversant clandestinement la frontière. Les infractions de cet ordre m'ont toujours plu. J'ai vite compris qu'il était moins conservateur que Kohl. Genscher était libéral sur le plan économique, mais plutôt à gauche au plan international. Il désapprouvait souvent la politique du chancelier qu'il trouvait conservateur et ignorant: «Il ne sait rien de rien», me confiait-il, dépité. À partir de cette date, j'ai accompli un énorme travail et parcouru des milliers de kilomètres. Au mois de mars, je me suis rendu à quatre reprises à Bonn ainsi qu'à Londres. L'art de la politique est semblable à celui de la guerre: progresser sans cesse. J'étais tellement pris par mon action qu'il m'arrivait de rêver en allemand! Pas très agréable... Heureusement que, le jour venu, les êtres et les événements reprennent leur place, en français.

À l'avènement de Mikhaïl Gorbatchev en mars 1985, les Soviétiques ont commencé à parler de désarmement. Genscher était le plus allant de nous tous: «Il faut le prendre au mot», disait-il. Il était tout à fait opposé à la «guerre des étoiles» imaginée par Ronald Reagan. Cette «Initiative de défense stratégique» était un projet fou qui consistait à militariser l'espace. Kohl avait donné des gages aux Américains qui lui avaient fait miroiter des retombées pour la sous-traitance en Allemagne. Quand il voulait faire entendre raison à son patron, Genscher passait par moi pour que je transmette à Mitterrand qui répercutait le message à Kohl! «Venant de Mitterrand, il y réfléchira à deux fois», pensait-il. Il m'exposait ses souhaits en particulier pour le désarmement «double zéro», c'est-à-dire le démantèlement significatif des arsenaux nucléaires russes et américains. Kohl était contre et Mitterrand était plutôt neutre. Et comme le président en imposait au chancelier, c'est par ce biais que nous avons pu convaincre ce dernier.

Genscher est ainsi devenu mon ami par affinité intellectuelle et politique. Nous ne parlions jamais du parti socialiste. Il savait très bien à quoi s'en tenir à mon sujet. Je n'avais pas la réputation d'être très socialiste. Mais on se trompe sur mon compte car, si j'avais été placé à un autre poste que les Affaires étrangères, par exemple à l'Économie, j'aurais été beaucoup plus socialiste que les pseudo-libéraux qui nous ont dirigés, les Rocard, Cresson ou autre Strauss-Kahn. J'aurais été profondément «social» à cause de mes origines modestes et de mes convictions.

Genscher et moi nous rencontrions souvent et avions pris l'habitude de nous voir longuement en tête à tête, ce qui agaçait nos collaborateurs. Il eut l'élégance de continuer de m'inviter à déjeuner à l'ambassade alors que la première cohabitation m'avait éloigné du Quai. Forts de notre entente sincère, nous avons pu être les chevilles ouvrières de l'Europe à un moment où elle était quasi moribonde. Le sommet de Fontainebleau, le 25 juin 1984, fut déterminant car c'est là que fut donné le coup d'envoi de l'Acte unique qui allait aboutir au traité de Maastricht signé en 1992.

Alors que j'accueille Mme Thatcher en haut du perron que descendit Napoléon la dernière fois en tant qu'empereur, je m'incline:

– Comment allez-vous, madame le Premier ministre?

– Fort bien, je me sens d'humeur combative, me lance-t-elle tout à trac.

Un de ses conseillers me chuchote alors à l'oreille: «Surtout ne fâchez pas la Lady!» Il faudra une nuit d'âpres négociations pour qu'elle finisse par se ranger à l'accord que Genscher et moi avions négocié. Face à un Mitterrand pincé et un Kohl excédé, la Dame de fer lance, tout sourires: «J'ai cédé au charme français!» C'est ainsi qu'a été mise sur les rails la libre circulation des biens et des personnes dans les douze pays de l'Union qui interviendra le 1er janvier 1993, date proposée par Jacques Delors.

Les bourrasques heureuses

Entre-temps, le mur de Berlin était tombé le 9 novembre 1989 et l'Allemagne avait immédiatement entrepris sa réunification. Dès le 28, sans en avoir consulté la classe politique ouest-allemande ni informé ses alliés, le chancelier avait proposé un plan en dix points pour «la restauration de l'unité allemande». Si Kohl était dans son rôle en voulant rapidement tirer un trait sur le passé, Mitterrand était dans le sien en veillant à ce que cette réunification s'opère sans risque de conflits. Contrairement à ce qui a été dit, il a toujours soutenu cette réunification. Il a répété à de nombreuses reprises: «Dès lors que les Allemands se prononceront démocratiquement, la France ne s'y opposera pas.» Mais il avait assorti son accord de deux conditions: l'approfondissement de la construction européenne et le respect de la ligne Oder-Neisse. Celle-ci était la frontière héritée de la guerre entre la République démocratique allemande (RDA) et la Pologne. Sur la foi de *verbatim* imprécis de Jacques Attali et d'affirmations hasardeuses de Mme Thatcher, entre autres, ces deux réserves furent interprétées comme une réticence, dans le droit fil des traditionnelles craintes françaises face aux risques de retour à l'hégémonie allemande qui se résumaient par la célèbre formule de François Mauriac: «J'aime tellement l'Allemagne que je préfère qu'il y en ait deux. » Mitterrand était offusqué qu'on lui fasse ce procès en frilosité ou en conservatisme. Je lui avais d'ailleurs clairement dit : « Vous aurez beau vous battre, faire toutes les déclarations, apporter tous les témoignages que vous voudrez, apporter toutes les preuves écrites, vous n'y changerez rien ; l'illusion a durablement pris la place de la réalité ; c'est souvent ainsi dans l'Histoire. »

En fait, à l'origine, le président n'était pas convaincu de la loyauté des Allemands dont il pensait qu'ils pourraient renouer avec leur politique danubienne d'avant guerre, c'est-à-dire une forte expansion économique en Europe centrale, réalisée au détriment des autres partenaires en général et de la France en particulier. L'avenir ne lui a pas donné tort... Pour tenter de corriger cette mauvaise impression et de conjurer ce risque, le président et le chancelier publieront le 20 avril un communiqué que Genscher et moi avions rédigé sur la « nécessité d'accélérer la construction politique de la Communauté » ; les deux chefs d'État y affirmaient en outre que « le moment est venu de transformer l'ensemble des relations entre les États membres en une union européenne ».

L'autre point, qui n'a pas été assez mentionné, est que Mitterrand était conscient d'un risque de déstabilisation majeur en Europe si on brusquait les Soviétiques qui avaient encore 400 000 soldats en RDA. Cette volonté de traiter Russes et Allemands de l'Est non en parias, mais en partenaires justifia aussi le voyage entrepris en RDA, le 21 décembre 1989, qui, là encore, lui fut reproché. Il profita d'ailleurs de son discours à Leipzig, la capitale de la contestation est-allemande, pour condamner vivement le régime roumain des Ceausescu. Cette déclaration pouvait se lire en creux comme la condamnation de toute dictature...

Cette politique peut se résumer dans la magnifique formule que Mitterrand réserva à Kohl en visite dans sa bergerie landaise le 4 janvier 1990 : « Nous sommes pris dans des bourrasques heureuses ; nous ne sommes plus dans l'ordre tranquille et insupportable des quarante dernières années. » C'est ce courant libérateur qui a débouché, le 7 février 1992, sur la signature du traité de Maastricht qui reste pour moi un moment fort de la politique que j'ai menée aux Affaires étrangères. Cet accord a instauré l'Union économique et monétaire (UEM) et créé l'euro. Il définissait en outre les contours d'une citoyenneté européenne. Jamais traité n'a fait faire de telles avancées à l'Europe, mais il fut une œuvre de longue haleine. Je ne peux développer ici l'intense activité diplomatique que j'ai dû mener, de sommet en réunion informelle, d'âpres tractations en banquet euphorique pour parvenir à la conclusion de ce texte majeur.

Après que Bérégovoy et moi avons apposé notre signature sur le fameux traité, Mitterrand me dit : « Vous rendez-vous bien compte de ce que vous venez de signer ? C'est aussi important que le traité de Rome. » Cela m'a frappé car je n'avais pas vu cela avec cette ampleur. Cette remarque du président m'avait d'autant plus intrigué que ni lui ni moi n'avions approuvé ce traité en 1957. Là encore, je mesurai combien les événements se jouent de la velléité des hommes.

Sur mon relevé d'indemnités, à la date du 7 février 1992, à la rubrique « mission Maastricht », je découvrirai la somme de 895,36 francs (136,50 euros) portée à mon crédit. Ce n'était pas cher payé pour un aussi grand geste !

Le plus dur reste à faire

Nous avons été les combattants de l'Europe sur les choses secondaires. Je minimise volontairement notre action par rapport à ce qui reste à faire : fusionner les institutions, la défense, la justice ou la fiscalité. C'est sans doute de la même importance que la monnaie, mais plus difficile à réaliser, compte tenu de l'histoire, des particularismes de chacun et surtout des difficultés économiques du moment.

Il est remarquable de constater combien les gouvernements de droite comme de gauche ont suivi une même politique franco-allemande et européenne après la voie ouverte par Charles de Gaulle et Konrad Adenauer. Des hommes comme Valéry Giscard d'Estaing ont apporté leur pierre, dans la coulisse, pour convaincre des récalcitrants. Côté allemand, des visionnaires comme Willy Brandt ont été des leaders «inspirés». Il faut dire que son histoire personnelle l'y prédestinait.

Le 16 octobre 1992, j'accompagne le président de la République à ses obsèques, en provenance directe de Birmingham où nous avons assisté à un Conseil européen informel. Dans l'avion, la perspective d'assister à des funérailles le laisse songeur. Il me parle de sa succession... Pour la deuxième fois, il évoque devant moi le nom de Jacques Delors, un Européen breveté si l'on peut dire : «Il a fait des bêtises depuis deux ans, mais il reste quand même le seul possible pour me succéder ; il faudrait que vous y travailliez...» Je lui fais part de diverses réunions que Louis Mermaz et moi avons mises au point en ce sens. «Continuez, c'est cela ; il n'y a pas de raison qu'on laisse passer "l'autre".» Et joignant le geste à la parole, il serre le pouce et l'index, l'air de dire : «Rocard égale zéro!»

Dans sa capitale retrouvée, l'Allemagne rend hommage à son héros qui n'a jamais été compromis avec le régime nazi. Bourgmestre de Berlin de 1957 à 1966, Brandt sera président du SPD pendant vingt-trois ans, ce qui lui vaudra d'être chancelier de 1969 à 1974. En 1971, ce grand Européen se verra remettre le prix Nobel de la paix pour son rapprochement «visionnaire» avec l'Europe de l'Est et la RDA. La cérémonie a lieu dans le Reichstag, l'ancien Parlement allemand brûlé par les nazis en 1933. Entièrement refait dans les années 1970, il est à nouveau le siège de la représentation nationale depuis que Berlin est redevenu capitale en 1991. Mais la façade reste la même que du temps de Hitler. Et quand le Philharmonique de Berlin, sous la direction de Claudio Abbado, joue *La Symphonie inachevée* de Schubert, mon émotion est à son comble. Remontent à ma mémoire mes 20 ans quand ma participation à la manifestation contre le Philharmonique me valut d'être arrêté à Lyon. À la fin de l'hommage, une brève cérémonie pour rendre les honneurs militaires a lieu sur le parvis. La musique joue l'hymne national puis entonne, sur un rythme qui n'était pas celui de la marche, le célèbre air des soldats allemands, *«Ich hatte einen Kameraden»* [J'avais un camarade]. Ce chant qui tire les larmes était et reste pour les Allemands celui des céré-monies funèbres, mais pour beaucoup d'autres, il est celui de la fraternité au combat de malheureux embarqués malgré eux dans la folie de la guerre.

Séquence émotion

Ce chant trouvera un écho trois années plus tard lors d'un autre moment fort, la commémoration du cinquantième anni-versaire de la fin de la guerre. Nous étions le 8 mai 1995 à Berlin. Ce fut l'un des épisodes les plus émouvants auxquels il m'ait été donné d'assister. Mitterrand était malade et il quittera le pouvoir le 17 mai suivant. C'était son dernier voyage offi-ciel à l'étranger et sans doute son dernier discours «historique». Il avait laissé dans sa poche l'allocution préparée par ses services et improvisé un hymne passionné à l'Europe. S'adressant aux Allemands, les prétendus ennemis héréditaires: «Eh bien, voilà! Les ennemis héréditaires, ils sont là. L'hérédité n'a pas tenu, les lois de la biologie n'ont pas résisté à celle d'une autre néces-sité, qui va beaucoup plus loin et qui est celle d'une mémoire humaine et d'une solidarité entre les peuples contraints de vivre sur une planète qui se rétrécit chaque jour, qui s'abîme chaque jour, d'une planète en péril, notre bien commun, qu'il convient de sauver tous ensemble plutôt que de l'abîmer avec des raids aériens, des bombes, des moyens de destruction qui permettraient sans doute de détruire la Terre [...]» Nous étions sous le choc. Kohl pleurait comme il le fera lors des obsèques de son «ami François». Et moi je trouvais dans ces paroles le résumé de toute ma vie politique, de la guerre à la paix. Mitterrand exprimait avec des mots clairs les contradictions qui m'avaient hanté pendant des années et dont je m'étais extirpé souvent dans la confusion : «Je ne suis pas venu célébrer la victoire dont je me suis réjoui pour mon pays en 1945. Je ne suis pas venu souligner la défaite, parce que j'ai su ce qu'il y a de fort dans le peuple allemand, ses vertus, son courage, et peu m'importe son uniforme, et même l'idée qui habitait l'esprit de ces soldats qui allaient mourir en si grand nombre. Ils étaient courageux. Ils acceptaient la perte de leur vie. Pour une cause mauvaise, mais leur geste à eux n'avait rien à voir. Ils aimaient leur patrie. Il faut se rendre compte de cela. L'Europe nous la faisons, nous aimons nos patries. Restons fidèles à nous-mêmes. Relions le passé et le futur et nous pourrons passer, l'esprit en paix, le témoin à ceux qui vont nous suivre.» Le passage sur les vertus des soldats allemands fut difficile à accepter, mais sans doute fallait-il en passer par là ?

Mitterrand était quelqu'un de très «contrôlé». Il ne se laissait pas habituellement gagner par l'émotion. Mais ce jour-là sa voix était parcourue de tremblements. Je l'avais vu à ce point submergé par l'émotion le jour de l'enterrement de Pierre Bérégovoy, le 4 mai 1993. Ces paroles avaient une portée historique, mais l'image qui restera dans l'histoire est sans conteste la photographie du chancelier Kohl et du président Mitterrand, main dans la main à Verdun. Il m'avait demandé, la veille du voyage, quel geste symbolique je pouvais lui suggérer pour marquer une réconciliation devant l'éternité. J'avoue avoir été pris de court et ne lui avoir soumis que des banalités. Il m'assura par la suite que les choses s'étaient imposées aux deux hommes, malgré eux : «À un moment, j'ai tendu la main, j'ai senti celle de Kohl et je l'ai serrée.» Peut-être, à cet instant, les événements transcendaient-ils les deux chefs d'État et des centaines de milliers de jeunes hommes, morts pour rien, prenaient-ils leur revanche ?

Tous les hommes politiques d'envergure ont eu à faire ce genre de grand écart. Déjà, M. Thiers dans les années qui suivirent le désastre de Sedan et la chute du second Empire eut à trouver des formules d'apaisement. Les archives du Quai ont acquis à mon époque une lettre visionnaire, écrite en 1872, par le premier président de la IIIe République. Thiers y met en garde un ambassadeur à Rome contre un langage désordonné et excessif relatif à l'esprit de revanche : «Je ne veux qu'une seule modification au langage, d'ailleurs excellent, que vous avez tenu. En parlant de l'Allemagne ne dites à personne et surtout pas à la cour d'Italie : "notre ennemi irréconciliable" [...] qui nous cherche et nous prépare des ennemis partout. Ces paroles, si elles étaient répétées, auraient à l'égard de la Prusse un accent de haine irréconciliable qui ferait croire à la revanche dont on parle tant, dont on parle trop.» Cette citation dont il faudrait s'inspirer à bien des égards mériterait d'être publiée dans les deux pays.

La réussite de notre politique franco-allemande tenait beaucoup à mon vieux complice Hans-Dietrich Genscher. Il a été et reste d'une fidélité à toute épreuve. Il n'oubliait jamais mon anniversaire. Je me souviens que, le 23 août 1992, il m'a appelé deux fois pour mes 70 ans. Des amis m'ont aussi téléphoné du monde entier : Placido Domingo d'Acapulco, Mirella Freni de New York, son mari Nicolaï Ghiaurov, de Salzbourg ; le soir, c'est le président Houphouët-Boigny qui m'a témoigné son amitié. François Mitterrand est venu dîner à la maison le lendemain. Il était détendu et nous avons blagué sur notre âge.

Je me rends régulièrement en Allemagne où Genscher m'invite pour «entretenir la flamme». Je suis surpris qu'on m'y reconnaisse encore dans la rue et vienne me saluer. J'y suis plus populaire qu'en France où je n'ai plus de «clientèle» politique. Je m'y suis rendu encore en 2010 pour participer à un colloque sur le vingtième anniversaire de la réunification et de deux traités: l'accord dit 4 + 2, qui garantissait, en 1990, la souveraineté de l'Allemagne réunifiée; et le triangle de Weimar qui, l'année suivante, concrétisait la réconciliation germano-polonaise avec la bénédiction de la France. La Russie pour preuve de bonne volonté s'est jointe récemment à ce trio pour le transformer en quatuor dont on peut espérer qu'il sera harmonieux.

On recherche visionnaires

L'actuel ministre des Affaires étrangères allemand, Guido Westerwelle, a fait un discours plein de conviction sur la volonté allemande de poursuivre l'œuvre de ses devanciers. C'est un homme jeune et moderne qui ne craint pas d'afficher ses préférences affectives puisqu'il sort officiellement avec son compagnon. Les ambassadeurs des pays vainqueurs de la guerre étaient présents, sauf le représentant de la France, ce qui a été diversement apprécié...

J'ai pris la parole pour montrer que les deux «enfants» que nous avions engendrés, ces deux traités, continuaient à porter leurs fruits. À cette occasion, les ambassadeurs de Russie et de Pologne avaient signé une tribune libre commune dans *Le Monde* pour souligner l'intérêt de ce traité du triangle de Weimar: «L'Europe pacifiée favorise la compréhension entre les peuples que l'histoire opposait. Le rapprochement entre la

Russie et la Pologne nous semble bien dépasser un simple fait bilatéral. Son potentiel européen suggéra à nos dirigeants d'inspirer notre réconciliation par l'expérience de la réconciliation franco-allemande. » Ils n'avaient pu rédiger ce texte qu'avec l'assentiment de leurs gouvernements respectifs. Quand on connaît les querelles qui ont duré deux siècles entre la Russie et la Pologne, ce genre de témoignage est essentiel pour l'avenir de la coopération entre l'Europe et la Russie.

Le soir de mon arrivée, Genscher m'avait convié à dîner avec cinq membres du Bundestag, le Parlement allemand. Le lendemain, j'étais à la tribune pour dire combien je me réjouissais de ces perspectives à l'Est. À 83 ans, il est en bonne forme bien qu'opéré du cœur. Il a suivi un régime d'amaigrissement drastique qui a l'air de s'être révélé efficace. Il a toujours la voix qui porte et la plaisanterie facile. En revanche, il m'a donné des nouvelles d'Helmut Kohl, l'ancien chancelier, qui sont mauvaises. Il est obèse et ne quitte plus son fauteuil roulant. Bien qu'âgé de 80 ans seulement, un récent accident vasculaire cérébral a entamé ses facultés. Il a épousé sa jeune secrétaire qui veille sur lui.

J'ai invité Genscher à Paris car nous nous désolons l'un et l'autre de la pauvreté des relations franco-allemandes. J'ai demandé à Westerwelle combien de fois il est venu à Paris depuis sa nomination au cabinet Merkel, il m'a répondu : « Trois fois. » Moi, j'allais à Bonn puis à Berlin tous les mois et on se téléphonait tous les jours ! Les mauvaises relations entre le président français et la chancelière n'aident pas car elles entraînent un appauvrissement des échanges alors qu'ils sont plus que jamais essentiels à l'affermissement de l'Europe et à son audience dans le monde.

Je conseillais régulièrement à Kouchner d'inventer des événements de façon à « entretenir la flamme ». C'est ce que nous faisions Genscher et moi pour galvaniser nos concitoyens.

Nous étions dans l'action permanente, moins soucieux de respecter les textes que de créer un mouvement. Le ministre Kouchner s'intéressait d'autant moins à l'Allemagne que le dossier lui était confisqué par le président Sarkozy et ses conseillers.

J'étais surtout personnellement impliqué dans le rapprochement des deux rives du Rhin. J'avais un tel effort à fournir que je me suis «fixé» sur cette affaire avec enthousiasme et obstination. Je devais commencer par me vaincre moi-même avant de vaincre difficultés et malentendus politiques qui se faisaient jour des deux côtés. C'est au plus profond de mon être que j'allais puiser l'énergie. La revanche n'était pas prise sur les ennemis d'hier. Elle l'était sur mon égoïsme et mon aveuglement.

9

Une diplomatie originale

L'art du compromis

Il est plus facile de faire la guerre que la paix.

Georges CLEMENCEAU (discours de 1919)

Dès le début de l'accession de Mitterrand au pouvoir, la question des communistes au gouvernement aurait pu contrarier nos relations avec les Américains. La Maison Blanche était inquiète de la situation à Paris, comme en témoigne la publication récente de notes diplomatiques de l'époque. Les Américains ne savaient pas «sur quel pied danser». Les «faucons» de Washington ne voulaient voir dans le gouvernement socialiste qu'une bande de communistes. Les «colombes» qui, généralement, connaissaient mieux la France, calmaient le jeu en constatant que les Français restaient tels qu'en eux-mêmes, bravaches et sourcilleux à propos de leur prétendue indépendance.

La coopération militaire franco-américaine était beaucoup plus profonde qu'on ne le disait, notamment pour ce qui concerne les recherches sur la bombe atomique. Même au sein de l'appareil d'État cette coopération était peu connue. Moi, je le savais par des indiscrétions de militaires avant même d'être au gouvernement. Je me souviens d'avoir fait un jour un discours quand j'étais dans l'opposition en affirmant que notre force de frappe était garante de notre indépendance. Un général m'a pris par le bras à la fin de mon intervention et m'a murmuré : « Vous ne savez pas ce que vous dites... Vous ignorez sans doute, monsieur le député, que nous sommes tributaires des Américains pour toutes nos expériences en matière de missiles atomiques. » Je ne le croyais pas. J'ai posé la question à Mitterrand qui m'a confirmé que c'était vrai, tout en reconnaissant qu'il ne savait pas très bien non plus de quelle manière. Le Commissariat à l'énergie atomique, ainsi que certains services de l'armée constituaient un État dans l'État. Il y avait certes une direction politique, mais la complexité de l'aspect scientifique faisait que, naturellement, peu de gens étaient au courant. C'est du reste ce que Mitterrand reprochait à de Gaulle : « Il fait des déclarations tonitruantes sur notre indépendance, mais en réalité, il ne peut se passer des Américains. C'est du bluff ! » De là ses critiques qui n'étaient pas exemptes de polémique, évidemment.

Mais il a été vraiment affranchi au moment de sa passation de pouvoir avec Valéry Giscard d'Estaing en 1981. Ce dernier lui a révélé que la France avait procédé à des essais atomiques dans le désert du Nevada. Notre dépendance vis-à-vis des États-Unis était ainsi encore plus vaste que ce qu'on pouvait imaginer. Ni la représentation nationale ni, *a fortiori*, l'opinion publique n'étaient au courant. Il est évident qu'on ne peut débattre sur la place publique de ce genre de choses qui doivent rester secrètes. Vis-à-vis des Américains, nous avons toujours été faussement indépendants.

La comédie du pouvoir

Il était difficile d'avoir des relations approfondies avec Reagan car c'était un type qui n'était pas sérieux. Il adorait blaguer. Quand il rentrait par exemple d'une rencontre avec les Soviétiques, il provoquait une réunion de l'Alliance atlantique. Il commençait par des banalités et, au bout de quelques minutes, il lançait : « Je vais vous en raconter une bien bonne. » Il passait ensuite la parole à son secrétaire d'État qui parlait pendant une heure. Reagan pratiquait le B.A.BA de tout bon orateur : d'abord, détendre l'atmosphère en faisant rire l'auditoire. Ce n'est pas par hasard qu'on le surnommait *« The Great Communicator »*. Il plaisantait tout le temps, même sur la table d'opération. Le jour de l'attentat où il a reçu une balle dans le poumon, il a lancé à l'équipe chirurgicale : « J'espère que vous êtes tous républicains ! »

Ses deux mandats entre 1981 et 1989 ont coïncidé avec le premier septennat de Mitterrand. Il arrivait à chaque sommet international avec ses fiches qu'il lisait consciencieusement. Le seul point qui ne le faisait pas rire était le communisme. Je me souviens d'une réunion à Bonn où l'ambiance était tendue. Mitterrand était de fort méchante humeur car nos services avaient accepté que la rencontre se passât à l'ambassade des États-Unis. Trois sujets avaient été inscrits à l'ordre du jour et le premier était le Nicaragua. Mitterrand l'a laissé lire son bristol : « Subversif, dangereux, inacceptable... Daniel Ortega, un Fidel Castro au petit pied... » Reagan avait l'impression qu'il marquait des points et sa satisfaction se lisait sur son visage.

Mitterrand prit alors la parole : « Le Nicaragua est un petit pays que la France contribue à sortir du sous-développement, nous ne changerons pas de politique... » Silence de Reagan dont le sourire se fige :

– Alors, monsieur le président, si je comprends bien, c'est non?

– C'est non!

Le président des États-Unis d'Amérique a rangé sa fiche derrière les autres. Nous sommes passés au deuxième sujet qui était la «guerre des étoiles». À Cuba, j'ai raconté récemment la scène à Ricardo Alarcón, le président de l'Assemblée nationale cubaine, ce qui l'a bien fait rire.

Mitterrand n'était pas mécontent d'afficher ainsi l'indépendance de la France. Il s'en est d'ailleurs amusé à la cérémonie d'adieux en 1989. Reagan nous avait invités Mitterrand et moi et reçus dans la partie privée de la Maison Blanche. Ils ont fait chacun un petit speech devant une vingtaine de personnes: «Nous avons eu des mandats difficiles. Je vous ai répondu souvent non, monsieur le président, ce qui donnait d'autant plus de prix à mes oui!» Reagan a évoqué ses souvenirs contrastés de ses visites en France, notamment le passage de la douane française à l'époque où il était acteur à Hollywood. Le douanier avait été particulièrement tatillon. Il lui avait demandé d'ouvrir sa valise qui contenait aussi les affaires d'une petite amie. Il faisait rire l'assistance en évoquant les petites culottes dans les mains du douanier français.

Mais j'ai surtout connu et pratiqué Bush père, déjà quand il était vice-président, puis pendant les quatre ans où il a été président. C'était un homme admirable qui connaissait bien ses dossiers. Il laissait parfois la parole à son secrétaire d'État, James Baker, mais ce dernier était toujours en retrait. Bush avait du respect pour Mitterrand. Contrairement aux usages, le président des États-Unis me téléphonait parfois directement pour avoir des nouvelles de sa santé alors qu'il était déjà malade: «Est-ce que cela lui ferait plaisir de venir passer quelques jours en famille dans ma maison de campagne?» Je prenais mon chapeau et allais à l'Élysée pour lui transmettre l'invitation.

Mitterrand, qui était assez fier, a accepté d'emblée. C'est ainsi que nous nous sommes retrouvés dans la résidence privée des Bush à Kennedy Point, un coin perdu au bord de l'eau. C'était modeste. La porcelaine était dépareillée. Après le dîner, Mme Bush demanda à l'adresse du président français: «Qui vient au temple demain matin?» Non seulement ils voulaient l'emmener à l'office, mais après à la pêche. Mitterrand qui ne goûtait ni l'un ni l'autre, et avait le mal de mer, a répondu très aimablement: «Roland Dumas sera très bien pour ce programme.» Et me voilà à l'office, assis à côté de Mme Bush qui me tournait les pages du missel car j'étais un peu perdu.

Je n'ai pas eu le temps de connaître directement Bill Clinton. Nous avons eu cependant un échange, par l'intermédiaire de nos administrations respectives, à la fin du mois de novembre 1992. Peu après son élection, il s'était manifesté par un coup de fil au président de la République. À ma demande de lui rendre visite, il m'avait fait répondre qu'il ne recevrait aucune personnalité étrangère avant sa prise de fonction le 20 janvier de l'année suivante. La première manifestation officielle qui nous parvint fut un message de Phillip Johnson envoyé au secrétariat général de l'Élysée qui me l'a répercuté. Ce juriste international, membre de l'équipe de transition à Washington, nous posait la question suivante: comment la France réagirait-elle si M. Clinton, qui a promis de nommer des homosexuels déclarés à des postes importants, procédait à un tel choix pour l'ambassade des États-Unis à Paris? Je trouvai étrange que la préoccupation première du nouvel élu fût de désigner un homosexuel notoire pour le représenter en France. Je fis, bien évidemment, répondre que je n'y verrais aucun inconvénient dès lors qu'il parlerait notre langue et que son amour le porterait sans autre considération vers la France...

Marilyn rime avec Staline

Margaret Thatcher avait de la considération pour François Mitterrand. Du respect même. Elle avait pourtant, elle aussi, un préjugé défavorable quand il avait été élu. Elle n'aimait évidemment pas les socialistes, les syndicalistes, les grévistes, mais ne l'affichait pas devant lui. Elle se serait fait « retoquer » par une formule à l'emporte-pièce. Dès son arrivée au pouvoir, elle a sollicité Mitterrand dans la guerre des Malouines, au printemps 1982, et a été surprise de sa réaction. Quand la Grande-Bretagne a dû riposter à l'attaque de l'Argentine qui tentait de conquérir ces îlots proches de ses côtes, mais sous pavillon anglais, Paris s'est rangé au côté de Londres. Le président de la République a communiqué au Premier Ministre anglais la liste des matériels que la France avait livrés à l'Argentine ainsi que leurs codes secrets tout en précisant : « N'y revenez pas. » À Claude Cheysson, mon prédécesseur, il avait expliqué : « Nous sommes solidaires dans l'Alliance, mais nous ne ferons pas plus car la France développe une politique envers le tiers-monde. L'Argentine est un pays en plein développement que nous ne devons pas contrarier. Il ne s'agit que de rétablir la légalité, c'est-à-dire le droit antérieur. » Certains y voyaient le paradoxe de la politique de Mitterrand alors qu'il ne s'agissait que de conciliation nécessaire et de respect du texte d'une alliance. Mitterrand aussi m'a toujours enseigné la primauté du droit international sur les aléas de la politique.

Quand je doutais devant la lourdeur des responsabilités, « vous réussirez », me disait-il. Il me taquinait aussi : « Mme Thatcher vous aura à l'œil. Méfiez-vous, elle a la bouche de Marilyn et l'œil de Staline ! » Un autre jour, lors d'un dîner officiel à Londres, il s'adresse au Premier Ministre anglais :

– Alors, madame le Premier Ministre, vous avez fait la connaissance de mon nouveau ministre des Affaires étrangères, il ne vous cause pas trop d'ennuis ?

– Oh, non, monsieur le président, *he is a charming person* (c'est un homme charmant)!

Claude Cheysson, qui était lui aussi un type sympa, m'avait cependant prévenu : « Tu verras, mon petit père, Mme Thatcher, il faut se la faire; tu auras beau lui offrir ton plus beau sourire, ça ne marchera pas! »

Terrorisme d'État

Le *Rainbow Warrior* avait fait escale dans le port d'Auckland en Nouvelle-Zélande sur la route de Mururoa où les militants écologistes devaient manifester contre la reprise des essais nucléaires français. Nos services secrets avaient coulé ce navire de Greenpeace, le 10 juillet 1985, pour contrarier ce projet. L'opération conduite par les faux époux Turenge s'était soldée par un fiasco et la mort d'un photographe d'origine portugaise. Le Premier ministre Laurent Fabius fut contraint de reconnaître les faits après des semaines de tergiversations qui se conclurent par la démission du ministre de la Défense, Charles Hernu.

Le président avait convoqué Fabius, Hernu et moi dans son bureau pour faire le point. Fabius avait l'air de tomber des nues. Mitterrand doutait de tout. Et le ministre de la Défense soutenait devant le président que ce n'était pas nous, mais les services secrets anglais qui avaient dynamité le navire. Il transpirait à grosses gouttes et passait par toutes les couleurs. Je n'étais pas dupe.

J'ai appelé mon homologue anglais, Geoffrey Howe. Il m'a dit avoir fait le tour de tous les services de renseignements anglais et qu'aucun d'entre eux n'avait trempé dans l'affaire. Je n'étais pas convaincu car il est bien évident que les services secrets ne se vantent jamais de ce genre d'opérations. C'était les vacances d'été. Pour le travailler un peu plus au corps, je l'ai invité dans ma maison de campagne de Saint-Selve pendant deux jours. Nous nous promenions dans le parc pour éviter les oreilles indiscrètes. Sa bonne foi ne semblait pas devoir être mise en doute. J'ai fait mon rapport en ce sens à Mitterrand qui jurait ses grands dieux qu'il n'était au courant de rien. C'est à ce moment que le Premier ministre a fait preuve de courage. Il a endossé la responsabilité et reconnu publiquement l'implication de la DGSE. Charles Hernu, qui avait couvert ses agents jusqu'au bout, fut contraint à la démission en septembre.

À mon avis, Mitterrand « avait su sans savoir ». Il avait laissé le Premier ministre et le ministre de la Défense se débrouiller avec cette histoire, sans oublier l'amiral Lacoste, chef de la DGSE, qui en était l'organisateur. J'ai reçu par deux fois les faux époux Turenge quand ils sont rentrés en France car je trouvais contestable de les avoir ainsi envoyés au « casse-pipe » pour les laisser tomber au moment où cela tournait mal. Ils sont restés professionnels jusqu'au bout, ne se sont pas plaints et n'ont jamais rien révélé. Même à moi. J'ai ensuite essayé de plaider leur cause auprès de Michel Rocard qui n'a rien voulu savoir et les a obligés à purger leur peine. Cette histoire fut un moment pénible. C'est la première et la seule fois où j'ai vu Mitterrand à ce point abasourdi et déstabilisé. Couler un navire dans un port allié est une affaire grave. Les Néo-Zélandais ne se gênaient d'ailleurs pas pour parler d'« acte de guerre ». Disons que c'était du terrorisme d'État.

Hernu était imprécis, un peu bravache, voire fantaisiste. Au moment où certains journaux ont révélé qu'il aurait pu être un agent de l'Est, il avait juré que c'était faux. Mitterrand lui avait cependant fait rédiger et signer sur l'honneur ses dénégations. C'est vrai qu'il était bien avec les Russes, mais, à mes yeux, c'était un type sincère sans doute un peu léger et m'as-tu-vu, mais sûrement pas un traître à sa patrie. Fils de gendarme, il avait réconcilié l'armée avec les socialistes qu'il avait eu l'audace de prendre à contre-pied sur la délicate affaire de la force de frappe. Il louait le rôle du général Gallois qui avait fait théoriser le dogme de la dissuasion nucléaire chez les gaullistes. En accord avec les spécialistes de droite, Hernu a fait le siège de Mitterrand pour le convaincre que l'atome était l'arme de l'avenir.

C'est à partir de ce moment que Fabius a commencé à prendre ses distances. Il se voyait un destin présidentiel, ce à quoi l'encourageaient les flatteurs de son entourage. Il avait la grosse tête et boudait dans son coin. Il ne voyait plus Mitterrand, faisant aussi l'affaire de Bérégovoy qui prenait des attitudes indignées : « Mais pour qui se prend-il ? » Je n'ai jamais été proche de Fabius. Mitterrand s'en était aperçu. À deux ou trois reprises, il m'avait demandé :

– Pourquoi avez-vous cette attitude de dénigrement vis-à-vis de Laurent Fabius ?

– Monsieur le président, je ne le sens pas franc du collier.

– Trouvez-m'en un autre au parti socialiste qui ait son âge, sa carrure et remplisse les conditions pour occuper la fonction de Premier ministre.

– Oui, c'est vrai, il est jeune et intelligent, mais cela ne justifie pas tout.

– Oui, bon, ça va...

Laurent Fabius a perdu la mise présidentielle lors du débat télévisé quand il s'en est pris à Jacques Chirac avec un air et un geste dédaigneux : « Vous parlez au Premier ministre de la France... » C'était déplacé. Mitterrand n'aurait jamais dit cela. Il était beaucoup plus malin. C'est ce jour-là que, contrairement à Mitterrand, j'ai pensé que Fabius n'avait pas la carrure. Et quand Chirac l'a balayé avec son « Ne m'interrompez pas comme un petit roquet », je me suis dit que Fabius avait raté son coup.

Le *Rainbow Warrior* a refait surface dans ma vie à un moment où je m'y attendais le moins. Voilà quelques mois, j'assiste à un concert donnée par nos orchestres militaires réunis aux Invalides. Un général quatre étoiles en grand uniforme me salue:

– Mes respects, monsieur le ministre d'État. Vous ne me reconnaissez pas?

– Non, Général.

– Je suis Alain Mafart, le "faux époux Turenge", alors commandant.

Il me remercie de lui avoir témoigné de la considération au moment du fiasco de l'opération. Très surpris de cette situation cocasse, je lui demande des nouvelles de sa coéquipière Dominique Prieur. Il me fait alors cette stupéfiante révélation: «Nous nous sommes mariés et avons deux enfants; elle a aujourd'hui pris sa retraite de l'armée...» L'histoire au moins a connu une fin heureuse!

Des lunettes qui font du bruit

C'est moi qui ai organisé, fin 1985, le voyage à Paris de Wojciech Jaruzelski, président de la république de Pologne. Mitterrand et moi voulions faire une nouvelle politique à l'Est. À l'époque, j'étais bien avec *Le Monde* et j'avais proposé un article en ce sens dont j'avais soumis le plan au président qui m'avait donné son accord. Évidemment, tous les bien-pensants, de droite comme de gauche, et les syndicats chrétiens liés à Solidarnosc me sont tombés dessus. Le général était bien sûr celui qui avait tué dans l'œuf les espoirs suscités par les accords de Gdansk et la reconnaissance du syndicat de Lech Walesa. Ce dernier était soumis à d'incessantes tracasseries, l'Église catholique persécutée et les libertés publiques suspendues. En France, des manifestations quotidiennes maintenaient la pression sur Jaruzelski qui, mécontent, avait déclaré que la Pologne serait pour le gouvernement français un «Diên Biên Phu diplomatique». En apparence, la situation était très tendue, mais des informations nous parvenaient selon lesquelles Varsovie souhaitait se rapprocher de Paris. Dans le flot de dépêches diplomatiques qui m'arrivaient, j'avais remarqué celle de notre ambassadeur en Pologne. Il notait que le général Jaruzelski avait, dans une conférence de presse, regretté les relations inexistantes avec la France. *Le Monde* en effet n'y avait même plus de correspondant et me demandait d'intervenir auprès du président polonais pour faciliter une accréditation. Je lui écrivis et il me donna son accord par retour du courrier. Le journaliste Jan Krauze est parti sans tarder. Un premier jalon était posé.

Quelques jours après, notre ambassadeur à Alger nous faisait savoir que Jaruzelski se rendait en visite d'État en Algérie. Les Polonais avaient fait passer le message que l'avion présidentiel polonais pouvait faire une «escale technique» à Paris, favorisant ainsi une rencontre informelle, sans protocole, avec François Mitterrand.

Ce dernier était plutôt content: «Dites-leur oui, mais dans le plus grand secret.» Il adorait cette politique clandestine des petits pas. Les Polonais étaient tellement heureux qu'ils ont fait fuiter la nouvelle à Alger. Mitterrand et moi étions à Bruxelles. L'Élysée appelle en urgence. Comme toujours, le président était en train d'écrire et me demande de prendre la communication. C'était Attali, son conseiller, qui relayait le mécontentement du Premier ministre Laurent Fabius, furieux de ne pas avoir été prévenu ni même associé à cette visite. «On verra cela plus tard» fut la seule réponse que j'obtins et que je transmis au conseiller.

Nous rentrons à Paris. Le Conseil des ministres avait été avancé car le président partait pour les Antilles. Selon le protocole habituel, le président reçoit le Premier ministre en tête à tête dans son bureau avant la réunion. Leur discussion fut anormalement longue, mais je ne sais pas ce qu'ils se sont dit. Fabius lui a évidemment fait part de son désaccord. Ils arrivent enfin au Conseil. Mitterrand fait ostensiblement la gueule, mais il «déblaie» l'ordre du jour, comme si de rien n'était, car il partait en fin de matinée. Il prend la parole et annonce: «Cet après-midi il y aura une interpellation du gouvernement à l'Assemblée nationale à laquelle répondra Roland Dumas.» Je le remercie en me disant *in petto*: «Encore un cadeau!» Pendant le déjeuner, je prenais la parole au Conseil économique et social. On me fait savoir que le Premier ministre m'appelle au téléphone:

– Écoute, Roland, il y aura cet après-midi deux interpellations à l'Assemblée, et je répondrai à la deuxième.

– Mais ce n'est pas ce qui a été décidé ce matin au Conseil. Le président a voulu minimiser le plus possible en demandant que ce soit le ministre des Affaires étrangères qui réponde.

– La deuxième question sera posée par un copain socialiste.

– Comment sera libellée cette question?

– Tu verras bien.

Je ne trouve pas l'attitude du Premier ministre très élégante, mais je ne dis rien. À la séance, il s'assied, visiblement énervé, au banc du gouvernement, à côté de moi. Je lui repose ma question et il me fait la même réponse. Je me demande ce que cela veut dire. Je réponds à la première question en racontant exactement comment les choses se sont passées. Fabius répond pour sa part à la deuxième question de circonstance, et c'est à ce moment qu'il fait part de son «trouble» dans le brouhaha de l'Assemblée. Il reprend sa serviette et s'en va en me laissant seul sous les huées de l'opposition.

Aux Antilles, Mitterrand a reçu les dépêches qui narraient l'incident. Il m'a téléphoné quatre fois dans la nuit:

– Qu'est-ce qui lui a pris, pourquoi ne vous y êtes-vous pas opposé?

– Mais, monsieur le président, je ne suis pas le Premier ministre!

– C'est inouï, j'avais donné des instructions. Je veux qu'il soit après-demain matin à 9 heures dans mon bureau.

Je me suis dit qu'on allait vers une crise gouvernementale et qu'il allait lui demander sa démission. Mais il était prudent et n'a pas voulu aller au clash car on était à quelques mois des législatives dont on savait déjà qu'elles seraient difficiles pour le PS. Le départ de Fabius aurait été contre-productif à ce moment-là. Il lui a passé un bon savon, et la politique a repris son cours.

J'ai eu plus tard l'explication. Quand chaque ministre rentre à son ministère, il fait un compte rendu à ses collaborateurs, voire à sa femme. Tout le monde veut savoir ce qui s'est décidé au Conseil des ministres. Fabius, qui n'avait pas mesuré les conséquences, a dû s'entendre dire qu'il se laissait faire par le président, qu'il était marginalisé par Dumas, que c'était inacceptable... Ce jour-là, il a franchi la ligne. Il pensait pouvoir succéder à Mitterrand et commençait à ratisser au centre en se drapant dans sa dignité. C'est ce que j'appelle de la basse politique.

On ne peut pas avoir des relations qu'avec des démocrates sympathiques! Il est vrai que les lunettes noires du président polonais ne l'avantageaient pas, mais il était presque aveugle. C'est ainsi qu'à Varsovie, lors de son voyage officiel, Mitterrand a remis la Légion d'honneur à Jaruzelski en lui disant: «Je vous remets cette décoration à un double titre; d'abord, parce que vous êtes général; et ensuite, parce que vous êtes président.» L'air de dire: «Je fais le minimum protocolaire.» Et Jaruzelski de remercier en ajoutant: «Je tiens, devant vous, à rendre hommage à Roland Dumas qui a réconcilié la Pologne et la France.» J'étais plutôt fier.

La dernière fois que je l'ai revu, j'étais à Varsovie en tant que président du Conseil constitutionnel. Lors de ma visite à notre ambassadeur, je demande à celui-ci:

– J'aimerais bien saluer le général Jaruzelski.

– Monsieur le ministre, vous n'y pensez pas?

– Monsieur l'ambassadeur, je ne suis plus ministre, je n'engage que moi-même et j'aimerais connaître mieux l'homme que je n'ai vu que dans des circonstances officielles.

– Mais, monsieur le président, c'est comme si vous alliez rendre visite à Pétain à l'île d'Yeu! Vous voulez vraiment y aller?

– Oui, trouvez-moi l'adresse, s'il vous plaît.

– Alors, je vais mettre un véhicule à votre disposition, mais ça ne sera pas une voiture de l'ambassade...

Le général n'était plus rien et ne voyait plus personne. Il m'a reçu dans son petit bureau gardé par un simple officier de sécurité. Je lui ai parlé de ses mémoires que j'avais lus, mais nous avons surtout évoqué la mémoire de nos pères. Le sien, qui avait déjà participé à la guerre russo-polonaise en 1920, avait été arrêté en 1941 par les Soviétiques et enfermé au goulag. Déjà son grand-père avait été déporté en Sibérie par le tsar. Jaruzelski ne savait pas où il était ni dans quelles circonstances son père était mort. Quand Gorbatchev était arrivé au pouvoir, il lui avait demandé de retrouver la tombe de son père. Les Russes localisèrent la sépulture dans une petite ville de Sibérie. Gorbatchev informa Jaruzelski qu'il avait fait fleurir la tombe avant qu'il ne s'y rende. J'ai alors compris pourquoi le secrétaire général du Parti communiste soviétique et le président polonais avaient des relations aussi excellentes. Ils étaient l'un et l'autre des adeptes de la perestroïka même si Jaruzelski n'en donnait pas l'impression. En diplomatie, il ne faut jamais se fier aux apparences ni faire abstraction de l'affectif. C'est sûr que, dès lors, je voyais cet homme sous un autre angle.

1. 1932. Dans la campagne limousine, avec son grand-père « Peyoux » et le chien Sam.

2. 1936, Granville (Manche). Pendant les vacances avec son père, Georges, sa sœur Georgette et son petit frère Jean.

3. 1939, Limoges (Haute-Vienne). Le capitaine de réserve Georges Dumas en compagnie de son épouse Élisabeth.

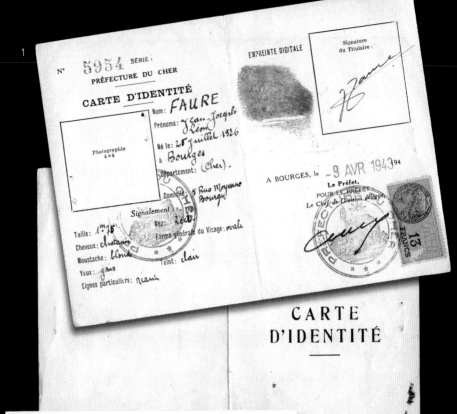

1. 1943. Fausse carte d'identité après l'évasion du Fort Barraux (Isère).

2. 1956. En Grèce avec sa première épouse, Théodora Voultepsis.

3. Avec sa fille Delphine.

4. 2010, Saint-Selve (Gironde). Son épouse, Anne-Marie, entourée de ses petits-enfants, de g. à d. : Éva, Julie, Pia et Armand.

3

1. 1937, Limoges. Visite de Léon Blum, président du Conseil du gouvernement du Front populaire, entouré de militants socialistes.

2. Janvier 1956, Haute-Vienne. Roland Dumas, élu député, fête sa victoire avec des maires amis.

3. 1958, Pékin. De g. à d. : Chen Yi, maire de Shanghaï, Roland Dumas, Pierre Mendès France et Zhu Enlaï, Premier ministre chinois.

4. 4 octobre 1986. François Mitterrand (au centre) en visite en Suisse. Croisière sur le lac de Neuchâtel à l'invitation de Pierre Aubert, président de la Confédération helvétique (derrière Roland Dumas).

5. 1990 à l'Élysée, réunion de crise pendant la guerre du Koweït. En haut à d. : Hubert Védrine, Roland Dumas, François Mitterrand et Jean-Louis Bianco, avec les chefs militaires des trois armes. © AFP.

1. 11 avril 1989, Washington, à la Maison-Blanche avec le président George Bush senior. © Official White House / DR.

2. 2 mai 1989, Paris. Avec Yasser Arafat à l'Institut du monde arabe, lors de la première rencontre du leader palestinien avec le président de la République française.

3. 8 avril 1991. Sommet européen à Luxembourg. © AFP / Janin / Caratini / Fisher.

4. 1995. Les quatre pays vainqueurs de la guerre et les deux Allemagnes se réunissent à Moscou pour la signature historique de l'accord « 4+2 ». De g. à d. : Roland Dumas, Édouard Chevernadze et Mikhaïl Gorbatchev (URSS), James Baker (États-Unis), Hans-Dietrich Genscher (RFA), caché par Lothar de Maizière (RDA) et Douglas Hurd (Royaume-Uni).

5. 20 juillet 1997, Eymoutiers (Haute-Vienne), forêt haute de Saint-Gilles, avec l'ancien chef du maquis, Georges Guingouin, lors de la commémoration de la bataille du mont Gargan (1944). © Le Populaire.

4

5

À Jérusalem, cimetière de Yad Vachem. Plantation d'un arbre dans le jardin des Justes en mémoire de Georges Dumas, fusillé par les nazis à Brantôme. Dans la foule : Serge et Beate Klarsfeld, Simone Nathan et Michel Dreyfus-Schmidt.

François Mitterrand lors d'une de ses dernières apparitions publiques.

À l'Est, du nouveau

J'ai toujours plaidé pour un rapprochement avec les pays de l'Est. J'y faisais des séjours préparatoires pour mettre en place les voyages officiels du président de la République française. Nous avions mis au point une liste d'exigences avant d'accepter tout déplacement, notamment une rencontre avec l'opposition. Je crains qu'aujourd'hui, au nom de la *Realpolitik*, nos diplomates n'agissent plus de même. On l'a vu en Tunisie...

C'est ainsi qu'en Tchécoslovaquie nous avons rencontré Václav Havel le 9 décembre 1988 en compagnie d'une dizaine d'autres dissidents. J'avais organisé un petit déjeuner dont je ne pensais pas qu'il revêtirait une importance historique, en apparaissant comme la première reconnaissance officielle de l'opposition, traquée depuis la création de la Charte 77. Havel est arrivé au palais Buquoy, siège de notre ambassade à Prague, et s'est assis à la gauche du président en posant sur la table un petit baluchon. Il lui demanda de bien vouloir l'excuser d'être ainsi venu avec son nécessaire de toilette, expliquant qu'il risquait fort d'être embarqué au commissariat de police en sortant de l'ambassade. Mitterrand était furieux. Il n'en a rien été, mais, de retour à Paris, le président m'a demandé de faire parvenir au gouvernement communiste une lettre de protestation. Havel était un intellectuel brillant. C'était surtout un homme de droite qui avait le goût de la liberté. Nous n'imaginions pas, à l'époque, quel serait son destin. Élu président de la Tchécoslovaquie de 1989 à 1992, il deviendra le président de la République tchèque de 1993 à 2003 après la séparation à l'amiable d'avec la Slovaquie. Quand je l'ai rencontré quelques années plus tard, il a eu l'élégance d'exprimer combien ce café-croissant avait été déterminant dans sa vie politique. Et il n'a jamais manqué une occasion de rappeler qu'il est essentiel de soutenir avec obstination l'opposition démocratique dans tous les pays où elle est menacée.

À l'université de Bratislava, capitale de la future Slovaquie indépendante, nous nous rendîmes compte que la révolution était en marche au sein de la jeunesse. Les étudiants étaient très vindicatifs dans un amphithéâtre plein à craquer; ceux qui ne pouvaient entrer tambourinaient aux portes en hurlant; le service de sécurité était débordé; j'ai dû les calmer. Les questions fusaient: «Je ne peux obtenir une autorisation de sortie de mon pays, pour aller en France par exemple; sommes-nous dans un pays libre?» Ou bien: «Vous avez vu le fonctionnement de l'État chez nous, peut-on dire que l'on est en démocratie?» Mitterrand écoutait en souriant: «Vos questions sont amusantes, mais bien embarrassantes...» Il ne pouvait rien dire d'autre pour le moment, mais là aussi un mouvement se mettait en marche.

À Sofia, en Bulgarie, en revanche, l'ordre régnait. Les autorités avaient organisé une rencontre avec les étudiants à l'université, priés de louer les mérites de Todor Jivkov, le soviétophile qui dirigeait le pays depuis trente-cinq ans. Son règne devait se terminer quelques mois plus tard sous la poussée des événements. En revanche, les choses commençaient à bouger parmi les intellectuels. Comme c'était devenu un rite, le président et moi avions invité le 19 janvier 1989 une poignée de dissidents à un petit déjeuner dans les salons de l'ambassade: écrivains, artistes, journalistes et un philosophe auteur d'un ouvrage intitulé *Le Fascisme*. Jelio Jelev, puisque c'est de lui qu'il s'agit, nous accueillera cinq ans plus tard à Sofia, le 19 janvier 1994... en tant que président de la République. C'était pour Mitterrand et moi un motif de profonde satisfaction. Fini le triste café-croissant. Nous sommes réunis, aux côtés des deux présidents, autour d'une petite nage de homard breton accompagné de truffes fraîches, d'une noisette d'agneau en feuilleté de sésame et d'une charlotte aux noisettes, le tout arrosé de meursault et d'un champagne Grande Dame! Je note que tous les hommes sont barbus : barbes plus ou moins fournies, barbes poivre et sel, barbichettes, voire barbes blanches. Tous ces anciens dissidents assurent combien le soutien de la France les a aidés à poursuivre leur combat sans se décourager. Mme Blaga Dimitrova : « En 1989, nous avons vécu votre visite comme un signe de la part de l'Europe et un symbole puisque c'était l'année du bicentenaire de la Révolution. » Cette poétesse turbulente, amie de Romain Gary, et qui deviendra vice-président de la République bulgare, ajoute à l'adresse d'un François Mitterrand ému « Vous nous avez dit une phrase, banale en apparence, mais que je n'ai jamais oubliée : "Je vous écoute." C'était bien la première fois qu'on pouvait se faire entendre en toute liberté... » Stefan Prodev, le fondateur de *La Douma*, journal du parti socialiste exprime son désenchantement : « Après votre visite, j'avais écrit un article intitulé "Douze naïfs révoltés" ; nous ignorions les difficultés de la vie d'après ; nous croyions à l'ouverture, à la joie, à la vie romantique. Mais la révolution mange ses enfants et nous savons aujourd'hui que la démocratie peut s'autodétruire. » Mitterrand rappelle qu'on a assisté à un phénomène étrange, le transfert du communisme vers le nationalisme avec, pour corollaire, le maintien au pouvoir de certains dirigeants. Dans tous les témoignages revient ce terrifiant constat : la montée du nationalisme et de la xénophobie. Jelev est un petit homme plein d'humour qui explique brillamment pourquoi la démocratie n'est, pour le moment, qu'un mot : « Nous ne constituons pas une société "normale" comme chez vous à l'Ouest. Dans vos pays, une gauche et une droite incarnent une représentation traditionnelle des différentes sensibilités ; cela n'existe pas chez nous. Cela n'a pas de sens pour la plupart des citoyens ; il n'y a pas d'alternance démocratique possible. Ce serait une erreur de vouloir appliquer trop vite ces critères politiques à notre société. Face au risque de restauration [du communisme] notre seul salut, c'est l'intégration [à l'Europe]. »

Le président prudent dans sa réponse ne veut pas leur donner de faux espoirs quant à leur adhésion à la Communauté qui interviendra le 1er janvier 2007. Il les encourage à rester vigilants. Jelev assure que, s'il devait mettre sa profession sur sa carte de visite, il mettrait « dissident » sous son nom !

Vingt ans après notre première rencontre, ils m'invitèrent en 2009 pour des cérémonies commémoratives : reconstitution du fameux petit déjeuner avec les « survivants », colloques, expositions, et inauguration d'une place François-Mitterrand. C'était pour moi une vraie satisfaction de constater que la politique que nous avions conduite à destination de l'Est avait porté ses fruits. Le pays, membre de l'Union, était une vraie démocratie. Il avait fallu du temps, l'énergie de tout un peuple... Et quelques paroles de soutien.

La guerre (froide) est finie

C'est la raison pour laquelle j'ai toujours aidé autant que j'ai pu Mikhaïl Gorbatchev dans sa perestroïka. Certes, l'évolution de l'Union soviétique vers la démocratie a été laborieuse, et n'est sans doute pas complètement achevée, mais il a incontestablement été à l'origine de l'éclosion de la Russie postsoviétique. Gorbatchev était toujours en mouvement, sans doute le plus imaginatif des chefs d'État au pouvoir dans le monde à l'époque. Il était surtout bavard. Ce travers s'est aggravé en vieillissant. Il devenait volontiers didactique. Mais il avait toujours à cœur de convaincre la partie adverse, c'est pourquoi il gardait la parole longtemps. Il était très fier de sa perestroïka et à chaque fois il la ramenait dans son argumentaire. C'était surtout un homme sincère. Il n'y avait pas de comédie chez lui. Un jour où j'étais en visite à Moscou, je l'ai vu inquiet, défait et désemparé. Il n'y avait rien dans les boutiques, la population était mécontente. Il se lamentait :

«Roland, j'ai fait tout ce qu'on m'a demandé: j'ai mis en place le libéralisme, libéré les prix, écouté les conseils des experts occidentaux et maintenant vous refusez de m'aider.» Il avait été élevé dans une économie collectiviste et ne comprenait pas bien ce que l'Occident attendait de lui. Notre ambassadeur à Moscou m'envoyait des messages dans le même sens: la seule solution est d'introduire l'économie de marché. Je n'y croyais pas trop. La doctrine libérale était encore à l'époque: «On libère l'économie et la liberté entraîne la croissance.» Même le président Sarkozy en est revenu! On a assisté à la débâcle financière que suscite l'absence de régulation.

Introduire du jour au lendemain l'économie de marché dans un pays immense, sans règles, sans impôts et dont les caisses sont vides, était suicidaire. L'Occident a manqué de jugeote et l'Europe n'a jamais voulu aider la Russie. Mitterrand et moi nous battions d'abord contre nos partenaires européens et nos alliés, mais c'était difficile de les persuader. John Major, le Premier Ministre britannique qui avait remplacé Mme Thatcher, affirmait qu'il fallait sans doute aider Gorbatchev, mais déjà penser à son successeur.

Nous refusions de spéculer sur la chute de Gorbatchev. Mitterrand avait essayé de convaincre Major en lui disant: «Vous voulez qu'il rentre et qu'il trouve à sa place un maréchal soviétique?» Mitterrand m'a envoyé le chercher un matin à Londres lorsqu'il est venu pour la première fois assister au G7; on a pris un petit déjeuner à l'hôtel de Mitterrand. Gorbatchev nous a lancé un appel au secours: «Aidez-moi car je vais être confronté à un aréopage hostile.» Mitterrand lui a promis d'intervenir en sa faveur dès l'ouverture du sommet, ce qu'il a fait.

Je le vois régulièrement. Il a été malade. Il va mieux. Il a une nouvelle femme. Il dirige sa fondation, fait des conférences à travers le monde. Il vieillit, a pris du poids et n'a plus le punch qu'il avait auparavant. En Russie, il ne jouit d'aucune popularité. Ceux qui l'applaudissent sont les Américains quand il va leur faire des conférences et en Europe tous ceux qui ne sont pas slaves dans des pays satellites de l'ex-Union soviétique.

Pour satisfaire toutes les Nations unies rassemblées, nous avons signé un accord, plus littéraire que juridique, consacrant la fin de la guerre froide. Le secrétaire général du Parti communiste soviétique était satisfait et a chaleureusement félicité le président français. Je me souviens que Gorbatchev m'avait dit avant l'ouverture de la conférence: «Je veux bien être à la tribune, mais si une délégation des pays baltes y monte aussi, je pars.» Et il avait ajouté: «Ce serait une reconnaissance de fait de leur indépendance et j'aurais à coup sûr un maréchal soviétique dans mon fauteuil en rentrant.» Il l'a eu quelque temps après! J'ai calmé le jeu avec les délégations des pays baltes que j'ai reçues les unes après les autres dans une salle du centre de conférence international de l'avenue Kléber, puis le soir dans mon bureau au Quai d'Orsay en leur promettant de les revoir. Mais, au niveau des armes stratégiques présentes dans les pays baltes, rien n'était réglé. Un traité interne à l'URSS fut mis au point en 1991, consacrant une large autonomie des anciennes républiques, dont les pays baltes étaient les plus déterminés.

Avant que la signature n'intervienne en août, un «comité d'état d'urgence» prit le pouvoir au Kremlin, alors que Gorbatchev était en vacances en Crimée. Mitterrand a été maladroit en prenant acte du coup d'État par les militaires qui étaient des communistes conservateurs. Il a surtout fait la bêtise, au journal télévisé de 20 heures, de sortir de sa poche le télégramme des putschistes. L'histoire s'est passée de la façon suivante: l'ambassadeur soviétique à Paris, qui a eu des ennuis après, demande à me voir de toute urgence et dans le plus grand secret pour remettre un message au président de la République. Au téléphone, celui-ci me dit: «Ça tombe bien, je parle ce soir à la télévision, venez.» Les galonnés insurgés disaient, dans le communiqué, qu'ils ne remettaient pas en cause la perestroïka ni les relations diplomatiques, ce qui pour nous était l'essentiel. Mais ils restaient muets sur le sort de Gorbatchev. Mme Carrère d'Encausse appelait toutes les heures pour s'en inquiéter: «Ils vont le tuer, il faut que vous interveniez.» C'est au cours de l'interview que Mitterrand a sorti de sa poche le fameux communiqué, à ma plus grande stupéfaction. Jack Lang, qui a du flair en politique, regardait la télévision à mes côtés et me dit: «Tu étais au courant de cette "sortie"?» Je lui réponds que non. Après l'émission, je raccompagne le président dans son bureau et lui fais remarquer que ce document n'était pas destiné à être publié et que, de plus, la situation était pour le moins incertaine à Moscou. Il réplique: «Ce que j'ai voulu, c'est préserver les intérêts de la France, quoi qu'il arrive», sous-entendu quel que soit celui qui réussira.

Valéry Giscard d'Estaing s'est alors déchaîné contre Mitterrand. Je partais le soir même pour Bruxelles et me suis arrangé avec mon ami Genscher pour qu'il m'aide à nous sortir de ce mauvais pas. Il a pris la parole en minimisant les choses, et moi, j'ai renchéri en disant: «Ce n'est qu'un accusé de réception et nous continuons à soutenir Gorbatchev.» Giscard, qui avait senti le vent tourner, a fait une deuxième déclaration en affirmant: «Le ministre des Affaires étrangères a réparé la bévue du président.»

La Chine dans le grand jeu

En dehors des relations franco-allemandes, mon meilleur souvenir diplomatique du second septennat est la décision que j'ai prise, et fait partager par Mitterrand, de faire revenir la France en force en Extrême-Orient. Je voulais ramener dans le concert des nations le Cambodge qui avait connu un terrifiant génocide. Des décisions courageuses avaient été prises en 1954 par Mendès France lors de la conférence de Genève, mais elles n'étaient pas allées jusqu'au terme du processus. Je considérais en effet que la guerre d'Indochine avait été une imbécillité et qu'il était juste temps de réparer les sottises que nous avions faites. Je m'étais rendu à Genève avec Mendès France où il avait rencontré Zhou Enlai qui l'invita en Chine. Après a dissolution de 1958, où je perdis mon siège de député, Mendès me demanda:

– Qu'allez-vous faire?

– Je vais reprendre mon cabinet d'avocat.

- Viendriez-vous avec moi en Chine, je m'occupe de tout?

J'ai reçu mon visa par la poste, *via* la Suisse, car il n'y avait pas de relations diplomatiques entre la France et la Chine. Nous avons visité tous les deux la Chine pendant un mois. J'ai d'ailleurs publié mon journal de voyage sous le titre *J'ai vu vivre la Chine* Zhou Enlai parlait un peu français car il avait séjourné en France. Plus qu'un apparatchik, il m'avait fait l'impression d'être un intellectuel, philosophe, un homme intelligent, amusant même. Un grand Chinois. Mao, c'est Mendès France qui l'a vu. Les Chinois voulaient connaître ce «phénomène» qui disait en Europe: «Il faut reconnaître la Chine parce que c'est un peuple qui compte et qui veut la paix.» Il avait d'ailleurs rencontré le général de Gaulle pour l'en convaincre. Mendès France m'a raconté cette entrevue. Le Général l'a bien écouté et lui a dit: «Mendès, vous avez raison.» Il a reconnu la Chine peu de temps après, par une méthode qu'on imagine mal aujourd'hui: un simple communiqué déclarant unilatéralement que la France reconnaissait la Chine populaire. Il commentait ensuite ses décisions lors de ses conférences de presse, des grand-messes qui étaient un véritable show et un manifeste d'art oratoire. C'était un homme simple qui gouvernait simplement, mais avec de grandes idées.

Des idées peuvent être grandes et simples à la fois. Certains feraient bien de s'en inspirer.

La paix au Cambodge

Sortir le Cambodge de la guerre civile était une priorité à mes yeux. Il a fallu s'y reprendre à deux fois. La première conférence de Paris a été un échec parce que je n'y avais pas impliqué les Nations unies ni suffisamment apprécié le rôle des Chinois. Le soir de la première rencontre au château de La Celle Saint-Cloud, Norodom Sihanouk n'a cessé de me dire, les mains jointes : «Excellence, les Chinois, les Chinois, les Chinois.» Les Chinois voulaient la caution des Nations unies. Il a donc fallu que j'aille chercher le secrétaire général de l'ONU, Pérez de Cuéllar. Celui qui m'a bien aidé pendant toute cette période est Jean-David Levitte, le conseiller diplomatique du président de la République.

Sihanouk était un personnage ambigu et compliqué, voire complexe avec d'infinies facettes. Tantôt prochinois, tantôt profrançais, toujours pro-Sihanouk et en perpétuel mouvement. C'est ainsi qu'il sortait un jour la carte khmère rouge et le lendemain la carte américaine si cela pouvait servir ses intérêts. On ne savait pas pour qui il roulait. Très aimable, très flatteur, très courtois. Insaisissable. Nous avions un point commun inattendu, c'est que nous étions l'un et l'autre proches du *Canard enchaîné*. En tant qu'avocat, j'étais quand même plus proche que lui. Il est vrai qu'il donnait dans sa jeunesse des informations au journal car il avait des relations dans tous les milieux et s'intéressait en expert à la politique française. Les Américains se méfiaient de son allégeance à Pékin, mais ils le ménageaient car il était la carte maîtresse dans le jeu diplomatique régional.

Il n'était plus roi du Cambodge, mais demeurait prince et surtout président du Conseil national suprême (CNS),

la coalition des quatre partis cambodgiens : les tenants des
Vietnamiens, représentés par le Premier ministre Hun Sen, les
Khmers rouges de Khieu San Phan, les nationalistes de Sun San
et les sihanoukistes représentés par son fils, car Sihanouk
se voulait au-dessus des partis. Il se voyait en chef d'État,
alors que, de fait, il ne l'était pas. Mais qu'à cela ne tienne,
le président de la République le recevait avec les honneurs
auxquels il était sensible. Sihanouk me disait toujours de sa
voix de fausset : « Excellence, vous n'en sortirez jamais car
les Khmers adorent se disputer. » Quand je les ai réunies en
1989, à La Celle-Saint-Cloud, avant la grande conférence, les
quatre factions ne se parlaient pas. Chacun des leaders s'adres-
sait ostensiblement à moi en ignorant les autres. Quand il se
sentait mis en difficulté, chaque chef de délégation menaçait
de quitter la table des négociations. Khieu San Phan me dit un
jour tout de go : « Terminé, je ne négocie plus » quand furent
mises en évidence les responsabilités de son camp dans les
massacres du peuple cambodgien. Sihanouk, lui, s'en prenait
alternativement aux Khmers rouges et aux provietnamiens. En
pleine séance, il insulta Hun Sen en le traitant de nazi, éructa
en disant que ses partisans avaient exterminé sa famille, ce qui
était en partie vrai. L'autre s'est braqué, a menacé de quitter la
conférence, mais il a surtout déposé plainte auprès des tribunaux français. Sihanouk a eu peur d'être arrêté par la police,
alors que j'aurais bien sûr veillé au grain, et il est reparti pour
la Chine en catimini. Ma conférence était à terre. Je l'ai envoyé
chercher à Pékin par un de mes amis, ancien collaborateur de
mon cabinet, qui avait toute ma confiance, le futur bâtonnier Christian Charrière-Bournazel. Il devait rassurer le prince
en lui affirmant qu'il ne risquait rien. J'ai compris que c'était
une tactique de la part du prince pour ne pas céder du terrain
tout de suite. Il reste de ses pourparlers une photo célèbre où
Sihanouk, Hun Sen et moi sommes réunis, les mains les unes

sur les autres. C'était le premier geste de rapprochement auquel on assistait depuis des années.

Le prince vivait depuis des années en exil à Pékin où il avait élu résidence dans l'ancienne légation française. Il maniait un étrange humour qui, dans son cas, était vraiment la politesse du désespoir. Ainsi me raconta-t-il l'anecdote suivante un jour que je lui rendais visite en Chine : « Mao Zedong avait donné l'ordre aux Khmers rouges de ne pas tuer les enfants de la princesse Monique [l'épouse de Sihanouk] ; ils exécutèrent la consigne à la lettre ; ils épargnèrent les enfants que j'avais eus avec Monique, mais massacrèrent ceux d'un précédent mariage ; quand je me suis plaint à Mao, ce dernier m'a fait cette réponse stupéfiante : "J'ai été trop imprécis dans les consignes !" » Après l'entrevue, il m'accompagna vers l'appartement qu'il avait mis à ma disposition dans sa résidence personnelle. J'en profitai, mine de rien, pour évoquer sa légitimité à la tête du CNS : « Il faut que nous parlions de votre élection au suffrage universel... » Il feignit de ne pas répondre et lâcha, après un long silence : « Faites ce que vous voulez, Excellence ; c'est à vous de décider et je vous suivrai. »

Une fois la paix rétablie au Cambodge, le roi-père me reçoit avec force couronnes et courbettes, en compagnie de son épouse la princesse Monique. Le soir, il donne en mon honneur une réception somptueuse dans un grand hôtel en présence du Tout-Phnom Penh et des personnalités étrangères. Il me dit qu'il faut aller saluer les invités qui étaient bien 2000. Je le regarde, interloqué. Et lui de me dire : « Suivez-moi et faites comme moi. » C'est ainsi que nous avons fendu la foule, mains jointes et tête penchée, en saluant un coup à gauche, un coup à droite. Et lui d'ironiser : « Voyez ce qu'on gagne comme temps avec le salut cambodgien ! » Asiatique dans l'âme, il avait aussi une passion pour la France, sa culture et sa gastronomie. Avant de laisser ses invités se déployer vers les buffets, il lança à la cantonade : « Spécialités françaises ! » Tous ces frais imprévus, comme les facéties de Sihanouk, étaient financés sur les fonds secrets de mon ministère.

La plaie de Diên Biên Phu

Mon déplacement en Asie avait aussi pour but de préparer le voyage officiel que François Mitterrand effectua, en 1993, au Cambodge et au Vietnam où il fut le premier chef d'État occidental à se rendre depuis la fin de la guerre. Quand nous nous sommes retrouvés face aux dirigeants communistes de Hanoï, ils étaient tellement figés dans leurs uniformes et leur langue de bois que Mitterrand s'est penché vers moi et a écrit sur un bout de papier : « On se croirait à Moscou ou à Prague il y a trente ans ! » Ce voyage protocolaire et ennuyeux reste surtout marqué dans mon souvenir par la visite à Diên Biên Phu. Un C130 peu confortable nous a amenés sur le champ de bataille. Nous atterrissons brutalement sur une piste refaite avec des plaques de métal. Nous empruntons des voitures pour aller visiter le PC du colonel de Castries qui, à la tête de ses 10 000 hommes, résistera cinquante-sept jours aux assauts des troupes de Giap cinq fois supérieures en nombre. Cette défaite, intervenue au printemps 1954, sonnera la fin de l'aventure coloniale française en Indochine. Par une ironie de l'histoire, elle eut lieu le 7 mai, au moment où s'ouvrait à Genève la conférence internationale où Pierre Mendès France entamera en juin les pourparlers qui aboutiront au retrait de la France.

Le général Schmitt, chef d'état-major des armés, qui fait partie de la délégation française, s'improvise guide « touristique ». Il était jeune officier d'artillerie au moment de la chute du camp retranché. Il connaît parfaitement les lieux, le nom de code de chaque colline aux poétiques prénoms de femme qui font oublier que se déroula à cet endroit une des plus terribles batailles de la fin des empires coloniaux. En route vers «Dominique», Mitterrand refuse d'honorer la visite d'une école prévue par le protocole vietnamien. Il considère que cela altère la gravité du moment. Du haut de la colline, on aperçoit le champ de bataille, le terrain d'aviation rendu inutilisable dès les premiers jours. On nous décrit les lieux, les affrontements, les parachutages de nuit, les horreurs, les morts, les blessés, le suicide du commandant Pirot après que son artillerie fut anéantie par l'ennemi. En voyant ce gâchis, on ne peut s'empêcher de penser à l'insuffisance de nos dirigeants des années 1950. Ce n'est pas la faiblesse de la IVe République qui est en cause, mais le manque d'intelligence et de clairvoyance de ses dirigeants. Même le général de Gaulle a sa part dans le fiasco quand, en 1945, il a préféré un Savonarole, l'amiral Georges Thierry d'Argenlieu, au général Philippe Leclerc, qui a dû quitter l'Indochine. L'intransigeance de l'amiral «religieux» et son manque de considération pour Hô Chi Minh furent l'élément dévastateur, le poison qui envenima les relations entre les Français et ceux que l'on n'appelait pas encore les Vietnamiens.

Dans son dernier discours du voyage officiel, François Mitterrand assure: «Liquidons les arriérés de la situation antérieure et efforçons-nous d'éviter les problèmes à l'avenir.» Il promet d'aider le pays à sortir de l'embargo occidental qui l'asphyxie et d'être son avocat auprès du FMI pour obtenir des crédits de développement.

Pendant les déplacements en avion, je lis le livre que le général Giap a publié sur la bataille. Je note que ce témoignage est fort peu marxiste. Il n'y est question que de stratégie, de soulèvement du peuple, de nationalisme en quelque sorte. Preuve que le conflit d'Indochine était plus une guerre d'indépendance qu'une guerre idéologique. Elle l'est devenue par la suite avec l'entrée des Américains dans le conflit.

Pnom Penh la charmante

De retour dans la capitale du Cambodge, le 11 février 1993, l'accueil est royal. Tout au long de la route, garçons et fillettes en uniformes bleu et blanc nous saluent à genoux et les mains jointes. Le soir, au grand dîner d'apparat servi au palais du prince Sihanouk, celui-ci, moqueur et très en verve, parle avec une grande désinvolture de la période de la révolution et du coup d'État de son ennemi intime Lon Nol qui le renversa pour établir la République. Traitant au passage le secrétaire d'État américain Henry Kissinger de «crétin», il s'en prend alors avec ironie aux Khmers rouges et à leur chef Khieu San Phan assis à quelques fauteuils de moi. Ce dernier fut, avec Pol Pot, responsable de l'extermination de 2 millions de Cambodgiens. Il sourit en plissant les yeux. Vient le moment d'égratigner son Premier ministre, Hun Sen: «Il était avec nous car, à l'époque, nous étions contre les Américains qui voulaient entraîner le Cambodge dans la guerre.» Sihanouk explique longuement comment, à ses yeux, son renversement a été opéré avec le concours des États-Unis qui ont dupé Lon Nol: «Ils nous ont fait croire qu'ils resteraient en Indochine pour se battre contre le Vietnam; en fait, ils n'en avaient pas l'intention et sont partis; moi, je le savais, c'est pourquoi je voulais tenir bon, garder mon pays dans la neutralité.» Il ajoute, appuyant sur le «monsieur» avec une déférence feinte: «Je me suis réconcilié avec M. Kissinger et M. Lon Nol; je suis un bon bouddhiste et m'efforce de n'être ni haineux ni rancunier.» Le soir, le prince offre une grande réception dont le clou est le ballet royal. Les invités vont à pied du palais, où nous avons dîné, vers l'autre pavillon, où a lieu le spectacle. L'orchestre militaire accompagne leur marche au son d'un *V'là l'général qui passe* plutôt incongru en ces lieux!

Nous ne pouvons quitter le Cambodge sans une visite à Angkor. Nous sommes médusés par le petit temple de Ta Prohm dont les pierres sont «mangées» par les racines des arbres qui les envahissent telles des pieuvres géantes. J'apprends à cette occasion un nouveau mot que je tiens d'Anne Lauvergeon, secrétaire général adjoint de l'Élysée et scientifique de formation : «l'hado-tropisme», un mot lié à la physique quantique, élargi au domaine spirituel, qui évoque l'énergie de la force vitale de la nature ; lorsqu'une racine rencontre un obstacle, elle le contourne et continue sa progression dans la même direction que précédemment. En sortant de la visite, je dis à Mitterrand :

– C'est à la fois beau et émouvant.

– Pourquoi émouvant ?

– Parce que nous assistons à la destruction de choses qui sont belles.

– Oui, mais c'est la nature, et la nature c'est la vie. Qu'y peut-on ?

Une fois encore, je constatai qu'à ses yeux les arbres étaient placés au sommet de son panthéon, bien au-dessus des humaines réalisations.

Le général Courage

Un mois plus tard, très exactement le 11 mars, je me retrouve en Dordogne pour mener campagne dans le canton de Vergt. La transition est brutale, mais je suis heureux de retrouver mon «fief» et de m'éloigner quelque temps des vicissitudes de la planète. Mon répit sera de courte durée. J'ai organisé une réunion avec les maires du canton de Vergt dans une salle enfumée de l'Hôtel du Nord. L'atmosphère est chaleureuse, mais je suis bien vite harcelé de coups de téléphone. Au bout du fil, mon directeur de cabinet, Daniel Bernard : «On est inquiet pour le général Morillon qui a décidé d'entrer dans Srebrenica (Bosnie) à la tête d'une colonne militaire de la FORPRONU.» Après des heures de palabres harassants avec les assaillants serbes, le commandant en chef de l'ONU a décidé de forcer le blocus serbe pour venir en aide aux 60 000 Bosniaques musulmans réfugiés sans vivres dans cette enclave de l'Est du pays. Le général quatre étoiles a failli faire rebrousser chemin à sa colonne puis s'est ravisé. Il a décidé « d'y aller », provoquant ainsi les troupes serbes du général Ratko Mladic, celui-là même qui, deux ans plus tard, pénétrera dans la ville pour y massacrer 8 000 innocents.

Mitterrand s'agite et Bérégovoy s'inquiète. Les consignes du président de la République sont claires : « Que Dumas appelle immédiatement Milosevic pour lui dire que trop c'est trop ! » Je donne instruction à Daniel Bernard, en dépit de mon agenda électoral, de joindre le président serbe à tout prix. Plusieurs coups de téléphone m'informent que Milosevic n'est pas à Belgrade. Je fais doubler mes tentatives téléphoniques par des démarches de notre ambassadeur, en lui transmettant le message suivant : « Je veux absolument lui parler entre 13 et 15 heures. »

Ma réunion des maires du canton est pour le moins perturbée. Nous sommes installés au fond d'une salle longue et étroite et je suis obligé de déranger les convives à chaque passage vers le téléphone. La préoccupation se lit sans doute sur mon visage car je perçois des regards interrogateurs. Chacun me scrute ou m'interpelle sans comprendre ce qui se passe. Je ne donne évidemment aucune explication. Il est 15 heures quand je quitte le restaurant. J'apprendrai le soir que l'armée serbe a laissé passer la colonne de Morillon, à mon plus grand soulagement. Du fin fond de la Dordogne, j'avais réussi cette opération. Personne n'en a jamais rien su.

Quand j'ouvre les journaux le lendemain, je suis surpris de constater qu'on y fait surtout grand cas de la présence de Salman Rushdie à Paris. Voilà des mois que Jack Lang me « cassait les pieds » pour faire venir l'écrivain et réaliser un coup médiatique à la veille des élections. Certes victime d'une fatwa, il mérite que l'on compatisse à son sort, mais la couverture médiatique qui lui est faite me paraît pour le moins excessive. Que tous les journalistes soient tombés dans le panneau me stupéfie et me choque. Ils ont tous préféré l'histoire d'un homme reçu par quelques excités germanopratins au geste courageux de Morillon passant seul le pont pour enlever la position serbe et entraîner derrière lui le convoi humanitaire. Surnommé «général Beau Geste» par les Anglais, Philippe Morillon a racheté, par son action, l'attentisme parfois criminel de l'ONU dans l'ancienne Yougoslavie.

À la réflexion, j'apprécie l'attitude des deux hommes. Ne correspond-elle pas au double combat que mène la France depuis des années? Je suis heureux de faire cette constatation à la veille de l'élection législative dont je ne connais pas encore le résultat. Rushdie, c'est l'incarnation des droits de l'homme et de la liberté d'expression. Morillon, c'est le triomphe du droit d'ingérence, le sauvetage d'une population en danger. Les deux hommes ont relevé des défis qui les dépassaient. Et je me rends compte que ces deux «mamelles» ont nourri notre politique étrangère telle que je l'ai conduite au cours des dernières années. Je n'en suis pas peu fier.

10

Un thé au Sahara

Conversations secrètes avec le Guide

Si tu veux la paix prépare la guerre.
Si vis pacem para bellum.

VÉGÈCE

Mes nombreuses rencontres avec le colonel Kadhafi ont porté sur le Tchad, pays pauvre et enclavé, qu'il rêvait de contrôler par l'entremise de sa « marionnette » Goukouni Oueddei. Sous le prétexte d'un différend frontalier, la bande d'Aouzou, le chef d'État libyen s'est agité dès les années 1980, obligeant la France à réagir sur le plan diplomatique, mais aussi militaire. C'était encore la guerre froide, et nombre de pays africains nous pressaient d'intervenir.

Kadhafi est un admirateur de Gamal Abdel Nasser, le père de l'Égypte moderne et le leader du panarabisme. Il voulait marcher sur ses traces. Il avait retenu du raïs ce conseil avisé : « Il faut s'entendre avec les Français. » Lors de l'élection de François Mitterrand, le colonel pensait que le moment était venu. Il avait posé des jalons auprès de ses amis les militaires algériens qui lui avaient donné mon nom, car je passais à leurs yeux pour « l'allié des Arabes ». En tant que défenseur du FLN et des Français favorables à l'indépendance de l'Algérie, j'étais en effet bien considéré sur l'autre rive de la Méditerranée.

En 1982, je suis approché par un émissaire de Kadhafi en la personne de l'Algérien Mohamed Zitouni, qui était mon voisin dans l'île Saint-Louis, mais que je connaissais par ailleurs. Kadhafi voulait faire passer un message personnel au président de la République française, selon lequel il aimerait le voir désigner un émissaire proche de lui, en dehors des circuits diplomatiques officiels. Zitouni était un homme précis, sérieux et tout en nuances qui, en bon diplomate, ne révélait pas d'emblée le fond de sa pensée :

– Je viens vous voir de la part des autorités algériennes...

– Pouvez-vous me dire qui plus précisément ?

– Des dirigeants algériens si vous voulez.

– Bien. Parlons donc de relations entre la France et l'Algérie...

– Non, il s'agit de la Libye. Les dirigeants algériens sont mandatés par le colonel Kadhafi, avez-vous quelque chose contre lui ?

– Pas le moins du monde.

– Je suis porteur d'un message très personnel pour Son Excellence le président de la République française...

Il m'explique alors que Kadhafi a apprécié la victoire des socialistes en France, qu'il souhaite infléchir la politique avec Paris et espère que François Mitterrand est dans le même état d'esprit. Il insiste sur la nécessité d'opérer ce rapprochement par un canal secret *via* un ami proche du président. Ce représentant devrait tout d'abord se rendre à Tripoli pour étudier les modalités de nouvelles relations entre la France et la Libye. Les échanges avaient été inexistants sous le septennat de Valéry Giscard d'Estaing dont les Libyens pensaient, à tort ou à raison, qu'il n'était pas hostile à une élimination physique du Guide. Les services spéciaux français qui nous étaient dévoués affirmaient que cette hypothèse n'était pas dénuée de fondement. Je rends compte au président hors de toute oreille indiscrète.

– Êtes-vous sûr de votre source ?

– J'en réponds.

– Avez-vous vraiment confiance ?

– C'est un ami de vingt ans.

– Bon. Eh bien, allez-y.

– Moi ?

– Oui, c'est à vous d'y aller.

Quelques semaines plus tard, je rencontre à Paris le cousin de Kadhafi, le colonel Hassan Ichkal, venu spécialement me confirmer les bonnes dispositions de Tripoli à l'égard de Paris. Membre du Conseil de la Révolution libyenne, il était à la fois le patron de l'armée de l'air et le gouverneur de la province de Benghazi. En tant que chef des al-Gaddafi, une tribu de Bédouins au sein de laquelle est né le Guide, il avait à l'époque toute sa confiance. Lors de mes premiers voyages secrets, Ichkal était mon interlocuteur qui venait me chercher à l'avion. Il me disait : «Je vous suivrai partout dans tous les aéroports de Libye.» Sous-entendu : «Je vous ai à l'œil.» Mes premiers voyages en Libye avaient été organisés pour tenter de résoudre l'affaire des otages français au Liban. Mais, à ce moment, je n'avais pas rencontré Kadhafi.

Le colonel Ichkal était un type bien. Il est mort quelque temps après, dans des conditions troubles. On peut penser qu'il a été «suicidé». Mme Thatcher, qui était bien informée par ses réseaux d'espionnage, était formelle. Avant même que je parle à Mitterrand de ce que je savais, elle lui avait téléphoné pour l'avertir que le colonel avait été éliminé, précisément pensait-elle parce qu'il était trop proche de l'Occident. Il semble qu'il soit allé trop vite et trop loin dans cette politique pro-occidentale au point d'envisager une opération intérieure, en clair le renversement de Kadhafi. Trop proche des Américains, il aurait été donné aux services de sécurité de Kadhafi par les réseaux français. Pour que les faits soient avérés, il faudrait que le secret-défense soit levé.

L'homme qui a l'oreille du président

Avant de partir pour la Libye, j'étais venu prendre congé de François Mitterrand à l'Élysée. Sur le palier où il m'avait raccompagné, il m'avait mis en garde :

– N'oubliez pas que vous avez affaire à un jésuite.

– Oui, mais un jésuite musulman !

– Soyez prudent.

– J'en fais mon affaire.

Nous nous sommes quittés sur un éclat de rire. Je n'étais pas encore ministre, seulement député.

Alors que courait déjà le bruit que je conduisais des missions secrètes pour le président de la République, celui-ci me demanda :

– À quelle commission parlementaire êtes-vous ?

– À la commission des Affaires culturelles.

– Bah ! Les Affaires culturelles. C'est à la commission des Affaires étrangères qu'il faut être.

– Je ne demande pas mieux car c'est la plus prestigieuse mais les places y sont chères.

Tous les anciens Premiers ministres et ministres des Affaires étrangères y siègent quasiment de droit.

– Ne vous inquiétez pas, dans deux jours, ce sera réglé.

Le soir même, je recevais un coup de téléphone de Pierre Mauroy, le Premier ministre, qui m'annonçait :

– Demain, tu t'inscris au bureau de la commission des Affaires étrangères de l'Assemblée nationale...

– Il n'y a pas de place.

– Il y aura une place.

En effet, le lendemain, je siégeais à la prestigieuse commission. Ils avaient fait dégager un type pour moi. Je ne sais d'ailleurs pas qui. C'était, à court terme, une couverture pour mes contacts diplomatiques officieux et probablement, à plus long terme, une préparation à mes futures activités de ministre des Affaires étrangères. Il me mettait à l'épreuve pour voir si j'étais capable d'occuper ces fonctions toujours sensibles. J'avais neuf chances sur dix de me «casser la gueule».

Je pars pour Tripoli sur les lignes régulières sans avoir demandé de visa pour ne pas éveiller les soupçons. Mon ami Zitouni m'avait assuré que tout serait régularisé sur place. Ichkal m'attendait sur le tarmac, en uniforme de l'armée de l'air. Il me fit monter dans son half-track dont il prit le volant en vérifiant que son fusil-mitrailleur était bien à son côté. Il me conduisit à la caserne Bab el-Azizia, quartier général de Kadhafi, celui-là même qui a subi les frappes aériennes de la coalition occidentale en mars 2011.

La colonne du colonel

Il me laisse seul dans une pièce où j'attends encore un long moment. Arrive une «amazone» en tenue militaire, une belle fille maquillée et armée qui me demande de la suivre. Pas un sourire. Nous traversons la cour de la caserne pour arriver à un grand salon vide où je patiente encore une demi-heure L'interprète n'est pas là. Je suis seul, mais éprouve un sentiment diffus de malaise. Je détaille les moulures du plafond quand, brusquement, je vois surgir Kadhafi de derrière une colonne. Il devait m'observer depuis un moment, comme un prédateur surveille les réactions de sa proie. Il est vêtu d'une cotte gris-bleu coupée dans un beau tissu par son tailleur italien. Il me salue, appelle l'interprète, et nous commençons la conversation. Il a allongé les pieds sur son sofa. Il regarde en l'air et parle lentement en inspirant profondément. En préambule, il fait un long laïus sur la victoire des socialistes qui le réjouit ; il réaffirme les racines africaines de la Libye pour mieux justifier ses ambitions sur le Tchad. Je le laisse parler et finis par lui dire que nous avions autant de droit que lui à être en Afrique de par notre présence historique et nos accords militaires et de coopération. Il reprend la parole pour « casser » Hissène Habré, le président tchadien soutenu par les Américains dont il sait qu'ils ambitionnent de le déstabiliser, voire de le renverser. Il vante alors les mérites de son homme lige, Goukouni Oueddei, qu'il rêve d'installer à N'Djamena en assurant qu'il est très bien disposé vis-à-vis de la France. De façon à peine voilée, il nous demande de l'aider à déposer Hissène Habré. Après deux heures d'un presque monologue, il clôt l'entretien en me demandant de rapporter son point de vue à François Mitterrand. Sans ambages, je lui rappelle que la France souhaite qu'il se retire du Tchad, mais que, pour le reste, tout est ouvert.

À Paris, je fis un compte rendu au président, tôt le matin, mais hors de son domicile, car il était persuadé d'être écouté jusque chez lui. Des informations très précises et connues d'un petit nombre de personnes avaient filtré, conduisant le président à penser que, même chez lui, il n'était pas à l'abri des « grandes oreilles ». Il m'avait confié la tâche de faire venir des spécialistes « à nous » car il avait toute confiance en moi. C'était en décembre 1982 et j'étais parti aux sports d'hiver. J'envoie donc rue de Bièvre un de mes collègues avocats du cabinet pour superviser les travaux. Mitterrand était furieux que je ne sois pas à sa disposition et avait demandé que je rentre sur-le-champ. Je suis revenu deux jours après. La tempête s'était calmée. Les « sondeurs » avaient démoli quelques murs, mais n'avaient rien trouvé. L'explication la plus plausible était que la préfecture de police, qui était à deux pas, avait les moyens de capter des conversations dans un rayon de plusieurs centaines de mètres. J'étais donc très alerté sur la nécessité de parler loin des oreilles indiscrètes.

Nous avons redescendu la rue de Bièvre vers le fleuve puis longé les quais de Seine. C'est ce jour-là qu'a été prise la photo où l'on me voit chuchoter à l'oreille du président. Nous continuons à marcher. Les passants nous saluent. Ses agents de sécurité commencent à le serrer de près. Il les fait reculer d'un geste agacé car il se méfiait même de sa garde rapprochée. J'avais tellement insisté sur le secret exigé par Kadhafi qu'il avait pris la recommandation au pied de la lettre.

– Alors, vous avez vraiment vu Kadhafi?

– Oui, comme je vous vois.

Il semblait surpris qu'il m'ait reçu aussi longuement. Je me suis toujours demandé quelle vision étrange il avait du « monstre ». Il se méfiait du personnage. Il s'interrogeait sur la démarche de Kadhafi, d'autant que le contentieux à propos du Tchad était lourd. Il aurait plutôt vu à la manœuvre des diplomates de carrière qui auraient rédigé des notes. Mais le côté secret et complexe de la démarche qui aboutissait jusqu'à moi le laissait perplexe. D'autres, dans l'entourage présidentiel, pouvaient croire qu'ils auraient pu faire l'affaire. Claude Cheysson, philo-arabe s'il en était, pensait qu'il avait l'amitié de Kadhafi, mais ce n'était pas une amitié profonde comme celle que j'avais nouée avec les Algériens. De plus, il était ministre des Affaires étrangères, ce que le Guide fuyait sans détour. Il redoutait les canaux officiels et souhaitait surtout qu'il y eût un lien personnel, comme cela se fait en Afrique.

Le président voulait tirer profit de cette volonté libyenne de traiter avec Paris. Je n'allais pas jusqu'à dire qu'on pouvait faire confiance au colonel. Mon compte rendu fut détaillé, mais sans emballement. L'inflexion de mon propos laissait cependant penser qu'on pouvait continuer dans cette voie. Kadhafi attendait une réponse rapide sur l'ouverture de « négociations ».

Surpris que je sois venu par les lignes aériennes régulières, il avait mis à ma disposition son avion personnel en me disant : « Faites votre rapport au président Mitterrand ; attendez sa réponse et revenez dès que possible avec mon avion. » Le pilote était un ancien de la Royal Air Force, plus Anglais que nature, avec de belles bacchantes rousses. C'était le seul pilote dans lequel Kadhafi eût confiance. Il a attendu deux ou trois jours à l'aéroport de Villacoublay. Je pressais Mitterrand de donner sa réponse pour que je puisse repartir. Il prenait son temps, car il attendait de peaufiner la position française sur le Tchad, conscient qu'elle pouvait être lourde de conséquence. L'avion du Guide est reparti vide.

Au Tchad, la situation s'était aggravée au début de 1983. Aux pillages et coups de force des mercenaires de Goukouni Oueddei, le protégé de Kadhafi, s'était substituée une offensive militaire d'envergure contre l'armée régulière de Hissène Habré. Faya-Largeau, élément clé du dispositif tchadien, était tombé en quelques heures. La route de N'Djamena était ouverte. La France se devait de réagir car il en allait de sa crédibilité dans toute l'Afrique noire. Le 10 août, le président ordonna l'opération Manta, sous les ordres du général Poli qui fut dépêché sur place. Les Américains, profitant de la situation, pressaient Paris d'en finir avec Kadhafi et d'entrer en Libye !

C'est dans ce contexte tendu que je repars pour Tripoli au cours de l'été 1983. Les dates ne sont pas plus précises car, par souci de confidentialité, je n'écrivais rien dans mes carnets dont les pages sont restées blanches.

Mes débuts d'agent secret

Mitterrand m'avait dit : « Voyez Bianco, le secrétaire général de l'Élysée, pour qu'il organise votre voyage. » Je repars donc, début août 1983, dans un avion blanc banalisé car la mission était censée être top secret. Seul à bord, je suis conscient que je vis une aventure exceptionnelle. Cela me fait vibrer.

Accueilli par Ichkal, celui-ci me conduit à mon hôtel où il me demande d'attendre. En désespoir de cause, je vais faire quelques brasses à la piscine où je pense passer totalement inaperçu. Par le plus grand des hasards, se baigne là un Africain que je n'identifie pas, mais qui, lui, me connaît. C'est le fils aîné de Bokassa, ex-empereur de Centrafrique, réfugié en Libye. Il a un copain au *Canard enchaîné* à qui il téléphone immédiatement : « Tu sais que Dumas est à Tripoli ? » À mon retour, ce journaliste, surnommé « le commissaire » et que je connaissais bien, me lance, ironique : « Alors, Roland, on va voir Kadhafi en cachette ? » Je tombe des nues. Je commence, bien sûr, par nier. Et il ajoute : « On t'a vu à la piscine de l'hôtel à Tripoli. » Cela coïncidait, j'étais troublé. En bon journaliste, il ne m'a pas livré sa source tout de suite, si bien que je me suis longtemps demandé d'où venait la fuite.

Kadhafi me reçoit alors que ses troupes sont en pleine offensive au Tchad. Je le sens peu réceptif aux exigences françaises. Il reste dans les idées générales. Il développe l'argumentaire selon lequel il est indispensable de se rapprocher parce que la gauche est au pouvoir à Paris comme à Tripoli. Il savait que les socialistes français prenaient en considération l'existence de la Libye et qu'un développement économique pouvait être entrepris entre les deux capitales ; que la France était un pays progressiste, lié à l'Afrique, même si elle n'était pas un pays africain, alors que la Libye l'était. Sous-entendu : « La France n'a rien à faire en Afrique, mais on peut discuter. »

Nos pourparlers n'aboutissent pas. Je regagne Paris déçu. Le lendemain, Kadhafi effectuait un voyage d'État en Tunisie. La télévision filme son arrivée et un journaliste lui pose la question : « N'avez-vous pas reçu hier une personnalité française en mission secrète ? » Malin, il regarde le ciel comme à son habitude et répond, l'air de rien : « En effet, j'ai été approché par les autorités françaises et j'ai accueilli un émissaire venu de Paris. » Il n'a pas parlé de mission secrète ni du président de la République. Il n'a pas dit qu'il voulait rétablir des relations diplomatiques normales avec la France. Il a banalisé au maximum.

De retour à Paris, Mitterrand me dit : « Préparez-vous à être interpellé ; dites que vous avez fait une tournée en Afrique. » C'est là où j'ai vu qu'il avait de la prescience car il avait pris la précaution de me faire désigner à la commission des Affaires étrangères. C'était, à court terme, une couverture pour mes contacts diplomatiques officieux. J'ai donc répondu aux questions des journalistes et aux interpellations de l'opposition : « En tant que membre de la commission des Affaires étrangères, je voyage... »

Quelque temps plus tard, Kadhafi s'est à nouveau manifesté par la bouche de mon ami Zitouni. Mitterrand a alors poussé son avantage, conscient que le Guide s'était piégé lui-même. Il s'était engagé dans une discussion dont on sentait qu'il voulait qu'elle aboutisse à son profit, mais vite. Le président avait alors durci la position en exigeant qu'il quitte le Tchad le plus tôt possible. « Vous lui confirmerez que nous sommes d'accord pour reprendre des relations normales à condition qu'un arrangement soit signé sur le Tchad. »

La tente du Bédouin

Je repartirai le 15 août pour accentuer la pression car nous sommes en possession de nouvelles informations sur sa progression dans le nord du Tchad. Quand j'arrive à Tripoli, je ne sais jamais où aura lieu la rencontre. Kadhafi est très soucieux de sa sécurité. Ce soir-là, la voiture quitte la capitale pour un campement installé aux portes du désert. Le Guide me reçoit sous sa tente où il se sent plus en sécurité et qui fait partie de son « folklore ». Il m'accueille chaleureusement, voulant à l'évidence se montrer aimable. Je lui fais part des instructions très précises de Mitterrand : « On ne vous demande pas de quitter le Tchad, mais de ne pas descendre plus bas que le 15e parallèle. » Le président voulait sauver à tout prix ce qu'il appelait le Tchad « utile », c'est-à-dire le Sud animiste et chrétien plus développé que le Nord désertique et musulman. Il était hors de question de laisser les Libyens marcher sur N'Djamena. Nous savions qu'il faisait agrandir les pistes de l'aéroport de Ouadi-Doum, vraisemblablement pour appuyer l'invasion des troupes au sol. Son argumentation est simpliste et peu convaincante :

– Nous sommes un peuple africain qui aide ses frères dans le besoin ; ces pistes n'ont pas d'autres raisons d'être que l'aide humanitaire aux Tchadiens.

– Je crois devoir vous dire que nous ne vous laisserons pas agrandir ces pistes.

Son discours laisse en filigrane poindre son angoisse d'être encerclé par des pays à la solde des Américains qui ont juré sa perte. Ma crainte est que, acculé à la riposte, il ne se lance dans une aventure militaire à l'issue dangereuse pour la région et pour nos troupes basées à N'Djamena. La Libye possède alors 150 avions de chasse livrés par la France, sous le règne de Georges Pompidou et de Valéry Giscard d'Estaing, qui auraient pu constituer un risque sérieux pour nos forces aériennes. Et il était hors de question de s'aventurer dans une guerre des sables à l'issue plus qu'incertaine.

À la mi-octobre 1983, un incident imprévu vient brouiller les cartes. Un agent libyen, un certain Rashed, est interpellé à Paris sur mandat d'arrêt international à la demande des Italiens. En représailles, Kadhafi ordonne que l'on retienne à Tripoli 37 Français devant regagner Paris et exige qu'on relâche son agent. À cette annonce, François Mitterrand se durcit : « Que Kadhafi les laisse partir d'abord. » J'interviens par mes circuits pour faire dire au Guide que « la situation est très grave ».

Je suis d'autant plus sollicité qu'au même moment Guy Penne, Monsieur Afrique, me demande de partir pour le Gabon à la demande du président. Il faut aller passer du baume à Omar Bongo après la parution d'un livre « malodorant » qui l'a rendu furieux. Kadhafi fait un geste en relâchant les « otages », mais Mitterrand m'assure : « Si les Italiens réclament Rashed, il sera extradé. » Ma marge de manœuvre est étroite. Je crains que, si on en arrive à cette extrémité, tous mes efforts soient anéantis. Par chance, la chambre d'accusation ordonne de remettre Rashed à son pays. L'horizon s'éclaircit. Je peux partir deux jours à Libreville par un avion du GLAM. Je dois pour ce faire écourter ma présence au congrès du parti socialiste. Tant pis.

En décembre, je suis nommé ministre des Affaires européennes dans le troisième gouvernement Mauroy. Mitterrand a souhaité que, malgré mes nouvelles fonctions, je conserve la haute main sur le dossier tchado-libyen, en plein accord avec Claude Cheysson.

C'est lors du voyage suivant que ma mission, jusqu'alors secrète, a été découverte. En juillet 1984, j'étais en vacances en Corse où le président me téléphone en me demandant de repartir pour Tripoli : « Je vous en envoie un avion » Au lieu du Falcon banalisé que je prenais d'habitude, je vois arriver un avion au bandeau tricolore « République française ». J'ai tout de suite vu la bévue, mais je n'ai pas voulu faire revenir l'appareil à Paris car Kadhafi m'attendait. À Tripoli, je fais parquer l'avion le plus loin possible dans la zone militaire de l'aéroport, pensant qu'il passerait inaperçu. Le lendemain matin, notre ambassadeur à Tripoli téléphone à Paris pour demander des explications. Au Quai d'Orsay personne n'est au courant. On alerte Claude Cheysson, le ministre en exercice, qui jure ne rien savoir. En fait, l'ambassadeur de France avait été informé, par son collègue britannique, qu'un avion officiel français s'était posé en Libye, car les Anglais ont des agents partout, à commencer parmi le petit personnel au sol des aéroports. Malgré les dénégations de notre ambassadeur, l'Anglais n'a évidemment pas voulu le croire. Cela prouve que nous avions quelques progrès à faire en matière d'opérations secrètes!

J'imagine très bien ce qui s'est passé. Le secrétaire général de l'Élysée a appelé le chef de service du GLAM: «Veuillez envoyer à 15 heures un appareil en Corse, pour une mission secrète.» Le type a pu penser que c'était le président qui allait voir une petite copine dans l'île de Beauté et il a appliqué la procédure la plus banale. Bianco aurait dû lui dire: «C'est hyper-secret-défense national; envoyez un avion banalisé.» Ce qu'ils avaient bien fait la première fois. Je prends ma part de responsabilité car j'aurais sans doute dû renvoyer l'avion à Paris. La première fois, je suis repéré dans la piscine par le fils Bokassa et la seconde par les services anglais. Ma carrière d'agent secret avait avorté dans l'œuf!

Omelette à Latche

Tout le monde était en vacances. Mitterrand était à Latche et me fait dire de passer le voir avant de rentrer à Paris. Zitouni, lui, était à Quiberon. Je demande qu'on fasse rouvrir en pleine nuit l'aéroport de Biarritz et, à 2 ou 3 heures du matin, je frappe à la porte de la bergerie landaise des Mitterrand. Le président me reçoit en pyjama dans sa chambre. Il lisait. Au pied de son lit, je lui fais le compte rendu de mes conversations tripolitaines. Je meurs de faim. Il réveille Danielle qui me cuisine une omelette. Assis au bord du lit, il me dit: «C'est bien que tu sois là car voilà la lettre que je viens de recevoir de la Maison Blanche, transmise par le général Vernon Walters, et je ne savais quelle décision j'allais prendre. » Les Américains étaient à bout et nous demandaient d'éliminer Kadhafi en le bombardant. Vernon Walters, ambassadeur aux Nations unies en poste en Allemagne, était un « faucon » qui avait fait toute sa carrière dans l'espionnage. Il avait porté la lettre dans la journée. Il parlait un français remarquable car sa mère était francophone. C'est ainsi qu'il avait été l'interprète de John Kennedy lors de sa visite en France en 1961.

Mitterrand me fait lire la lettre qui donnait une impression d'inéluctabilité. Le président me confie qu'il était près de se rendre aux arguments de Reagan, mais que mon ambassade semble laisser encore une petite chance à la paix. Les Américains considéraient qu'il n'y avait pas de gants à prendre avec un chef d'État qui soutenait des mouvements révolutionnaires, voire terroristes et était un farouche opposant à l'État d'Israël. Mitterrand laissait la porte entrouverte à la paix en espérant que le colonel se rendrait à la raison et abandonnerait ses velléités de mainmise sur le Tchad. Devant son refus d'obtempérer, le président de la République donne alors l'ordre de renforcer le dispositif de l'opération Manta.

D'un saut de puce l'avion me dépose en Bretagne pour rejoindre Mohamed Zitouni. Mon ami semble préoccupé.

– Pourquoi massez-vous autant de troupes au Tchad ?

– C'est la règle, mon vieux.

– Oui, mais pourquoi ce « monde terrible » à N'Djamena ?

– C'est normal, tant qu'on n'a pas fait un accord de paix, chacun prend ses précautions.

– Alors, qu'est-ce que je lui dis ?

– Qu'il ne doit pas y avoir d'intervention au-delà du 15e parallèle. Sinon ce sera la guerre.

Zitouni était très embêté car, depuis le début, il travaillait à la paix et voilà qu'on parlait de guerre.

Je retourne achever mes vacances en Corse et, comme un malheur n'arrive jamais seul, voilà que ma femme avait imaginé de rejoindre l'île en voilier avec mes deux fils. Ils étaient censés quitter la Côte d'Azur pour rejoindre Bonifacio où ils m'attendraient. Elle croyait qu'elle savait naviguer, elle n'y connaissait rien, et les deux matelots loués avec le bateau étaient ivres. Une tempête s'est levée dans la nuit et l'eau est entrée dans le carré. Ils étaient trempés, perdus dans le noir au milieu des vagues, et ont lancé un signal de détresse. Le sous-préfet de Bonifacio, qui était un ami, a déclenché les secours et a pu envoyer un navire militaire les remorquer. Je ne m'étais pas occupé de l'organisation de cette croisière car je naviguais sur d'autres eaux. J'étais inquiet car je n'avais pas de nouvelles. D'un côté, mes tractations en Libye qui tournaient mal, et de l'autre, ma famille sur un bateau qui risquait de couler. Je suis resté quelques jours en Corse et suis remonté à Paris.

Le fil se rompt

Les relations avec le colonel sont au plus bas. Il a agité les chancelleries du Gabon, de l'Espagne, de la Grèce, de la Suède et de l'Autriche. Le chancelier Bruno Kreisky est à la manœuvre Il possède une maison à Majorque et séjourne souvent en Espagne. Le 7 septembre 1984, je fais un saut à Madrid pour renouer, par son intermédiaire, le fil rompu avec Kadhafi. Kreisky m'apprend qu'il a mis sa villa de Palma de Majorque à la disposition de Felipe González, le Premier ministre espagnol pour y rencontrer secrètement le colonel qui, décidément, n'a pas fini de nous surprendre. Kreisky et moi mettons au point le scénario qui devrait amener Kadhafi à Paris. Il faut en finir avec le Tchad, cette guerre des sables qui n'en est pas une, mais pourrait le devenir. Il me promet de se mettre en route pour la Libye et de travailler à un plan de paix. Au moment de nous quitter, il m'embrasse en plaisantant : « Je vais même me laisser pousser la barbe ! »

À la mi-septembre, le chancelier Kreisky me remet un plan de paix qui a reçu l'aval de Tripoli. Le 21 septembre, le président français se réjouit dans une lettre du « retrait simultané » des deux armées. La voie est désormais ouverte pour une rencontre officielle dont Kadhafi attend une reconnaissance internationale. Elle aura lieu non en France, mais en Crète, le 15 novembre 1984. Les choses avaient traîné car Mitterrand s'était fait désirer. Il faisait des « manières ». Il ne voulait pas prendre le risque politique de faire venir l'incontrôlable colonel sur notre sol. Depuis longtemps, Kadhafi voulait cette rencontre symbolisant la réconciliation franco-libyenne. Il m'en parlait souvent. Mitterrand m'avait recommandé de ne rien promettre en ce sens : « À la toute fin de vos entretiens, vous lui dites que, s'il a évacué le Tchad et signé l'accord, nous retirerons les nôtres et il aura droit à ma visite "comme récompense". » Déjà le président avait choisi la Grèce car Andréas Papandréou, le père de l'actuel Premier ministre grec, Yorgos Papandréou, était un proche de Kadhafi et aussi un membre de l'Internationale socialiste. Papandréou n a pas tenu sa langue et la rencontre a été annoncée dans la presse internationale.

Kadhafi en grande pompe

Mitterrand me dit qu'il regrette de ne pouvoir m'emmener avec lui alors que j'ai tout négocié, mais que c'est la place du ministre des Affaires étrangères en titre. De tous ces voyages en Libye je n'avais rien dit à Claude Cheysson. Je savais tenir ma langue. Il avait d'ailleurs compris que ses jours au Quai d'Orsay étaient comptés.

– Je sais que tu es là pour me remplacer.
– Écoute, le président ne m'a rien dit.

– Tu verras, dans quelques mois, nous aurons changé de bureau.

Le président ne le supportait plus. Il était trop donneur de leçons. Il faisait des notes de dix pages que Mitterrand ne lisait pas. Moi, je me contentais de courts rapports d'un feuillet et je lui faisais un compte rendu oral, ce qu'il préférait car il avait une excellente mémoire et « pigeait » tout de suite.

En Crète, le gouvernement grec au grand complet a reçu les chefs d'État en grande pompe. Kadhafi est sorti d'un super Boeing avec un entourage d'une soixantaine de personnes, des hommes en noir portant des attachés-cases et sa garde féminine rapprochée. Mitterrand est descendu du petit avion du GLAM qui ne peut accueillir plus de douze passagers. Sa délégation faisait modeste, comme il le reconnaîtra lui-même, mais Mitterrand m'a confié que Kadhafi a fini par se sentir gêné du faste de son équipage.

Quand il m'a dit qu'il ne pouvait m'emmener avec lui, il a ajouté : « Il faut quand même que j'aie quelqu'un avec moi ; voyez avec Charasse. » Il travaillait à son cabinet, mais l'international n'était pas sa spécialité et il n'était pas au courant de mes activités. Je lui téléphone le soir. Il me répond sur son habituel ton sec :

– Qu'est-ce que tu me veux ?

– Il faut que tu sois demain à 4 h 30 à l'aéroport de Villacoublay.

Furieux : « Comment ça, à 4 h 30 ; tu es fou ; qu'est-ce qui se passe ? »

Moi, mystérieux, car il fallait ne rien dire et cela m'amusait de faire lanterner mon ami :

– Tu pars... dans l'océan Indien... avec Mitterrand.

– Ah ! Avec le président...

Il trouvait, dès lors, ma proposition plus alléchante...

– Que faut-il emporter ?

– Un maillot de bain!

Il se pointe en avance à l'aéroport et voit arriver Mitterrand, grognon, car il avait mal dormi:

– Alors, Roland vous a prévenu?

– Oui, monsieur le président, nous partons pour l'océan Indien...

– Pff! C'est quoi cette histoire d'océan Indien? Allez, embarquons.

C'est seulement dans l'avion que Mitterrand lui a révélé: «Nous allons en Crète rencontrer Kadhafi.» J'étais content de ma blague. Charasse ne m'en a pas voulu, et c'est lui qui m'a fait le compte rendu de la rencontre. Il faisait une fixation sur les «filles» du colonel dont il vantait le «beau calibre».

La conversation Mitterrand-Kadhafi fut un peu «serrée» car le président ne voulait pas faire copain-copain avec le Guide. Au bout d'une dizaine de rencontres, j'avais réussi, pour ma part, à instaurer une relation personnelle qui était cependant sans faiblesse. Mais, on peut dire, sans se tromper, que le colonel n'était pas le genre de Mitterrand...

À la rencontre du diable

Depuis le 9 décembre 1984, date à laquelle François Mitterrand m'a nommé ministre des Relations extérieures, je suis confronté aux «folles affaires du monde», comme l'écrit le journaliste Édouard Sablier. Un événement chasse l'autre, parfois plusieurs dans la même journée. J'ai l'impression que le temps me manque comme l'oxygène au coureur de fond. En avril 1985, je prends quelques jours de repos à Chamonix. J'en profite pour faire le point alors que Kadhafi revient sur le devant de la scène, la nôtre bien sûr. Je griffonne quelques notes sur un cahier quadrillé: «Cela fera deux ans en août que je l'ai rencontré "officiellement", envoyé par François Mitterrand à Tripoli, pour le persuader de l'inutilité de sa marche vers le Tchad du Sud et l'informer des risques encourus. La leçon semblait avoir été comprise. Depuis cette époque, existe un fil ténu que j'ai tissé patiemment. Il m'assure un contact direct avec lui. Le fil a tenu, vaille que vaille. Va-t-il se rompre brutalement? Je l'ai tant de fois raccordé! Je pense qu'il est mieux de parler avec cet homme et n'arrive pas à me faire à l'image qu'en donnent les Américains à tout propos. Je n'ai cependant pas une confiance totale en lui...»

Les événements justifient ma méfiance. Kadhafi est revenu en force dans le nord du Tchad. Ses effectifs sont estimés à 70% de ce qu'ils étaient au moment de la précédente invasion de 1983. Mais ce sont cette fois des troupes essentiellement libyennes. Le GUNT (Gouvernement national d'union de transition) n'existe quasiment plus. Et son dirigeant, Goukouni Oueddei, évite désormais de séjourner à Tripoli. On ne sait jamais... Un important matériel a été rapporté à Ouadi-Doum, y compris des canons antiaériens. Des ouvriers nord-coréens travaillent jour et nuit à allonger et fortifier la piste d'aviation. La visite sur place de nos officiers de la commission d'armistice nous a permis d'en avoir le cœur net. Kadhafi mène un double jeu. À peine étaient-ils partis que les travaux ont repris. Je confie mon trouble à mon cahier: «Je m'interroge. Je ne crois toujours pas à une reprise de l'offensive vers le Sud, mais ce qui se passe n'est pas conforme aux accords, au respect de la parole donnée sanctionné par le voyage en Crète qui fit tant de bruit. Mitterrand est-il allé à la rencontre du diable?»

Le président de la République est furieux car il a l'impression de s'être fait flouer. Il me demande de repartir à Tripoli pour transmettre un ultimatum. Le 25 avril, j'ai un très long entretien officiel avec le Guide. Je lui signifie qu'il n'a pas respecté ses engagements et que nous allons bombarder les pistes de

Ouadi-Doum. La rencontre est tendue. Il fait mine de ne pas comprendre : « Nous avons arrêté les travaux. »

Je le laisse s'enfermer dans son mensonge.

– Cela m'étonne...

– Je vous assure.

– C'est dommage parce que je suis autorisé à vous montrer des photographies...

– Si ce sont des photos américaines, je ne veux pas les voir.

Je sors de ma serviette des photos prises par nos avions espions d'une incroyable précision.

« Non, regardez, elles émanent d'avions français. »

Il se mure dans un long silence.

– Quand ont-elles été prises ?

– Très précisément le 7 avril dernier.

Un tampon authentifie la date. Soit un peu plus de deux semaines auparavant.

– En effet, j'étais en « mission » sur place à cette date et j'ai entendu vos appareils qui nous survolaient.

– Vous voyez !

Silence.

– Qu'allez-vous faire ?

– Si ces véhicules qu'on voit très bien continuent leur ouvrage, nous bombarderons les pistes.

– Vous ne le ferez pas.

– Je vous affirme que nous bombarderons ces pistes avec des moyens modernes adaptés.

– Comme ces aménagements sont faits pour venir en aide aux populations tchadiennes dans le besoin, donnez-nous des avions gros-porteurs capables d'atterrir sur des pistes courtes.

– Non, ce n'est pas acceptable par nous. Vous devez arrêter les travaux immédiatement.

Il essaie encore de faire diversion en évoquant notre amitié, en appelle à la « fraternité socialiste ». Je le ramène à notre sujet. Il me lance, agacé « Mais qui donc en France s'intéresse à Ouadi-Doum ? »

Vexé, il met fin à l'entretien sans qu'aucun accord ait été trouvé. J'avais cependant marqué un point car il avait été obligé de reconnaître la présence libyenne au Tchad, authentifiée par mes photos « françaises ». Si elles avaient été américaines, il n'aurait rien voulu entendre. J'ai quitté le désert au milieu de la nuit et suis rentré à Paris.

Deux jours plus tard, le président de la République a donné l'ordre de bombarder. Il a signé le document destiné aux militaires de l'opération Manta. Les pistes ont été entièrement détruites grâce aux armes auxquelles j'avais fait allusion devant Kadhafi. Les bombardements traditionnels faisaient des trous dans les pistes qui pouvaient aisément être rebouchés. Nos avions volant à basse altitude avaient lâché des bombes à retardement qui explosaient dans le sol en décapant toutes les structures en dur et en volatilisant les matériels au sol. Là, Kadhafi a pris peur. Il me fait dire que je peux revenir afin qu'on se mette d'accord. Pour me manifester sa bonne volonté, il me reçoit sous la tente qui peut être considérée comme sa sphère privée. Il est aimable et souriant. Il a revêtu une curieuse tenue : une djellaba de toile légère à rayures et surtout un étonnant turban enfoncé jusqu'aux yeux dont les deux pans encadrent le visage. Sans doute pour m'amadouer, il me dit :

– Je vous aime bien, mais savez-vous pourquoi ?

– Non, colonel.

– Parce que vous ne m'avez jamais menti.

Il faisait allusion aux bombardements. Si nous avions reculé, nous aurions perdu à la fois la face et la négociation. Et d'ajouter : « Peut-être vous demandez-vous pourquoi je ne m'enquiers jamais de vos nouvelles ? C'est pour ne pas vous compromettre ! »

Nous étions dans le désert, assis dans des fauteuils bas posés sur des nattes. Les chameaux passaient au loin. Les gardes du corps mettaient des bûches dans les feux de camp qui crépitaient et donnaient une lumière irréelle à cet étrange «thé au Sahara». Cette nuit-là, nous avons acté notre accord:

– Vous n'allez pas au-delà du 15e parallèle; vous retirez vos troupes et nous les nôtres.

– Et pour ce qui concerne notre revendication sur la bande d'Aouzou?

– Saisissez la Cour internationale de La Haye!

– Pourquoi la Cour de La Haye?

– Parce qu'elle va reconnaître vos droits.

Je bluffais car je n'avais aucune idée de ce que dirait la Cour internationale. Et il a effectivement gagné. La bande d'Aouzou a été attribuée à la Libye, compte tenu de titres anciens reconnus par les juges.

Je continuais à m'intéresser de près à la Libye et lisais avec attention les notes nombreuses émanant des services américains. La CIA demande un jour à me voir. Au Quai d'Orsay, je reçois une délégation composée de huit personnes. Celles-ci me montrent des photos qu'elles commentent en cherchant à m'impressionner: «Ici, c'est une usine de fabrication d'armement chimique; là, un laboratoire d'enrichissement d'uranium.» Je les écoute poliment, mais ne crois pas un mot de leurs affirmations. Pour faire diversion, je leur demande à la fin de l'entretien des éclaircissements sur la question des visas facilement octroyés aux ressortissants américains. Je leur fais part également de ma surprise face aux concessions pétrolières attribuées dans leur majorité aux compagnies des USA. Leurs réponses sont embarrassées. Je mets fin à la rencontre.

Les Américains sont revenus en force au moment de l'attentat du Boeing de la TWA au-dessus de la Grèce le 2 avril.

Trois jours plus tard, une bombe explosait dans une discothèque de Berlin fréquentée par des militaires américains. J'étais à Washington quand la catastrophe a eu lieu. Le vice-président Bush père m'a tendu une dépêche qui assurait que le coup avait été monté par les Syriens. Pendant le déjeuner, le général Scowcroft, chef de la sécurité des États-Unis, a confirmé cette thèse. Et le lendemain, l'attentat changeait d'origine et devenait libyen. La version qui circule aujourd'hui est que les auteurs étaient bien des Libyens, mais pour le compte des Syriens voire des Palestiniens. Les Américains auraient profité de cette tragédie pour accabler, à tort, Kadhafi et justifier ainsi leur opération militaire...

Bombarder Kadhafi

Le 20 mars 1986, Jacques Chirac est nommé à Matignon et mon successeur s'appelle Jean-Bernard Raimond, que j'ai bien connu quand il était en poste à Moscou. Alors que je ne suis plus en fonctions, le président m'invite à passer le voir, un soir, à l'Élysée :

– Le Premier ministre et le ministre des Affaires étrangères me poussent à accepter la demande des Américains ; ça me paraît suspect et j'ai besoin de votre avis ; donnez-le-moi en toute franchise ; je n'en dirai rien à votre successeur.

– Je suppose qu'il s'agit de la Libye...

– En effet. Les Américains attendent notre feu vert pour survoler la France et aller bombarder Kadhafi. Les avions US partiront des bases britanniques et iront au plus court vers la Libye où il s'agit officiellement de bombarder des camps d'entraînement. Qu'en pensez-vous ?

– Ce n'est pas moi qui prends la décision, mais, si je devais la prendre, je refuserais.

– Pourquoi ?

– Nous venons de faire un arrangement qui peut déboucher sur l'amélioration des relations franco-libyennes. On ne va pas tout compromettre pour complaire aux Américains.

– Bien. Je vous remercie.

Le président se donne encore sans doute le temps de la réflexion et ne me dit pas la décision qu'il va prendre. Mais j'apprends bientôt qu'il a refusé le survol. Sa réponse, parvenue à Washington par les voies diplomatiques, a été amortie, mais je sais que l'administration Reagan est furieuse. Les avions devront contourner la France et se ravitailler en Espagne, soit une perte de temps d'une douzaine d'heures.

Au cours d'un autre déplacement à Tripoli où Kadhafi m'avait invité alors que je n'étais plus ministre, il m'accueille très chaleureusement en me disant :

– Vous m'avez sauvé la vie.

– Moi ?

– Je sais tout. S'il n'y avait pas eu ce contretemps, j'aurais été présent à mon quartier général de Bab el-Azizia. Quand les bombardiers sont arrivés, j'étais déjà parti. Je ne vous remercierai jamais assez.

Il n'a pas fait reconstruire les bâtiments qui demeurent à l'état de ruine. Plusieurs membres de son entourage ont d'ailleurs été tués ainsi que l'un de ses enfants. Un petit autel avec sa photo a été aménagé. Les visiteurs de passage sont priés d'aller s'y recueillir. Je m'y suis rendu comme les autres et ai signé le livre d'or sans bien sûr faire allusion au « aessous des cartes ».

Je n'ai jamais rencontré à ses côtés une première dame, en dehors de ses amazones chargées de sa garde rapprochée. Je n'en ai jamais retrouvé non plus dans mon lit au cours de mes dix voyages là-bas. Nous n'avons pas abordé ce genre de sujet. La seule chose que je sais, parce qu'elle l'a rendue publique, est qu'il a été très entreprenant avec une journaliste française de France 3, Mémona Hintermann. Il l'avait convoquée le soir sous prétexte de compléter une interview et il s'était jeté sur elle. Je sais par expérience que les femmes journalistes ne sont pas toutes réticentes. Mais Mémona est une journaliste sérieuse dont j'apprécie le travail. Elle m'a interviewé à plusieurs reprises ainsi que son second mari, un type charmant, correspondant de la presse allemande à Paris.

J'ai revu le colonel plusieurs fois, généralement au cours de manifestations patriotiques auxquelles il m'invite. Le 1ᵉʳ septembre 1986, il commémore le coup d'État de 1969 qui lui permit de chasser le roi Idris Iᵉʳ et de prendre le pouvoir. S'il n'est pas officiellement chef de l'État, Kadhafi est désigné comme le «Guide de la grande Jamahiriya arabe libyenne populaire et socialiste». Ces cérémonies ont lieu dans sa caserne en présence de personnalités du monde arabe ou de l'Union africaine dont il fut le président.

Il me fait asseoir à sa droite car je suis un personnage considéré. Je suis resté plusieurs jours à ses côtés. J'ai eu tout le loisir d'observer ses gestes et ses mimiques. Il peut parler deux heures alors que sur son papier ne figurent que quelques phrases. C'est un bon orateur qui joue avec les mains, ce qui permet quand on est à proximité d'observer les lignes de ses paumes. Il a une ligne de vie assez courte. Il a déjà 68 ans.

La dernière fois qu'il m'a invité, c'était dans une ville du centre du pays d'où est partie la révolution de 1969. Il m'a reçu sous sa tente. Je suis resté avec lui tout le temps des manifestations. Le dernier soir avant de regagner Tripoli, il m'a fait venir aux alentours de minuit. Nous avons bavardé une heure et demie. J'avais amené avec moi Pierre, un ancien séminariste, aujourd'hui avocat au Conseil d'État. Son ancien patron, qui était le numéro deux de mon cabinet, m'avait déjà accompagné à deux reprises chez Kadhafi. De nombreuses orités du tiers-monde étaient là, mais pas d'Occidentaux qui oublient souvent que le tiers-monde est un vaste monde! Cet endroit désertique n'est pas l'égal de la côte méditerranéenne ni même de Tripoli. Je logeais dans une maison en dur, dans une grande pièce avec une ampoule électrique qui pendait du plafond et un filet d'eau tiède au robinet. Ce n'était pas une villa somptueuse.

Diplomatie tous azimuts

L'année 1992 connut un regain de tension entre la France et les pays arabes. Des menaces de représailles contre l'Irak et d'embargo contre la Libye empoisonnaient nos relations. Nous étions l'objet de pressions de la part de dirigeants arabes, voire du secrétaire général de l'ONU, pour infléchir notre politique et convaincre nos alliés de ne pas s'engager trop loin. Boutros Boutros-Ghali fut particulièrement ferme: «Réfléchissez, si vous tapez sur l'Irak puis sur la Libye, vous donnerez l'impression d'agresser le monde arabe. Kadhafi s'en emparera pour faire monter la vague de l'islamisme et de l'intégrisme qui aura des conséquences dans le Maghreb et en Égypte.» Le secrétaire général savait de quoi il parlait; Égyptien de confession copte, il était le témoin de la montée de la répression contre les chrétiens dans son propre pays. Je lui répondis que je m'efforçais jusqu'alors de maintenir sans faille un front uni avec les Américains, les Anglais et les Nations unies.

François Mitterrand ne tient pas un autre langage quand il reçoit le raïs égyptien venu mettre en garde le président, en février 1992, alors que se rédige à l'ONU le texte des sanctions contre la Libye. Mitterrand lui affirme d'emblée que «la France votera les trois points tels qu'ils sont contenus dans la résolution en cours de rédaction, mais se refusera à toute action militaire». Hosni Moubarak fait état de ses conversations avec

George W. Bush à qui il a demandé d'éviter de faire procéder à ce vote pendant le ramadan qui s'annonce dans quelques jours. Mitterrand dit comprendre, mais explique :

– Nous sommes obligés de marquer notre mécontentement vis-à-vis de la Libye ; nous devons tenir compte de l'opposition et de l'opinion publique ; d'autre part, un magistrat indépendant enquête sur l'attentat contre l'avion de l'UTA et nous devrons prendre en considération les conclusions du juge Bruguière...

– Une nouvelle attaque contre Kadhafi serait un nouveau coup qui retentirait dans toute la région en attisant les extrémismes ; l'Iran triomphera, Saddam Hussein aussi ; même en Égypte, j'aurai des problèmes.

– Nous sommes pris entre la nécessité de punir et celle de ne pas aggraver la situation en Afrique du Nord ; tel est notre dilemme.

Moubarak explique alors que les Égyptiens n'ont pas de sympathie pour Kadhafi et son régime, mais que 1 million de ses compatriotes travaillent en Libye, ceux-là même qui ont fui en masse la guerre civile dans ce pays. Il dit avoir téléphoné plusieurs fois au Guide pour lui demander « de se tenir tranquille ». Mais des agitateurs, comme Jalloud, son ami d'enfance, organisent des manifestations très suivies contre l'Amérique et Israël : « Il est le pire des dirigeants libyens ; lui et sa clique sont à l'origine de tous les troubles fomentés dans différents pays, voire d'opérations terroristes. » À ce propos, Moubarak rappelle que le dénommé Abdallah Senoussi, à l'époque soupçonné d'être le commanditaire de l'attentat du DC10 d'UTA en 1989, est le beau-frère de Kadhafi et qu'il faut tenir compte de ce point. Cet ancien chef des services secrets sera condamné en France par contumace à la prison à vie en 1999 et les Libyens ne cesseront de demander sa réhabilitation ; d'autant qu'il aurait servi d'interlocuteur aux émissaires français dans l'affaire des infirmières bulgares... Il faudra sûrement procéder à des « donnant-donnant » comme il dut y en avoir pour conclure l'organisation de la visite du Guide en décembre 2007.

Objectif France

Le colonel voulait venir en France depuis longtemps. C'était pour lui la contrepartie de la visite de Mitterrand en Crète. Mais deux dossiers étaient venus entre-temps empoisonner nos relations. À la suite des attentats, le gouvernement de Jacques Chirac avait expulsé quatre diplomates libyens sans en prévenir le président Mitterrand qui avait vivement protesté de cette désinvolture à son égard, cette décision ayant des implications diplomatiques qui étaient de son ressort. L'autre affaire fut celle des infirmières bulgares retenues contre leur gré et qui rendaient impossible toute attitude conciliante tant qu'elles n'auraient pas recouvré la liberté. Grâce aux tractations de Claude Guéant, secrétaire général de l'Élysée, et à l'intervention personnelle de la précédente épouse du président, Mme Cécilia Sarkozy, tout put rentrer dans l'ordre.

Je savais par mes « canaux » que Kadhafi se préparait à venir en France, mais ni le Quai d'Orsay ni encore moins l'Élysée ne m'en avaient informé (ils n'avaient d'ailleurs aucune raison de le faire). Alors que le colonel était déjà arrivé à Paris, l'ambassadeur de Libye m'appelle pour m'inviter à une réception au Ritz où il donnera une conférence.

– Le Guide tient absolument à ce que ce soit vous qui présidiez la réunion.

– Cela m'honore. Dites-lui que c'est très gentil de sa part, mais je ne suis plus en exercice et ne veux en aucun cas gêner mon successeur.

D'autant que ce dernier, Bernard Kouchner, avait opportunément prétexté une réunion à Bruxelles pour ne pas serrer la main du colonel. Il était coutumier du fait car il avait agi de même lors de la visite du président syrien Bachar el-Assad. Passons sur cette diplomatie en pointillés...

– Remerciez-le, mais ce n'est pas dans les usages diplomatiques.

« Ce n'est pas convenable », aurait dit M. Couve de Murville, un de mes lointains prédécesseurs du temps du général de Gaulle qui avait l'art de pratiquer les usages diplomatiques selon les règles anciennes.

Le soir, tard, l'ambassadeur me rappelle :

– Je suis désolé, mais le Guide insiste et veut à tout prix que ce soit vous qui veniez.

– Je ne peux être impoli à son égard, alors je viendrai. Remerciez-le de ma part.

J'arrive place Vendôme. La foule s'était massée et les services de sécurité étaient sur les dents. Je salue Kadhafi qui me prend par la main et me dit : « Montez à la tribune avec moi. » Il commence sa conférence par ces mots : « J'ai demandé à M. Dumas d'être présent car c'est grâce à lui que je suis là, grâce à lui que la Libye a désormais de bonnes relations avec la France [...] Il est vrai que nous avons eu des moments difficiles, que nous nous sommes même disputés, mais aujourd'hui nous sommes frères. Je tenais à lui rendre cet hommage aujourd'hui. » Moi, je pensais à Kouchner qui en prenait « plein la gueule ». J'ai à mon tour dit quelques mots en insistant sur la franchise de notre relation ; j'ai rappelé que nous avions menacé d'opérer des destructions, ce qui avait fini par arriver, mais que, maintenant, tout était oublié. Il se lance alors dans une envolée dont il a le secret sur Jésus-Christ et Mahomet. Il raconte que « c'est la même philosophie, les mêmes sentiments et qu'il n'y a donc pas lieu de se diviser ». Il aurait pu ajouter que Jésus était juif, mais il ne l'a pas dit...

Il a tenu à ce que nous quittions ensemble le Ritz. Une foule énorme nous bousculait place Vendôme. Je sentais les seins tendus de ses amazones qui pointaient dans mon dos comme des mitraillettes. Les filles étaient musclées et dégageaient leur patron avec conviction.

Quelques commentateurs se sont agités contre moi dans les gazettes. Cela ne m'a fait ni chaud ni froid. Mon seul souci a toujours été de « maintenir le contact » avec le dirigeant libyen. Et quand il s'était agi de lui faire entendre raison, j'étais d'accord pour qu'on bombarde ses installations. Ce que nous avons fait.

À la recherche de l'identité nationale

La Libye regorge de sites antiques grecs et romains dans un exceptionnel état de conservation. J'aurais bien aimé approfondir les visites que j'y ai déjà faites, mais la situation politique n'y est pas favorable. J'avais demandé à Kadhafi l'autorisation de visiter un chantier de fouilles conduites à l'est de Tripoli par un archéologue français, le professeur André Laronde, directeur de l'Institut d'épigraphie grecque de la Sorbonne et membre de l'Académie des inscriptions et belles-lettres. Le professeur Laronde restaurait alors deux basiliques byzantines plus tardives dans un village au sein d'une palmeraie. Quand je racontai au Guide mon intérêt pour ces monuments paléochrétiens, je fus surpris de l'attention qu'il porta à cette information. Il me fit toute facilité pour me rendre sur place avec force avion, voitures et garde rapprochée. Quelques semaines plus tard, il demande à voir le professeur Laronde, qui m'appelle, affolé. Convoqué par le Guide de la révolution, il craignait le pire pour ses fouilles, voire d'être expulsé! Ce dernier l'a reçu pendant trois heures dans sa caserne pour lui demander une foule de détails sur ses activités. À plusieurs reprises la même question est revenue dans la conversation: « Avez-vous trouvé la preuve de l'existence d'un peuple libyen? » En fait, il voulait savoir qui étaient les premiers occupants de son pays avant l'arrivée des Phéniciens puis des Romains. On aurait tort de considérer ces sujets comme seule préoccupation des dictateurs.

Curieusement, ses interrogations rejoignaient celles de Mitterrand qui exprimait les mêmes obsessions à propos des premières manifestations du «sentiment national français». Un jour que nous visitions l'oppidum gaulois de Bibracte en Nivernais, je le revois dissertant sur l'invasion et l'occupation romaine de la Gaule par les troupes de César. C'est là qu'eut lieu une bataille fameuse conduite par Vercingétorix qui avait réussi à fédérer les tribus éparses pour résister à l'envahisseur romain. Il n'était pas exagéré de dire que c'étaient les prémices d'une manifestation de la nation française, et ça ne m'étonne pas qu'il ait pu penser cela à cet endroit précis où il rêva, un temps, d'être inhumé.

Cela rappelle l'obsession de Nicolas Sarkozy sur l'identité nationale. Je pense que, de par ses origines, il a des difficultés à se situer. Tous les nouveaux venus ou ceux qui ont des origines étrangères sont préoccupés par cette justification de leur «ancienneté». Pierre Mendès France aussi. Il avait dans sa bibliothèque une foule de papiers et de livres liés à sa famille. Une de ses arrière-grand-tantes était chanteuse lyrique au Canada au XIXe siècle. Beaucoup d'autres avaient émigré dans l'Empire ottoman où ils ont parlé le ladino jusqu'au XXe siècle C'était la vieille langue judéo-espagnole du XVe siècle. Ces populations dont la grande part avait prospéré en Grèce notamment à Salonique, ont été massacrées par les Allemands pendant la guerre. Mendès France m'avait chargé de faire des recherches dans une banque juive de Bordeaux, Weiss, Gomez et Lang, parce qu'il devait y avoir des documents prouvant que sa famille s'était inscrite dans cet établissement quand elle était venue du Portugal au XVe siècle. Il pensait même trouver des pistes dans les archives du Vatican où sont entreposés les dossiers de l'Inquisition instrumentalisée par Isabelle la Catholique. Ils n'ont pas tous été ouverts. Il faut l'autorisation du pape pour ouvrir ces dossiers. Je n'ai pas eu à la lui demander, Mendès France est mort avant.

11

Échecs au Proche-Orient

Les passions contre la raison

Et je m'envolais vers l'Orient compliqué
avec des idées simples.
Charles de GAULLE *(Mémoires de guerre)*

L'une des affaires les plus complexes que j'ai eu à traiter
a été la libération des otages retenus au Liban par
les extrémistes chiites du Hezbollah, le « parti de Dieu ». Mon
amertume est grande de ne pas avoir réussi dans ma mission a
cause de basses manœuvres ourdies par la droite et par Jacques
Chirac qui en escomptaient un bénéfice électoral. Les élections
législatives de 1986 étaient proches et, dans la ligne de mire,
la présidentielle qui verrait s'affronter, deux ans plus tard, le
président Mitterrand et son Premier ministre, Jacques Chirac.
Dès l'enlèvement à Beyrouth, en 1985, du journaliste Jean-Paul
Kauffmann et des diplomates Marcel Carton et Marcel Fontaine,
j'avais immédiatement entamé des pourparlers. Ils étaient sur
le point d'aboutir en mars 1986 à Téhéran, grâce aux excellentes relations que j'entretenais avec les dirigeants iraniens et
syriens quand Jacques Chirac et son camp ont remporté de peu
les législatives. Quand j'avais expliqué à François Mitterrand

que la droite nous mettait des bâtons dans les roues, il avait lâché, méprisant: «S'ils croient que cela va influencer le vote des Français, ils se trompent profondément!»

Dès les premières approches avec toutes les autorités au pouvoir dans la région, le président m'avait suggéré de m'appuyer sur Éric Rouleau, notre ambassadeur à Tunis. Ce poste était sensible car la capitale tunisienne avait été le siège de l'OLP et le lieu de résidence de Yasser Arafat. Le président appréciait l'ancien journaliste du *Monde* qui avait une vaste connaissance des pays arabes et une approche subtile de la question proche-orientale. Influent et écouté, parlant l'arabe, il possédait de précieux contacts avec les dirigeants iraniens et ceux de l'OLP. Il connaissait le ministre des Pasdarans, Mohsen Rafigh Doust, qu'il avait fréquenté à Beyrouth où le futur chef «des gardiens de la révolution islamique» s'était exilé pour fuir la police du shah. Rouleau entretenait en outre des relations amicales avec Mohammad Sadegh, l'adjoint du chef de ces Pasdarans.

J'ai convoqué Rouleau au Quai et lui ai donné carte blanche pour tenter de faire libérer les otages dans les meilleurs délais. Le cadre général de la négociation était la normalisation des relations franco-iraniennes, souhaitée par les deux parties. Il me téléphonait régulièrement, mais me faisait surtout parvenir, *via* la mission diplomatique française à Téhéran, dirigée par Pierre Lafrance, des «câbles» décodés par mes services. Assez rapidement ses messages sont devenus optimistes. Nous étions arrivés à un accord, *via* les Pasdarans et les services syriens, qui devait se conclure le 5 janvier 1986 par la remise des otages à la France en échange de la libération de Anis Naccache, un ancien militant libanais condamné à la réclusion à perpétuité pour avoir tenté d'assassiner, en 1982, Chapour Bakhtiar, l'ancien Premier ministre du shah, et tué deux personnes. Une missive de François Mitterrand à

Hafez el-Assad et la réponse de celui-ci le 4 janvier avaient levé les dernières ambiguïtés.

Maître Pasqua et son émissaire corse

À notre grande surprise, Rouleau nous annonçait le lendemain que «tout était par terre» et le 7 janvier un émissaire du président syrien expliquait à François Mitterrand que la négociation était abandonnée. Hafez el-Assad avait appris de la bouche même du président du Parlement iranien, Hachemi Rafsandjani, que des émissaires de l'opposition française avait fait des propositions plus intéressantes «s'ils attendaient les élections et la victoire de la droite». Pasqua et son émissaire Jean-Charles Marchiani disaient: «Ne traitez pas avec Dumas et ses ambassadeurs Lafrance et Rouleau car ils vont perdre les élections et Mitterrand va démissionner.» Les Iraniens prenaient cela pour argent comptant, c'est le cas de le dire, car ils ne connaissaient pas bien les subtilités de la politique française.

Éric Rouleau confirma alors les paroles des ravisseurs et de leurs intermédiaires: «Quand vous nous offrez 100, les envoyés de Chirac nous offrent 200...» Les télégrammes sont toujours dans les archives du Quai d'Orsay. Il est vrai que Mitterrand lui-même avait bordé la négociation pour éviter la surenchère. Il m'avait chargé de rappeler aux négociateurs que cinq points n'étaient pas discutables: la seule libération de Anis Naccache contre les trois otages; pas de versement de rançon; pas de livraison d'armes à l'Iran; pas de remise en cause des contrats de fournitures d'armes à l'Irak; pas d'expulsion d'opposants au régime des ayatollahs réfugiés en France.

C'était la posture officielle, mais il est bien évident que de l'argent circulait, ne serait-ce que pour rémunérer des intermédiaires ou faciliter des opérations... Je me souviens du docteur Razah Raad, un médecin de campagne d'origine libanaise, installé en Normandie, qui fit de nombreuses allées et venues. J'avoue que je n'étais pas convaincu de la pertinence de son action, mais il revenait de Beyrouth avec des «preuves de vie» qu'on ne pouvait pas négliger, même si officiellement nous continuions à annoncer que nous ne négocions pas avec les ravisseurs. Il a notamment rapporté des lettres de Carton et Fontaine qu'il a remises aux familles devant les caméras de la télévision... Il demandait sans cesse de l'argent à mes collaborateurs et repartait avec de fortes sommes prélevées par mon directeur de cabinet sur les fonds secrets du ministère. C'était la procédure normale dans ce genre de situation. Je recevais le docteur, mais ne voulais pas traiter avec lui des questions «matérielles», subalternes à mes yeux. «*De minimis non curat praetor*» (Le chef ne s'occupe pas des petites choses). De plus, je me méfiais et j'ai commencé à l'évincer, craignant une escroquerie. Je voyais l'échéance électorale arriver et avais donné instruction à mon directeur de cabinet de rompre avec le docteur Raad. C'était sans compter avec les familles des otages. Elles étaient furieuses car il était le seul canal par lequel arrivaient des nouvelles. Nous étions dans une impasse.

Quand Jacques Chirac est arrivé à Matignon, il a exigé le départ de Rouleau. Je n'étais plus au gouvernement, mais Mitterrand continuait à m'informer de l'évolution du dossier. Après avoir résisté à son Premier ministre, le président finit par céder. Un ambassadeur est révocable *ad nutum*, c'est-à-dire sans explication ni contestation possibles. Chirac signait ainsi sa manœuvre. Il considérait que Rouleau le desservait et n'avait plus qu'à partir. L'émissaire du Premier ministre qui a torpillé la mission de Rouleau à Téhéran ne pouvait pas être Pasqua lui-même, c'est évident. Le nom de Michel Roussin a circulé, mais celui-ci a toujours démenti. Je pense qu'il s'agit «très vraisemblablement» du préfet Jean-Charles Marchiani. Selon Éric Rouleau, il aurait proposé le versement de la moitié des sommes dues par la France à l'Iran dans le dossier des consortium atomique Eurodif qui s'élevaient à 1 milliard 200 millions de dollars, avant même l'ouverture des négociations ; ce point n'était pas contestable puisqu'il rejoignait notre proposition, comme je l'expliquerai plus loin. Mais, sur tous les autres points, Marchiani, ou son double, prenait le contre-pied de nos positions : expulsion vers l'Iran des opposants et, ce qui est plus grave, la libération des cinq membres du commando Naccache condamnés et détenus en France.

Je me suis rendu en mission à Téhéran peu de temps après, à l'invitation de mon homologue Ali Akbar Velayati, conseiller diplomatique. C'est lui qui m'a révélé les interventions machiavéliques des hommes de Pasqua. Comme je doutais, car je concevais mal que des compatriotes aient pu saboter notre travail au risque de mettre en péril la vie des otages, il m'a annoncé que j'allais rencontrer Rafsandjani, le président de la République islamique que je connaissais déjà. Ce dernier m'a reçu et m'a confirmé : « Tout ce que vous a dit le ministre des Affaires étrangères est exact. » Il m'a cité en le déformant un nom à consonance italienne, on pourrait aller jusqu'à dire corse, qui leur avait fait les contre-propositions. Pour moi, ce nom était sans équivoque. M'ayant raccompagné à l'aéroport, alors que nous marchions sur le tarmac vers la passerelle, le ministre des Affaires étrangères m'a demandé comment s'était déroulée l'audience chez Rafsandjani. Je lui ai confirmé que leurs informations étaient en parfaite concordance.

Quant à cette rumeur selon laquelle Pasqua et ses sbires auraient prélevé une partie des sommes à leur profit, je n'ai comme seule source ce que m'en a dit le président : « J'ai la certitude [il ne m'a pas dit la preuve] qu'ils ont gardé une partie des fonds pour eux. » Cette information avait été confirmée par le cheikh Abdel Ali Zein, chef de la communauté chiite libanaise à Dakar, qui avait été dépêché à Beyrouth par le président sénegalais Abdou Diouf pour «aider la France». Ce dernier en avait informé le président Mitterrand qui était évidemment furieux que les 3 millions de dollars promis soient tombés dans d'autres poches que celles à qui ils étaient destinés. Je ne pense pas que Chirac se soit mêlé de cette affaire. Il laissait faire Pasqua qui donnait carte blanche à son homme de main Marchiani avec lequel il conversait dans le patois du nord de la Corse.

À cause de ces dérives politiciennes, les malheureux otages sont restés six mois de plus dans les geôles sordides du Hezbollah. C'est scandaleux. Je n'ai pas voulu rencontrer les trois hommes après leur libération car je me sentais coupable d'avoir échoué à les faire libérer. Et j'étais amer face à l'attitude de compatriotes de rang élevé qui s'étaient comportés de façon odieuse et, en plus, nous chargeaient pour se dédouaner. C'était misérable.

Je n'en avais pas fini avec les Iraniens. Le contentieux a refait surface quand il s'est agi de libérer les assassins du dernier Premier ministre du shah, Chapour Bakhtiar, trucidé dans son pavillon de Suresnes le 7 août 1991. Il avait échappé une première fois aux tirs du commando Naccache en 1980. Dix ans plus tard, la fatwa de Khomeiny trouvait son sanglant accomplissement. Je suis allé à la morgue reconnaître son corps. Il était lardé de coups de couteau. C'était très éprouvant.

J'avais négocié avec la Suisse pour expulser les assassins. C'était là encore compliqué car la Suisse ne voulait pas tremper dans des affaires de terrorisme, *a fortiori* dans la libération de terroristes. Tout était prêt quand le plan a capoté la veille de sa mise en œuvre. Les deux assassins devaient être expulsés en Suisse par avion pour raison de santé. Un appareil syrien en prenait alors «livraison» pour les conduire à Damas avant de regagner Téhéran.

Peu de pays amis avaient accepté de nous aider sur ce coup. Le ministre des Affaires étrangères suisse, qui était un ami personnel de Mitterrand, s'était prêté au jeu à titre tout à fait exceptionnel pour aider la France à purger ce contentieux avec l'Iran. L'atmosphère était empoisonnée parce que c'était l'assassinat d'une personnalité étrangère importante sur notre sol et que l'opposition faisait de la surenchère pour nous embarrasser. Il est vrai qu'on avait été faibles en concédant aux dissidents iraniens présents sur notre sol l'autorisation d'assurer leur propre protection rapprochée. Non seulement ils n'étaient pas compétents, mais les ayatollahs avaient réussi à « retourner » l'un des gardes du corps qui renseigna les assassins sur le moment propice pour commettre leur crime.

Les quiproquos franco-iraniens

Quand j'ai voulu approfondir, par agents interposés, l'animosité des Iraniens vis-à-vis de la France, je me suis rendu compte que le contentieux était lourd, ancien et qu'il n'était pas sans fondement. « Non seulement vous nous devez 1 milliard, mais vous armez les Irakiens », disaient-ils. Le shah, qui voulait développer son pays, avait fait appel à la France. Il avait consenti un prêt de plus de 1 milliard de dollars à notre consortium atomique Eurodif qui, en échange, lui aurait fourni deux centrales nucléaires et de l'uranium français. Après la révolution, le régime islamique a annulé les deux commandes et réclamé capital et intérêts. À partir de la prise du pouvoir par les ayatollahs, les puissances atomiques occidentales ont été moins bien disposées à l'égard du nouveau régime. Les transferts de technologie ont été suspendus, mais la France ne leur a pas restitué l'argent car cela arrangeait nos finances. Quand je suis venu expliquer cette situation aberrante au président de la République, il m'a dit :

– Ce milliard appartient donc aux Iraniens?

– Oui.

– Bon, il faut le leur rendre.

On leur a rendu l'argent, au grand dam du ministère des Finances. Mais Bérégovoy m'a soutenu. C'est ainsi que j'ai réconcilié, à l'époque, la France avec l'Iran.

On se trompe lourdement quand on ne tient pas compte du poids politique de ce grand pays et qu'on attise le nationalisme des Iraniens. C'est un peuple fier qui a une longue histoire derrière lui. Je l'avais déjà constaté dès les années 1950 où, étant à l'époque jeune journaliste, j'avais rencontré le docteur Mossadegh, Premier ministre. Ce haut fonctionnaire, grand propriétaire terrien, était un nationaliste pur et dur. Quand j'ai parlé de Mossadegh à l'ancien ministre des Affaires étrangères, le docteur Velayati, ce dernier m'a dit sans ambages: «Nous le respectons car c'était un grand patriote.» C'est Mossadegh qui avait nationalisé le pétrole iranien, au grand mécontentement des Américains. Et c'est eux qui ont poussé à son éviction du pouvoir. Quand on prend la peine de regarder les choses de près, on se rend compte que cela n'a pas trop changé. Si, donc, demain, il y avait un autre régime à Téhéran, ce à quoi rêve l'Occident, et si par exemple Hachemi Rafsandjani, l'ancien président de la République islamique, remplaçait Ahmadinejad, ça ne changerait rien à la politique nucléaire iranienne. Le discours serait moins radical, mais le nouveau président, même plus libéral, ferait le même calcul: l'Iran est un pays du tiers-monde qui a besoin d'énergie. Or, il ne possède que soixante ans de réserves en pétrole et en importe déjà. Seul l'atome peut lui assurer une énergie du futur.

Retour à Téhéran

Je n'ai pas entendu autre chose quand je suis retourné à Téhéran en janvier 2007. La ville est immaculée sous son manteau neigeux. Les Iraniens sont demandeurs de contacts avec la France, et je persiste à penser qu'en matière diplomatique le contact direct est toujours préférable à l'esquive. Ce qui ne veut évidemment pas dire qu'il faut prendre pour argent comptant ce que la partie adverse vous raconte ni adhérer à ses vues. Je suis heureux de retrouver mon ami le docteur Ali Akbar Velayati qui fut ministre des Affaires étrangères pendant dix-sept ans. Il n'est plus en charge, mais reste proche du «Guide» Ali Khamenei. Il parle avec une plus grande liberté de parole que le vice-ministre des Affaires étrangères que j'ai rencontré auparavant et qui pratique un modèle de langue de bois. Velayati me confirme que l'Iran peut aider la France dans ses difficultés au Liban et que son pays est toujours prêt à négocier. Son successeur, Manouchehr Mottaki, me reçoit fort tard, la veille de mon départ. Il me gardera pour un entretien de deux heures. J'ai affaire à un petit homme tout en rondeurs : visage rond, lunettes rondes, esprit rond, corps rond. Il rit volontiers et prend toujours le temps de répondre. Il parle des affaires du monde avec aisance et liberté, tout en fustigeant le monopole américain sur la politique internationale. En toute fin de conversation, nous abordons la crise de l'uranium. Il me redit ce que m'a affirmé le docteur Velayati : «L'Iran n'a pas besoin de la bombe atomique, mais d'uranium comme source d'énergie pour les années à venir.» Il m'assure que son pays est prêt à négocier sur ce sujet avec les Européens et même les Américains. Il insiste : «Je dis bien, même les Américains...» Et pour conclure sur un ton amical : «J'ai besoin de votre conseil ; je pars demain à Londres pour une réunion où nous allons être en butte à l'aggravation des sanctions contre nous, quel est votre sentiment ?»

Il est tard, et ses collaborateurs s'impatientent dans le couloir. Il me raccompagne jusqu'au rez-de-chaussée. En cheminant, il me fait part de son souhait de venir à Paris et d'accueillir le ministre français : « Tout avait été préparé pour recevoir le docteur Douste-Blazy, selon le grand cérémonial que nous vous réservions jadis ; mais il a fait savoir que c'était trop tôt. » Il fut ensuite question de la visite d'un secrétaire d'État. Cette proposition, acceptée par l'Iran, fut décommandée au tout dernier moment pour la remplacer par la venue d'un haut fonctionnaire du Quai. Il s'agissait de Jean-Claude Cousseran, mon ancien collaborateur, qui fut impliqué dans les négociations secrètes avec l'Iran et la Syrie au moment de l'affaire des otages. La date de sa visite était fixée quand, là encore, le programme fut décommandé de façon cavalière.

Je note un certain désarroi dans la politique française. Cette succession de contretemps et d'annulations est pour le moins l'expression d'un flottement de notre diplomatie. De retour à Paris j'appelle le Quai d'Orsay pour tenter de mettre au point la visite du ministre des Affaires étrangères. M. Douste-Blazy ne donnera pas suite. Je ne veux pas croire que la France puisse obéir à sa seule direction politique. Des interventions – dont je devine l'origine – ont dû se faire au plus haut niveau.

Info ou intox ?

Malheureusement, on est aux portes d'Israël et ce raisonnement devient donc tout de suite suspect. Les Iraniens ne disent pas qu'ils veulent développer la bombe atomique, mais qu'ils développent la technologie nucléaire pour se donner les moyens de leur indépendance énergétique, ce qui n'est pas la même chose. Ils ont proposé à plusieurs reprises de satisfaire les exigences des Occidentaux et d'autoriser les contrôles de leurs sites nucléaires. Il faut les prendre au mot. Je ne crois pas à une menace iranienne, celle d'un pays qui veut une bombe atomique pour affoler le monde entier. Il peut certes y avoir toute sorte d'événements graves dont la source sera l'attitude de l'État d'Israël dans le conflit du Proche-Orient. Ce pays et ses dirigeants vivent dans un état de peur permanente qui leur est mauvaise conseillère.

S'il n'y a pas à mes yeux de menace atomique iranienne, en revanche, un conflit pourra se faire jour à partir d'Abou Dhabi où Sarkozy est allé installer une base militaire, on se demande bien pourquoi, précisément aux portes du détroit stratégique d'Ormuz que les Iraniens voudraient bien contrôler. C'est à mes yeux de la provocation et une erreur, comme c'était une erreur, sur laquelle est revenu Obama, d'installer des missiles antimissiles occidentaux en Pologne sous le nez des Russes.

Si demain on apporte la preuve qu'il existe en Iran des centrifugeuses capables de traiter l'atome, il sera toujours temps d'intervenir. Il y aura une expédition qui sera faite non par les Américains, car il semble qu'ils ne veulent pas y aller, mais peut-être par les Israéliens. Ils ont déjà déclaré : « Si les alliés n'agissent pas, nous le ferons nous-mêmes. » Tout sera alors une question de rapport de forces entre l'Iran, Israël et les États-Unis.

La bombe atomique des Iraniens est, à mes yeux, comme les armes de destruction massive de Saddam Hussein. Je n'y crois pas. Je pense qu'une intoxication s'est fait jour autour de cette histoire. Ce qui est vrai, c'est qu'ils veulent poursuivre la réalisation de leur programme nucléaire civil, mais tous les rapports démontrent qu'aucune preuve de détention d'armes nucléaires n'a été apportée. On peut, bien sûr, bâtir toute une théorie à partir de là. S'ils veulent devenir une puissance nucléaire militaire, il faut les en empêcher, c'est-à-dire mettre en œuvre des actions répressives proportionnées à l'intensité des menaces.

Le monde qui se prépare n'est pas joyeux. Je suis assez pessi-miste. Les conflits graves viendront du Proche-Orient, non de la Chine ou de l'Inde ; de l'Afghanistan peut-être. Souvenons-nous de la campagne médiatique pour justifier la guerre d'Irak à la tribune de l'ONU, un endroit sacré, le Walhalla des nations du monde réunies pour veiller à la paix et éviter le retour des guerres. J'allais tous les ans à New York prendre part à l'assem-blée générale de septembre devant laquelle je faisais un discours. La déclaration solennelle de Colin Powell exhibant sa petite fiole « bidon » a été déterminante. On est toujours à la merci d'une opération de cette nature, avec une telle intoxi-cation, elle ne laisse pas de place au doute. Colin Powell est pourtant un type bien. Je l'ai fait décorer de la Légion d'hon-neur par Mitterrand pour avoir commandé en Irak les troupes alliées dont nous faisions partie.

L'Irak se fait menaçant

C'est cette même logique qui a prévalu quand George Bush senior nous a demandé, à la fin février 1991, d'inter-venir au Koweït envahi par l'Irak. Le droit international devait primer. Le président m'a appelé en pleine nuit à Saint-Selve et convoqué le lendemain matin. Il est nerveux :

– Alors, Roland que faisons-nous ?

– Il est délicat d'attaquer l'Irak car notre image dans le tiers-monde en sortirait entachée...

Je sais qu'il avait déjà la réponse quand il posait ce genre de question. Je tourne autour du pot en parlant du Proche-Orient, d'Israël. Il se fait alors plus péremptoire.

– Je ne vous demande pas tout cela. Bush m'a téléphoné dans la nuit pour m'annoncer que l'armée américaine allait pénétrer au Koweït, que faisons-nous ?

– Si Bush a décidé d'y aller, nous sommes les alliés des Américains et, tenus par nos accords, nous ne pouvons faire autrement que de participer à la guerre.

– Bon, c'est tout ce que je voulais savoir. Merci. Revenez me voir à midi.

Si j'avais dit non, il m'aurait dit, car il aimait convaincre : « Réfléchissez bien, nous avons signé un traité ; l'Irak a rompu la loi internationale. » En l'occurrence, je lui facilitais les choses en étant de son avis !

Bush nous avait prévenus de l'offensive contre Saddam, et la première fois que Mitterrand m'en avait parlé, il s'agissait bien, dans son esprit, d'une guerre contre l'Irak. Il n'y a pas de doute là-dessus. C'est la raison pour laquelle nous avons brisé dans l'œuf la résistance qui existait au sein du gouvernement français en la personne de Jean-Pierre Chevènement. Le ministre de la Défense, grand ami de l'Irak laïc, faisait des pieds et des mains pour que la France ne s'engage pas dans cette offensive. Son attitude était bien sûr connue des États-Unis et ne facilitait pas les choses. Les Américains pouvaient penser que la position de la France n'était pas fiable. Mon homologue James Baker me téléphone pour me demander en urgence un rendez-vous avec le président. Le jour dit, en bon colonel parachutiste, il attaque bille en tête : « Mon président m'envoie pour vous demander ce que compte faire la France. »

Mitterrand reste de marbre, comme cela lui arrivait quand il était contrarié. Baker poursuit : « Nous voulons être sûrs que l'armée française va bien marcher avec l'armée américaine... »

Mitterrand, cinglant :

– Je crois déjà avoir pris la décision, monsieur le secrétaire d'État.

– Mais nous entendons des bruits, ici ou là, qui laissent à penser que...

Mitterrand de plus en plus pâle, avec une voix sifflante : « Dois-je vous rappeler que dans la Constitution française le seul chef des armées est le chef de l'État. »

Silence glacial. Et de poursuivre : « J'ai donné mon accord à votre président et n'ai pas besoin de le renouveler. Mais, puisque vous insistez, sachez que je vais signer aujourd'hui même l'ordre de mise en mouvement de nos troupes. Est-ce assez clair ? »

Baker était dans ses petits souliers.

À un moment donné, les armées américaines se sont arrêtées sans nous prévenir dans leur avancée en Irak. Nous avons été désagréablement surpris, vexés de l'apprendre par nos militaires sur le terrain. Mitterrand était mécontent et l'a fait savoir à Bush et m'a surtout chargé de le dire à son secrétaire d'État. En fait, l'invasion alliée en Irak avait suscité une vive émotion dans les pays arabes et en Union soviétique. Les Occidentaux avaient promis à Gorbatchev, qui avait accepté la libération du Koweït, de ne rien tenter contre l'Irak et de ne pas occuper Bagdad. Quand, bien après, j'ai posé la question à Gorbatchev, il m'a dit qu'il ne se rappelait plus exactement. Il ne voulait pas envenimer les relations avec des histoires passées. La nouvelle nous était également revenue que les Égyptiens qui avaient participé à l'offensive avaient expressément assorti leur participation au refus d'attaquer un autre État arabe. Il s'agissait seulement de rétablir un pays dans ses droits sans aller plus loin. C'est ce qui explique que, lors de cette première campagne, Bush ait arrêté ses troupes dans leur élan.

On n'a à aucun moment manqué à notre parole. Il était donc légitime que les USA avertissent confidentiellement les alliés. Après, les choses ont traîné. Saddam est resté en place. Les négociations ont été entamées. Il a commencé à tricher. La controverse s'est installée sur la présence ou non d'armes de destruction massive. Il a fermé notre ambassade. Nous avions laissé sur place un simple fonctionnaire qui venait, de nuit, envoyer les Télex, mais il n'y avait plus de relations diplomatiques. Le malheureux n'avait même plus de vivres.

Saddam voulait aller jusqu'au bout de l'épreuve de force. Ce n'était pas un tendre. Je m'en étais rendu compte quand je l'ai rencontré deux ou trois fois avant la guerre. Il semblait avoir la confiance de son peuple et semble toujours l'avoir rétrospectivement auprès de ceux qui se désolent de l'insécurité qui règne dans le pays depuis la *Pax americana*.

Mais sa détermination à se battre avait peut-être une autre raison qui mériterait d'être élucidée un jour. Circulait à l'époque dans les chancelleries la rumeur selon laquelle l'ambassadrice des États-Unis à Bagdad, April Glaspie, aurait laissé entendre à Saddam (mais est-ce une erreur d'interprétation?) que les États-Unis ne se sentaient pas directement concernés par ce qui n'était à leurs yeux qu'un «conflit régional». L'ambassadrice n'avait pas clairement dit: «Si vous attaquez, on riposte.» Ce flou aurait laissé penser à Saddam Hussein qu'il pouvait y aller et qu'on discuterait après. Les Irakiens sont des gens qui ont l'interprétation facile. Ils sont à peu près les seuls dans le Proche-Orient à avoir cette propension à jouer sur l'ambiguïté des mots. Certains Irakiens tiennent encore ce discours aujourd'hui et assurent qu'on ne les aurait pas dissuadés d'y aller. Et comme Saddam considérait que le Koweït faisait partie intégrante de l'Irak, il se pensait dans son bon droit.

Chevènement est fidèle à un certain nombre d'idées comme la laïcité, ce qui lui faisait dire que Saddam Hussein était le seul chef d'État laïc de la région. Tous les autres, dans son esprit, étaient des religieux avec une connotation fanatique. Nous qui sommes une république laïque devions donc l'encourager. Il venait faire mon siège avec des rapports émanant de ses services qui expliquaient que nous irions à la catastrophe si nous nous engagions dans une guerre avec l'Irak. Il défendait la thèse des armes de destruction massive. Certes, l'Irak n'était pas démuni d'armement et a pu résister quelque temps, mais les forces alliées étaient trop puissantes pour qu'il puisse s'en tirer. Saddam avait les armes que nous lui avions vendues! Lors de la deuxième offensive qui allait se solder par le renversement du régime de Bagdad, nous avons dû régler rapidement la situation des pilotes irakiens en formation en France. Ils ont été expulsés dans l'heure.

Notre politique irakienne était pour le moins ambiguë. Chirac avait été un grand prosélyte. Il s'était rendu plusieurs fois à Bagdad où il avait signé des contrats colossaux, ce qui avait rendu les Iraniens furieux.

Après la première guerre d'Irak, une réunion de l'OTAN s'est tenue à Luxembourg en présence des chefs d'État de l'Alliance. J'étais assis à côté de Mitterrand. Je lui donne un coup de coude en lui disant tout bas: «Il faut réagir» quand nous entendons Bush nous expliquer qu'il souhaite transformer l'OTAN en une organisation pour la paix dans l'ensemble du monde.

Le président français profitait souvent de ces interminables discours pour écrire et n'écoutait que d'une oreille distraite. Il a pris la parole pour dire: «À quoi cela rime-t-il? Nous venons de remporter la guerre en Irak et nous allons maintenant aller faire la paix dans le Pacifique!» Bush n'a même pas répondu. Mon opinion était qu'il n'était que le porte-parole de l'armée américaine, toujours soucieuse d'accroître son emprise sur le monde, notamment par OTAN interposée. Le président des États-Unis n'est peut-être pas l'otage de son armée, mais à tout le moins son instrument. Ce n'est pas une révélation, mais cela ne laisse pas de me turlupiner car ce n'est pas dans les textes de la Constitution américaine. Cela dénote quelque chose de fondamental dans l'esprit des Américains. Ils se considèrent les gardiens d'un ordre du monde, comme la *Pax romana* ou la Sainte-Alliance signée en 1815 après le congrès de Vienne. C'est pourquoi, quand Nicolas Sarkozy a fait entrer la France dans le commandement intégré de l'OTAN, de mon point de vue, il a commis une erreur par rapport à la position traditionnelle de notre pays édictée par le général de Gaulle.

Une paix impossible

Mon plus mauvais souvenir aux Affaires étrangères, c'est mon échec au Proche-Orient. Un échec qui dépasse ma personne. Entre mai 1981 et décembre 1984, les Relations extérieures ont été conduites par Claude Cheysson. Il était très propalestinien et se permettait d'être critique vis-à-vis de la politique présidentielle. Le président m'avait fait un jour la réflexion en soupirant : « Il est gentil, Cheysson, il connaît bien les dossiers, mais il ne peut pas y avoir un Palestinien arrêté dans le monde sans qu'il s'agite et m'envoie des notes de dix pages. » Moi, je ne le heurtais jamais de front. Quand j'en ai eu fini avec le Cambodge, j'avais dit au président :

– Je vais m'attaquer maintenant au problème du Proche-Orient.

– Vous ne réussirez pas ; dès que vous aborderez la question des colonies, ça se retournera contre vous.

Je suis très tenace et orgueilleux, et j'ai lancé l'offensive dans une direction bien précise : Arafat. Je trouvais qu'on maltraitait le président de l'Autorité palestinienne et essayais d'améliorer les relations avec le Fatah. L'occasion m'en a été donnée quand, en octobre 1988, il est venu au Parlement européen de Strasbourg plaider pour que l'Europe joue un rôle plus marquant dans le conflit israélo-palestinien. Certes, en l'occurrence, la capitale alsacienne n'était pas tout à fait la France, mais un peu quand même. J'ai donc fait le siège du président pour le convaincre de recevoir Arafat. Il a réfléchi pendant quinze jours, soumis à la pression des pro-israéliens de son entourage.

Les deux hommes se connaissaient déjà pour s'être rencontrés au Caire quand Mitterrand était le premier secrétaire du parti socialiste. Arafat était d'ailleurs né dans la capitale égyptienne de parents palestiniens, mais ne tenait pas à ce que cela se sache. Mitterrand a fini par reconnaître qu'Arafat était un chef d'État élu par son peuple, et qu'à ce titre il avait droit à quelques égards, même s'il n'était pas reconnu par Israël. J'ajoutai à la démonstration que le président du Conseil italien, le roi d'Espagne et même le pape l'avaient reçu et qu'on ne comprenait pas pourquoi le président de la République française n'en ferait pas autant : « Vous croyez ? Mais que va penser la Communauté ? Bon, faites comme vous le pensez », avait-il fini par concéder. Une heure avant moi, Robert Badinter était pourtant passé pour le convaincre du contraire. Badinter en sortant était vent debout. Il me prit par le bras et me dit :

– Tu es fou, la Communauté va être sens dessus dessous.

– Mon vieux, je m'en fous ; j'applique ma politique.

Le lobby juif, comme Mitterrand l'appelait lui-même, était à l'œuvre. La pression était donc forte quand j'ai annoncé que je verrais Arafat lors de sa visite au Parlement européen de Strasbourg en septembre 1988. J'ai obtenu du président, après une discussion vive, que je puisse le recevoir. Après avoir multiplié les mises en garde, il m'a dit : « D'accord, mais vous en prenez la responsabilité. » Sous-entendu : « Si ça se passe mal, ce sera pour vous. » Je ne sais pas ce qu'il entendait par là. Ma démission peut-être ? Il m'a cependant soutenu publiquement. Ce qui faisait dire aux Israéliens : « Mitterrand est l'ami d'Israël, mais le mauvais esprit, c'est Dumas. » Même si Mitterrand ne le disait pas ouvertement, il était à l'évidence pro-israélien. Il savait que je n'étais pas d'accord, mais il me laissait faire car il savait prendre des risques politiques quand il le fallait.

Je trouvais que l'immixtion de la petite politique politicienne nationale dans les affaires étrangères était une très mauvaise chose et je rongeais souvent mon frein. « Les affaires du dehors ne peuvent être traitées comme les affaires du dedans », affirmait déjà Tocqueville. C'était la position des rois de France, de De Gaulle. C'était aussi celle de Pompidou. On a bien oublié qu'il a quitté les États-Unis sous les huées parce qu'il avait contrarié Israël. C'était inadmissible. On doit voir qui l'on veut. Je n'étais pas mécontent de titiller Mitterrand sur ce point car il affichait une profonde indépendance : « Je suis un homme libre ; je mourrai libre », me répétait-il souvent. Je le poussais dans ses retranchements : « Alors, que fait-on pour Arafat ? »

Je crois qu'au fond il appréciait ce comportement. Un jour, il a reçu un journaliste qui voulait faire un livre sur moi. Il lui avait dit : « C'est vrai que Badinter est pro-israélien ; Dumas est proarabe, ça fait un équilibre... » Je ne suis jamais allé au clash avec lui. Si j'avais dû y aller, ce qu'il aurait peut-être compris, j'aurais donné ma démission, ce qui aurait pu arriver à deux ou trois reprises simplement sur cette affaire-là. Mais j'aimais trop Mitterrand et ma fonction pour aller jusque-là. Je me demande encore aujourd'hui comment j'aurais fait s'il m'avait dit : « Je ne le recevrai pas et vous déconseille de vous obstiner dans cette voie... »

Vous avez dit caduque ?

Quand il s'est agi de recevoir à nouveau Arafat en mai 1989, le président m'avait demandé de négocier des contreparties, en particulier la reprise des négociations et surtout l'abandon de la charte de l'OLP qui réclamait la destruction de l'État d'Israël. C'était le point qui obsédait les Israéliens qui, de toute façon, en demandaient toujours plus. Le président se montrait exigeant :

– Être reçu à Paris est un acte politique signifiant, il faut qu'Arafat donne quelque chose en contrepartie.

– Je vais essayer de lui faire dire que la charte est périmée.

– Vous n'y arriverez pas, il ne le dira jamais !

– Laissez-moi faire.

Il suffisait qu'il me dise cela pour que je m'acharne. J'ai réussi à convaincre Arafat que ce texte était « caduque ». Pendant une heure, le soir, au Quai d'Orsay, nous avons discuté lui et moi sur la façon de s'y prendre. La pénétration de l'argument fut plutôt facile : « À quel moment pourrais-je le dire ; comment dites-vous ? » Il demanda à son directeur de cabinet de noter le mot. Il le répétait dans la voiture : « Cadouque, cadouque. » Le soir même, il était interviewé à la télévision. Je lui suggère de prononcer le mot devant les caméras. C'est le seul « conseil » que je lui ai donné. Il l'a effectivement répété devant les journalistes et le mot a fait florès.

Il faut voir alors comment Mitterrand a magistralement repris à son compte le mot « caduque » devant les Israéliens qui trouvaient dès lors que ce mot n'avait plus aucune importance. Même quand nous étions en tête à tête, Mitterrand citait encore la formule comme si c'était la sienne, alors qu'il savait fort bien que c'était moi qui l'avais soufflée à Arafat. C'était Mazarin. Je ne lui en veux pas.

J'ai promené Arafat dans Paris, lui faisant découvrir l'Institut du monde arabe, la pyramide du Louvre afin qu'il soit traité en chef d'État même si, officiellement, il n'était reçu qu'en chef de l'OLP, sans tous les honneurs protocolaires. Par exemple le président de la République n'est pas venu l'accueillir sur le perron de l'Élysée et la garde républicaine ne lui a pas rendu les honneurs. De son côté, s'il avait son éternel keffieh, il ne portait pas à la ceinture son pistolet dont il ne se séparait pourtant jamais. Je ne lui avais rien demandé de la sorte, mais il avait le sens des convenances.

Je dois reconnaître que deux personnes m'ont été d'un grand secours dans la réussite de cette opération : Jack Lang et surtout Jacques Attali. Le ministre de la Culture a organisé le dîner à l'Institut du monde arabe et a fait couler les grandes eaux des bassins de la pyramide du Louvre qu'on ne voit plus guère jaillir pour des questions d'économie. Lang avait organisé le grand jeu en cette nuit de mai 1989 et notre hôte était époustouflé et flatté. À Attali, j'avais demandé comme un service personnel d'assister à la réunion dans le bureau du président de la République pour prendre des notes. Il savait qu'il allait « prendre des baffes », compte tenu de ce qu'il est. Je l'ai cependant convaincu en lui affirmant que le moment était historique et que « cela ferait plaisir au président ». Il était toujours sensible à cet argument. Il m'a téléphoné le lendemain en reconnaissant : « Qu'est-ce que j'ai pris ! » Moi aussi d'ailleurs, mais j'y étais préparé...

Arafat était un homme intéressant. Il se sentait investi d'une mission. Il était intelligent, donc manœuvrier. Il savait qu'il pouvait aller loin dans la provocation, la seule arme dont il disposait. Il risquait un « accident », ce qui lui était déjà arrivé en 1985 quand un chasseur israélien mitrailla son avion. Son grand ami Kadhafi m'avait confié l'avoir appelé pour le mettre en garde de ne pas s'exposer ainsi. Tous les chefs d'État arabes étaient admiratifs, même si beaucoup le détestaient. Il disait ainsi ses quatre vérités au roi d'Arabie saoudite. Peu nombreux étaient ceux qui pouvaient se le permettre. Quand il est décédé à l'hôpital militaire Percy de Clamart en 2004, des rumeurs ont circulé sur un prétendu empoisonnement. La seule chose que je puis dire est qu'il était déjà très affaibli quand il a quitté son quartier général de Ramallah où il vivait dans des conditions physiques et psychologiques éprouvantes.

Sa femme Souha a longtemps habité avec sa fille dans l'île Saint-Louis, à deux pas de chez moi. Je lui faisais porter des fleurs. Je la traitais comme Mme Thatcher que je couvrais de fleurs pendant la négociation du traité de Maastricht. On raconte que Souha Arafat faisait des affaires et avait conservé le trésor de guerre de son mari. C'est un aspect que je n'ai pas élucidé. Un jour que j'avais rencontré Arafat chez Kadhafi à qui il venait réclamer de l'argent, je lui avais posé la question de son financement. Il m'avait répondu : « Heureusement qu'il y a des Palestiniens fort riches ! »

Sourcilleux Israël

Je ne suis ni antisémite ni antisioniste. Je considérais que j'avais suffisamment donné à la cause juive pendant la guerre pour ne pas être taxé d'antisémitisme. J'ai pourtant été vilipendé comme si j'étais le dernier des derniers. Ma famille, mon père, ma mère et moi avons tellement été impliqués dans l'aide aux juifs persécutés ! Quand la Gestapo a arrêté mon père et qu'elle est arrivée chez nous, la première chose qu'elle a dite à ma mère affolée a été : « Nous savons que vous aidez des juifs. » Ils ont perquisitionné partout et emporté le poste de radio qui nous permettait de capter Londres. Et dire que, cinquante ans plus tard, ça ne comptait plus ! En février 1989, des fanatiques ont même arraché l'arbre planté en souvenir de mon père dans le Jardin des Justes à Jérusalem parce que je rencontrais Arafat. Alors que j'étais le ministre des Affaires étrangères d'un pays ami, j'étais estampillé proarabe et mauvais génie de Mitterrand. De là à être antisémite, il n'y a qu'un pas que beaucoup ont immédiatement franchi. Cette réputation se développait même en France. Le journal *Libération* rendait régulièrement compte des appréciations de M. Jean Kahn, le président du CRIF (Conseil représentatif des institutions juives de France), sur mon action. Lors d'un débat, ce dernier avait conclu, peu de temps avant que je ne quitte mes fonctions : « À voir la façon dont Roland Dumas a traité Israël, on avait plutôt du bien, et en tout cas pas de mal, à espérer de la nouvelle majorité. » Cette déclaration m'a stupéfié de la part de celui qui était alors le secrétaire général de la fondation de Danielle Mitterrand, France Libertés. Il est vrai que le vent était en train de tourner... Je me rappelais comment ce même M. Kahn ne cessait auparavant de me complimenter, sur un ton mielleux, et de me remercier de ce que je faisais pour lui et sa communauté. Lorsque je l'avais invité dans la délégation française, lui et des représentants de son organisation, lors d'un de mes déplacements en Israël, il m'avait félicité : « Je vous remercie d'avoir fait en sorte que, dans les débats européens, la sensibilité juive puisse s'exprimer. » Ou bien encore, lorsque j'avais reçu mon homologue Shimon Peres qui, en présence de M. Kahn, m'avait demandé d'intervenir pour l'État d'Israël auprès de la Syrie, n'aurait-il pas mieux fait de se demander si Israël avait convenablement traité le ministre des Affaires étrangères de la France et la France elle-même ? Cette double allégeance et cette propension à tout admettre venant d'Israël me laissent encore perplexe.

J'étais arrivé à ce poste plein d'illusions. On avait payé notre tribut à la cause de la paix mondiale, à la cause d'Israël. J'ai appelé mon fils David, ce n'est pas par hasard. Je me disais que les Israéliens seraient forcément sensibles à l'action de quelqu'un si proche d'eux. Mon devoir n'était pas de céder, et là-dessus se greffe une campagne critiquant mon prétendu antisémitisme. Je n'approuve pas la politique israélienne, ce qui n'est pas la même chose. J'étais en cela fidèle à la politique d'équilibre du général de Gaulle au Proche-Orient. Les peuples arabes ont aussi droit au respect. La politique du gouvernement actuel, inspirée par des prosionistes actifs, ne va pas dans le bon sens.

Les négociations entre Benyamin Netanyahou et Mahmoud Abbas n'aboutiront pas car le conflit israélo-palestinien est insoluble en l'état. Obama avait mis une forte pression sur Israël et imposé un ultimatum, mais a dû faire machine arrière sans doute sous la pression du lobby juif qui entoure tous les présidents américains. Il suffit d'observer l'attitude du Premier ministre israélien. Quasiment banni de la Maison Blanche dès la prise de fonction d'Obama, il y est maintenant reçu avec les honneurs. Renfrogné au début, Netanyahou est maintenant tout sourires, voire arrogant. Il est aisé de deviner qu'il a eu des assurances sur le dos des Palestiniens. Les négociations font fausse route dès lors que le mal est fait. Le mitage des territoires palestiniens par les colonies qui ne cessent de s'étendre rend le problème inextricable. La solution est qu'il n'y a pas de solution.

La Turquie, base américaine

J'ai toujours été troublé de la constance avec laquelle les États-Unis plaidaient pour les «intérêts» turcs en Europe. Les trois derniers présidents américains, qui ont précédé Obama à la Maison Blanche, sont venus plaider en Europe pour l'intégration de la Turquie qui est déjà membre de l'Alliance atlantique. Quand on observe une carte, on constate qu'au sud de l'Europe se trouve un élément fort du système de défense occidental et, à l'ouest du continent, la Grande-Bretagne, base arrière des Américains en Europe, nul ne l'ignore. Militairement parlant, l'Europe est ainsi prise en tenaille. C'est la sécurité sans doute, mais la sécurité américaine. Toute la propagande de la Voix de l'Amérique part de la Turquie. Peut-on devenir un ensemble européen bien constitué, ainsi protégé par les deux «pinces» du géant américain? Cette question m'interroge plus que les histoires de religion, même si je sais que le pays a la nostalgie de l'Empire ottoman et de son influence. Je ne suis pas comme

M. Copé, le secrétaire général de l'UMP, qui voit des burqas partout et veut les éradiquer. Ce faisant sans nuances, on heurte la sensibilité de millions de musulmans dans le monde et on souffle sur les braises du conflit israélo-palestinien.

Cette pression constante des Américains a trouvé sa plus belle illustration lors d'un voyage d'État en Turquie les 13 et 14 avril 1992. J'y accompagnais le président de la République. À sa descente de l'Airbus, il est accueilli par le président Turgut Özal et son Premier ministre, Süleyman Demirel. Bizarrerie du protocole, le chef d'État étranger doit, dès son arrivée, s'adresser à la garde qui lui rend les honneurs. François Mitterrand s'avance vers le micro afin de leur dire en turc: «Salut, soldats!» Mais il hésite à prononcer ces mots dans une langue qu'il ne connaît pas et se contente de le dire en français. Ce à quoi, les militaires, comme un seul homme, lui répondent «merci», mais en turc...

Après la visite incontournable au mémorial d'Atatürk gardé par deux immenses lions de pierre, M. Özal nous reçoit à la présidence dans son bureau fort modeste, qui est celui du fondateur de la Turquie moderne. Un grand portrait décore le mur. Sachant l'intérêt que le président (et son épouse) porte aux Kurdes, il se lance dans un long plaidoyer pour assurer que cette minorité bénéficie des mêmes droits que les autres composantes de la nation. François Mitterrand l'écoute poliment. Turgut Özal continue sur sa lancée: «La Turquie est un pont entre la Communauté européenne et les républiques musulmanes d'Asie centrale où nous sommes les seuls à pouvoir faire reculer l'intégrisme religieux...» Toujours diplomate pour ne rien dire qui puisse fâcher: «Nous ne voulons pas être partie prenante tout de suite de la CEE; nous savons être pragmatiques et ne demander que l'union douanière vers 1995 ou 1996.»

Après le dîner d'État au cours duquel les discours ont continué, je suis réveillé vers minuit par Védrine qui m'annonce une information assez grave pour nous préoccuper tous. D'après les renseignements transmis par nos militaires, les Américains s'apprêtent à attaquer le lendemain le nord de l'Irak afin de détruire du matériel militaire dans une région où Saddam avait exterminé les populations kurdes en 1988. Ils sollicitent notre accord pour utiliser huit de nos avions précisément basés en Turquie.

Au petit déjeuner, j'en informe Mitterrand qui n'en savait rien, pas plus que son conseiller diplomatique, Pierre Morel, qui l'accompagne. Je le nommerai l'année suivante à Moscou, car son épouse, également diplomate, est d'origine russe. Il sera ensuite nommé à Pékin, acquérant ainsi une expérience rare sur la situation de ces deux «empires» qui ont une si longue histoire en commun.

Le président m'assure qu'il n'a jamais donné son accord à Pierre Joxe pour une quelconque participation de l'aviation française au conflit en Irak et me demande d'entrer en contact immédiatement avec Paris. Mais Sainte-Sophie nous attend. N'écoutant pas la litanie officielle du guide touristique, le président me chuchote à l'oreille, pour ne pas être désobligeant vis-à-vis de nos hôtes : «C'est là que s'est produit un des plus grands massacres de l'histoire ; lorsque les Turcs ont pris Constantinople [qui deviendra Istanbul] ils ont massacré les chrétiens qui s'y étaient réfugiés ; Soliman a alors pénétré dans le sanctuaire à cheval...»

Pendant que nous assistons à l'envoûtant manège des derviches tourneurs, l'ambassadeur de France me tend un télégramme à lui adressé par le directeur de cabinet du ministre de la Défense qui confirme bien le projet auquel les Américains veulent associer les Français. Je tends le télégramme au président qui continue sa visite. Constamment interpellé sur la situation, je donne instruction d'envoyer un câble ainsi rédigé : «Veuillez informer le cabinet du ministre de la Défense que le président n'a pas donné son accord...»

J'essaie d'en savoir plus auprès de mon collègue turc, M. Çetin, qui finit par m'avouer qu'une semaine auparavant les Américains avaient fait une démarche auprès des autorités d'Ankara pour leur demander l'autorisation d'équiper leurs bombardiers de missiles air-sol. Les militaires US avaient en effet assuré qu'ils avaient repéré, dans le nord de l'Irak, de puissantes bases de missiles automatiques assorties de radars, des installations faisant courir un gros risque aux avions de reconnaissance américains. Il était donc indispensable d'équiper la chasse aérienne en conséquence. Dans l'esprit des Turcs, il s'agissait d'une requête conjointe des trois alliés, Américains, Français Anglais, puisque les militaires avaient laissé entendre que Paris était d'accord, ce qui n'était pas le cas.

La visite de Sainte-Sophie s'éternise. J'écoute d'une oreille distraite les explications du président sur les empereurs byzantins. Mon collègue Çetin téléphone à ses services pour bien saisir la complexité du problème. Le président est agacé. Ces coups de téléphone et ces conciliabules gênent sa flânerie dans les jardins de Topkapi. Il me tire par la manche : «Chaque fois que nous partons, il se produit une catastrophe ; la dernière fois, c'était l'affaire Habache quand nous étions à Oman ; cette fois, cela va être un bombardement sur l'Irak...»

Après la visite de l'ancien palais du sultan qui abrite un musée fameux dont je n'ai guère le temps d'admirer les merveilles, nous sommes conviés à une petite croisière sur le Bosphore, au cours de laquelle sera servi le déjeuner sur un superbe bateau. À la table des présidents, je suis l'objet de toutes les attentions. Ministres et officiels qui nous accompagnent se doutent bien qu'il se passe quelque chose. Ils veulent en savoir plus. Je reste muet. Ils font la gueule. Je m'absente au moment du dessert pour rejoindre une cabine où a été installé un téléphone-satellite. Je parviens à joindre l'Élysée où le chef d'état-major particulier du président me rassure. Il m'informe cependant que nos hôtes sont tout à fait «dans le coup», qu'ils ont donné leur autorisation aux Américains, mais que, dans le même temps, ils ont prévenu les Irakiens dans la nuit. Ainsi alerté, Saddam a commencé à faire démonter ses installations.. Le bombardement est ajourné. Nous sommes rassurés.

Je regagne ma place, fais un clin d'œil au président, et réussis à lui glisser entre deux conversations que «tout va bien». Je lui ferai un compte rendu plus détaillé quand le navire arrivera à quai. «Nous l'avons échappé belle!» me dit-il, soulagé. Cette histoire fera l'objet d'un débat à l'ONU, assorti d'une mise en garde des trois alliés à l'Irak. Mais l'incident n'était que partie remise.

12

Une étrange affaire

« Secret-défense »

Cordonnier [ne juge pas]
plus haut que la chaussure.
Sutor, ne supra crepidam.
PLINE L'ANCIEN *(Histoire naturelle)*

Je n'ai jamais eu de divergence de vues sur des questions de doctrine ou de politique avec François Mitterrand, à une exception près, l'affaire des frégates anti-sous-marins vendues à Taïwan. Au début de 1989, le gouvernement de Taipei offre de passer commande à l'entreprise Thomson de six bâtiments de guerre destinés à protéger les côtes de Taïwan. Cette nouvelle a été reçue comme une aubaine par tout le gouvernement. En tant que garant des bonnes relations diplomatiques avec Pékin, j'étais farouchement opposé à cette vente. Tous mes collègues, les Rocard, Strauss-Kahn, Bérégovoy et autres Chevènement voulaient faire entrer de l'argent dans les caisses, voire servir d'autres intérêts... Même Charasse avait fini par y être favorable. Il était au Budget !

Quand Mme Cresson a été nommée à Matignon, en 1991, ce qui n'était pas forcément une bonne idée, elle a manifesté son souhait de conclure cette affaire qui avait trop traîné. Je reconnais que sa position était tout à fait justifiée de son point de vue d'ancien ministre de l'Industrie et du Commerce extérieur. Je ne voyais que l'intérêt diplomatique de la France tandis que les autres avaient les yeux rivés sur le montant de la facture. Les entreprises concernées, les ambassades, les ministères, la présidence de la République, tout le monde s'est alors mêlé de ce dossier qui refaisait surface tous les six mois. Il fallait donc en finir.

Mitterrand balançait entre moi qui lui disais: « Il ne faut pas vendre d'armes à Taïwan » et Édith Cresson qui était plutôt vibrionnante sur le sujet. Le président tergiversait. Un beau jour, il en a eu assez, mais a fait preuve de duplicité comme il savait parfois le faire. Il profite donc de la nomination à Matignon d'Édith Cresson pour se sortir de ce mauvais pas. Il confie la décision au nouveau Premier ministre; la suite est connue Mme Cresson tranche en faveur de Taïwan et « le ministre des Affaires étrangères est chargé d'expliquer la position française à Pékin ». J'ai avalé mon sabre, pris mon bicorne et suis parti pour la Chine. J'ai été reçu par le ministre des Affaires étrangères chinois qui, glacial, m'a fait un grand numéro offusqué, avec menace de rupture diplomatique et de fermeture de trois consulats. Je rentre à Paris et fais mon rapport à Mitterrand en lui confirmant qu'on va au clash. Même s'il avait raison sur le court terme, à l'échelle historique, il avait tort. C'est ce que j'ai tenté de lui expliquer une fois encore. Mais le chef de l'État, c'est le patron, surtout en matière de politique étrangère. Il faut donc toujours s'exécuter au final. « Un ministre, ça ferme sa gueule ou ça démissionne », selon la célèbre formule de Chevènement. Je me suis incliné.

Hommes (et femmes) de l'ombre

Il n'y a pas d'affaire Dumas. Il n'y a qu'une affaire Elf au sein de l'affaire des frégates de Taïwan qui, à ce jour, n'est pas entièrement élucidée. À travers moi, on a amusé la galerie. Ce déchaînement médiatique n'était là que pour faire diversion. Mon histoire en dissimulait d'autres qui sont toujours sous le boisseau.

Le risque de mécontenter Pékin était réel. Notre ambassadeur, Claude Martin, intervenait régulièrement pour nous mettre en garde. Les chefs d'entreprise, craignant pour leurs contrats, s'agitaient. Le plus actif et le plus influent était sans doute Alain Gomez, le patron de Thomson, un ami de Jean-Pierre Chevènement. Ils s'étaient connus à l'ENA, avaient créé le CERES et écrit ensemble un pamphlet intitulé *L'Énarchie* : des intellectuels de gauche qui affectaient d'être des trublions.

Le dossier était donc en panne, en grande partie par ma faute, je l'avoue. À l'occasion de contacts entre Alain Gomez et Loïk Le Floch-Prigent, le patron d'Elf, ce dernier avait proposé de mettre sur le coup son bras droit, Alfred Sirven. Il avait toujours une idée qui poussait l'autre. Elf utilisait en Chine et en Asie les services d'un homme d'affaires originaire de Hong Kong, mais titulaire d'un passeport américain. Cet Edmond Kwan fut donc chargé par Elf d'un travail de lobbying au bénéfice de Thomson, contre rémunération, comme il se doit en pareil cas. Et Sirven d'engager Mme Deviers-Joncour pour qu'elle fasse pression sur moi et me pousse à changer d'avis.

François Mitterrand avait, avant moi, fait la connaissance de Christine Deviers par l'intermédiaire d'Irène, la fille de Georges Dayan, son ami le plus cher. Christine et Irène, très copines, avaient monté une petite galerie d'objets d'art sur le boulevard Saint-Germain. Quand il quittait l'Assemblée, Mitterrand redescendait souvent le boulevard à pied pour rentrer chez lui et passait leur dire bonjour. En outre, Claude Joncour, le premier mari de Christine, était un ami de Georges Dayan. Cet ingénieur était un homme «gentil» à qui Dayan avait donné un coup de main quand il cherchait du travail. Il finira par trouver un poste de responsable commercial chez Thomson. L'histoire est cocasse. Ce sont les Dayan qui, les premiers, m'ont parlé de Christine et de sa famille. Ou, plus exactement, ils ont commencé par citer le nom des Deviers à ma femme à l'époque où je me présentais à la députation en Dordogne. Anne-Marie m'a donc parlé des Deviers et de leur fille qui pourraient m'aider dans ma campagne car ils étaient influents politiquement. J'ai téléphoné à Christine sur les conseils d'Anne-Marie et lui ai donné rendez-vous aux Deux Magots. C'est en 1967, au cours de ce dîner, que nous avons lié connaissance. Les Deviers, bien que séparés, étaient intéressants pour moi de par leur implantation locale. Le père était un militant du parti communiste, très estimé du côté de Terrasson. Ancien instituteur, il était devenu sur le tard artiste peintre. La mère m'hébergeait dans sa maison, restaurée avec goût, où j'avais installé ma permanence dans une dépendance. Elle a été quelque temps mon assistante parlementaire puisque je recevais chez elle maires et électeurs. C'est vrai que j'y avais pris mes «habitudes». Ma relation avec Christine se noua à cette époque.

Alfred Sirven était une sorte de bulldozer, une grosse brute qui avait la confiance de Le Floch parce qu'il avait réglé des problèmes pour lui, par exemple son divorce chaotique d'avec Fatima Belaïd qui avait coûté 4,5 millions d'euros. Sirven avait également «mis la main», si je puis dire, sur Mme Deviers-Joncour à qui il avait officiellement confié les relations publiques de la compagnie pétrolière. En fait, elle était chargée de faire avancer le dossier des frégates dans différents rouages de l'administration et notamment auprès de moi. Sirven savait que nous étions amis, qu'elle avait travaillé à ma campagne électorale, que son père et sa mère avaient contribué à me faire élire. Il en a profité pour «capter l'esprit», ce qui est beaucoup dire, de la dame en question. Ce n'était d'ailleurs pas pour son intelligence que je la fréquentais. À chaque fois qu'elle venait plaider les dossiers d'Elf pour me démontrer que c'était utile pour la France, que c'était un fabuleux contrat (ce qui était vrai), je voyais bien qu'elle était dépassée. Au cours de l'instruction qui suivra, elle déclarera, naïve: «De toute façon, je n'y comprends rien, mais j'apprends tout par cœur.»

Seul contre tous

Je recevais bien d'autres solliciteurs que Mme Deviers-Joncour: des ingénieurs, des fonctionnaires, des ambassadeurs et aussi le directeur de l'armement qui m'apportait ses dossiers à bicyclette. Je campais sur ma position en leur disant que toutes les affaires ne sont pas bonnes à conclure. Régulièrement les Chinois de Pékin me faisaient savoir discrètement qu'il y aurait des représailles si l'affaire était conclue avec Taipei: fermeture de consulats et renvoi de diplomates. Notre ambassadeur à Pékin ne cessait de m'alerter sur les risques de détérioration des relations diplomatiques. Je mettais cela dans la balance et le disais au président de la République et au chef du gouvernement. Mme Cresson n'en avait cure. J'ai gardé, pour l'histoire, la décision du Premier ministre qui est très explicite, mais pas connue car classée secret-défense: «Nous vendrons les vedettes malgré les réticences de Pékin; nous en vendrons cependant moins que prévu; elles ne seront pas armées.» Ce qui était illusoire puisque Gomez avait arrangé l'armement des navires par ailleurs.

S'est alors greffée toute une polémique, tout un déroulement de faits liés à ma vie privée, agitée et désinvolte. Je m'en moquais et continue de m'en moquer surtout quand je vois les scandales, ou prétendus tels, qui défraient la chronique de nos jours. L'imprudence est venue de Mme Deviers-Joncour qui, en prenant ses avantages auprès d'Elf (près de 7 millions d'euros), s'était fait offrir un appartement rue de Lille. Moi, je ne le savais pas. Le métier de ministre des Affaires étrangères n'est pas de tout repos. Je passais ma vie dans les avions. Mon seul « point fixe » était le Conseil des ministres auquel le président tenait à ce que j'assiste tous les mercredis matin. J'arrivais parfois le premier à l'Élysée, après une nuit en vol et être passé en coup de vent chez moi prendre une douche. Je ne me préoccupais pas de ce que faisait Mme Deviers-Joncour. Je suis certes allé dans cet appartement où elle m'invitait en compagnie d'artistes et d'hommes politiques. J'y ai même dormi, avec elle souvent, ce qui n'est pas une révélation.

Cela a pris une tournure particulière quand l'affaire est devenue judiciaire ; lorsque le parquet, pour des raisons qu'il serait intéressant d'analyser, a confié l'affaire au juge d'instruction Eva Joly qui, à l'époque, disait pis que pendre des hommes politiques, mais entame aujourd'hui une audacieuse carrière de candidate à la présidentielle... Là encore, l'histoire s'amuse et moi aussi.

Mme Joly débordait d'ambition et était capable de tout. Elle avait dit partout qu'elle désirait quitter l'instruction. Elle ne demandait rien moins que la direction générale de l'Administration pénitentiaire, voire la DGSE (Direction générale de la Sécurité extérieure). Tout le monde avait peur d'elle, mais personne n'osait la contredire, pas même les procureurs. Il ne s'est trouvé personne sur sa route pour lui recommander la prudence. Devenue un électron libre, elle a abusé de son pouvoir. Je dois avouer qu'il me restait de la guerre la « trouille » de ces personnes qui viennent frapper à votre porte au petit matin...

Ouvrez, police!

À 7 heures, le 27 janvier 1998, on tambourina à la porte de mon appartement de l'île Saint-Louis: «Ouvrez, police judiciaire», claironna une voix d'homme. Le capitaine Durand, de la brigade financière, était à la tête d'un groupe d'une quinzaine de personnes. Un peu en retrait, Mme Eva Joly, que je voyais pour la première fois. Elle était vêtue d'un manteau rouge qui préfigurait déjà l'accusateur public qu'elle entendait être. Je ne soupçonnais pas les souffrances que j'allais endurer «sous elle». Pour détendre l'atmosphère pendant la perquisition, j'essayai de lui raconter l'histoire du sculpteur Camille Claudel qui avait quitté cette maison en 1913 pour rejoindre l'hôpital psychiatrique dont elle ne sortirait jamais. Je n'étais pas décidé à subir le même sort! Mais mon humour tomba à plat. Je demandai au juge ce qu'elle cherchait alors qu'on épluchait tous mes dossiers personnels et professionnels qui se trouvaient là. «Nous voulons savoir d'où viennent les sommes déposées en liquide sur vos comptes en banque.». Je tentai de lui expliquer qu'elle faisait fausse route, mais, devant son obstination, je me murai dans le silence. Je demandai l'autorisation d'aller me raser et m'habiller. Un policier m'accompagna jusqu'à la salle de bain.

En matière d'humour, il n'y avait que Bernard Tapie qui s'y aventurait avec elle. Il a tous les culots. C'est son avocat qui m'a raconté l'anecdote. En 1993, elle avait interpellé l'ancien patron de l'Olympique de Marseille dont Mitterrand s'était entiché au point d'en faire son ministre de la Ville dans le gouvernement Bérégovoy. Avant l'interrogatoire, il l'apostrophe:

– Madame le juge, est-ce que je pourrais vous poser une question?

– Je vous en prie, monsieur Tapie.

– On m'a dit qu'on sort de votre cabinet pour coucher en prison ou dans votre lit.

Elle avait ce tic, quand elle était embarrassée, de remonter, coquette, les mèches de son brushing avec la paume de la main. Interloquée, elle le fusille : «Je pourrais vous inculper d'outrage à magistrat.»

Et Tapie d'en remettre une couche :

– Je vais tout vous avouer… j'ai horreur de dormir en prison !

– Ça suffit, monsieur Tapie, commençons l'interrogatoire.

De lui, elle acceptait beaucoup de choses. Elle était flattée en fait qu'on l'entreprenne sur le terrain de la féminité. Elle trouvait qu'il n'avait pas la morgue des élites auxquelles, selon elle, j'appartenais. À ses yeux, j'étais un grand bourgeois «tordu» qui prenait de l'argent dans les grandes sociétés. Elle en était restée au mot célèbre attribué à François Mitterrand et que colportait à l'envi Roger-Patrice Pelat, un autre personnage louche auquel le président est resté fidèle toute sa vie : «J'ai deux avocats : pour le droit, c'est Badinter, pour le tordu, c'est Dumas.»

Un médecin de mes amis qui, par le plus grand des hasards, soignait M. Joly, médecin lui aussi, racontait qu'elle était tellement folle qu'elle se levait la nuit en disant à son mari : «Dumas est coupable et je l'aurai !» Lors d'une autre convocation, j'avais appris de la bouche d'un flic que son mari avait fait une première tentative de suicide la veille. La seconde lui sera fatale. C'était grâce à Pascal Joly, fils de famille, que la jeune fille au pair norvégienne avait obtenu par mariage la nationalité française. Elle arrive, défaite, à son cabinet. Certes, je suis malin, mais d'un tempérament plutôt aimable. Au moment où elle s'assoit pour commencer l'interrogatoire, je lui demande «Madame, j'espère que ce n'est pas trop grave ?» Elle s'es plainte, par la suite, au bâtonnier qui assurait ma défense «Votre client a eu l'audace de m'attaquer sur ma vie privée pensant me déstabiliser !»

N'ayant rien trouvé à mon domicile, elle décida de se rendre à mon cabinet qui était, à l'époque, rue de Bièvre. Mais j'étais loin d'imaginer qu'une mise en scène avait été orchestrée pour me faire apparaître comme un coupable. Quand je tirai la porte cochère de mon domicile, une foule de photographes et de cameramen firent crépiter leurs flashes. Ainsi furent faites les fameuses photos qui refleurissent régulièrement dans les journaux quand on parle des ambitions politiques de Mme Joly. Mais je me refuse à être un gibier à son tableau de chasse.

Rue de Bièvre, elle n'osa pas fouiller les dossiers de mes clients qui se trouvaient là en grand nombre. Un presse-papier attira alors son attention sur mon bureau. C'était une boule de verre dont les incrustations au sulfure figuraient des emblèmes maçonniques. Elle prit l'objet, l'examina en le faisant longuement rouler dans sa paume ; elle m'a regardé puis l'a reposé en ayant l'air de dire : « Je sais qui vous êtes. » Dans les procédures, elle n'a pas manqué de faire des allusions à mon appartenance à la franc-maçonnerie. Quand elle a tenté de démontrer que maître Tajan était mon complice dans l'affaire Giacometti, elle écrira dans son rapport : « MM. Dumas et Tajan partagent la même philosophie, fréquentent les mêmes lieux et ont les mêmes relations », sous-entendu : « il est donc son complice ». Un raccourci expéditif comme la justice de Mme Joly.

Alors que l'enquête s'enlisait et que le dossier d'instruction restait vide, bredouille et revancharde, elle envisagea alors d'aller perquisitionner au Conseil constitutionnel dont j'étais le président depuis 1995. J'étais indigné :

– Là, madame, ça ne passera pas. Je crois pouvoir m'y opposer.

– Eh bien, je n'irai pas moi-même, mais faites apporter par vos fonctionnaires les documents que je souhaite examiner.

Elle s'est surtout focalisée sur des correspondances personnelles qui n'avaient aucun rapport avec l'affaire. Elle a vite abandonné cette piste.

– Madame, je vous redis que vous faites fausse route.

– Pfff, on verra bien.

Elle envoya aussi la doyenne des juges d'instruction de Bordeaux perquisitionner ma maison de Saint-Selve. Je n'étais pas là. Ma femme lui montra la pièce uniquement dévolue à mes archives depuis cinquante ans : mes premières campagnes en Limousin, tous mes dossiers d'avocat et l'ensemble des papiers de ma vie publique. La magistrate, transpirante et médusée : « On ne va quand même pas fouiller tout ça ! »

Des fonds peu secrets

Pendant ces années, on est passé par tous les stades d'un scénario délirant. D'abord, que j'avais touché de l'argent d'Elf. Sur commission rogatoire, les juges Joly et Vichnievsky sont allées jusqu'à regarder tous les comptes de mes proches, y compris ceux de mes quatre petits-enfants et la déclaration de succession de ma pauvre mère, veuve de guerre, décédée en 1965, sans le sou... J'étais outré, atteint dans ce que j'avais de plus cher. Était-ce donc cela aussi la justice que j'avais servie pendant cinquante ans ? Les spéculations les plus fumeuses venaient de ce que d'importantes sommes en liquide avaient été déposées sur mes comptes personnels, ce qui n'est pas interdit. Je ne les avais pas déposées en Suisse, où un juge saisi avait vainement enquêté, mais en France, sur mes comptes courants facilement contrôlables.

Je peux aujourd'hui révéler l'origine de ces sommes de plusieurs millions de centimes. J'étais, depuis 1983, membre du gouvernement et j'avais tenu à garder mes collaborateurs et tout le personnel de mon cabinet d'avocat dont je ne m'occupais plus. Je ne voulais pas les licencier sous prétexte que je devenais ministre. On peut quand même de temps en temps être de gauche ! Je mettais donc régulièrement de l'argent sur mes comptes pour rémunérer ces collaborateurs. Cet argent provenait des fonds secrets que je touchais en complément de mon traitement de ministre. C'était en quelque sorte mon salaire.

J'ai, sur ce point précis, gagné le seul procès que j'aie intenté à l'État. J'étais hésitant à le faire, considérant que je l'avais suffisamment servi pour ne pas être en bagarre avec lui. Mais je n'avais pas d'autre moyen de prouver ma bonne foi puisque le fisc prétendait que ces sommes n'avaient pas été déclarées. Le Conseil d'État, constitué d'excellents juristes, a considéré au contraire que c'était l'usage et qu'en l'état de la législation d'alors les ministres avaient droit à ce complément de rémunération, comme les membres du cabinet et les secrétaires. Tous les ministres étaient logés à la même enseigne et recevaient chaque mois leur enveloppe. Les sommes ont donc été réintégrées dans mes comptes sans que j'aie d'impôts ni d'amende à payer. J'avais gagné mon procès sur ce point. Depuis, la législation a été modifiée.

J'avais aussi vendu des tableaux car j'ai été l'ami et l'avocat de nombreux artistes qui m'ont donné des œuvres ou à qui j'en ai acheté. Ainsi, cette toile de Picasso qu'il m'avait offerte en paiement d'honoraires et dont j'ai dû me défaire, ce que je regrette aujourd'hui. Personne n'a nié, ni même Mme Joly, si prompte à imaginer des romans, que j'aie été l'avocat du grand peintre. Il est d'usage, dans le milieu du commerce de l'art, de payer une partie des sommes en liquide. Désormais, je ne fais aucune blague de cette nature. Si je devais vendre une œuvre de ma collection, la transaction serait officielle, preuve des versements à l'appui.

Faire craquer le « client »

Par une inspiration soudaine, comme leurs spéculations ne débouchaient pas, les deux juges se sont intéressées, à travers moi, à la situation de François Mitterrand, alors décédé. À la suite d'une lettre anonyme, elles enquêtèrent en particulier sur la maison de Gordes dans le Luberon qu'il avait achetée de ses deniers et dont il avait fait cadeau à Anne Pingeot pour sa fille Mazarine. L'achat avait eu lieu sous couvert d'une société civile immobilière qui garantissait l'anonymat des propriétaires. Grossouvre avait avancé les fonds qu'il récupérera par la suite. J'ai eu droit un jour, à ma grande surprise, à un interrogatoire d'une demi-journée à propos de cette maison : « Connaissez-vous M. François de Grossouvre et Mme Laurence Soudet qui ont servi de prête-nom pour l'achat de parts dans la SCI propriétaire de la maison de Gordes ? » Laurence Soudet était en effet très liée au président de la République depuis l'époque où son mari avait été chef de cabinet du ministre de l'Intérieur François Mitterrand dans le cabinet Mendès France. Mitterrand n'était plus là pour se défendre ; c'était donc plus facile de l'atteindre à travers moi.

Les juges pensaient que j'allais craquer. Elles auraient pu y parvenir grâce à la campagne de presse qu'elles orchestraient, notamment au *Monde*. Il est vrai que le secret de l'instruction et la présomption d'innocence n'étaient pas dans leurs préoccupations ! J'avais la conscience tranquille et pensais que rien de grave ne pourrait m'arriver. Mme Joly m'a, bien sûr, mis sur écoute et fait suivre par des fonctionnaires de la brigade financière. Je m'en suis vite rendu compte à leur gueule de barbouzes. Un jour que j'avais dîné avec une dame dans un bistrot de l'île Saint-Louis, je la raccompagnai à la station de taxi près de la Tour d'argent. Au moment où je tourne sur le pont, je me retourne et vois deux types en blouson. Quand ils se sont vus repérés, ils se sont baissés dans le caniveau en faisant semblant de chercher quelque chose. Je fais quelques pas en arrière et les apostrophe comme si je les connais :

– Ah, vous êtes là, vous !

– Heu, nous avons perdu les clés de la voiture.

– Ouais, bien sûr!

Ils ont vite déguerpi.

La p... de la République

Il m'est douloureux aujourd'hui de rassembler ces souvenirs, d'autant que j'ai une tendance à occulter tout ce qui me déplaît. Dès qu'à travers ma personne on a identifié Mme Deviers-Joncour, collaboratrice de Elf, l'équation est devenue évidente: «Du moment qu'ils couchaient ensemble, c'est la preuve qu'elle lui donnait de l'argent d'Elf.» En quoi étais-je chargé de surveiller ses dépenses inconsidérées et considérables? Qu'elle aille acheter du mobilier de mauvais goût, sans m'en prévenir, cela ne me regardait pas. Elle aimait le style bourgeois, m'as-tu-vu. Pour meubler son appartement de la rue de Lille, elle avait acheté hors de prix une tapisserie ancienne assez moche et une pendule dont Mme Joly voulait à tout prix qu'elle ait été volée dans un bureau du Quai d'Orsay. La pendule du ministère était chez l'horloger et l'objet litigieux avait été acquis très cher chez un antiquaire qui avait vu venir le pigeon. Je ne me voyais pas offrir une pendule à ma maîtresse! D'ailleurs, j'ai la réputation de ne pas faire beaucoup de cadeaux. Christine l'a écrit. Ma femme dit la même chose. Je sais bien qu'on me dit près de mes sous. Admettons-le. Christine faisait ce qu'elle voulait, ce n'était pas mon argent. Je ne parlais d'ailleurs pas d'argent avec elle. Je ne lui demandais pas de rendre des comptes non plus. Je ne pouvais pas me mêler de tout. Je m'occupais des affaires de l'État, ce qui prend un temps considérable. C'est ce que j'ai essayé de faire comprendre à Mme Joly. Mais ce type de raisonnement était parfaitement étranger à une Norvégienne luthérienne obsédée par la rigueur scandinave, comme en témoigne cette remarque qu'elle me fit un jour: «Savez-vous que le secrétaire du Parti socialiste norvégien a dû démissionner parce qu'il avait payé ses cigarettes avec la carte de crédit du parti ? »

Certes, je demandais parfois à Christine de faire des courses pour moi. J'avais vu des tanagras, pièces archéologiques grecques, dans une vente aux enchères et avais envie de compléter ma collection de céramiques antiques. C'est pourquoi je l'avais envoyée pour monter les enchères à ma place. Je lui en avais demandé cinq ou six, mais elle a acheté l'ensemble de la collection avec sa carte bancaire professionnelle mise à sa disposition par Elf. De ces statuettes grecques, il ne m'en reste que deux ou trois. Les autres ont été cassées dans un déménagement. Je ne le regrette plus depuis que j'ai appris que ces figurines de terre cuite sont pour la plupart des faux.

Le seul cadeau qu'elle m'ait fait, ce sont les fameuses chaussures Berluti. Souffrant de la même malformation au pied droit que mon père, j'avais fait confectionner cette paire de souliers, qui n'étaient en rien des bottines, chez un artisan réputé de la rue Marbeuf. Que d'histoires pour des souliers ! Là encore, j'avais demandé à Mme Deviers-Joncour de bien vouloir aller les chercher. Et là encore, elle a réglé la facture avec sa carte professionnelle sans que j'en sois informé. Je crois me souvenir lui avoir remboursé les 1 600 euros de la facture. Le bâtonnier qui me défendait s'est esclaffé lors du procès, à propos de ces souliers : « Madame la présidente, c'est une histoire de cornecul. » La presse ne parlait que de cela. Mon soulier droit avait la particularité de grincer en marchant. Un soir que je rentre à pied chez moi, quai de Bourbon, dans la rue déserte, un inconnu me rattrape et me dépasse en lâchant, hilare : « Monsieur, vous avez des chaussures qui font du bruit. » Il avait de l'esprit, mais sur le moment, ça ne m'a pas fait rire !

Je veux bien reconnaître que ma conduite était imprudente. Mais, imprudent, je l'étais depuis longtemps ! À l'époque, j'avais comme amie de cœur Stéphanie Bordier, ma collaboratrice, installée à mon cabinet de la rue de Bièvre. Une épouse, une maîtresse officielle et une amante, cela peut paraître beaucoup, mais l'exemple venait de haut... Les femmes ont toujours été mon point faible. Alfred Sirven en a profité. Il avait toutes les facilités, grâce à Loïk Le Floch-Prigent dont il était l'homme de confiance et l'homme des missions difficiles. Moi, je n'avais pas besoin d'argent. Quand on a eu une vie comme la mienne, à la fois comme avocat, un des grands noms de la société française pendant dix ou quinze ans, une carrière politique qui n'est pas négligeable, on n'est pas sans ressources. Cela permet de tenir un certain train de vie sans avoir recours aux « expédients ».

Christine, elle, en avait besoin. Elle voulait réussir, faire des affaires, être un grand agent international. Le milieu de l'armement est difficile. Elle outrepassait ses capacités. Sirven qui était un affabulateur continuait à penser qu'elle pourrait avoir de l'influence sur moi au point de me faire changer d'avis. Ce en quoi il se trompait.

Christine n'était pas sans travers non plus. Elle est fantasque et paranoïaque. Quand elle a un projet et qu'elle échoue, elle n'est jamais responsable. Elle affirme avoir été trahie par tous les hommes de son entourage. Quand elle a été engluée dans cette affaire, c'était, selon elle, de ma faute car je n'avais pas fait ce qu'il fallait pour l'en sortir alors que j'en aurais eu le pouvoir. Elle en a conçu quelques rancœurs qu'elle a exprimées à plusieurs occasions dans des livres au titre racoleur que je n'ai pas lus. Elle prétend qu'elle m'a aimé et que c'était partagé. Pour ce qui me concerne, elle s'avance un peu. Je ne veux cependant pas être désobligeant avec effet rétroactif. Je compatis à la souffrance qu'elle a endurée. J'ai eu plus de peine à propos de son comportement. On ne doit pas dire n'importe quoi pour se sortir d'affaire, surtout quand on a sa part de responsabilité. Je lui sais gré cependant de n'avoir jamais franchi le pas de dire qu'elle m'aurait donné de l'argent, surtout devant Mme Joly, ce qui n'était pas facile car la juge menaçait de la mettre en prison, ce qu'elle finit par faire. Celle-ci a même essayé la même menace sur Gilbert Miara, le nouveau compagnon de Christine. Je le connaissais pour l'avoir rencontré quelques fois. Un jour, Mme Joly a reçu M. Miara et lui a asséné le coup suivant:

– Ou vous me dites que vous savez, simplement que vous savez, que M. Dumas a touché de l'argent d'Elf, auquel cas j'envoie tout de suite les policiers le chercher; je l'inculperai et vous serez libre, ou vous ne me le dites pas et c'est vous qui coucherez ce soir en prison.

– Je ne peux pas vous affirmer une chose inexacte, madame le juge...

– Eh bien, vous irez en prison ce soir. Gardes, emmenez-le.

C'est sa méthode pour faire craquer les gens. Elle disait, perverse: « Un petit séjour en prison, ça amollit les chairs. » Au pays des droits de l'homme, j'appelle cela de la détention arbitraire, voire de la torture. Christine Deviers-Joncour a fait front, mais elle n'avait pas la résistance intérieure suffisante. Il est impossible d'arrêter une procédure. C'est ainsi qu'elle s'est retrouvée à Fleury-Mérogis où elle a menacé de se suicider.

L'honneur d'un homme... aux chiens

Mme Joly aurait bien aimé me déstabiliser moi aussi. J'ai échappé à la garde à vue, mais elle y pensait. Je dois reconnaître que pendant un an je n'étais pas brillant. Surtout à cause de la campagne du *Monde* contre moi. Chaque après-midi, mon officier de sécurité m'apportait le journal en baissant la tête. Tous les jours cinq colonnes à la une. Quelle belle preuve de déontologie et de conscience professionnelle de la part de MM. Colombani, Plenel et Gattegno, heureusement aujourd'hui écartés du circuit des grands titres. Leur raisonnement était simple: Mitterrand a mis de l'argent de côté. Comment a-t-il pu se le procurer sinon auprès de Dumas et de Pelat? J'ai eu envie de tuer face à tant de méchanceté, de vilenie, de coups tordus pour vous faire fléchir, toujours avec force sourires. Bien que puissant, influent, avec des relations, une connaissance du droit, je me suis laissé piéger parce que j'étais innocent et ne pensais pas que les dérives de certains magistrats puissent atteindre de tels sommets. L'institution judiciaire est une machine à broyer les êtres, coupables et innocents entassés dans la même charrette vers la guillotine médiatique. Si on considère le nombre de suicides dans les prisons, on le mesure chaque jour.

J'aurais dû être jugé par la cour de justice de la République, car j'étais ministre en exercice au moment des faits, mais ils ont considéré que c'était une affaire de droit commun. Le parquet du procureur avait peur de Mme Joly comme d'une lionne. Si mon affaire avait été instruite devant la cour de justice, cela aurait pris encore deux ans d'instruction supplémentaires, mais surtout l'affaire aurait échappé complètement à l'acharnement des deux magistrates.

Pendant cinquante ans, j'étais de l'autre côté de la barre. Je n'ai jamais eu beaucoup d'admiration pour les juges, sauf pour quelques individus, les magistrats résistants pendant l'Occupation; ou encore ceux qui, au moment de la guerre d'Algérie, refusaient de condamner sur un dossier vide. Mis en examen à l'automne 1997, je suis abasourdi et ne crois plus en la justice de mon pays. Les grands principes du droit demeurent dans le marbre de la loi. Mais, dès qu'une affaire touche à la politique et à quelqu'un en vue, la sérénité et la vérité laissent la place au fantasme, voire au mensonge. Je ne crois plus désormais qu'en la justice du ciel...

Si l'on considère avec recul la carrière des deux juges d'instruction, Mmes Joly et Vichnievsky, on ne peut qu'être étonné par leur fulgurante réussite sous la bannière d'Europe Écologie. Une carrière politique peut ressembler à une récompense pour service rendu. Qu'une non-professionnelle de la politique, Mme Vichnievsky, sortie de l'obscur tribunal de grande instance de Chartres où elle prononçait des jugements de divorce, réussisse à se faire élire vice-présidente de la région Midi-Pyrénées a droit à toute mon admiration. Et que la petite juge aux mains soi-disant propres qui pourchassait les prétendus malfrats de la politique se retrouve au Parlement européen et vise la présidence de la République française, permettez-moi de dire, comme le grasseyait Coluche : «Je me marre.» Ma réussite politique, je ne la dois qu'à moi-même. En 1956 ou en 1967, quand il fallait battre la campagne enneigée et multiplier les tournées de bistrots pour conquérir un siège de député, ce n'était pas aussi confortable que de se faire élire sur une liste à l'Assemblée européenne de Strasbourg !

Blanchi sur toute la ligne

En fait, mon histoire de paire de chaussures cachait le fond de l'affaire, c'est-à-dire des commissions qui allaient jusqu'à 25 % de sommes énormes, puisque le contrat global était estimé à 16 milliards de francs. Il y avait une clause dans le traité des frégates selon laquelle, au cas où on démontrerait que des commissions avaient été versées, l'entreprise Thomson (devenue Thales) reverserait le montant de ces commissions à Taïwan qui avait acheté les navires. C'était un gros risque. Il fallait donc camoufler tout cela. Quelques journalistes amis qui se sont approchés de moi, les années suivantes, ont presque réussi à démonter le système, mais ils sont tous morts... d'un cancer. D'autres protagonistes ont eu un triste sort : défenestré, comme le fils du patron de la DGSE, ou condamné à mort à Taïwan. Deux amiraux taïwanais ont été condamnés à la réclusion à vie pour avoir touché des pots-de-vin. Mais certains se la coulent douce. A-t-on entendu dire qu'on ait arrêté, ou tout du moins convoqué, un certain Kwan, qui vit tranquillement en Angleterre ? Surnommé M. Shampoing, il était réputé pour blanchir l'argent. Nous avons un procès, des condamnations, une procédure qui continue, un secret-défense qui n'a jamais été levé, mais nous n'avons pas le fond des choses. Toute la partie crapuleuse n'a jamais été révélée.

Seules sont apparues mes histoires de « cornecul ». Moi, j'ai été acquitté en appel et relaxé par le tribunal administratif. Je n'ai eu qu'une petite condamnation pour diffamation car je me suis « payé » le procureur qui m'avait cherché à l'audience. Je considérai alors le principe de loyauté des débats bafoué et avais réagi vivement en disant à mon avocat : « Je me demande bien ce qu'il aurait fait pendant la guerre celui-là » et, comme me parlant à moi-même : « Il aurait été dans les sections spéciales. » Je l'avais dit suffisamment fort pour que le procureur l'entendît. Il ne m'attaqua pas à l'époque pour outrage à magistrat et je ne fus pas l'objet de poursuite disciplinaire en tant qu'avocat. Le ministère de la Justice attendit curieusement 2003 et la sortie de mon livre, *L'Épreuve, les preuves*, pour déposer plainte. Je fus relaxé en janvier 2005 par des juges, intelligents et connaissant le droit, qui ont considéré que mes propos relevaient de la libre critique. En janvier 2006, la cour d'appel de Paris infirma ce jugement et me condamna à 2 000 euros, ainsi que mon éditeur. En février 2007, la Cour de cassation rejeta le pourvoi et me condamna à payer 3 000 euros pour frais. C'est alors que j'ai intenté un recours devant la Cour européenne des droits de l'homme considérant que ma liberté d'expression avait été bafouée. Je suis particulièrement heureux qu'elle m'ait donné raison le 15 juillet 2010 par cinq voix contre deux.

Dans l'affaire Elf, il y avait en fait trois procès. Le procès de fond pour lequel j'ai été condamné puis relaxé. Puis le

problème fiscal que Mme Joly avait dénoncé au fisc en considérant que j'avais fraudé en refusant de déclarer les fonds secrets.
Le tribunal administratif m'a relaxé de toutes poursuites. Le
troisième était celui intenté par le procureur Champrenault,
un ancien avocat « reconverti » dans la magistrature. Ce sont
les plus terribles ! Être avocat, c'est un engagement. Mais solliciter des faits pour prononcer des sentences contraires à sa
vocation première, je trouve cela avilissant. Je ne dis pas que
les voyous ne doivent pas être condamnés, mais il y a toujours
quelque chose à dire pour défendre un accusé même le plus
misérable. Je rejoins en cela mon ami Jacques Vergès qui m'a
appelé pour me féliciter et m'inviter à dîner pour fêter cela !
Ma seule consolation est la lecture de la décision de la Cour
européenne des droits de l'homme qui a mis un point final à
mes tourments : « [...] Roland Dumas n'a fait qu'user dans son
livre de sa liberté de relater, en tant qu'ancien prévenu, le récit
de son propre procès. De plus, il a pris soin de replacer ses
propos dans leur contexte et de les expliquer avec ses propres
outrances en décrivant sa perte de contrôle et en invoquant un
"parallèle audacieux". La Cour conclut que la France doit verser
à Roland Dumas, à titre de satisfaction équitable, 8 000 euros
pour dommage matériel, en remboursement des sommes qu'il a
été condamné à verser [...] »

La bouche du cheval

J'ai prêté le flanc à la comédie avec une histoire de souliers.
Tout cela avait été orchestré pour dissimuler la réalité de l'opération, c'est-à-dire le versement de commissions énormes à des
gens importants et à des partis politiques. J'aurais trouvé très
bien qu'on déballât les montants de ces commissions et leurs
destinataires. Ces commissions existent. Cela m'a été confirmé
par Michel Charasse, alors secrétaire d'État au Budget qui a été

chargé de les régler. Ce genre d'affaires secrètes ne venait pas chez les ministres «politiques». Charasse ne rendait compte qu'à l'Élysée par l'entremise de son secrétaire général. C'est ce dernier qui montrait la liste des bénéficiaires au président de la République. Ce dernier regardait le document sans mot dire et le rendait à son visiteur. À partir de ce moment, le secrétaire d'État considérait qu'il avait le feu vert pour exécuter les versements. J'ai embarrassé un peu Charasse en disant qu'il était désormais l'un des rares à savoir quels étaient les bénéficiaires. Je n'ai pas cité son nom, mais ai dit que je tenais mes informations «de la bouche du cheval». Il m'a d'ailleurs téléphoné pour m'«engueuler»! Charasse ne peut rien dire car il est membre du Conseil constitutionnel et toujours tenu par ailleurs au secret-défense. S'il parlait, il serait poursuivi. Depuis le début de l'affaire, j'affirme à qui veut l'entendre que je suis pour la levée du secret-défense pour connaître enfin la vérité.

Il ne faut surtout pas croire non plus aux récits qui se voulaient «croustillants» de Mme Deviers-Joncour. Je ne l'accable pas car, dans cette histoire, je prétends qu'elle était plus sotte que méchante. Elle a raconté que j'avais fait changer les serrures de mon appartement pour lui en condamner l'accès. En fait, je m'étais trompé et lui avais remis une clé ancienne qui ne coïncidait pas avec la serrure... Elle était furieuse. J'avais fait changer les serrures, mais bien avant cet incident qui n'est pas à mettre sur le compte du machiavélisme, mais du hasard... qui fait bien les choses. Car j'ai appris plus tard qu'elle avait enregistré quelques-unes de nos séances intimes.

Encore plus ahurissant, car je le tiens de sa bouche même, elle espionnait son propre fils. Ce dernier, souffrant d'une grave dépression délirante, était interné à Sainte-Anne où il était mal en point. Elle lui téléphonait tous les jours et enregistrait leur conversation. Pourquoi faisait-elle cela? Dans mon cas, j'aurais pu comprendre qu'elle me piégeât par jalousie ou

pour répondre aux sollicitations d'un service de renseignements. Mais son propre fils! Ce n'est pas le comportement de
quelqu'un de sain et sans arrière-pensées, encore moins d'une
mère. À ce moment, j'ai compris qu'elle déraisonnait.

Que sont mes amis devenus?

C'est une banalité de le dire, mais c'est dans l'adversité
qu'on voit ses amis. Les plus fidèles sont restés. Certains sont
revenus comme si de rien n'était. Un seul m'a manqué, Jacques
Attali. Je lui en veux vraiment. Ce n'est pas quelqu'un de fiable,
quelqu'un de bien. Il est prétentieux. Pour aller chez le président,
on ne pouvait faire autrement que de passer par son bureau.
Il filtrait les visiteurs, les interrogeait à la sortie et notait les
verbatim. Il prenait copie de toutes les notes qui arrivaient chez
Mitterrand. Le soir, il faisait taper ces documents par sa secrétaire et ça allait «direct» à l'imprimerie. Quand Mitterrand a lu
Verbatim, il n'était pas satisfait. Un soir que je lui rendais visite
et qu'il feuilletait le livre, il l'a laissé tomber sur son bureau,
avec une moue: «Il faudrait tout refaire.» Attali affirmait que
Mitterrand avait tout lu, mais, en fait, il n'avait rien corrigé!

Attali est surtout quelqu'un qui n'a pas de parole. Je me suis
brouillé avec lui à cause de cela. Il s'était entremis dans mon
affaire, où il n'avait rien à voir, d'une bien étrange façon. Il me
téléphone un jour pour me faire rencontrer, à son domicile de
Neuilly, Edwy Plenel et Hervé Gattegno, les deux «enquêteurs»
du *Monde*. J'avais confiance en lui et je pensais qu'il les avait
convaincus de ma bonne foi. Je l'ai remercié d'avoir organisé
cette rencontre. Ils sont venus en fait me tirer les vers du nez
pour en faire leur gamelle. Je dis bien «la gamelle», celle des
chiens qu'ils étaient.

Quand le procès est venu, j'ai dit à Attali: «Est-ce que tu
peux témoigner sur la réunion qui a eu lieu chez toi entre

les journalistes et moi ? » Je lui ai demandé dix fois, je lui ai téléphoné dix fois. Comme il ne venait pas, je lui ai dit : « Envoie-moi une lettre. » Je n'ai jamais eu ni sa présence ni le témoignage ni même un mot. J'attendais qu'il vienne dire au tribunal que je m'étais expliqué chez lui, que l'un et l'autre semblaient approuver ma position. J'ai même considéré que je devais rendre la politesse de ce petit déjeuner. Ce que j'ai fait en les invitant à déjeuner.

C'est un arriviste forcené. Il est sans convictions et sert celui qui peut lui être utile. L'apothéose a été le ralliement à Sarkozy ! Je crois que la trahison remontait loin. La façon dont il m'a parlé de Mitterrand après sa mort m'est odieuse : « J'ai été le collaborateur d'un collaborateur », m'a-t-il confié un jour. Il fallait oser le dire quand on a été si proche d'un grand homme d'État. Mitterrand avait certes des faiblesses ; il trouvait Attali intelligent, ce qui est vrai. Mais l'intelligence n'est pas un brevet de vertu. Ma déception est d'autant plus grande que j'avais de l'amitié pour lui.

J'avais aussi de la sympathie pour Arnaud Montebourg que j'avais reçu à ses débuts et recommandé à Pierre Joxe. Je lui ai même conseillé d'entrer au parti socialiste alors qu'il était au parti radical. Je l'ai aidé à trouver une circonscription et lui ai mis le pied à l'étrier en lui confiant des affaires à plaider, notamment dans la succession Giacometti. Un garçon pour lequel j'avais toutes les raisons d'être admiratif puisque ses deux modèles en politique étaient Edgar Faure et moi ! L'avocat s'est vite transformé en procureur. Quelques mois après, j'étais le dernier des derniers, et il me donnait des leçons de socialisme.

J'ai fait condamner pour diffamation Plenel, son complice du *Monde*, en faveur de qui il est venu témoigner à l'audience pour le dédouaner, ce qui trahissait le pacte inavouable qui existait entre eux. Les agitations du député de la Saône-et-Loire à mon endroit m'ont valu une exclusion du parti en 2002 parce que je l'avais insulté, et avais même fait campagne contre lui dans sa circonscription. François Hollande, le premier secrétaire de l'époque, m'avait confié, embarrassé :

– Montebourg demande que tu passes devant la commission des conflits, je ne peux rien faire contre, puisque tu ne retires rien de ce que tu as dit contre lui.

– Non, je ne retire rien.

Je me suis donc présenté, un soir, rue de Solférino. Je me suis défendu en arguant de ce que j'avais répondu à la provocation par la provocation ! Ils m'ont exclu pour deux ans. C'était comme une décoration. Avant que la sanction ne tombe, j'avais lancé à mes « juges » : « Vous allez m'exclure pour quelques mois, mais ce n'est pas grave ; je suis socialiste depuis 1942 ! » Tout le monde a rigolé.

François Hollande a assez de réserves intellectuelles pour pouvoir un jour prétendre à de hautes fonctions. Il a toujours montré un vrai sens politique et un vrai souci de l'État. De plus, il est élu d'une région plus radicale que socialiste. S'il ne fait pas de bêtise et qu'il continue comme cela, il fera un bon candidat à l'élection présidentielle.

Ce n'est pas la première fois que j'ai été en coquetterie avec le parti. Ainsi, par exemple, au moment de l'amnistie des anciens de l'Algérie française. Je connaissais bien la question et n'étais pas angélique pour autant : je savais qu'il y avait comme on dit « à boire et à manger » chez ceux qui s'étaient battus contre l'indépendance de l'Algérie. Tout en restant fidèle à mes engagements, l'amnistie pour les généraux félons me paraissait un geste d'apaisement. J'ai voté spontanément et sans me poser de questions et sans regarder comment votaient mes collègues du parti. Pierre Joxe, qui était psychorigide, avait décidé « qu'on ne pouvait transiger avec les traîtres qui avaient pris les armes contre la République ». Il a donc voté contre le projet de Mitterrand qui était furieux. Joxe m'a envoyé une lettre m'enjoignant de changer mon vote. Je ne lui ai pas répondu. Il a alors fait prendre une délibération par le groupe socialiste à l'Assemblée pour m'exclure. Mitterrand s'est fâché et est intervenu pour calmer le jeu.

Jospin demande de mes nouvelles à des amis qu'il charge de me transmettre ses amitiés. J'ai un peu de considération pour lui. Je reconnais avoir été dur quand j'ai regretté publiquement qu'il ait manqué de courage dans mon affaire. Il était quand même dans le gouvernement de l'époque et connaissait la situation de l'intérieur. Quand on est dans un parti, un clan, un club, on défend ses amis comme ses proches. Il savait très bien ce qui s'était passé dans l'affaire Elf. Il n'a rien dit par faiblesse, voire par jalousie.

Furieux, je m'en suis pris à son père qui avait été un collaborateur ami de Marcel Déat. Il m'avait téléphoné pour me dire qu'il allait m'expliquer, mais je connais le disque. Je lui en ai surtout voulu quand il a parlé du «droit d'inventaire» après la mort de Mitterrand.

Je ne dis pas que je regrette d'avoir dit ce que j'ai dit. «Le regret, c'est comme l'épée que l'on retire du corps de son ennemi», a dit le philosophe. Si je regrette, c'est sur le plan humain car j'ai horreur de faire de la peine. Or, je sais que je lui en ai fait, mais c'était dans le feu de la bataille. Et puis ce n'était pas un adversaire politique. Quand on fait de la peine à un adversaire politique, c'est moins embêtant!

Jean-Pierre Chevènement a toujours été ambigu parce que fidèle à ses idées baroques. Il était toujours pris dans ses contradictions. Il est brillant quand il expose ses convictions, ce qui n'empêche pas qu'elles soient sans portée. Il est souvent «à côté de la plaque», mais pas forcément hors d'état de nuire. Je ne lui pardonne pas d'avoir fait battre Jospin à l'élection présidentielle de 2002. Ce dernier n'ose pas trop le dire, mais c'est la vérité. Je crains qu'il ne recommence ses errements en se présentant en 2012! Quand il avait pris position contre le traité de Maastricht, j'étais allé lui porter la contradiction dans son fief de Belfort et lui dire publiquement qu'il faisait fausse route.

Loïk Le Floch-Prigent est retourné en prison en 2010 parce qu'il n'a pas pu trouver les sommes énormes qu'on lui réclamait. C'est scandaleux. Cet homme est malade, et un tel acharnement me choque. Je ne crois pas que ce soit quelqu'un de malhonnête. Il paie pour tous les autres parce qu'il **avait fait** des concessions à Alfred Sirven qui en a abusé. Je ne connais pas intimement l'ancien patron d'Elf. À propos de Le Floch, Mitterrand m'avait dit : « C'est un type bien qui sort du rang et cela va changer des polytechniciens et des inspecteurs des Finances! » Les grandes entreprises nationales étaient la chasse gardée de la haute administration; le groupe Elf, en particulier, où les hauts fonctionnaires se « transmettaient le bâton de maréchal ». Mitterrand a voulu faire un coup en choisissant quelqu'un de compétent, mais qui n'avait pas le prestige des majors des grandes écoles.

Les mauvaises langues ont eu beau jeu de raconter que la présidence d'Elf était un poste « en or ». Il était de notoriété publique que le groupe pétrolier était, depuis son origine, la pompe à fric des gouvernements de droite qui se sont succédé. Mitterrand pouvait en avoir assez de ces inspecteurs des Finances qui favorisaient la droite, mais il ne l'a pas exprimé comme cela devant moi.

Lever le secret-défense

Les vedettes de Taïwan ont fait leur retour dans l'actualité en 2010 avec la condamnation de l'État à payer 450 millions d'euros. Je n'ai pas voulu commenter à chaud cette information, malgré la pression médiatique, parce que je considère que cette affaire frauduleuse ne me concerne pas. J'ai dit aux journalistes : « Allez voir les acheteurs, les vendeurs et les intermédiaires » que j'appelle « les escrocs ». Si on avait démontré que j'avais eu des intérêts dans l'affaire, j'aurais pu faire un commentaire, mais je ne m'en sentais pas le droit. Cette condamnation à payer était prévisible. Quand j'ai lu le contrat, cette clause figurait en toutes lettres. J'avais dit, sans en informer l'adversaire pour ne pas être traître à la cause de mon pays, que l'affaire se conclurait par un arbitrage et que la France serait obligée de payer. La meilleure preuve qu'on s'attendait à ce verdict est que les dirigeants de Thales avaient provisionné, dans le bilan 2009, le montant de la commission. Ils savaient pertinemment qu'ils seraient condamnés à payer.

À qui ont profité les rétrocommissions de la vente des vedettes de Taïwan ? N'ayant pas la preuve de mes soupçons, je ne peux citer aucun nom. Cela concerne au premier chef les Taïwanais en fuite, en prison ou liquidés dans des conditions troubles. Pour ce qui concerne les Français, ceux qui savent devraient parler un jour. Puisque François Mitterrand n'est plus là, je compte sur mes anciens collègues du gouvernement : Pierre Joxe, qui était informé par les notes blanches émanant de la DST ; Jean-Pierre Chevènement et son ami de toujours Alain Gomez ; les deux grands argentiers Laurent Fabius et son successeur Francis Mer qui ont refusé l'un et l'autre de lever le secret-défense. Mais celui qui pourrait faire le plus de révélations, c'est, bien sûr, Michel Charasse qui, en tant que secrétaire d'État au Budget, était chargé de la régularisation comptable.

Mais il est moins prolixe depuis qu'il a rejoint le Conseil constitutionnel. Cette maison a la vertu de faire taire les bavards...
J'en parle en connaisseur !

Je doute que l'on sache jamais beaucoup plus dès lors que
les juges d'instruction ont capitulé. On peut encore songer à la
levée du «secret-défense» à condition qu'on n'ait pas déjà vidé
les tiroirs...

Aussi dures soient-elles, les épreuves judiciaires que j'ai
traversées n'ont jamais atteint le pathétique de l'assassinat
de mon père. J'ai toujours su que je me sortirais des chausse-
trappes des magistrats. Je m'effondrais intérieurement, mais
ne le montrais jamais. C'est ce qui a irrité Mme Eva Joly qui
était sûre de ma culpabilité. L'atteinte à l'honneur est difficile à
supporter, mais je savais que je n'avais rien de grave à me reprocher, à part quelques petites «conneries». Je supporte mal de ne
pas être en conformité avec ce que je dis ou ce que je fais. Moi
aussi, j'ai ma morale.

13

Tout un *Monde*

Les étreintes du pouvoir et des médias

Tout faiseur de journaux doit tribut au Malin.
La Fontaine (lettre à Simon de Troyes, 1686)

J'ai toujours aimé la presse et les journaux, le contact « magique » avec le papier qui vous met en prise directe avec le monde entier et permet de le mieux comprendre. Tous les jours, à vélo, j'allais à la gare de Limoges chercher pour mon père *Le Populaire*, le journal de Léon Blum. Quand *Le Populaire* n'était pas arrivé, j'achetais *L'Œuvre*, bien que plus centriste. Dès l'âge de 12 ou 13 ans, je commençais à dévorer les nouvelles avec passion. Je crois bien que, confusément, je pressentais que la presse me conduirait, d'une façon ou d'une autre, vers le monde de la politique qui me fascinait.

Entre 1949 et 1955, j'ai exercé la profession de journaliste à *L'Agefi* (Agence économique et financière) ainsi qu'au journal *L'Information* parallèlement à mes activités d'avocat, car je m'inscrirai au barreau de Paris dès 1950. Cette agence de presse était dirigée par deux frères, Robert et André Bollack.

Ce dernier m'aimait bien car il avait été avocat à Strasbourg avant la guerre. Moi, j'avais une «faiblesse» pour sa secrétaire particulière que j'avais connue à l'école de chant. Mme Pagano avait une belle voix et chantait à merveille l'opérette et l'opéra-comique. Elle avait beaucoup de «qualités». Son frère, baryton, nous donnait la réplique. Comme elle voulait m'être agréable, c'est elle qui avait parlé de moi à son patron: «J'ai un ami qui a des diplômes et rentre de Londres où il a appris l'anglais; il voudrait faire du journalisme...» Le patron me proposa de passer le lendemain matin, au 108, rue de Richelieu, près des Grands Boulevards. Pour me tester, il commence à me parler en anglais avec un épouvantable accent français. Je lui réponds sans sourciller avec un parfait accent cockney. Il n'insiste pas et ajoute:

– Combien voulez-vous gagner?

– 350 francs.

– Vous êtes fou! Vous savez que pour être journaliste il faut de la culture générale... Cela demande de la persévérance. Moi, j'ai mis trente ans pour y arriver.

– Je sais tout cela, monsieur, mais je n'ai pas le temps d'attendre. J'ai été victime de la guerre...

Je lui raconte l'histoire de ma famille. «Ah bon, votre père a été fusillé?»

Il me pose alors une foule de questions, peut-être pour vérifier que je n'étais pas un affabulateur. Il prend sa plume et un papier et me demande à nouveau:

– Combien m'avez-vous dit?

– 350 francs, monsieur.

– Passez à la caisse chercher votre avance.

Il me convoque pour le lundi suivant et s'enquiert du département qui m'intéresse:

– Le service étranger.

– Très bien, mais il faudra venir à 5 heures du matin pour traduire les dépêches.

– Je suis d'accord.

Service politique

J'étais journaliste au petit matin et me rendais au palais vers 11 heures. J'ai passé le CAPA (certificat d'aptitude à la profession d'avocat) qui était beaucoup plus simple que de nos jours. Là encore, j'ai profité des services d'une autre jeune femme, très patiente, qui était déjà avocate et connaissait les pièges du certificat d'aptitude. Elle apprenait par cœur les règles de la procédure pénale qu'elle me faisait réciter le soir dans une proximité de bon aloi. C'est ainsi que j'ai obtenu mon CAPA avec 18 sur 20... Les femmes ont été des « éclaireurs » dans ma carrière, mais cela ne m'empêchait pas de bosser comme un fou. Je n'étais pas un gigolo !

L'Agefi appartenait à une famille juive de quatre frères dont deux avaient été déportés et deux autres s'étaient réfugiés à l'étranger. Leurs journaux avaient été mis sous séquestre pendant l'Occupation, et avaient pu reprendre leur parution dès la Libération, à la différence de la plupart des autres titres confisqués pour sabordage tardif, voire collaboration.

Ce journal donnait les cours de la Bourse et publiait de la publicité financière qui était une manne pour les propriétaires. Ils ont ensuite racheté le titre *L'Information* pour en faire un journal du soir avec l'ambition de concurrencer *Le Monde* ! Je faisais des interviews et des reportages. Le directeur m'avait envoyé voir Paul Reynaud, le président du Conseil qui avait démissionné en juin 1940 pour laisser la place au maréchal Pétain ; Paul Faure, le rival de Léon Blum, dissident socialiste exclu de la SFIO en 1944. J'étais impressionné par la rencontre avec ces personnalités.

La France n'est pas le monde

Mes patrons étaient contents de moi. André Bollack m'envoie un jour interviewer William Averell Harriman, le gouverneur de l'État de New York et futur candidat à l'investiture démocrate pour la présidence des États-Unis d'Amérique, tout en doutant que je puisse réussir à le rencontrer. Ma fierté était piquée. Je planquai dans le hall de l'immeuble où Harriman avait une réunion et me précipitai dans l'ascenseur au moment où il y entrait. Je l'ai «coincé», et il m'a gentiment donné un rendez-vous pour une interview. Les frères Bollack étaient «soufflés». Comme je travaillais bien à leur goût et qu'ils voulaient mieux organiser la rédaction de *L'Information* qui n'arrivait pas à tomber à l'heure, ils décidèrent de me nommer directeur. Pendant trois ou quatre mois, je me suis totalement investi dans cette tâche. Je passais ma vie au journal où je menais la rédaction d'une main de fer. J'écrivais les articles le jour et le soir relisais les morasses imprimées dans les sous-sols de l'immeuble.

Pour me motiver, il m'envoyait faire des grands reportages à l'étranger. C'était l'époque où le docteur Mossadegh nationalisait le pétrole iranien. J'étais aux anges car c'était la première fois que j'allais si loin! Je suis passé par Londres pour prendre de l'argent car les frères y avaient des comptes en banque. J'ai rencontré le Premier ministre du shah. Je me suis rendu ensuite au Liban, puis en Égypte où j'ai interviewé le général Neguib, père de l'indépendance égyptienne. Il paraît qu'il m'a reçu car, souffrant alors d'une allergie de peau, je m'étais laissé pousser la barbe. Il avait dit à l'ambassadeur de France que je lui plaisais beaucoup car je ressemblais à un Frère musulman! J'ai ensuite rencontré Gamal Abdel Nasser dont, à l'origine, Neguib était le patron. Il réussira à l'évincer en 1954 pour instaurer sa révolution nationale. J'ai ainsi commencé ma «carrière internationale». J'étais très fier de mes articles que j'ai toujours conservés.

André Bollack me dit alors : « Nous avons décidé de doubler votre salaire. » J'ai longuement hésité, mais j'avais déjà en tête de faire de la politique car c'est précisément à cette date que les copains de la Résistance à Limoges m'avaient sollicité pour me présenter à la députation. J'ai décliné l'offre. C'est alors que j'ai eu affaire au grand patron, Robert Bollack. C'était une sorte de bouddha qui m'a reçu dans son grand bureau directorial digne d'un roman de Balzac, avec ses boiseries sombres et ses fauteuils club :

– Alors, vous ne voulez pas être directeur de *L'Information* ?

– Mais, directeur, je le suis déjà dans les faits.

– Pourquoi donc, grands dieux, refusez-vous cette proposition en or ?

– Parce que je vais me présenter à la députation à Limoges...

– Député ! À Limoges ? Mais c'est plein de communistes là-bas ! Je n'ose même pas y passer en voiture...

Il avait une grosse américaine conduite par un chauffeur à qui il demandait de faire un détour quand il passait dans le secteur, craignant encore une attaque des maquis communistes ! Personne, bien sûr, ne croyait à mes chances, mais quand j'ai été élu, je suis revenu voir André avec lequel j'entretenais d'amicales relations. Il me conduisit chez son frère qui me félicita chaleureusement :

– Où allez-vous siéger ?

– À la commission de la Presse.

– Dumas, c'est très simple. Vous gardez votre traitement dans la maison et on reste en contact...

– C'est très aimable à vous, mais je ne suis pas sûr de pouvoir accepter...

André Bollack a insisté pour que je prenne le temps de la réflexion car il tenait à me garder dans son équipe. J'ai évidemment refusé cette proposition qui n'était pas innocente. Un député « dans la manche » pouvait toujours servir. J'aurais pu faire de la politique en restant journaliste, mais c'était des journaux de droite, et c'était inenvisageable pour moi. D'autres à ma place n'auraient pas hésité. De plus, est arrivée très vite la guerre d'Algérie, avec pour conséquence mon engagement en faveur de l'indépendance. J'ai donc ainsi tourné la page du journalisme, mais pas complètement cependant.

Une page se tourne

Quand Mitterrand m'a expédié à Brive en 1967 pour battre Jean Charbonnel, j'avais racheté *La Corrèze républicaine et socialiste*, un petit journal local qui végétait. Il avait été créé par un anarchiste, un original qui rédigeait son journal à la main. Âgé de plus de 80 ans, il voulait un successeur tout en continuant cependant à écrire l'éditorial. Si je ménageais mes appuis locaux, je n'étais plus totalement un provincial depuis que je faisais carrière à Paris.

Jean-Jacques Servan-Schreiber était un « jongleur » sur lequel il ne fallait pas compter. En tant que radical, il était en principe dans l'alliance de gauche avec moi. Un jour que nous dînions ensemble chez le professeur Maurice Duverger, le célèbre constitutionnaliste, arrive l'édition de *L'Express,* dont il était le directeur. L'accroche de couverture était intitulée « Le tonnerre de Brive » chapeautant la photo de mon adversaire Charbonnel. J'étais furieux de ce premier coup des bourgeois centristes qui ne serait pas le dernier... J'ironisai :

– Bravo au camarade de gauche !

– Quand vous aurez battu Charbonnel, vous aurez droit à votre revanche... et à notre manchette.

– C'est ce qu'on verra.

Une fois élu, je m'attendais à ce qu'il tienne sa promesse. Je n'ai jamais vu venir aucun article ni même un mot de félicitation. Je l'ai toujours pris pour un faiseur plutôt antipathique.

J'avais plus de sympathie pour sa première femme, Madeleine Chapsal, qui était limousine, ses sœurs Brigitte Gros et Christiane Collange et, dans une moindre mesure, son «amie», Françoise Giroud. Bien qu'inconditionnelle de Mendès France, elle a signé devant moi son soutien à François Mitterrand dont elle avait dit qu'elle le trouvait bel homme dans sa jeunesse. On a prêté à Giroud une aventure avec lui. La seule chose dont je puisse témoigner est que son héros était Mendès France. Ce dernier était «consommable». Mitterrand était «trouble» à ses yeux. Son coup de pied de l'âne a été la publication, en 1984, de son roman *Le Bon Plaisir* aux éditions Mazarine (!). Le cinéaste Francis Girod en a tiré un bon film avec Catherine Deneuve et Jean-Louis Trintignant. Il fallait cependant avoir quelques clés pour comprendre, même si la «seconde famille» commençait à être connue dans tout Paris. Quand Mitterrand a été élu en 1981, le tohu-bohu a été général au sein de la gauche germanopratine où régnait encore la vieille imagerie «on est de gauche, mais pas trop». Ils ressortaient tous les vieilles injures dont ils l'avaient accablé pendant la guerre d'Algérie.

Photo ratée

Rocard avait été aux avant-postes de ces anathèmes contre Mitterrand, mais la hache de guerre semblait enterrée depuis 1988 Rocard s'était une nouvelle fois désisté en faveur de Mitterrand à la présidentielle. Il s'agissait, pour ce dernier, d'accréditer l'idée que la trêve était signée et que son rival pouvait désormais prétendre à de hautes fonctions, Premier ministre par exemple. Il fallait concrétiser l'idée par une photo «décontractée et souriante», destinée à récupérer les voix des rocardiens Mitterrand m'avait donc dit une semaine auparavant: «Voyez-le.» Je le rencontre discrètement à déjeuner chez l'une de ses proches amies. Nous n'étions que tous les trois:

– Je viens te voir de la part de Mitterrand.

– Qu'est-ce qu'il me veut ?

– Je crois qu'il a des intentions pour toi...

– Qu'attend-il de moi ?

– La fonction suprême.

– Tu crois vraiment ?

– Je ne crois pas, j'en suis sûr puisque je suis mandaté pour te sonder, te prévenir.

– Ce serait formidable !

Je rends compte à Mitterrand :

– Rocard est enthousiaste.

– Vous êtes sûr ?

– C'est mon impression, mais pour le reste, je ne sais pas s'il tiendra la route.

Huit jours après, il l'invite dans les Pyrénées. Le temps était à l'orage... Il pleuvait des cordes. C'est à ce moment qu'a été faite cette photo pour le moins ridicule : Rocard, coiffé d'une casquette trop grande, avait revêtu un imperméable trop long et chaussé d'incroyables brodequins trop neufs. Cette photo suscita la risée générale, mais Mitterrand, plus impérial que jamais sur le cliché, n'y était pour rien...

Le poids des mots

Revenons en arrière. J'avais un collaborateur au palais, maître Dahan, qui était originaire d'Oran. Alors que je venais d'être élu député en 1956, il entre dans mon bureau et me demande un service :

– J'ai un cousin, jeune journaliste en Algérie, qui débarque à Paris où il voudrait faire ses classes dans le monde politique. Il ne connaît personne. Son rêve est d'aller à l'Assemblée natio-nale pour assister aux débats. Peux-tu lui donner un coup de main ?

– Bien sûr. Envoie-le-moi. Comment s'appelle ton jeune protégé?

– Jean-Pierre Elkabbach...

Depuis cinquante ans, celui-ci me voue un véritable culte car c'est moi qui lui ai mis le pied à l'étrier, ce qui ne l'a pas empêché de me faire quelques entourloupettes. Un matin, il m'invite à venir parler de l'«affaire» au micro d'Europe 1, mais il ne me dit pas qu'il y aura d'autres intervenants. J'arrive dans le studio où était déjà installé Hervé Gattegno qui, depuis des semaines, s'acharnait contre moi dans *Le Monde*. J'ai failli dire: «C'est une ordure, je m'en vais.» Mais je suis resté et l'ai ignoré. Quand je suis parti, il m'a dit au revoir, mais je ne lui ai pas répondu. J'aurais dû me souvenir que les journalistes sont des malins. Ils peuvent être aussi des criminels. Pendant un an, j'ai été la tête de Turc du *Monde*, au rythme de 54 articles avec cinq colonnes à la une.

Ce quotidien s'est acharné sur moi à cause d'un conflit personnel avec Mitterrand. Il était mort, et ils se sont vengés. J'étais provocant et me souciais peu du qu'en-dira-t-on. Jean-Marie Colombani et Edwy Plenel avaient mis la main sur le quotidien du soir et ils en profitaient pour régler leurs comptes avec ce qu'il était convenu d'appeler la «mitterrandie». C'est vrai que j'étais vulnérable à cause de mes fréquentations. À travers moi, ils atteignaient François Mitterrand et une forme de «gouvernance» qui n'était pas de leur bord. C'était les thuriféraires dogmatiques de la «nouvelle gauche» à qui déplaisait fortement l'union de la gauche avec les communistes dont j'avais été l'un des artisans.

Quand il était correspondant aux États-Unis, Plenel avait déjà commencé à faire des papiers indignes, avant même que nous soyons au pouvoir, où il affirmait que Mitterrand avait touché de l'argent de la drogue, argent qui aurait transité par l'ambassade de France à Washington. C'était déjà une campagne contre les socialistes.

Yves Bonnet, ancien directeur de la DST, raconte dans un livre que Plenel était venu le trouver pour déstabiliser l'Élysée quand nous étions au pouvoir. Colombani et Plenel étaient en cheville avec Mmes Joly et Vichnievsky qui avaient juré ma perte. Dans le cadre de cette affaire, j'ai été cité comme témoin un grand nombre de fois. Le président de la cour me demande un jour :

– Que pensez-vous de M. Plenel ?

– J'en sais ce que m'en disait M. Mitterrand ; il m'a affirmé un jour : « Quand on est président de la République, on sait beaucoup de choses, et je puis vous affirmer, car j'en ai la preuve, que M. Plenel est un agent de l'étranger... »

– Vous êtes sûr de ce que vous affirmez ?

– Monsieur le président, sous la foi du serment que je répète, c'est un agent de l'étranger.

Brouhaha dans la salle d'audience. Et quand je suis sorti, j'ai été pris à partie par les sbires de Plenel, mais je ne me suis pas démonté.

Le choc des photos

Mitterrand n'a jamais porté plainte contre un média, même si nous sommes passés à deux doigts, au moment de la publication de la photo de Mazarine en couverture de *Paris-Match*. Le président m'avait fait venir un après-midi. Il était sur son lit. Il venait de recevoir Stéphane Denis, reporter au magazine, qui lui avait montré les photos prises par Pascal Rostain, aujourd'hui portraitiste officiel de Mme Carla Bruni-Sarkozy, ce qui prouve que les « voyous » finissent par se ranger. Sur une dizaine d'images, on voyait le président parlant affectueusement à Mazarine au sortir du meilleur restaurant de poisson de Paris, Le Divellec, près des Invalides. Très inquiet, il me dit :

– Roland, ils s'en prennent à ma vie privée.

– Vous ne voulez pas que ça paraisse ? Je vais faire le nécessaire.

Je l'ai rassuré et suis allé au tribunal assez confiant. J'explique à la présidente que je vais déposer une requête pour faire saisir le magazine. Elle me dissuade d'avoir recours à cette procédure sans adversaire. Elle me conseille plutôt une assignation qu'elle ne prendra pas seule, mais avec deux autres magistrats, pour se couvrir évidemment. Comme je ne voulais pas risquer l'échec, je lui demande en prenant congé :

– Nous nous connaissons bien, madame la présidente, pouvez-vous me dire quelle est la chance de réussite de cette procédure ?

– Je ne peux parler au nom de mes collègues, mais je ne crois pas que le tribunal fera saisir un journal...

Cette réponse me suffisait. Mitterrand était en convalescence à Belle-Île-en-Mer après son opération. Je l'appelle pour lui avouer que les choses sont plus compliquées que prévu. Il me demande de négocier alors avec *Paris-Match* pour empêcher la parution. Je rencontre le patron, Roger Thérond, qui m'assure que l'hebdomadaire ne publiera pas la photo « pour le moment », prend-il bien soin de préciser. Quelque temps après, cependant, Thérond me téléphone pour me dire que le paparazzo a vendu ses photos à un magazine italien qui va les publier. Dès lors, *Match* n'entendait pas être « grillé » et m'annonçait la publication pour le lendemain.

Je vais, très inquiet, annoncer la nouvelle au président qui me fait cette remarque stupéfiante : « Eh bien, tant pis, ce sera comme une catharsis en psychanalyse ! » C'était pour lui la libération d'un refoulé trop longtemps contenu. Cette révélation l'a, d'une certaine façon, soulagé. Son histoire avec *Paris-Match* ne s'est pas arrêtée là. La photo sur son lit de mort publiée en double page a aussi fait scandale. Danielle se disait choquée. Moi, je la trouve belle. C'est un gisant à l'instar de ceux des rois de France dans la basilique de Saint-Denis. Après une vie si bien remplie, il a le masque d'un empereur romain.

Mes années *Canard*

Mes rapports exécrables avec *Le Monde* se sont normalisés depuis que la nouvelle équipe a été mise en place. Y travaille Françoise Fressoz, la fille de Roger Fressoz que j'ai bien connu quand il dirigeait *Le Canard enchaîné* à partir de 1970. C'est sous son «gouvernement», car c'était un vrai contre-pouvoir, que l'hebdomadaire satirique s'est lancé dans le journalisme d'investigation dont les révélations ont fait trembler plus d'un président de la République. À partir de 1960, c'est lui qui rédigeait, sous le pseudonyme d'André Ribaud, «La Cour» au temps du Général. C'était un pastiche désopilant inspiré, dans son style d'écriture, par les grands chroniqueurs des XVIIᵉ et XVIIIᵉ siècles comme le cardinal de Retz ou le duc de Saint-Simon. Cette chronique dénonçait l'exercice solitaire du pouvoir, la restriction des libertés publiques, le contrôle de l'information et le rôle néfaste des courtisans. On aimerait avoir une pareille plume aujourd'hui pour dénoncer de semblables dérives. Nous n'avons à la place dans *Le Canard* que le pâle «Journal de Carla B...»

Des diamants qui coûtent cher

Mes relations avec Giscard se sont gâtées au moment de l'affaire des diamants de Bokassa. On m'a accusé d'avoir livré l'information au *Canard*, dont j'étais l'avocat, ce qui demande explication. Deux ou trois amis du journal arrivent à mon bureau, rigolards comme toujours en me disant: «On va te faire écouter quelque chose qui va t'amuser.» C'était un enregistrement téléphonique qu'ils avaient réalisé de Jean-Bedel Bokassa, alors en exil en Côte d'Ivoire. L'ex-empereur de Centrafrique vitupère: «Giscard est un salaud car non seulement il a pris mes diamants, mais il a aussi pris ma femme!» *Le Canard* avait aussi des documents signés de Bokassa, mais plus ou moins antidatés, confirmant qu'il lui avait bien remis des diamants quand il était ministre des Finances. Bokassa tenait en effet une comptabilité précise des cadeaux qu'il offrait. Ce n'était pas des rivières de diamants taillés, mais des pierres brutes. Giscard aurait dû les montrer tout de suite pour dégonfler l'affaire, mais il a tergiversé car je crois qu'il les avait déjà offerts. Il n'a pas déposé plainte personnellement auprès du procureur général Sadon, plein de lui-même et de son autorité, mais ce sont ses deux cousins avec qui il chassait l'éléphant en Centrafrique, également mis en cause dans l'un des articles. Ils ont perdu leur procès. La première chambre du tribunal était dans un état d'hystérie. Il y avait une accumulation de choses drôles Le procès a fini en pantalonnade. Il est certain que cette affaire a pesé dans son échec à la présidentielle de 1981.

À l'époque, les présidents de la République allaient rarement en justice. J'ai cependant plaidé un procès contre de Gaulle dans l'affaire dite de «la commode de Foccart». C'était l'éminence grise du Général, en particulier son Monsieur Afrique. *Le Canard* avait révélé qu'il y avait dans son bureau un meuble trafiqué qui permettait des écoutes téléphoniques, y compris dans le bureau du Général! Foccart a décidé de faire un procès au journal. Mal lui en a pris car je me suis alors penché sur la vie du personnage en question et j'ai révélé qu'il s'était enrichi dans le marché noir, c'est le cas de le dire, car il faisait du trafic de charbon de bois dans la Sarthe en 1940-1941! J'avais mis «le paquet» à l'audience, et *Le Canard* en rajoutait. C'était d'autant plus excitant que la presse était sous la férule gaulliste. L'hebdomadaire que le Général surnommait le «Volatile» était un des rares espaces de liberté. Nous en profitions! Les journalistes du *Canard* ont toujours été corrects avec moi, surtout pendant l'affaire Elf. Ils se faisaient même engueuler par leurs lecteurs qui les trouvaient trop timorés à mon endroit. Alors, ils ont fini par m'envoyer un chroniqueur qui a fait le point sur mon histoire, en toute objectivité.

Noces incestueuses

J'ai su aussi que Bruno Frappat n'avait pas publié dans *Le Monde*, au nom de la protection de la vie privée, les photos où l'on me voyait auprès de Nahed Ojjeh sortant de son domicile. J'avais de l'estime pour lui, et cette estime a grandi. De plus ces clichés avaient été pris par la DST et se sont retrouvés comme par hasard dans deux journaux israéliens à grand tirage, *Maariv* et *Yediot Aharonot*. Les services israéliens ont des correspondants partout, y compris dans les services français... Ce sont parfois des électrons libres qui ne réfèrent pas forcément à leur hiérarchie et s'arrangent entre copains.

Les relations incestueuses entre journalisme et politique ont toujours existé. Il faudrait donner une décoration à toutes les grandes favorites, les grandes «plumes», qui ont servi nombre de causes, beaucoup servi. Je pense à celle qui a affublé ce pauvre Chirac du cocasse sobriquet «Dix minutes, douche comprise». Elle avait bien connu également François Mitterrand quand elle était jeune stagiaire à *Combat*. Elle avait obtenu de lui une interview remarquée, alors qu'il était au creux de la vague après l'affaire de l'Observatoire. Aujourd'hui, après une brillante carrière à la télévision et à la Haute Autorité, elle est rangée des voitures, peut-être même à la casse avec la prime qui va avec cet avantage. Les hommes politiques de la majorité comme de l'opposition ont souvent des maîtresses journalistes. Ils se les repassent parfois. Il arrive même qu'ils les épousent.

Le feu sous la glace

Le président de la République faisait planer le doute sur sa candidature à un second mandat en 1988. Il savait qu'il ne faut jamais se dévoiler trop tôt. Il m'avait fait lire le premier jet de sa lettre aux Français. Je me doutais donc qu'il se représenterait.

Il venait parfois me rendre visite en Dordogne. Son avion se pose à Périgueux où je viens l'accueillir. Sans même me dire bonjour, il me lance, cinglant :

– Ah, vous m'avez gêné !

– Qu'ai-je donc dit ?

– Vous avez fait une déclaration pour le moins intempestive à un hebdomadaire.

La journaliste, bien introduite dans le milieu politique, m'avait en effet un peu piégé avec son «trois questions, trois réponses». À la question : «Pensez-vous que Mitterrand se représentera?» j'avais bêtement répondu : «Oui, bien sûr.» J'eus l'impression qu'elle m'avait fait payer quelque chose. Elle aura en outre l'occasion d'exercer à nouveau sa vengeance au moment de l'affaire Elf.

François Mitterrand a eu aussi une liaison avec une journaliste suédoise, Christina Forsne, qui était pour le moins fantasque. Elle était assez jolie fille, type suédois un peu plantureux, avec un corps bien moulé. Je ne suis pas allé plus loin dans l'investigation étant moi-même «pris de tous côtés».

Elle a développé cette relation publiquement en racontant dans la presse de son pays, et un peu en France, qu'elle était la maîtresse attitrée du président de la République française et qu'elle était la seule, ce en quoi elle avait bien des illusions... Elle disait même qu'elle avait un enfant de lui. Un jour que je lui faisais part des rumeurs du landerneau politico-médiatique sur ce point précis, il me fit cette surprenante réponse auréolée d'une moue coquine : «Tout ça, c'est des fables ; d'ailleurs, je connais le père... » Il adorait ce genre de propos truqués. Au premier abord, ma réaction fut de me dire qu'il avait démenti, mais, à la réflexion, je me suis dit que la formule pouvait aussi bien apparaître comme un aveu...

Elle était folle, comme toutes les femmes amoureuses. Elle m'appelait en pleine nuit après avoir alerté l'Élysée et tout Paris :

– Où est François ?

– Je n'en sais rien. Dans son lit sans doute !

– On me téléphone pour me demander où il est et je ne sais que dire...

– Je le verrai demain matin et lui ferai part de votre coup de fil...

Je noyais le poisson comme je pouvais. En fait, elle voulait exister. Il s'est rendu plusieurs fois en Suède, mais cette relation n'était pas de même nature que celle qui l'unissait à Anne Pingeot. Il conduisait « à plusieurs guides ». Christina Frosne publiait des articles sur la France et y mêlait de prétendus scoops sur le président de la République. Au bout d'un certain temps, les choses sont devenues compliquées. Il a alors su manœuvrer et a réussi à la faire repartir dans son pays. C'est là où l'on voit l'habileté des grands.

Elle était même un peu méchante. Dans ses reportages, elle incriminait tel ou tel. Elle s'en est même pris à ma femme. Nous avions des amis en Suède, et Anne-Marie y allait souvent ainsi que ma fille. L'ambassadeur de Suède en France facilitait ces voyages, ce qui était normal. Elle avait donc inventé que ma femme était la maîtresse de cet ambassadeur. Elle était toujours en recherche de ce genre de scandales.

Je lis bien sûr la presse tous les jours, mais suis de plus en plus déçu par le conformisme des titres et le manque d'originalité des thèmes abordés. Pour moi, les meilleurs « publicistes » sont les chansonniers du Caveau de la République ou du

Théâtre des deux ânes où j'ai de bons copains : Jacques Mailhot, Bernard Mabille, Michel Guidoni, Pierre Douglas ou Jean Roucas. Ils m'invitent à déjeuner pour que je leur fasse ma revue de presse. Et on rigole ! J'aurais pu être chansonnier. J'avais un prof de chant qui voulait que je fasse un numéro de comique « 1900 ». Je préférais quand même le classique.

Les chansonniers se sont peu moqués de moi. Mitterrand n'aimait pas être l'objet de risée. Il feignait cependant d'être beau joueur et de ne jamais rien censurer. Il ne détestait pas qu'on l'appelle « Dieu » dans *Le Bébête show*, car, au fond, la grenouille philosophe valorisait son image.

14

L'Homme qui marche

L'enfance de l'art

> *La femme de César ne peut être soupçonnée.*
> *Caesaris mulier non fit suspecta.*
> PLUTARQUE *(La Vie des hommes illustres)*

Comme chez Camille Claudel, il y a parfois chez moi quelque chose d'absent qui me tourmente. Des inquiétudes métaphysiques qui appartiennent à chaque homme: pourquoi suis-je ici, maintenant; par qui ai-je été choisi pour faire la carrière que j'ai faite? Ce sont des questions nobles. Mais à ces questions je n'apporte pas encore de réponse définitive. C'est Mitterrand qui m'a ouvert la voie en matière de questions existentielles. Il aimait comme les anciens Grecs « philosopher en marchant ». Ces promenades en forêt ou sur les quais de Seine étaient un enchantement de culture et de virtuosité intellectuelle. Quand je regarde la sculpture de Giacometti, *L'Homme qui marche*, c'est à l'évidence François Mitterrand qui m'invite à poursuivre le chemin.

Mes écrivains maudits

J'ai fréquenté les peintres et les sculpteurs plus que les écrivains, même si j'ai bien connu Jean Genet. J'ai été son avocat et son homme de confiance. J'ai fait sa connaissance par l'intermédiaire de Paule Thévenin car ils partageaient le même combat pour l'indépendance de l'Algérie. C'est quelqu'un que j'ai beaucoup admiré par son courage et la façon dont il a assumé sa marginalité politique, intellectuelle et sexuelle. C'était un grand poète. Quelques jours avant de mourir, solitaire, dans un hôtel sordide, il m'avait dit : « Je n'ai comme seule richesse qu'une petite valise avec deux ou trois livres dont Rimbaud et Verlaine. » Il m'avait confié des papiers que je possède toujours. Il y a là des œuvres littéraires inédites, des pièces de théâtre, dont *La Divine*, et surtout tous les textes relatifs à son action politique dont il voulait faire un livre avant de mourir : prises de position virulentes au moment de la guerre d'Algérie, conférences sur les Black Panthers aux USA, nombreux écrits sur les Palestiniens après son passage dans les camps de Sabra et Chatila. Il était brutal dans ses écrits. Il allait en Amérique clandestinement publier des libelles et distribuer des tracts. Le courage politique de cet homme m'a toujours impressionné. Bien que ne partageant pas ses penchants, j'admire aussi le poète qui a magnifié l'homosexualité. Je n'ai jamais eu d'aventures homosexuelles, mais j'ai de nombreux amis homosexuels que j'aime bien fréquenter. Genet m'avait dit un jour sur le ton de la plaisanterie : « N'ayez crainte, Roland, je ne vous ferai pas la cour, vous n'êtes pas mon type. » Il aimait les garçons dont émanait une authenticité animale comme le jeune coureur automobile Jacky Maglia qu'il a accompagné sur les circuits du monde entier. Ils étaient tout deux fascinés par la mort.

Il aimait aussi les Maghrébins filiformes, comme son ami Abdallah, le « funambule ». J'ai pu, au travers d'une telle personnalité qui sort de l'ordinaire, m'apercevoir qu'un poète, un écrivain, un musicien ont une dimension que nous simples mortels n'avons pas. Abdallah était à l'origine un acrobate au sol, mais Genet n'avait de cesse de le voir monter sur un fil. Au fur et à mesure qu'Abdallah faisait ses exercices, il écrivait son livre.

Au mur de mon bureau est accroché un portrait au crayon de Genet par Giacometti qui a peint trois toiles de lui. Dans une interview, il a confié que c'était le seul sculpteur qu'il ait apprécié. Et il ajoutait, toujours ironique : « Ce que je garde surtout comme souvenir, c'est la sensation de la paille de la chaise qui me piquait les fesses quand il faisait mon portrait ! »

Je suis allé voir le ministre de la Culture, Frédéric Mitterrand, le maire de Paris, Bertrand Delanoë, et Pierre Bergé pour l'organisation des manifestations qui ont célébré en 2010 le centenaire de la naissance de l'écrivain. Des lectures ont eu lieu au Théâtre de l'Odéon. Le poème du « Condamné à mort » a été lu par Jeanne Moreau et chanté par Étienne Daho. Cette œuvre a été écrite en 1942 quand Genet était en prison à Fresnes pour vol. Le poème avait été mis en musique par Hélène Martin et souvent chanté par des interprètes comme Mouloudji ou Marc Ogeret : « [...] Nous n'avions pas fini de nous parler d'amour/ Nous n'avions pas fini de fumer nos gitanes/On peut se demander pourquoi les cours condamnent/Un assassin si beau qu'il fait pâlir le jour [...] »

Par l'entremise de mon amie Paule Thévenin, je me suis également intéressé à Antonin Artaud, cet auteur, injustement oublié, dont l'œuvre transgressive a consacré un écrivain maudit. Paule, qui fut son exégète, a consacré quarante ans de sa vie à une tâche quasi impossible : déchiffrer, ordonner et publier ses centaines de cahiers qui constituent l'œuvre posthume du poète. Elle a apporté une contribution essentielle à la littérature française moderne. Dans les années 1980, elle m'avait alerté car douze cahiers qui avaient été mis sous séquestre à la mort d'Artaud allaient être détruits en même temps que tout le fonds de cet office. J'ai rédigé un référé en urgence et ai ainsi pu sauver du feu ces manuscrits qui ont été déposés à la Bibliothèque nationale de France.

Sagan et la « pure »

Françoise Sagan, que j'avais connue au moment de la guerre d'Algérie, avait toujours besoin d'argent et devait surtout des sommes considérables au fisc. Michel Charasse, à l'époque au Budget, faisait ce qu'il pouvait pour arranger les choses, mais il était impossible de tout éponger. Par l'intermédiaire d'André Guelfi, plus connu sous le nom pittoresque de « Dédé la Sardine », qui travaillait pour Elf, il avait été décidé que Sagan servirait d'intermédiaire auprès du président français, à l'époque où le président ouzbek souhaitait que Elf investisse dans les champs pétrolifères de son pays. Sagan avait écrit à Mitterrand qui lui avait répondu. Le contrat n'avait pas été signé, mais elle avait touché une commission qui lui avait permis de faire des travaux dans sa maison de Normandie. Elle n'avait pas déclaré ces sommes au fisc, ce qui lui vaudra de nouveaux ennuis.

C'est au cours d'un voyage officiel en Colombie qu'elle est revenue dans ma vie de façon dramatique. Mitterrand voyait en elle le « petit génie français ». Il l'admirait car elle le flattait. Il l'avait donc emmenée dans la délégation lors de ce mémorable voyage officiel de 1985. Elle a failli y rester quand elle a fait une overdose de cocaïne. Elle avait dû forcer sur la « pure ». C'est le pays qui veut ça ! Mitterrand me presse : « Occupez-vous d'elle. » Il redoutait qu'elle ne meure sur place. Je convoque le médecin du président qui me dit que le pronostic vital serait engagé si on ne la rapatriait pas en urgence. Pendant que mon ami Jack Lang, ministre de la Culture, faisait des déclarations aux journalistes sur son «mal de l'altitude», car Bogotá est une capitale située très en hauteur, je m'empressai de faire venir un avion médicalisé de France.

Ce fut le voyage de tous les dangers. Georgina Dufoix, ministre des Affaires sociales, faisait aussi partie de la délégation. C'était une femme généreuse, originaire de Nîmes, qui avait commencé sa carrière comme député du Gard. Elle était une amie de Georges Dayan, ce qui lui valait la sympathie dans notre milieu. Celui-ci, ancien député du Gard, l'avait recommandée à Mitterrand qui l'avait fait entrer au gouvernement pour s'occuper des affaires sociales. Elle était gentille, mais un peu «illuminée». À Bogotá, je l'ai même trouvée carrément imprudente. Au lieu d'assister au dîner officiel, elle avait imaginé aller visiter les quartiers populaires de la capitale. Je n'ai pas pu la persuader de renoncer à son projet. Pendant le dîner, j'étais préoccupé en craignant qu'il ne lui arrive un problème. Cela aurait été le bouquet! Au sortir du dîner, je ne suis pas allé me coucher et l'ai attendue à l'hôtel. Elle est arrivée fort tard, ravie de son escapade. Elle me parlait de sacrifices de poulets, de rencontres avec la vraie population, alors que nous avions dû sacrifier à d'autres rites, ceux plus embêtants des réceptions officielles. J'en avais quand même touché deux mots à Mitterrand qui m'avait répondu: «Ne faites pas attention, elle est comme ça!» Ce n'était pas tant les manquements à l'obligation de la charge qui m'inquiétaient que les risques encourus par elle et par toute la délégation. J'imaginais déjà qu'elle se fasse attaquer, voire enlever contre rançon...

Subversion

J'aime les écrivains subversifs car ils réveillent le conformisme ambiant. Je vois régulièrement Pierre Guyotat. Je l'ai connu au moment de la guerre d'Algérie. C'est l'auteur de *Éden, Éden, Éden* qui lui a valu d'être censuré. C'est un classique qui a brisé la littérature. Il casse les mots comme Picasso cassait les formes.

La dernière fois que nous avons déjeuné ensemble, nous avons parlé de politique, mais aussi d'archives. Il a donné les siennes à la BNF et il m'a vivement conseillé de m'occuper des miennes. Il serait temps que je prenne une décision car j'ai conservé une foule de documents politiques et pseudo-littéraires. J'ai une centaine de lettres de Guyotat qu'il m'a envoyées à l'époque où il était dépressif et que je lui remontais le moral. Mes archives recèlent mes correspondances personnelles et politiques et tous mes dossiers d'avocat. Je crois que les papiers datant de mon passage à l'Assemblée et au Quai d'Orsay sont intéressantes. J'ai surtout toutes les pièces des grands dossiers politiques et littéraires que j'ai plaidés.

Mon premier procès littéraire a été celui lié à l'œuvre de Roger Gilbert-Lecomte. Je suis heureux de constater qu'on s'intéresse à nouveau à son œuvre visionnaire et radicale, une sorte de contrepoint au surréalisme. Il est mort très jeune le dernier jour de l'année 1943 et a donc peu écrit. Il laisse cependant des textes fulgurants comme *Le Miroir noir*. Il a succombé à une overdose dans des circonstances douloureuses. Il se piquait avec une telle férocité qu'on le retrouvait inanimé dans son lit avec l'aiguille de la seringue encore fichée dans la cuisse. Il a été jusqu'au bout de sa quête d'absolu. Il est mort dans le dénuement, recueilli par une bistrote au sud de Paris. C'est elle qui a donné un drap pour l'ensevelir. Je ne l'ai pas connu. Il est mort sans descendance. Il avait une petite maîtresse juive qui a été arrêtée en 1942 et déportée à Auschwitz où elle a disparu. Son héritier était donc son père, un «honorable comptable» rémois. À la mort de celui-ci, c'est sa gouvernante qui a hérité des papiers de l'écrivain. C'était une femme médiocre et méchante qui a interdit toute publication de ses écrits, notamment sa correspondance avec ses amis René Daumal, Roger Vaillant et Pierre Minet, qui avaient fondé avec lui la revue *Le Grand Jeu* en 1928. Dès l'année de mon élection, je fus désigné secrétaire de la commission de la Presse. C'est à ce titre que je fus le rapporteur du projet de loi sur la propriété littéraire et artistique qui fait toujours autorité. Fort de cette nouvelle loi, Gallimard a demandé à cette dame de revenir sur sa décision. Elle a refusé, dans une lettre qui figure au dossier, au motif que «ce garçon avait trop fait souffrir son père»! Je me suis rendu à Reims un matin de bonne heure où, à la demande de Pierre Minet et André Malraux, j'ai plaidé pour que le tribunal ordonne la publication en raison de son intérêt littéraire, au-delà du droit héréditaire. Ce procès, gagné en 1968, a fait jurisprudence.

J'ai tout conservé, mais possède peu de manuscrits de François Mitterrand. On se voyait tellement qu'on n'avait pas besoin de s'écrire! J'ai cependant gardé des documents annotés de sa main. C'était toujours succinct, parfois drôle, voire inattendu. Je pense à une note que je lui avais faite à la demande de mon homologue italien qui, en tant que maire de Venise, ambitionnait de faire classer sa ville au patrimoine de l'UNESCO. Je savais que le président adorait Venise et l'informai donc pour que la France appuie ce projet. Ma note me revint avec la mention écrite en travers, à la plume: «Vous direz à votre collègue que Venise n'a pas besoin de cela.»

J'ai eu la chance de fréquenter des artistes et d'éveiller à leur contact mon goût pour les belles choses. Dans le milieu modeste où j'ai grandi, l'art n'était pas dans les priorités. C'est une fois encore le hasard qui m'a guidé. J'ai été le conseiller d'un peintre qui exposait à la galerie Leiris. Michel Leiris avait été l'un des signataires du Manifeste des 121, ce qui nous rapprochait. Grâce à lui, j'ai fait la connaissance d'André Masson et de Pablo Picasso. La proximité de ces hommes d'exception a incontestablement forgé mon sens artistique. Je leur suis reconnaissant du bonheur que me procure chaque jour la contemplation de leurs œuvres. Je vais laisser ma collection à mes enfants qui en feront ce qu'ils voudront. Je n'ai nulle envie de la donner à un musée pour qu'elle se retrouve dans des caisses au fond des réserves où personne n'ira jamais les voir. Je ne dirai pas cela cependant pour mes Giacometti qui ont un incontestable intérêt muséal.

L'Homme qui marche

J'avais été l'avocat de la femme du peintre Francis Gruber qui était un intime d'Alberto Giacometti. À la mort de Gruber, en 1948, une floraison de faux avait fait son apparition. Sa veuve, George Gruber, m'a demandé de faire saisir tous les faux et d'entamer une procédure. Au procès des faux Gruber, j'ai fait témoigner Giacometti car il était le conseiller et l'ami de l'artiste. On a alors sympathisé. C'est ainsi que sa veuve m'a pris comme conseil au moment de la succession de son mari.

Giacometti est décédé jeune, le 11 janvier 1966. Annette m'a raconté les circonstances qui ont précédé sa mort. Le taxi l'attendait dans la rue Hippolyte-Maindron, où il avait un «studio», pour l'emmener à la gare vers la Suisse, où il travaillait aussi dans l'atelier de son père. Il n'arrivait pas à s'arracher de l'œuvre qu'il était en train d'achever, un buste qui portait déjà le masque de la mort. Quelque chose aimantait le sculpteur; il revenait sans cesse sur la glaise pour corriger, enlever, ajouter un petit morceau de terre humide. Le chauffeur s'impatientait;

Annette fut obligée de «bousculer» Alberto pour qu'il acceptât de monter dans le taxi. Il est parti pour ne plus revenir.

Les problèmes sont venus de Mme Palmer, une Américaine, qui était la secrétaire d'Annette Giacometti et abusait un peu de sa situation. Elle croyait, de ce fait, avoir la qualité d'exécuteur testamentaire. Je l'ai beaucoup déçue en lui disant que ce ne serait pas possible d'être exécuteur testamentaire ni même dépositaire du droit moral. Elle m'en a voulu et a alimenté la controverse contre moi. L'exécuteur testamentaire, c'était moi, le grand rival. Annette, sur l'indication du notaire, avait en effet écrit: «Je veux que mon légataire universel, c'est-à-dire l'héritier d'Alberto Giacometti, soit Roland Dumas.» J'ai fait une requête au tribunal en mon nom personnel que j'ai fait plaider par le bâtonnier pour dire que le testament comportait une ambiguïté: elle ne voulait pas que je sois son héritier ni celui de Giacometti, mais son exécuteur testamentaire. Le tribunal a interprété le testament et m'a donné raison. Malgré cela, la campagne a continué contre moi.

La succession Giacometti a été difficile car on l'a greffée sur l'affaire Elf. On a raconté que j'avais embobiné Annette Giacometti alors que j'ai été son avocat pendant quinze ans. C'est moi qui ai préparé les statuts de la fondation en 1988-1989. J'ai fait de nombreuses démarches, même auprès de Charles Pasqua, ministre de l'Intérieur, pour qu'il contribue à accélérer les choses, ce qu'il a fait. Le règlement de cette succession n'a pas été si long, compte tenu de l'importance de l'œuvre.

À la mort d'Annette en 1993, elle laissait des héritiers en Suisse et en France. Deux inventaires après décès avaient été réalisés pour la succession d'Alberto et celle de son frère Diego, mort en 1985. Il a fallu séparer les deux successions. Le père, artiste lui-même, avait également déposé des œuvres chez Alberto. Ces successions étaient donc compliquées à démêler.

L'argent est resté longtemps sur les comptes du commissaire-priseur maître Tajan. Le parquet a soutenu qu'il avait agi ainsi parce qu'il avait des difficultés de trésorerie. J'ai été condamné avec sursis pour « complicité », mais qu'aurais-je pu faire ? Je n'avais pas accès aux comptes du commissaire-priseur.

Quand j'ai fait nommer un administrateur judiciaire, celui-ci a fait sommation au commissaire-priseur de verser l'argent dans sa caisse, ce qu'il a fait dans la journée. C'est une faute partagée avec le notaire car une convention stipulait qu'il aurait dû verser les fonds au notaire. Pour régler droits de succession, assurances et impôts, nous n'avions pas d'autre issue que de vendre des œuvres aux enchères.

La bataille de *Guernica*

J'ai accroché dans mon bureau deux tableaux d'André Masson, grand peintre surréaliste, qui mériteraient de figurer au catalogue raisonné de l'artiste. Mais l'œuvre de lui qui me touche est un dessin, daté de 1960 et dédicacé à son fils, qui représente la queue des femmes algériennes attendant l'heure du parloir à la porte d'une prison. Diego Masson me l'a offert en témoignage de gratitude pour me remercier de l'avoir défendu. Il avait été arrêté à la frontière suisse dès 1961-1962 car il faisait passer des déserteurs en Suisse. Il a été emprisonné à Lyon.

André Masson avait comme marchand Daniel-Henry Kahnweiler qui était aussi celui de Picasso. Je suis ainsi devenu l'avocat de Kahnweiler qui me demande de passer le voir car il voulait authentifier deux tableaux de Picasso dont il pensait qu'ils étaient des faux. « Picasso veut les voir. Il faut les lui soumettre. Il est prêt à vous recevoir. » Ces prétendues œuvres de la période bleue appartenaient à l'ambassadeur du Canada à Paris. Je prends l'avion pour Nice avec les toiles. Picasso vient me chercher à l'aéroport et nous prenons la route de son mas de Mougins. Il s'y était installé en 1958 pour fuir l'agitation de Cannes où il possédait la villa La Californie. Il défait fébrilement les paquets et pousse un cri : « Ahh, Dumas, ahh ! Mais c'est affreux. Ne bougez pas. » Il fouille dans les poches de son large pantalon de clown, en sort un énorme trousseau de clés et disparaît, me laissant seul avec sa femme, Jacqueline Roque. Il revient quelques instants après avec des toiles de la période bleue dont *Les Toits de Barcelone*, œuvre qui m'a beaucoup marqué. Elles sont maintenant dans les musées de cette ville selon la volonté de l'artiste qui voulait ainsi rendre hommage à la province rebelle qui narguait Franco. « Voilà, la période bleue, c'est ça ! » Quand elles étaient les unes à côté des autres, la différence était flagrante. Les tableaux de l'ambassadeur étaient des faux. J'avais l'air d'un con. Je me suis excusé de l'avoir dérangé. Le lendemain matin, je repasse au mas de Notre-Dame-de-Vie. Je le retrouve rigolard :

– Si j'avais voulu vous faire une blague...

– Que voulez-vous dire, maître ?

– J'aurais pu les repeindre dans la nuit et vous seriez reparti avec deux vrais Picasso.

– !!!

– Bon, allons déjeuner.

Nous sommes allés déguster un excellent poisson dans un restaurant de la Côte. Il aimait faire des plaisanteries. C'était un lutin facétieux. Il m'appelait parfois Alexandre... Alexandre Dumas ! Cela le faisait rire. De cette époque date notre amitié. Je descendais chez lui où j'avais ma chambre attitrée à côté de la sienne. J'étais le seul qui avait la permission d'entrer dans son atelier quand il peignait. Un jour que j'étais venu lui rendre visite avec ma femme Anne-Marie, qui était très belle, il la dévisage et lance tout à trac : « Dumas, j'en veux deux comme cela ! »

Je suis devenu un familier du mas de Mougins où tout était simple et beau. Aucun meuble ni objet ostentatoire, mais un Cézanne à même le sol, l'archet de Rostropovitch posé sur la cheminée et le perroquet dans sa cage. Picasso recevait tout ce qui comptait dans le monde de l'art et de la politique. Jacques Duhamel, le ministre de la Culture de Georges Pompidou, était venu l'informer que le président avait signé le décret l'élevant au grade de grand-croix de l'ordre de la Légion d'honneur. Picasso refusa, plus sensible à l'hommage rendu au Louvre qui présenta toiles et dessins dans la Grande Galerie l'année de son quatre-vingt-dixième anniversaire. Il recevait aussi des hiérarques du parti communiste qui venaient tous les ans lui apporter sa carte d'adhérent en échange de sa cotisation. S'il avait la carte du parti communiste, Picasso n'a pas pris le maquis pendant la guerre. Il est resté dans son atelier de la rue des Grands-Augustins. Une attitude que lui reprochait son ami Georges Braque qui, lui, avait été gravement blessé à la guerre de 1914-1918. C'est dans cet atelier qu'il avait reçu des officiers allemands et l'ambassadeur de Hitler, Otto Abetz. Ce dernier, devant une photo de *Guernica*, lui aurait demandé :

– C'est vous qui avez fait cela ?

– Non, c'est vous !

On ne peut suspecter cependant les sentiments antifascistes de Picasso. Son tableau parle pour lui. Le bombardement du village de Guernica au pays basque par la Luftwaffe fut pour lui une blessure, un drame personnel qui l'a fait accoucher d'une des œuvres phares du XXe siècle. Je suis fier d'avoir été mêlé à son histoire.

Kahnweiler avait reçu une lettre de l'entourage du général Franco qui, dans un souci de réconciliation nationale, l'informait que l'Espagne était prête à accueillir *Guernica*. Le marchand envoie la lettre à Picasso qui s'écrie : « Jamais, jamais. » Il me demande de passer le voir d'urgence. Je prends l'avion dans l'instant. Une photo a été prise où l'on nous voit tous les deux assis, perplexes, sur le banc, devant la maison de Mougins. C'est là où il m'explique tout :

– *Guernica*, c'est ma vie ; je l'ai peint en 1937 au moment de la guerre ; c'est sacré ; jamais le tableau n'entrera en Espagne tant que Franco sera là !

– Pablo, tant que vous êtes vivant, il n'y a pas de risque. Personne n'osera enfreindre votre volonté...

– Mais après, que faut-il faire ?

– Un testament.

– Un testament ? Vous n'y pensez pas. Ce serait comme dans Balzac !

– En effet, il a écrit un roman qui est intitulé *Le Testament*.

– Non, si je fais un testament, je meurs demain !

En bon Espagnol, il était superstitieux. Et surtout il n'ignorait pas la complexité de sa succession.

– Vous croyez que ça va se passer comme cela, Dumas ?

– Oui, je crois que la haine qui existait de votre vivant va se prolonger au-delà de votre mort...

– Je peux vous affirmer que ce sera pire encore !

– Mais il faut quand même que nous écrivions noir sur blanc vos volontés...

– Alors, faites un texte, mais surtout pas un testament !

Je repars et rédige plusieurs projets que j'ai conservés dans mes archives. J'avais glissé, dans une version, la formule « ma dernière volonté » qui ne lui plaisait pas trop, mais il me renvoie quand même le document signé. Il m'a avoué plus tard qu'il n'en avait pas dormi de la nuit. Il me fait revenir.

– J'avais dit que *Guernica* appartenait à la République espagnole.

– Oui, mais la république n'existant plus, un tribunal a donc la latitude de décider que le tableau peut légitimement venir en Espagne.

– Ah, non! Réfléchissez encore.

Les transactions durent six mois de plus. Pour m'aider à rédiger ce texte, j'ai consulté mon ami Maurice Duverger qui m'a suggéré: «Tu n'as qu'à mettre que Picasso te charge d'apprécier le moment où les libertés publiques seront rétablies en Espagne.» Ainsi, on ne parlait pas de testament, mais j'étais de fait l'exécuteur testamentaire pour ce qui concerne le sort de *Guernica*.

Les choses se sont passées conformément à ce texte signé par Picasso en novembre 1970. Les négociations ont duré longtemps. Elles ont été interrompues au moment du coup d'État avorté de Tejero aux Cortes en février 1981. Le roi m'en a voulu car il m'avait donné rendez-vous, mais je ne me suis pas déplacé compte tenu des événements. Je lui ai expliqué ma position plus tard: «Imaginez, Majesté, que j'aie accepté de faire venir le tableau et qu'un fou y mette le feu; quelle aurait été ma responsabilité?» Il y avait encore un mouvement fasciste puissant dans le pays qui n'avait pas fait sa révolution démocratique. Le tableau a pu venir en Espagne au printemps de la même année. Je ne dis pas «revenir», comme on le lit un peu partout, car il n'y avait jamais été exposé. Il avait été peint en 1937 pour être présenté au pavillon de l'Espagne à l'Exposition universelle de Paris. Le gouvernement républicain avait ensuite décidé d'exposer le tableau à travers le monde pour lever des fonds. C'est ainsi que *Guernica*, qui se trouvait aux États-Unis à la déclaration de guerre, n'est jamais rentré en Europe.

Je dois reconnaître que les conservateurs du MoMa de New York ont été d'une correction exemplaire. Dès que je leur ai signifié que le tableau pouvait retourner en Espagne, ils n'ont fait aucune difficulté. Il a fallu affréter un Boeing et demander le concours des plus grandes compagnies d'assurances internationales pour assurer le transport de cette œuvre qui fait près de 8 mètres de long. C'est alors que s'est posée la question de l'endroit où exposer le tableau. J'ai vu le roi deux fois à ce sujet. C'était un malin qui raisonnait en homme politique :

– On pourrait l'installer à Guernica...

– Majesté, je vous vois venir. Picasso ne m'a pas demandé de résoudre les problèmes intérieurs de l'Espagne !

Les autorités espagnoles le présentèrent d'abord au Buen Retiro, une annexe du musée du Prado. Picasso avait imaginé qu'il serait au Prado, mais ce souhait n'avait pas été formulé et une fois que j'ai donné mon accord, c'était aux Espagnols de décider quel était le meilleur endroit. Il est maintenant au musée de la reine Sofia dont il est la pièce maîtresse. La responsabilité historique qui a été la mienne m'a valu la grand-croix d'Isabelle la Catholique.

Pablo porno

Quand il est mort, le 8 avril 1973, c'est donc moi qui ai réglé la succession. Je possède toujours quelques dessins de lui. J'ai vendu des toiles quand j'ai eu besoin d'argent pour doter mes enfants. Je n'ai pas trop réfléchi à l'époque ni pensé que cela pourrait avoir une telle valeur de nos jours. Sa dernière épouse, Jacqueline Roque, était titulaire du droit moral de l'œuvre.

À la fin de sa vie, Picasso dessinait de façon obsessionnelle des sexes de femmes béants. Courbet l'avait fait avec *L'Origine du monde*, mais c'est une œuvre d'art. Là, c'était de la pornographie pour autant qu'on puisse en juger. Jacqueline trouvait cela monstrueux et ne voulait pas que ces dessins circulent. Elle avait décidé de les détruire, mais en ma présence. Ce qu'elle a fait. Une quinzaine de dessins sont donc passés au feu sous mes yeux. Sur le fond, je pense qu'elle avait raison car ce n'était pas digne de Picasso. Aujourd'hui, on trouverait probablement cela intéressant, mais il n'en demeure pas moins que ces dessins étaient grotesques.

Le corps de l'artiste avait été transporté dans son château de Vauvenargues au pied de la montagne Sainte-Victoire. J'ai veillé peu de morts dans ma vie, mais j'ai veillé Picasso avec quelques-uns de ses amis comme l'écrivain Michel Leiris et sa femme. Jacqueline était complètement perdue. Le cercueil était installé dans la salle des gardes. Picasso était beau dans la mort. Il fut mis au tombeau dans la cour du château. Jacqueline vint l'y rejoindre en 1986 après avoir mis fin à ses jours d'un coup de revolver.

Les œuvres de Picasso que j'ai dans ma collection m'ont été données par la famille en paiement des honoraires. Je n'ai pas exagéré. Ma plus belle rétribution a été d'avoir été l'avocat de cet immense artiste pendant douze ans. Cela n'a pas de prix. Je possède deux ou trois tableaux, mais surtout des dessins. Souvent, il me laissait dîner seul avec Jacqueline. Elle me parlait de lui avec admiration : « mon dieu », « mon soleil ». Aucune formule n'était excessive à ses yeux. Il s'enfermait dans son atelier et avant d'aller se coucher me disait : « Tenez, je vous ai fait un dessin. » Il a aussi croqué mon portrait. C'est un dessin au crayon de couleur que j'ai accroché dans ma maison de campagne en Gironde. Il m'avait dit : « Je ferai votre portrait si vous vous laissez pousser la barbe. » On ne vous le dit pas deux fois quand c'est Picasso qui vous le demande. Je suis revenu le voir avec un « bouc »...

Des fleurs pour Charchoune

Quand je me suis intéressé à Serge Charchoune, il ne représentait pas grand-chose. C'était un juif russe exilé sans famille en France. Arrivant de Villeneuve-Saint-Georges, où il habitait, il a été impressionné par le quartier de l'Étoile où mon cabinet était situé, à l'époque, avenue Hoche. C'était peu avant sa mort en 1975. Il me tint le langage suivant : « Je vais mourir ; je veux régler mes obsèques et mes affaires avec vous. » Il sort alors une liasse de billets. Je lui ai expliqué que je n'étais pas notaire, mais, devant son insistance, j'ai finalement accepté. Et il ajouta :

– J'ai aussi des œuvres que vous voudrez bien donner au musée d'Art moderne de la ville de Paris [qui avait organisé une rétrospective en 1971].

– Je ne suis pas sûr qu'ils acceptent...

– Vous leur donnerez quand même.

– Et pour les autres œuvres ?

– Vous les répartirez entre Moscou, Prague et ma ville natale de Bougourouslan, dans l'Oural.

– Et pour l'argent ?

– Vous ferez fleurir tous les mois ma tombe au cimetière.

– Et quand il n'y aura plus d'argent ?

– Eh bien, vous ne mettrez plus de fleurs !

Ce pauvre homme a aujourd'hui une bonne cote car les nouveaux riches russes s'intéressent à son œuvre. Inspiré par le mouvement Dada, il composait en musique des tableaux abstraits de plus en plus épurés. Il est incontestablement un des précurseurs de l'art abstrait en France.

Dernières demeures

J'ai bien connu Marc Chagall, mais surtout sa fille, Ida, née d'un premier mariage. Le 1er avril 1985, je suis allé le saluer sur son lit de mort à Saint-Paul-de-Vence. Ses 97 ans semblent envolés. Il est plus jeune mort que vivant. Un beau vieillard au visage apaisé. « Un sommeil doux comme la mort. » En cet instant de recueillement, je me souviens d'avoir autrefois

chanté cette admirable mélodie d'Henri Duparc, accompagné
au piano par Jeanne Goupil. Allongé sur son lit, le peintre a
été habillé dans sa tenue d'atelier, chemise noire boutonnée
jusqu'au col sur un pantalon de drap, noir également. Dans
la demi-clarté de la chambre mortuaire, éclairée par quatre
bougies seulement, je suis frappé par sa ressemblance avec les
personnages qui évoluent au-dessus des toits bleus ou rouges de
sa peinture. Il les emporte avec lui dans la mort à moins que ce
ne soit lui qui s'envole à son tour vers eux ? Heureux les artistes
qui laissent quelque chose d'eux-mêmes à la postérité.

Nous l'accompagnons au petit cimetière de Saint-Paul dans
la partie en promontoire qui surplombe la vallée. «Un bel
endroit du XVIe siècle pour le repos éternel», me murmure le
maire de la commune. Quelques intimes suivent le cercueil,
mais la foule se masse à l'extérieur. Des fleurs, encore des fleurs,
peu de pleurs. Quelques mots – bienvenus – sur la lumière de
Chagall prononcés par Jack Lang. Pas de cérémonie religieuse.
Certains s'en étonnent, jusqu'à ce que s'approche et s'agite
un vieux journaliste calotté et culotté. Il interpelle les deux
«femmes» de Chagall, Vava, Valentine, sa seconde épouse, et
Ida, sa fille. «On ne peut le laisser partir sans réciter le Kaddish,
la prière des morts chez les juifs.» Vava résiste faiblement:
«Chagall ne voulait pas...» Il insiste. Elle cède. Ida est ailleurs,
perdue dans ses larmes, entourée de ses trois beaux enfants.
Pet a l'air de sortir d'une toile de son grand-père. Le vieux
journaliste tire de sa poche un minuscule livre de prières.
Il marmonne. Personne n'entend.

La cérémonie s'achève vite. Quarante-cinq minutes de la
levée du corps à la descente au tombeau. Nous repartons par
les ruelles étroites du village. Les voitures noires, trop larges
pour l'endroit, font de nombreuses manœuvres pour se mettre
dans l'axe du chemin. Jacqueline Picasso était présente. Nous
nous sommes embrassés et longuement fixés, d'un regard

unique, unis dans une même pensée. Un enterrement comme je les aime...

J'ai aussi été l'avocat et l'ami de la légataire universelle de la femme de Théophile Steinlen qui était connu pour avoir surtout peint et dessiné des chats. Je l'ai revue il y a peu. Elle a évidemment bien changé, mais elle m'a envoyé ce matin au courrier sa photo «de l'époque» avec un petit mot charmant en souvenir de nos belles années. J'ai pas mal fait dans les héritières d'artistes qui sont souvent restées fidèles à notre amitié.

Les veuves et les exécutrices testamentaires des artistes sont la plupart du temps des fâcheuses. Tant qu'ils sont de ce monde, tout va bien. C'est après leur mort que naissent les problèmes avec le droit moral, le droit de suite et la protection de l'œuvre. J'ai constaté que ces héritières se créent un personnage plus exigeant que les auteurs eux-mêmes. Et quand il y a plusieurs femmes, c'est le drame! C'est ce qui s'est passé dans la famille Picasso où c'était la guerre «de tous contre tous». J'étais l'avocat de Pablo et de Jacqueline, mais j'ai aussi rencontré les autres parties et leurs conseils.

J'ai vu des successions durer vingt ou trente ans. Pour Picasso, tout a été réglé en dix ans car nous étions une pléiade de huit ou dix avocats persuadés qu'il valait mieux un bon arrangement qu'un long procès. Le partage des œuvres aurait pu durer un quart de siècle! On pense souvent à tort que les avocats ont intérêt à faire lanterner les choses, mais il est parfois mieux de prendre les honoraires rapidement et de faire comprendre au client que le partage à l'amiable est préférable aux trente années de procédure dont il ne verra pas l'issue.

Les femmes de César

L'affaire Woerth a rebondi au cours de l'été dernier avec des soupçons d'arrangements sur la succession du sculpteur César. J'avais invité cet artiste truculent au Conseil constitutionnel pour qu'il y fasse une petite causerie. Je dois reconnaître, qu'à mes yeux, ce n'est pas un sculpteur génial et qu'il est loin d'égaler Giacometti. Mais l'homme était drôle et séduisant. On sait comment vivent les artistes qui dépensent souvent sans compter et oublient de payer leurs impôts. Ils ne sont pas les seuls du reste. Les «remises de peine» sont fréquentes dans le droit fiscal. Cela ne me surprend donc pas qu'on intervienne auprès du ministre du Budget qui est le patron des percepteurs des impôts. Supposons qu'il y ait une erreur dans le calcul de l'imposition ou une mauvaise volonté de l'administration fiscale, quel autre recours a-t-on que de s'adresser au ministre?

Dans l'affaire Giacometti, il n'a pas été nécessaire de faire ce genre de requête car l'œuvre était déjà surcotée à l'époque et il y avait largement de quoi régler les droits de mutation et de succession. Ce qui nous a valu nos difficultés, à maître Tajan et moi, c'est que nous avons vendu des œuvres en quantité limitée pour régler les droits de mutation. Ces droits ont été payés, pas exonérés. Si je voulais faire du mauvais esprit, je dirais qu'il a fallu payer pour Giacometti alors que César a été exonéré...

Là encore, comme dans la succession Picasso et l'affaire Bettencourt, le mal vient des héritiers. César avait une épouse légitime, mais vivait depuis longtemps avec une compagne. C'est pour cette dernière que la demande avait été faite à M. Woerth. Car elle payait 60 % de droits de succession, soit beaucoup plus que l'héritière «légitime». Qu'est-ce qui est légal, illégal, juste ou injuste? Ce sont des affaires pratiquement impossibles à apprécier autrement qu'au «pifomètre».

15

Un second septennat
en demi-teinte

Les Premiers ministres à la peine

Tout tient à un fil.
On est toujours en péril.
Alberto GIACOMETTI

Les jours qui ont précédé le second tour de l'élection présidentielle de 1988 ont été mouvementés et m'ont laissé un goût amer. Certes, je me suis réjoui de la libération des otages du Liban, mais je ne pouvais oublier qu'ils auraient pu être libérés plus tôt si la droite au pouvoir n'avait saboté notre action à des fins électorales. De même, l'assaut de la grotte d'Ouvéa en Nouvelle-Calédonie le 5 mai, ordonné par le ministre de l'Intérieur Bernard Pons, fut un massacre inutile qui aurait pu compromettre pour longtemps la paix civile dans le territoire. Certes, le meurtre des gendarmes en avril par les indépendantistes kanaks ne pouvait rester impuni, mais la façon dont les forces spéciales ont attaqué le repaire des membres du FLNKS pour libérer les militaires pris en otage a été d'une cruauté inouïe. Chirac ne tirera aucun bénéfice électoral de cette répression puisqu'il sera largement battu. François Mitterrand, de son côté, très averti de ce qui s'était réellement passé, s'était contenté de promettre que, «si les Français le maintenaient dans ses fonctions, il réparerait les outrages commis».

Réélu le 8 mai, avec 54% des voix, il nomme alors Michel Rocard à Matignon. La première couleuvre que Mitterrand lui fait avaler est de me renommer aux Affaires étrangères après un «va-et-vient» un peu comique. Le président était à New York pour une session des Nations unies à laquelle il m'avait demandé de l'accompagner. Rocard venait d'être nommé, mais pas les membres du gouvernement. Le Quai était toujours tenu (si l'on peut dire) par Jean-Bernard Raimond. Le président et moi résidions dans le même hôtel. Il me demanda de passer dans sa suite. Bien qu'étant aux États-Unis il s'intéressait de près à la composition du gouvernement.

– Avez-vous eu Paris?

– Oui, Rocard m'a appelé.

– Alors, où en est-il?

– Il m'a annoncé que je serai en charge des Relations avec le Parlement et porte-parole du gouvernement...

– Comment? C'est lui qui vous a dit cela?

– Oui, il m'a téléphoné en me disant que j'étais l'homme de la situation pour les relations avec le Parlement. Je lui ai demandé le temps de la réflexion avant de lui donner mon accord...

– Ne lui donnez pas de réponse. Ne bougez pas!

– Bonne nuit, président...

– Bonne nuit, monsieur le ministre.

Je savais ce que je faisais. Je le revois le lendemain dans l'attente de la session de l'ONU. Il me relance:

– Alors, où en est-on à Paris dans la formation du gouvernement?

– C'est bizarre, je viens de recevoir ce matin un coup de fil de Rocard qui m'a dit : «J'ai réfléchi, tu seras au Quai d'Orsay. »

– Ça ne m'étonne pas. Parfait.

C'était vraiment «calibré», mais je savais que le coup aurait pu m'être fatal ! Il y avait un risque et deux solutions. Ou Mitterrand disait : «Rocard est le Premier ministre et compose son gouvernement comme il l'entend. » Ou bien : «Il ne m'a pas consulté et a empiété sur mon domaine réservé. » C'est la deuxième hypothèse qui a prévalu. Quelques semaines plus tard, je lui ai posé la question et il m'a répondu : «Le Premier ministre avait oublié que, dans la Constitution française, la défense nationale et la diplomatie sont du domaine réservé du président de la République. » Il me lance :

– Mais pourquoi diable a-t-il fait cela ?

– D'abord, parce qu'il ne m'aime pas beaucoup et considère sans doute que je ne conduis pas bien les affaires diplomatiques du pays.

– Mais non, voyons !

– *Secundo*, il voudrait que je lui rende compte dans le détail de mes activités plutôt que directement à vous.

– Ah, je vois...

En fait, ce jeu de chaises musicales orchestré par Matignon trahissait déjà l'ambition de Rocard de se porter candidat à l'élection présidentielle de 1995. Pour ce faire, il pensait avoir besoin d'un homme à lui place Beauvau, en l'occurrence Claude Évin. Il lui fallait donc trouver un point de chute honorable pour Pierre Joxe, en charge de l'Intérieur, auquel il voulait proposer les Affaires étrangères. La manœuvre aurait surtout permis à Rocard d'apparaître sur la scène internationale. Mitterrand faisait mine de ne pas avoir compris, mais il n'ignorait rien des ambitions de son Premier ministre. Quand je l'ai affranchi, il a eu cette formule : «Il est bien naïf de croire qu'il suffit de tenir les Affaires étrangères pour être élu président de la République ! »

Le président et Michel Rocard s'entendaient fort mal, ce n'est pas une révélation! Car Mitterrand n'aimait pas qu'on le bouscule et qu'on ambitionne de lui enlever son siège. Déjà, en 1980, quand Rocard avait fait acte de candidature à la présidence de la République par sa pitoyable «déclaration de Conflans-Sainte-Honorine», ville dont il était le maire, Mitterrand avait été un peu «secoué». Une fois à l'Élysée, il me répétait, face aux «complots de l'intérieur»: «J'ai été élu pour sept ans, je veux remplir mon contrat.»

Le président avait été contraint de nommer Rocard à Matignon car ce dernier avait l'opinion pour lui, un cas de figure qui conserve toute son actualité... Il avait amusé la galerie avec son «big bang», et la presse bobo vantait le rocardisme comme la panacée. À ses visiteurs du soir, à l'Élysée, le président avait pourtant confié: «Je vais le nommer à Matignon puisque les Français semblent en vouloir, mais dans dix-huit mois on verra au travers...» Officiellement, Mitterrand feignait de croire qu'ils avaient enterré la hache de guerre du congrès de Metz en 1979, si tumultueux, où Rocard avait été mis en minorité, et qu'ils repartiraient pour une dernière étape permettant de distiller «un peu de socialisme» dans la politique. Moi, je savais qu'il n'en serait rien.

J'avais alors noté dans mon journal: «L'idée n'ira pas loin; elle est même éculée; voilà trente ans que j'en entends parler; trente ans qu'on va d'échec en échec lorsqu'on veut discuter avec les centristes...» Rocard était et reste un social-démocrate qui pense que le PS n'a jamais accepté l'économie de marché à cause d'un trop grand voisinage avec le parti communiste. Je dois reconnaître que nombre de socialistes sont encore «le cul entre deux chaises», on l'a vu avec les discussions sur la réforme des retraites. Certains sont toujours convaincus que le socialisme est synonyme de collectivisation et d'économie étatisée; d'autres pensent, comme moi, que l'économie de marché doit être tempérée par quelques facteurs de socialisme.

On a essayé avec Mitterrand de mettre en place cette politique, mais plus sur le plan social que sur le plan économique. Sur ce dernier point nous avions contre nous, à l'époque, l'expérience malheureuse des pays communistes qui n'ont pas réussi à faire fonctionner une économie mixte.

Il avait nommé Rocard Premier ministre à une période où les choses allaient mieux au plan économique. Très vite, Mitterrand a déchanté : « Il n'a rien fait à la tête du gouvernement pour améliorer la situation des Français. » Il le tiendrait donc aussi pour responsable de l'échec de 1993. Les raisons étaient politiques à ses yeux et totalement indépendantes des questions d'humeur. Ce à quoi Rocard répondait que Mitterrand ne lui avait pas laissé l'opportunité d'appliquer sa propre politique. Ce qui n'est pas faux non plus...

Je l'ai constaté au moment de la guerre du Golfe où, à l'évidence, il ne remplissait pas le rôle d'un Premier ministre. Je revois les chefs militaires dans le bureau présidentiel ; le président présidait ; moi, j'intervenais ; le Premier ministre ne disait rien ; à la fin de l'entretien, le protocole prévoyait que le président donne la parole au Premier ministre qui n'avait rien à ajouter si ce n'est : « Si vous en avez convenance, monsieur le président de la République, je verrai les journalistes... » Les habits de Premier ministre étaient un peu grands pour Michel Rocard. Alors ceux de président...

Rocard, homme d'État

Je dois reconnaître cependant que Michel Rocard a été remarquable dans les affaires de la Nouvelle-Calédonie et qu'il a montré là une vraie stature d'homme d'État. Les accords de Matignon mettant fin au conflit ont été signés en juin 1988, dans les premières semaines du second septennat. Le Premier ministre avait eu l'habileté de mettre dans le coup les différentes obédiences de la franc-maçonnerie française. Il avait envoyé sur place le grand maître du Grand Orient au côté de Christian Blanc et les autres grands maîtres. La maçonnerie apportait une «bénédiction» supérieure qui transcendait les clivages de la politique politicienne. Des maçons sincères et désintéressés, dont le grand maître du Grand Orient, ami de Mitterrand, ont ainsi mis tout leur poids dans la balance pour influer sur la signature des accords.

Rocard avait bien bâti son histoire quoiqu'un peu naïvement. Il avait une petite amie à Paris avec laquelle il avait assez souvent rendez-vous. Il lui racontait sur l'oreiller tous les épisodes de la Nouvelle-Calédonie. Comme toutes les femmes, elle était bavarde et donnait des «détails» qui commençaient à courir dans Paris. C'était d'autant plus gênant que la façon dont les militaires avaient délivré leurs camarades était pour le moins expéditive. C'est d'ailleurs la raison pour laquelle Rocard s'est dépêché de faire voter une loi d'amnistie de façon à enterrer cet épisode douloureux.

Moi, j'étais au courant des détails par mes amis de ma loge. C'est dans ce genre de situation que la maçonnerie, par l'entremise de ses transcourants politiques, peut être irremplaçable, à condition de manœuvrer intelligemment. En Calédonie, tous ces hommes avaient agi dans l'ombre, soucieux de ne pas se mettre en avant pour susciter des applaudissements.

A contrario, je préfère ne pas commenter l'action de M. Alain Bauer, le conseiller de Nicolas Sarkozy pour les affaires de sécurité, qui m'a «kärcherisé» au moment de l'affaire Elf pour me réhabiliter quand aucune charge n'a été retenue contre moi. L'ancien grand maître du Grand Orient est d'ailleurs sur le sable maintenant. Il prend des positions curieuses et travaille, en tant que criminologue, avec les services de renseignements américains, ce qui n'est pas forcément le niveau d'élévation de la maçonnerie telle que je la conçois.

Dans le règlement de l'insurrection en Nouvelle-Calédonie, la franc-maçonnerie avait montré là son visage généreux et efficace qu'elle n'a pu malheureusement valoriser suffisamment. Cela changeait des sinistres affaires dont se repaît une certaine presse avide de jeter la suspicion sur ce courant de pensée.

Triangle noir

Des affaires inhérentes à l'exercice du pouvoir, Mitterrand en a eu son lot. En 1989, avait éclaté l'affaire Pechiney-Triangle dans laquelle avaient été impliqués Roger-Patrice Pelat, l'ami du président, et plusieurs membres de cabinets ministériels. Mitterrand m'avait dit : « Vous verrez, dans cette histoire, c'est Alain Boublil qui sera le bouc émissaire ; il a le physique de l'emploi car il est juif ; il est dans les secrets du ministère des Finances et il est imprudent. » C'est ce qui s'est passé. Il en a été atteint dans sa carrière. Je crois pouvoir dire que Mitterrand l'a aidé à s'extraire de ce mic-mac et a facilité sa reconversion. Pour le président, c'est parce qu'il était Boublil qu'il était visé alors que, d'après lui, il était innocent. Pelat était comme il était, mais il ne participait pas aux rouages de l'État. Je ne sais pas quel rôle il a joué dans cette histoire ni s'il a donné des enveloppes à Mitterrand. Je n'étais pas là. Peut-être était-ce déjà la répétition générale de l'affaire Woerth-Bettencourt ! La droite donne à la droite et la gauche donnait à la gauche...

Le financement de partis et des campagnes électorales n'était alors pas encadré par la loi. C'est ainsi qu'il y eut également l'affaire Urba trois ans plus tard. Il s'agissait d'un système de fausses factures sur les marchés publics pour financer le parti socialiste. Des ministres et des secrétaires d'État ont été compromis, mais ils s'en sont presque tous sortis. Ils avaient sans doute de bons avocats. J'avais déjà défendu Christian Nucci devant la cour de justice de la République. Il est resté

« taisant » à son procès où j'ai réussi à le faire acquitter. Le fait que le financement des partis n'était pas, à cette époque, assuré a prévalu dans ce verdict.

C'est Rocard qui a fait voter cette loi qui, apparemment, n'est pas scrupuleusement respectée aujourd'hui. Il y a certes un plafond, mais il semble qu'on le crève allègrement à l'UMP ! M. Woerth s'en sortira forcément. En revanche, pour sa femme, c'est plus délicat. À propos de la constitution du délit d'initiés, on nous dit : « Il n'y a pas de texte en la matière dans le droit français. » Or, si l'on y regarde bien, ce problème, prétendument nouveau, connaît sa solution depuis les Romains : « On ne doit pas suspecter la femme de César. » L'ancien ministre du Travail, débarqué en novembre 2010, aurait dû se souvenir de cette parole de César lui-même pour justifier la répudiation de sa troisième épouse qui le trompait avec un de ses fidèles qu'il voulait garder dans son entourage.

Je suis bien placé pour savoir que plus on éloigne épouses et maîtresses de la politique, mieux on se porte ! Mme Bettencourt a seulement contre elle d'avoir de l'argent, ce qui est souvent considéré comme un péché en France. Je l'innocente totalement. Quant à ceux qui sont autour d'elle et ceux qui ont bénéficié de ses largesses, c'est autre chose... À partir du moment où l'on opte pour le libéralisme et la réussite financière à tout prix, il faut bien considérer qu'on n'est pas dirigé par le comité central de l'Union soviétique.

Rocard était loin de faire l'unanimité, y compris chez nos partenaires. Lors d'une rencontre à Lisbonne en février 1992 entre pays d'Amérique latine et Communauté européenne, je bavarde longuement avec Mário Soares, président socialiste de la République portugaise. À la réception de l'ambassade de France, il se lâche : « Un mois avant la signature de l'acte d'adhésion du Portugal, Rocard m'a rendu visite à Lisbonne et m'a affirmé : "Mario, tu dois t'ôter de la tête de faire adhérer ton pays à la CEE ; jamais le Portugal n'entrera dans la Communauté." » Le président portugais a les yeux exorbités et manifeste sa colère avec force gestes à l'appui.

Les hommes politiques ne sont jamais tendres entre eux. Au cours du même séjour, lors du déjeuner, j'étais assis au côté du ministre britannique des Affaires européennes. Il ne cesse de vitupérer contre Mme Thatcher qui fut Premier Ministre conservateur de 1979 à 1990. C'est un festival cruel, mais brillant où l'humour anglais déploie tous ses traits. Le secrétaire d'État met en scène la rencontre entre celle qui n'était encore que le chef du parti conservateur et le ministre des Affaires étrangères espagnol. Elle ne connaissait rien à la diplomatie et affectait de s'y initier. Après lui avoir fait un baisemain appuyé, le ministre lui murmure : « Je connaissais déjà votre grande intelligence par la réputation qui vous est faite, madame, mais ma surprise vient aujourd'hui de votre exceptionnelle beauté... » L'Anglais de se gausser : « C'est depuis ce moment qu'elle aime tant l'Espagne ! » Et nous de partir d'un franc éclat de rire. Sur sa lancée, il raconte l'anecdote de la Dame de fer demandant, au début de son mandat, à son secrétaire au Foreign Office, Douglas Hurd :

– Douglas, que veut dire « xénophobie » ?

– Madame, il s'agit d'un sentiment irrationnel et incontrôlé à l'égard des étrangers...

– Eh bien, c'est une très bonne chose !

Des fourmis dans le Cresson

Après que Mitterrand eut – politiquement parlant – étranglé Rocard, tel le boa qui étouffe sa proie petit à petit, il nomma Édith Cresson à Matignon le 15 mai 1991. Ce n'est pas forcément la meilleure idée qu'il ait eue. Dès décembre, elle avait présenté sa démission du poste de ministre des Affaires européennes car, écrivait-elle, elle n'acceptait plus de travailler avec un Premier ministre qui ne songeait qu'à son avenir présidentiel. Il ne fallait pas être grand clerc pour comprendre que l'inspirateur de la manœuvre était Mitterrand lui-même qu'elle avait convaincu de mériter cette fonction. Rocard n'aura pas de mots assez cruels pour condamner cette ambition qui, selon lui, mettait en péril la crédibilité de la France. L'avenir lui donnera raison.

Le président réélu m'avait demandé ce qu'on pourrait faire d'Édith Cresson. Je lui suggérai qu'il crée spécialement pour elle un grand ministère du Commerce extérieur et de l'Industrie, postes qu'elle avait tenus convenablement de 1983 à 1986. Elle parlait bien anglais, multipliait les voyages avec des industriels, était habile et ne ménageait pas ses forces dans les négociations commerciales. Il murmura alors : « Je crois qu'elle pense plus loin que cela. »

Il la connaissait depuis l'époque où elle occupait des fonctions importantes au comité directeur du parti socialiste. C'était une femme active, vive, jeune. Et l'idée de nommer en France une femme Premier ministre n'était pas pour lui déplaire. Elle avait du tempérament et de l'ambition. Très vite, Mitterrand a caressé l'idée qu'elle pourrait être une Margaret Thatcher de gauche, à la française. On était encore dans l'idéal : « Je fais avancer la démocratie et la condition féminine. » À ses yeux, sa décision était du même ordre que le droit de vote accordé aux femmes par de Gaulle en 1944. Toutes les herbes semblaient réunies pour faire une bonne soupe. Personne ne pouvait imaginer que son règne serait aussi calamiteux et prendrait fin en moins d'un an seulement. Les dérapages ont commencé le jour de son investiture. J'étais à l'Assemblée, au banc du gouvernement, et le président était très impatient d'avoir mon avis. Je lui ai parlé franchement, mais il était trop tard :

– Alors ?

– Je crains que ce ne soit pas la pointure...

– Je lui avais dit de faire un discours de vingt minutes. Elle a parlé trop longtemps. Elle écoute trop ses ministres. Elle a pris des morceaux chez l'un et chez l'autre et cela a fait un patchwork sans consistance. Il fallait faire bref et offensif.

Elle a fait une mauvaise prestation qui s'est confirmée par la suite. À commencer par ses deux déclarations tonitruantes sur les Anglais qualifiés d'homosexuels et les Japonais comparés à des fourmis. «Vous allez devoir réparer tout cela», me dit alors le président, visiblement dépité. Il lui avait exprimé son vif mécontentement, directement et en tête à tête, comme il l'avait fait une ou deux fois avec moi. Sinon, il faisait un mot d'esprit, comme avec Rocard qui lui cassait les pieds avec des histoires de pont ou de route : «Vous voulez être élu président de l'Île-de-France ?» C'était le torero qui vrillait la banderille dans la plaie de l'animal blessé.

J'ai pensé à vous

La déroute des socialistes aux cantonales de mars 1992 servit d'alibi au président pour évincer Édith Cresson de Matignon. Au cours de la visite d'une exposition sur les Vikings, il me glisse en aparté : «Passez me voir cet après-midi.» À 15 heures, en ce 31 mars, je suis dans son bureau. Il me parle du remaniement :

– J'ai pensé à trois personnes pour conduire le gouvernement : Lang, Bérégovoy et vous. Lang et vous êtes les plus brillants ; Bérégovoy est un peu terne, mais il est sérieux et rassure.

– Je pense qu'il faut nommer «Béré», mais cependant exiger de lui qu'il mette en œuvre une autre politique économique et sociale ; il ne pourra le faire qu'en utilisant son capital de confiance accumulé pendant la période où il était à Bercy.

– Vous avez raison. Il aura envie de réussir, donc de faciliter cette nouvelle politique...

– Sans doute, mais il faudra qu'il desserre les cordons de la bourse. Sur ce point, il n'a pas été très coopératif avec les Premiers ministres qui se sont succédé...

– Comment voyez-vous la suite ?

– Il faut d'abord en finir avec les affaires. Je vous suggère une modification de la procédure pénale de manière à centraliser tous les dossiers à Paris. Il faut en outre donner pleins pouvoirs aux magistrats pour qu'ils terminent les procédures dans un délai de six mois. Il faut purger la République de ce cancer qui se répand dans tout le corps de l'État...

– Et sur le plan économique ?

– Mettre en œuvre une autre politique : augmenter les bas salaires et les retraites...

– Mais il n'y a plus d'argent dans les caisses, et je ne veux pas augmenter les impôts.

– Vous avez raison, mais je constate qu'il y a énormément d'argent dans le privé. Les groupes financiers jonglent avec les milliards de francs. Selon mes calculs, il faudrait opérer 40 à 50 milliards de privatisation non pas seulement pour désendetter l'État, mais pour améliorer les plus bas revenus.

– 40 à 50 milliards, c'est beaucoup quand même !

– C'est beaucoup, mais on peut le faire en plusieurs fois. Il ne faut pas privatiser ce qui touche à la défense et à la sécurité, mais tout le reste peut être examiné avec soin.

– Oui, il faut répondre au problème de la sécurité, surtout dans les villes...

Je me rends compte que je suis en train de dessiner une politique de Premier ministre. Je reviens à mes Affaires (étrangères) car le grand dossier du moment est la ratification du traité de Maastricht. Il me dit clairement qu'il n'hésitera pas à user du référendum pour sa ratification par la France, même si cela constitue un risque politique évident. À la fin de notre entretien qui a duré trois quarts d'heure, il ajoute :

– Bien entendu vous demeurez au Quai d'Orsay. C'est, du reste, la principale raison pour laquelle je n'ai pas fait appel à vous pour Matignon ; vous êtes indispensable pour assurer la bonne ratification du traité ; ce sera un grand débat dans l'opinion publique ; il faudra absolument que vous ayez les mains libres pour le conduire. Vous êtes victime de la place où vous êtes, mais c'est là où j'ai besoin de vous.

– Cela aurait été une grande joie pour moi que d'être Premier ministre ; c'est un rêve que je caresse depuis longtemps ; mais je comprends très bien ce qu'il en est et j'aime ce que je fais. Je continue de penser que Bérégovoy est le meilleur pour occuper le poste...

Il me serre la main chaleureusement : «Tenez-vous à distance rapprochée.» Je lui assure que je ne serai pas loin puisque je vais le soir assister à la première du *Bal masqué*, de Verdi, avec Luciano Pavarotti. Avant de nous quitter, il m'interroge sur le calendrier du remaniement. Je lui déconseille évidemment de l'annoncer le 1er avril ! «Nous serions la risée de toute la presse.» À l'opéra, je suis assis à côté de Claire Chazal et de Patrick Poivre d'Arvor ; de l'autre côté, Anne Sinclair et Dominique Strauss-Kahn. Tout le monde remarque nos conciliabules !

Le bal des ambitieux

Comme je suis très informé de la marche des événements et de mon sort, je suis libre de mon temps en ce 1er avril. Tous les ministres et ceux qui désirent le devenir ne peuvent pas en dire autant. Je me divertis du petit jeu conduit par Michel Vauzelle pour se faire remarquer. Comme tous les mercredis, il vient déjeuner avec ses anciens collègues de l'Élysée. Mais, ce jour-là, les journalistes sont sur les dents. Vauzelle sort par le perron et laisse entendre qu'il a vu le président pendant trois heures alors qu'en réalité il était avec ses copains et n'a vu le président que trente secondes! Alors que, d'habitude, il sort par une porte dérobée, il a bien pris soin de quitter le palais par la cour d'honneur, alimentant ainsi toutes les spéculations. Il n'aura pas eu besoin de ce stratagème, bien pardonnable, pour être nommé garde des Sceaux.

Le soir, au théâtre de Gennevilliers, j'assiste à l'adaptation à la scène de *Quatre heures à Chatila*, le dernier texte de Jean Genet avec *Le Captif amoureux*. La salle est pleine de jeunes gens qui portent la barbe et me sourient quand ils me reconnaissent. Genet m'avait souvent parlé de sa visite dans les camps palestiniens de Sabra et Chatila. Je suis émerveillé par la puissance de ce texte que j'avais lu, mais jamais entendu. Les mots vont bien au-delà de la révolte. C'est le triomphe de la beauté. Ces Palestiniens sont beaux comme l'étaient les rebelles algériens.

Le 2 avril au matin, les radios annoncent, comme prévu, le remplacement d'Édith Cresson par Pierre Bérégovoy. Les commentateurs sont sans pitié pour celle qui a «plombé le job» pour les femmes. Vers 10 heures, coup de fil de l'Élysée. Marie-Claire Papegay, la fidèle et infatigable assistante de François Mitterrand, m'informe: «Le président vous prie à déjeuner aujourd'hui.» Je resterai près de trois heures en sa compagnie. Comme il est d'humeur badine, nous en profitons pour «tailler quelques croupières». Il commence le jeu de massacre:

– Édith Cresson avait un défaut, elle finissait par se brouiller avec tout le monde...

– Elle en avait un autre: ses difficultés étaient toujours dues aux autres, aux fonctionnaires, aux députés socialistes, au PS, aux ministres, à l'Élysée, à la Terre entière, mais jamais à elle.

– Oui, elle faisait une sorte de complexe de persécution universelle, mais elle avait cependant des qualités; elle a été attaquée de toutes parts, c'est injuste.

Nous abordons la composition du gouvernement. Il aurait bien fait appel à Marcel Rigout, «un honnête homme, loyal et compétent», mais il ne veut pas se brouiller avec le parti communiste qui choisirait la censure en cas de vote au Parlement. Il aimerait qu'entrent au gouvernement quelques têtes nouvelles. Nous passons des noms en revue. À propos des «incontournables», il égratigne au passage Jack Lang et sa boulimie de politique: «Il est difficile et tatillon; il veut tout contrôler et ne sait pas faire confiance...»

Le président me redit qu'il a besoin de moi car il souhaite que le traité de Maastricht soit vite ratifié. Il me demande de réorganiser mon ministère dans la perspective des lourds dossiers qui s'annoncent: un ministre délégué pour les Affaires européennes, un ministre de la Coopération, qui me serait directement rattaché, ainsi qu'un secrétaire d'État polyvalent. Je le vois venir à pas feutrés... C'est alors qu'il avance le nom de Georges Kiejman pour qui il souhaite vivement trouver «quelque chose». «Il ne s'entend pas avec Lang et il a des difficultés de communication, mais c'est quelqu'un de très intelligent et j'y tiens beaucoup...» Je lui donne mon accord et lui promets de trouver le moyen de l'employer.

Il me propose de l'accompagner à son bureau. En marchant, j'en profite pour lui demander s'il accepterait de remettre la Légion d'honneur à Pavarotti. Il saute sur l'idée et se réjouit de la fréquentation de l'Opéra-Bastille: «Je suis très heureux que ce bâtiment existe car tout le monde peut aller à l'opéra désormais.» Puis, évoquant l'architecture: «La journée, cela laisse à désirer, mais il est très beau le soir quand il est illuminé.» Le président veut mon avis sur son prochain voyage en Turquie et me faire lire un message de Kadhafi qui accepte de nous livrer deux terroristes afin qu'ils soient jugés et condamnés en France, «à la condition que nous prenions l'engagement de ne pas les livrer aux Anglo-Saxons».

Dans l'après-midi, je reçois Hun Sen, le Premier ministre cambodgien, pour faire un point avec moi sur son pays que j'ai souhaité faire revenir dans le concert des nations. Il ironise:

– Je n'ai pas de chance; sur les quatre pays que j'ai visités, trois [la Thaïlande, l'Italie et la France] connaissent une crise gouvernementale ou un changement de ministères...

– Nous devrons désormais nous méfier quand vous nous rendrez visite!

Discipline Bérégovoy

Le mercredi suivant se réunit le Conseil des ministres. Comme je monte en grade, je ne suis plus à la gauche du président, mais m'installe à la droite du Premier ministre qui lui fait face, de l'autre côté de la table. Ainsi va le protocole Les nouveaux sont tout étonnés; les anciens affectent d'avoir leurs habitudes. Les ministres bavardent, debout, dans un grand brouhaha. Quand l'huissier claironne: «Monsieur le président de la République!» les conversations ne cessent pas. Ce dernier se rend à sa place comme si de rien n'était et lâche, cinglant: «Nous ne sommes pas ici dans une cour de récréation!» Le silence se fait. Chacun s'assied, penaud.

Il annonce des temps difficiles: «Il n'est pas d'âge d'or pour un gouvernement.» Il cite les épreuves connues du temps du général de Gaulle. «Il faut, avec résolution, faire face aux nouvelles sans broncher.» Il tente alors de tordre le cou à une pratique connue de tout temps, mais qui avait fait florès «sous» Édith Cresson: les ministres court-circuitant Matignon pour parler directement au «Château». «Il vous faudra également décider et M. le Premier ministre devra arbitrer. La présidence de la République n'est pas une instance supérieure; ce ne sera pas un recours pour vous. Le gouvernement s'arrête au Premier ministre; il n'y a pas deux gouvernements en France; je n'ai jamais voulu cela. » Il explique aux nouveaux venus comment s'organise le travail gouvernemental et se classent les différents points de l'ordre du jour. Puis, poursuivant sur sa lancée pédagogique, il invite les ministres à ne pas lire, dans leurs interventions, les papiers préparés par leur cabinet et leur administration. « Personne n'écoute ces documents écrits pour l'histoire... » À la fin du Conseil, le Premier ministre y va aussi de ses recommandations : « Discipline et solidarité gouvernementale » sont les maîtres mots de son intervention. Il insiste sur l'assiduité au banc du gouvernement à l'Assemblée nationale et conclut, à destination de quelques m'as-tu-vu : « S'il vous plaît, n'abusez pas des gyrophares et de sirènes deux tons. »

La guerre en Bosnie

Sarajevo mon amour

Aimons la France
Comme elle nous a aimés.
Monument serbe à Belgrade

Au Conseil des ministres du 5 mai un violent incident m'oppose à Pierre Joxe, ministre de la Défense.
Il me reproche sans ménagements les propos que j'ai tenus au
Portugal concernant la Bosnie-Herzégovine. J'y ai en effet envisagé la possibilité pour la France d'y intervenir en envoyant des
observateurs parmi d'autres pays. Il lit une dépêche d'agence
qui relate ma prise de position et tonne : « C'est irresponsable ! »
Je prends la parole pour rappeler que, depuis le début des hostilités, la France a joué un rôle en Yougoslavie et qu'elle n'a
jamais entendu baisser les bras. Je rappelle, non sans malice,
que le ministre de la Défense s'est ridiculisé lorsqu'il s'est agi
d'envoyer des casques bleus français dont il voulait fixer lui-
même les zones d'implantation, ce qui mit en rage le Conseil
de sécurité et le secrétaire général de l'ONU. Je m'efforce cependant de garder un ton mesuré alors que les ministres autour de
la table affichent une certaine gêne. Comme toujours en pareil

cas, le président botte en touche, se garde bien de prendre parti et affecte d'avoir de la hauteur: «Nous savions, depuis le début, que la Yougoslavie ne survivrait pas, mais nous n'avions pas à précipiter le mouvement; ce fut de tout temps la politique de la France.» Il enfourche alors un de ses thèmes favoris: la crainte de l'éclatement accéléré des empires et l'accession, sans préparation, des minorités à l'indépendance. «Il existe dans ce pays des rivalités multiples. Certes, la Slovénie est homogène, mais la Croatie ne l'est pas; il y existe des minorités importantes, serbes en particulier. La Serbie fut l'alliée de la France même du temps de la domination autrichienne. Tout ce que je viens de dire vaut aussi pour l'URSS. Je suis de ceux qui peuvent se plaindre de l'abaissement de la Russie.» Il fustige au passage l'attitude de l'Allemagne qui a encouragé cette politique «avec la complicité des Italiens et l'indifférence des autres; sauf l'Angleterre qui est un pays ancien, qui connaît l'histoire et ne se laisse pas abuser facilement». Sur sa lancée, il cite Clemenceau, l'Église catholique et revient, sans en avoir l'air, à l'objet de la polémique: «Il fallait donc dans cette affaire, tout en suivant le mouvement, obtenir des garanties internationales; sinon nous n'étions pas capables de défendre les intérêts français...» Les nouveaux ministres restent bouche bée devant ce magistral cours de géopolitique. «La parole est maintenant au ministre des Postes et Télécommunications...» L'incident était clos en apparence. Le lendemain, à Matignon, je refuse de serrer la main de Pierre Joxe qui, à la cantonade, s'en étonne. Je lui rétorque qu'il en sera ainsi tant que je n'aurai pas obtenu d'excuses.

Top secret

Alors que nous consacrons tous nos efforts depuis des mois à la ratification du traité de Maastricht qui porte en lui le ferment d'une communauté nouvelle, le tissu européen se déchire en Bosnie-Herzégovine. Il va falloir nous battre sur ce front-là aussi. Les journées de la fin juin 1992 méritent d'être ici développées par le menu car elles marqueront une des grandes initiatives diplomatiques du second septennat. Le mercredi 24, à l'issue du Conseil des ministres, le président me fait un signe de l'index. Il me retient dans l'embrasure d'une fenêtre : « Passez me voir à 18 heures. » J'ai à ce moment-là sur mon agenda une remise de décoration que j'expédie en une demi-heure chrono et retrouve le président à l'Élysée.

– Je veux frapper un grand coup. Je le sens. Il faut changer de rythme, sortir des sentiers battus de la diplomatie classique. J'envisage de me rendre en Yougoslavie. Belgrade ? Sarajevo ? Je ne sais.

– Je ne pense pas que vous puissiez aller à Belgrade, avant Sarajevo en tout cas.

– Je prendrai Kouchner avec moi. Vous assurez la préparation du déplacement et veillerez surtout à assurer les arrières en cas de difficulté sur le plan diplomatique. Bien évidemment, le secret est de mise. Un secret absolu.

Nous évoquons les dates. Il pense à la semaine suivante, après le week-end à Lisbonne où se réunit la Commission européenne. Nous convenons tous deux que « c'est trop loin ». La situation est critique. Partir du Portugal aurait plusieurs avantages, celui de la discrétion en particulier. « Réfléchissez, mais surtout pas un mot à quiconque. Nous en reparlerons demain à Lisbonne. »

De retour au Quai, j'appelle mon secrétaire d'État. « Bernard, j'aurai besoin de toi demain à Lisbonne. » Kouchner frétille. Il veut en savoir plus. Quand j'ajoute que le président le verra aussi, il comprend qu'il s'agit de la Yougoslavie. Mais je ne tiens pas à lui donner plus de détails pour le moment. Je convoque Jacques Blot, le directeur de l'Europe au Quai, et lui donne instruction, en termes généraux, de me préparer des

fiches avec les numéros de téléphone directs des présidents
des républiques de l'ex-Yougoslavie, des responsables politiques et militaires, des chefs de milices. Je trouverai toutes ces
informations sur mon bureau avant de partir. Fidèle et précis,
comme à son habitude, Blot a rempli le contrat sans poser de
question. Il soupçonne quand même qu'il y a «anguille sous
roche» quand je lui demande les langues que parlent toutes ces
personnes et les noms d'éventuels interprètes dans l'hypothèse
où ils ne s'exprimeraient pas dans une langue que je pratique.

Le lendemain, j'embarque pour Madrid où les jours politiques de mon ami Paco Ordóñez sont comptés. Cette visite,
qui ne durera que deux heures, est triste. Je fais la connaissance de Javier Solana, son successeur à la tête de la diplomatie
espagnole. Après avoir dit deux mots à la presse, je pars pour
Lisbonne rejoindre François Mitterrand à l'ambassade de France
où il est déjà arrivé, en compagnie du président portugais, notre
vieil ami Mário Soares.

– Avez-vous réfléchi?

– Oui, il faut renoncer à Belgrade.

Je lui explique que les critiques vont fuser. J'imagine les
commentaires de l'opposition et les éditoriaux des plumes bien-
pensantes. Sur ma lancée, je lui trace déjà les titres des unes
et des éditoriaux: «Mitterrand chez le tyran rouge». Ou bien
encore: «Dans le droit fil de la politique française favorable à la
Serbie, le président n'a pas craint de serrer la main du boucher
de Sarajevo...» Il n'en faut pas plus pour le convaincre. Et il
ajoute: «Attendez encore avant de déclencher le dispositif,
même du côté français, car personne ne doit être mis au courant
avant que j'aie pris ma décision définitive.» Il est difficile de
mettre sur pied une telle opération sans donner des instructions
claires à une foule d'intermédiaires. Je lui suggère que nous laissi-
ons entendre à mes collaborateurs et aux siens que c'est moi
qui vais partir. Cette idée lui paraît bonne. Je suis harassé et

rentre à l'hôtel Méridien. J'y dors mal et y attrape un refroidissement à cause d'une climatisation mal réglée. Je consacre peu de temps à la préparation du Conseil européen du lendemain, obnubilé par notre projet que je trouve audacieux, mais dont je pressens toute la portée.

Du calme, Bernard !

Le vendredi matin, c'est l'ouverture du Conseil européen avec son lot de paroles de bienvenue, de photos de famille, de communications. Le chancelier Kohl réagit brutalement aux propos du président du Parlement européen sur des questions de «gros sous», mais Mitterrand et moi avons du mal à nous concentrer sur ces péripéties. Nous avons la tête ailleurs. Je lui fais part à l'oreille de l'entretien que j'ai eu la veille avec Boutros Boutros-Ghali. Le secrétaire général de l'Organisation des Nations unies nous demande de lui fournir 80 experts français de plus dans l'hypothèse où l'ONU pourrait prendre à sa charge la réouverture et la gestion de l'aéroport de Sarajevo. Les Serbes ont refusé, jusqu'à présent, la participation des Américains. Tout cela tombe à point.

Un huissier me passe un mot en séance. C'est Jean-Michel Casa, membre de mon cabinet, qui m'informe de l'agitation de Bernard Kouchner à Paris. Celui-ci téléphone à tout-va, a déjà prévenu le service en charge des VO (voyages officiels), demande la présence de collaborateurs, veut intervenir à la table des négociations à Lisbonne où il annonce son arrivée dès 8 heures le samedi matin. Je lui fais dire de se calmer, de ne prendre aucune initiative d'ici là et lui donne rendez-vous au Méridien de Lisbonne, à 10 heures le lendemain. J'anticipe un peu car, pour le moment, le président ne m'a pas explicitement donné le feu vert. Alors que les travaux du Conseil se poursuivent, monotones, je le vois noircir avec application une feuille blanche de son stylo à plume noir. Je ne veux pas être indiscret et ne cherche pas à lire ce qu'il écrit. Au bout de quelques instants, il me tend un feuillet rempli d'une écriture très serrée. Je le survole rapidement. C'est le plan d'action de l'opération Sarajevo en une vingtaine de points détaillés et minutés consciencieusement :

– Prévoir un Falcon 900.

– Douze personnes à bord, douze repas.

– Ne pas indiquer de destination.

– Plan de vol : faire pour le mieux.

– Relations avec les médias. Quels journalistes avec nous ?

Suit un long encadré titré « Roland Dumas » :

– Préparer l'opération.

– Téléphoner aux organisations internationales dès mon envol : secrétaire général de l'ONU.

– Prévenir lord Carrington, Cyrus Vance, le président Soares, le chancelier, etc.

Il mentionne aussi, et pour la première fois, la démarche faite auprès de lui quelques jours auparavant par Bernard-Henry Lévy, porteur d'un message de détresse du président bosniaque Alija Izetbegovic. Il insiste sur ce dernier point. Je l'informe que j'ai reçu, dès le 3 juin, Haris Silajdzic, ministre bosniaque des Affaires étrangères. La rencontre a eu lieu au Sénat où j'étais en plein débat sur la réforme constitutionnelle. Il m'a dressé un tableau apocalyptique de la situation. « Les Serbes de Serbie et de Bosnie torturent même les enfants. 1 million de personnes ont dû fuir leurs maisons ; cela fait six mois que nous demandons l'intervention de l'ONU et de l'Europe, personne n'a rien fait. Le risque d'une pénurie alimentaire et sanitaire totale est grànd. Le monde peut-il assister à la mort de la Bosnie-Herzégovine sans intervenir militairement ? À vous l'aviation, les chars et l'artillerie ; nous n'avons que nos soldats avec leurs baïonnettes à opposer à la folie meurtrière des Serbes.» J'ai été impressionné par la teneur de cette déclaration et surtout par le ton désespéré sur lequel elle a été faite.

La matinée de ce vendredi 26 a été consacrée à la discussion du «paquet Delors II», c'est-à-dire au financement de la Communauté européenne. L'après-midi, je suis seul à la table des négociations pour parler de l'élargissement aux nouveaux pays. Le président arrive en retard. Je lui fais le point de la situation. Il m'informe qu'il va parler des relations extérieures de l'Europe et qu'il en profitera pour évoquer la situation en Yougoslavie. Quand ce point de l'ordre du jour est appelé, c'est Giulio Andreotti qui prend la parole le premier, au nom de l'Italie. Il est 19 heures. Je suis frappé par le ton très ferme qu'il emploie. «Il faut intervenir militairement pour dégager l'aéroport de Sarajevo; on ne peut continuer à recevoir des images des nettoyages ethniques et à se croiser les bras.» La détermination inattendue de son discours me plaît. Que signifie-t-elle? Je vais lui poser la question quand il va se rasseoir:

– Êtes-vous prêts à une action en force pour dégager l'aéroport? Le feriez-vous avec nous éventuellement?

– Absolument. Il faut faire à Sarajevo une action comme celle conduite dans le nord de l'Irak pour défendre les Kurdes. Vous pouvez compter sur nous.

Rien d'autre. Quand il rentrera à Rome, le gouvernement sera renversé. Andreotti ne sera plus membre du nouveau cabinet. Qu'importe, le ton avait été donné!

Mitterrand prend alors la parole longuement sur la situation en Yougoslavie. L'interrogation se lit sur le visage de nos partenaires: «Où veut-il en venir?» Et d'asséner l'estocade: «Nous ne pouvons nous contenter de la diplomatie traditionnelle; chaque pays [représenté ici] doit agir en usant de ses relations particulières; la France y est prête et elle agira.» Nous approchons de l'heure du dîner. Je me demande si tous les participants ont bien mesuré le sens de cette intervention... Le Premier ministre danois signale qu'il est l'heure d'aller regarder le match qui oppose son pays à l'Allemagne. Mitterrand me dit être bien décidé à reprendre son propos le lendemain matin.

Foot et porto

Fidèle à son habitude, il souhaite déambuler dans les rues avant le dîner officiel. Il me demande de l'accompagner le long des ruelles du vieux Lisbonne. L'ambassadeur de France nous accompagne. Les officiers de sécurité marchent à distance. Au cas où nous nous perdrions, nous nous sommes donné comme point de ralliement l'imposante église Nossa Senhora da Graça dont les travaux ont duré si longtemps qu'un proverbe portugais la désigne pour railler une action interminable. En cette chaude soirée de juin, les ruelles et les placettes pavées de pierres polies par les ans expriment la douceur de vivre. Du linge pend aux fenêtres. Le président s'attarde dans la contemplation d'azulejos qui ornent la façade d'une vieille demeure du XVIIIe siècle.

Nous nous perdons dans ce dédale où chaque carrefour offre un nouveau point de vue sur les collines qui courent en cascade vers le Tage. Songeur, il me confie que, dans son adolescence, il a écrit des poèmes sur les grands fleuves du monde. J'essaie de les lui faire réciter. Il ne dit rien. Peut-être les a-t-il oubliés? Les gens reconnaissent Mitterrand au passage et lui adressent des saluts chaleureux en l'appelant par son nom. Nous allons et venons, hésitons, reprenons notre marche. Nous nous trouvons brutalement arrêtés devant un bistrot d'où émane la clameur de spectateurs qui regardent le match de football à la télévision. Nous entrons et nous asseyons à une table en bois parmi une foule d'habitués. Nous voilà donc au milieu du peuple bariolé des petites gens des quartiers pauvres de Lisbonne pour assister à ce formidable match. Le deuxième but marqué par les Danois nous remplit de joie. Je suis assis derrière le président qui se retourne vers moi en exultant : « Vous avez vu, les Danois sont décidément les meilleurs ! » Et d'expliquer comment ils ont remplacé « au pied levé » les Yougoslaves exclus de la compétition. « Ils n'ont pas eu le temps de s'entraîner pendant un mois comme les autres ; ils ont donc gardé toute leur spontanéité. » Nous décidons de boire un verre pour arroser cela. Le président voudrait du porto, mais cet estaminet de quartier ne sert pas d'apéritif de luxe. L'ambassadeur se démène pour en trouver. Des enfants vont et viennent ; des curieux jettent un œil car il y a visiblement quelque chose d'inhabituel dans ce Patio Do Peneireiro. Le temps passe. Nous serons en retard au dîner officiel servi au château de Queluz, le « Versailles portugais ». Tant pis.

Comme il est d'usage dans les Conseils européens, les chefs d'État et de gouvernement et leurs ministres dînent dans des salles séparées. Nous n'avons pas pu nous concerter avec le président. Je l'attends donc à la fin du repas pour lui communiquer les derniers développements. Nous faisons quelques pas dans la cour de ce palais baroque, datant du XVIIIe siècle, dont la façade illuminée est d'un parfait kitsch rose bonbon. Il me propose de continuer la conversation dans sa voiture qui le conduit à l'ambassade où il passera la nuit.

Pendant qu'il téléphone dans sa chambre, le docteur Gubler nous rejoint. Je laisse entendre à son médecin personnel qu'un déplacement important pourrait avoir lieu et lui recommande de prendre ses dispositions « pour maintenir le président en forme ». Ce dernier m'appelle et me garde dans sa chambre quelques minutes. Nous répétons une fois encore le scénario et passons en revue chaque détail. Il insiste sur le secret et sur la nature du déplacement : « Aller à Belgrade me paraît exclu en effet, cela altérerait la portée de ce voyage ; je ne veux pas me trouver en position de négociateur, évitons donc la critique de ce point de vue ; les organismes existants sont là pour cela, il ne faut pas se substituer à eux. » Mitterrand insiste sur ce point qui vaudra par la suite des interprétations erronées. À aucun moment, il n'a envisagé de mener une quelconque négociation qui n'est pas du ressort de la France. Il a voulu donner un message d'espoir aux populations bosniaques et se rendre compte sur place de la situation. Voilà quatre mois que la Bosnie-Herzégovine a proclamé son indépendance. Cette décision l'a immédiatement fait plonger dans la guerre. Les Tchetniks, les soldats nationalistes serbes, ont envahi le pays sous prétexte de protéger les Serbes de Bosnie qui ne sont pourtant nullement menacés. Milosevic ambitionne seulement d'annexer la partie majoritairement peuplée de Serbes. Son armée, bien équipée, déplace et massacre les populations musulmanes sans défense. En trois mois, la moitié de la Bosnie est ravagée et sa capitale, Sarajevo, soumise à un pilonnage quotidien. C'est cet étau que le président français souhaite desserrer un peu.

Frapper un grand coup

Comme à chaque Conseil européen, le samedi matin est le jour du petit déjeuner rituel avec le chancelier. À la reprise des travaux, le président m'informe : « J'ai parlé à Kohl d'une initiative française sans plus ; je n'ai mentionné ni la nature ni la destination ; et je lui ai demandé d'être discret. » Je fais une brève apparition en début de séance et laisse la place à mon secrétaire d'État, Élisabeth Guigou. Il s'agit d'examiner le communiqué final qui, dans l'ensemble, me convient. J'ai fait les rectifications nécessaires la veille. Je suis donc libre de penser à Sarajevo. Mon absence sera cependant remarquée car je ne regagnerai ma place qu'à la fin des travaux : « Tu as fait l'école buissonnière ce matin », ironise mon collègue belge.

J'ai passé toute la matinée dans une suite de l'hôtel Méridien que j'ai fait aménager en PC de crise. Bernard Kouchner m'attend. Je lui annonce sans détour :

— Nous allons frapper un grand coup à Sarajevo.

— Formidable, je connais tout le monde là-bas...

— Arrête ! Arrête ! Tu ne vas pas faire une mission humanitaire ni une négociation. Tu accompagnes le président et c'est lui qui est en charge de l'opération.

Je commence ma tournée téléphonique. À Belgrade, je joins Mme Adamovic, une interprète proche de Milosevic. Elle m'indique où se trouve le président serbe et me donne la ligne directe de l'endroit où je peux le trouver. Nous nous appellerons à trois reprises. Elle est chargée d'organiser ce rendez-vous téléphonique de façon à ce qu'il ne soit pas surpris de mon appel :

— Bonjour, monsieur le président ; je désire me rendre à Sarajevo...

— C'est dangereux ! Passez donc par Belgrade. Nous vous y garantissons une sécurité maximale. Nous ferons pour vous comme nous avons fait pour Kozyrev [ministre des Affaires étrangères d'Eltsine de 1990 à 1996]. Vous poserez votre avion chez nous et un hélicoptère vous emmènera sans difficulté à Sarajevo.

— Mais je ne souhaite pas donner à mon déplacement un caractère « officiel ».

— Vous n'êtes pas obligé de nous voir ni même de nous saluer. Je comprends le sens de votre mission ; vous changerez simplement de moyen de transport à Belgrade.

Je joins notre ambassadeur à Belgrade auquel je demande de se procurer un hélicoptère, ce qui n'est pas facile. J'alerte tous les généraux de la place : le général indien Nambiar qui commande la FORPRONU, son second le général français

Morillon, le général canadien MacKenzie, qui est à Sarajevo, le colonel qui commande le détachement français. Je m'enquiers auprès d'eux de l'état de la fameuse piste. Chacun me répond qu'elle est encombrée et que, si les obus n'ont pas fait de dégât, il convient en premier lieu de la dégager. Par l'intermédiaire de notre chargé d'affaires sur place, M. Chenu, je fais joindre le président bosniaque Izetbegovic auquel j'annoncerai personnellement mon voyage un peu plus tard. Pour l'heure, je parle en anglais avec son interprète Ganic et en français avec Sarinic, le conseiller du président croate Franjo Tudjman. Pour tous, c'est moi qui dois partir. Au téléphone, nous nous accrochons avec Bernard Kouchner qui veut toujours en savoir plus. Il appelle le représentant sur place de Médecins sans frontières qui confirme que ce voyage est très dangereux. La plupart des interlocuteurs me déconseillent de l'entreprendre.

En fin de matinée, j'avouerai la vérité à Kouchner : « Ce n'est pas moi qui pars, mais le président. » Il restera bouche bée, ce qui est rare chez lui. Après un moment de silence, il laisse exploser sa joie : « C'est formidable ! » J'exige de lui le secret le plus absolu. Je crois qu'il a respecté cette consigne jusqu'à la fin. Je lui demande de rester de permanence à l'hôtel pendant que je rejoins le président. Celui-ci quitte la séance, lassé des interminables palabres sur le communiqué final, pour mettre au point avec moi les derniers détails.

Il convoque son chef d'état-major particulier, le général Christian Quesnot, pour régler la question de l'hélicoptère. Je préfère que ce soit lui qui s'adresse au ministre de la Défense car je suis toujours en froid avec Pierre Joxe et souhaite éviter des tensions inutiles à ce stade des préparatifs. Le général suggère qu'il serait plus judicieux d'embarquer des hélicoptères dans un Transall de l'armée française de façon à ne pas faire appel aux appareils serbes. C'est une autre solution qui sera trouvée et se révélera meilleure en définitive. À partir de ce moment, tout le monde s'agite, observe, s'interroge sur ce qui se prépare et finit par conclure que c'est moi qui pars pour Sarajevo.

Avant la conférence de presse, le président prend le chancelier par le bras pour lui laisser entendre que les événements se précipitent et qu'il sera amené à prendre une initiative dans un bref délai, sans pour autant lui avouer qu'il part pour Sarajevo. Il avait été prévu dans un premier temps que je ferais la conférence de presse, mais le président s'est ravisé et y assiste en personne. Il me charge de prévenir les deux journalistes qui l'accompagneront : le correspondant de l'Agence France-Presse à l'Élysée et le photographe Claude Azoulay. Il connaît bien ce grand photo-reporter emblématique de *Paris-Match* et a toute confiance en celui qui est le chroniqueur en images de la «geste mitterrandienne». Les deux hommes sont priés de se tenir prêts à l'aéroport pour une destination inconnue. En dépit des consignes de discrétion, je suis assailli par une foule de journalistes. Ils ont senti «qu'il se passait quelque chose» quand je suis sorti de la salle de réunion pour parler au général Quesnot. Les questions fusent : «Où allez-vous, est-ce vous ou le président qui partez, quand est fixé votre départ ?» La confusion règne. Je constate, une fois de plus, qu'il est impossible de garder le secret dès lors qu'on a ouvert la bouche. À la fin de la conférence, je monte dans la voiture du président et lui fais part des réactions des journalistes. Il est indigné : «On ne peut avoir confiance en personne.»

Paix conclue avec Joxe

À l'aéroport, nous retrouvons le président portugais à qui le président annonce qu'il part pour Sarajevo en ce samedi 27 juin. Mário Soares est visiblement partagé entre l'inquiétude et l'admiration. Quand nous prenons congé, il me sert la main avec intensité: «Il est vraiment très courageux.» Il nous accompagne jusqu'à la passerelle où je prends, moi aussi, congé du président, impassible. Les visages sont tendus. À ce stade, nous savons que l'autorisation d'atterrir à Sarajevo n'a pas été accordée. Il est de toute façon trop tard pour le faire. La nuit tombe. Le plan de vol n'est prévu que jusqu'à Split, ville croate sur la mer Adriatique.

Je prends, songeur, mon avion pour Paris. Je fais le voyage dans la cabine de pilotage. Je suis ainsi en contact avec la tour de contrôle de Villacoublay à qui je peux donner directement les dernières instructions. Le commandant de bord, en tournant un bouton, me fait entendre les communications entre l'avion présidentiel et Villacoublay. Ils n'ont pu entrer en contact avec Sarajevo, mais poursuivent leur vol jusqu'à Split. De retour au Quai d'Orsay, il me faut maintenant gérer la «diplomatie». J'alerte en tout premier lieu Helmut Kohl. Je fais rédiger par mes services la note suivante: «Le président de la République, depuis Split, a souhaité passer un message à M. Kohl pour lui dire qu'il s'est décidé à se rendre à Sarajevo dans l'après-midi, suite à la conversation qu'il a eue avec lui. Il lui téléphonera à son retour.» Kohl me fait passer le message suivant par son cabinet: «Le chancelier a été dûment informé par son chef de cabinet du contenu du message du président de la République; celui-ci pourra l'appeler demain dimanche 28 juin à 22 heures au numéro suivant car ce ne sera pas possible avant; il conviendra de prévoir un interprète car le chancelier n'en aura pas à ses côtés.» François Mitterrand prendra bien soin de téléphoner à Helmut Kohl dès son retour à Paris, le dimanche soir, de façon à ménager les susceptibilités. Les remarques aigres-douces de Genscher ne laisseront pas de traces durables, le chancelier reconnaissant qu'il avait été préparé à l'idée par le président.

Vers 21 heures, en ce samedi, Pierre Joxe vient me voir. Il m'avait téléphoné auparavant pour «faire la paix». L'heure n'était sûrement pas à la guerre entre deux membres du gouvernement. Le ministre de la Défense se déclare très inquiet. Il ne me le dit pas, mais je saurai plus tard qu'il a voulu faire décoller la chasse pour accompagner l'avion présidentiel jusqu'aux côtes yougoslaves. Il a fallu toute la persuasion du général Quesnot pour qu'il abandonne l'idée. Le chef d'état-major particulier lui assurant que « le président serait furieux s'il en était ainsi ». Pour l'heure, Joxe est préoccupé par la façon dont nous allons gérer l'intendance à Split. Je le rassure. Notre ambassadeur a retenu des chambres d'hôtel pour tout le monde. Je lui lis le télégramme de Kouchner qui m'assure que tout se passe bien. Je lui fais part également de la communication téléphonique avec le président qui m'a tout de suite dit : « Ah, je regrette tout cela car je voulais absolument dormir ce soir à Sarajevo. »

Je mets la pression sur le gouvernement serbe pour faire dégager la piste. Il se défausse en assurant qu'il est tenu par des milices serbes « indépendantes ». Je ne sais, à ce stade, s'il s'agit d'une flagrante mauvaise volonté ou si les risques sont tels que les Serbes ne veulent en prendre aucun. Dans l'hypothèse où le plan ne pourrait arriver à son terme, je me vois contraint d'organiser un programme de substitution à Split : visites de la base humanitaire, du centre des observateurs de la Communauté européenne, du bataillon français de la Kraïna, et rencontre avec le général numéro deux de la FORPRONU. Cette manœuvre se révélera inutile. Dans la nuit, j'obtiens de Panic, le ministre de la Défense fédérale serbe, qu'il donne l'ordre aux (prétendues) milices serbes indépendantes de dégager les pistes de l'aéroport. Ce travail se fera le dimanche matin avec l'aide des forces de l'ONU. Au milieu de la nuit, Kouchner, puis Mitterrand m'appellent pour savoir où j'en suis de mes négociations car ils n'ont pas de liaisons directes avec Belgrade et n'ont aucune information. Quand je leur annonce que la piste sera dégagée dans la matinée, ils en sont très heureux.

Atterrissage réussi!

Le dimanche matin, je suis très tôt à mon bureau, conscient que va se jouer un moment historique. Je suis partagé entre des sentiments de fierté et d'inquiétude. Nous sommes sans nouvelles de l'avion. À 10 h 31 enfin, un collaborateur passe la tête, exultant: «Ça y est, ils ont atterri à Sarajevo!» J'appelle sur-le-champ Joxe, un peu marri de ne pas avoir été prévenu par ses militaires. Tout s'est bien passé. Nous n'avions oublié qu'une chose. Le 28 juin est la date anniversaire de l'assassinat de l'archiduc d'Autriche à Sarajevo en 1914, drame dont on s'accorde à dire qu'il est à l'origine de la Première Guerre mondiale. Et c'est aussi le jour commémoratif de la victoire du prince Lazare de Serbie sur les Ottomans, date choisie par des centaines de milliers de manifestants pour exprimer leur opposition au régime de Milosevic. Les chroniqueurs en mal de copie raconteront bien sûr que le «Florentin» avait choisi à dessein ce jour symbolique. Je suis bien placé pour témoigner que tout cela est le pur fruit du hasard.

Les images du président français dans les rues de Sarajevo en compagnie du président Izetbegovic feront le tour du monde. Les témoignages de sympathie, les simples pancartes avec écrit en français «Merci, monsieur le président» étaient émouvantes. François Mitterrand adorait ce genre de «coup» car il pensait qu'il était de nature à influer sur le cours des événements. Malheureusement, cette visite ne changera rien à la désintégration sanglante de la Yougoslavie.

Il est revenu dans la nuit. Je suis allé l'accueillir à l'aéroport. La voilure de l'avion avait été atteinte par des projectiles et sommairement réparée. En descendant la passerelle il est fier: «Tu as vu, on a essuyé des tirs; viens voir.» Les dégâts sont quand même spectaculaires. Ce n'était d'ailleurs pas l'œuvre de l'armée, mais des «francs-tireurs» et des snipers incontrôlés qui avaient tiré sur l'avion français. L'objet de la mission était réussi. Il s'agissait de montrer au monde qu'on pouvait aller à Sarajevo même en temps de guerre et qu'on n'avait pas peur. Je crois aussi que ce défi à la mort, alors qu'il était déjà très malade, n'était pas pour lui déplaire.

Il fera preuve du même courage physique lors du dix-huitième sommet franco-africain de Biarritz en novembre 1994. Je n'étais plus ministre car c'était la cohabitation, mais il m'avait demandé de le rejoindre à la fin des travaux. C'était l'époque où redoublaient les attentats perpétrés par les Basques de l'ETA. À la fin du sommet, il lance à l'attention de ses collègues africains : « Ce soir, nous irons prendre un verre à la terrasse d'un café. » Nous avons tous passé un bon moment à bavarder dans un léger soleil d'hiver. Les démineurs étaient passés avant, mais il était fier de son coup : « Vous avez vu, les Basques ne sont pas si terribles... »

Le promeneur du Champ-de-Mars

Il adorait par-dessus tout flâner dans les villes du monde entier comme il le faisait (presque) incognito à Paris à l'abri de son feutre noir à large bord. Le plus difficile était de « sécher » les réunions protocolaires et de sortir avec un minimum de gardes du corps. Au sommet d'Helsinki en juillet 1992, il me dit dans la voiture qui nous emmène vers le centre de conférences : « Nous allons ce soir essayer de trouver un bon petit restaurant de poisson. En existe-t-il à Helsinki ? »

Un peu à la légère, je lui réponds :

– Oui.

– Mais avec 53 délégations étrangères présentes en Finlande, nous risquons de ne pas trouver de table libre.

Nous nous vantons de notre façon de vivre. Je lui fais observer :

– Ce n'est pas du tout le genre d'existence que mènent les autres chefs d'État.

– Oui, et nous avons bien raison. La vie est bien plus agréable ainsi. Au fond, nous vivons comme de vieux étudiants !

Cette réunion d'Helsinki était historique en ce qu'elle tirait un trait sur les querelles de subordination entre l'OTAN (traité de l'Atlantique Nord) et l'UEO (Union des États occidentaux) dont nous pensions, alors, qu'il pourrait devenir l'organe de l'identité européenne de défense prévue par le traité de Maastricht. J'ai réglé cela au cours de deux tête-à-tête avec James Baker, le secrétaire d'État américain. Nous avons ostensiblement quitté la salle bras dessus, bras dessous, pour que les photographes et les télévisions constatent l'harmonie qui existait entre la France et les USA. Ce n'était pas évident car, tout au long du G7 à Munich et du sommet d'Helsinki, le nouveau ministre allemand des Affaires étrangères, Kinkel, était intervenu auprès de moi à trois reprises pour regretter que l'Allemagne se sente mal à l'aise dans les querelles franco-américaines. Même son de cloche chez les Hongrois et les Hollandais, sans doute agités en sous-main par Washington.

17

Leçons d'histoire

L'Europe au cœur

Nous avons parlé européen,
c'est une langue nouvelle qu'il faudra bien apprendre.
Aristide BRIAND (Locarno, 1926)

En compagnie de Pierre Bérégovoy, et en présence de François Mitterrand, j'avais signé le traité de Maastricht en février 1992 avec le sentiment du travail (bien) accompli. L'Europe politique était vraiment en marche d'un côté, et de l'autre ses vieux démons ressurgissaient dans les Balkans. Au printemps 1992, tout mon temps était occupé par la ratification du traité et par la guerre en Yougoslavie. Chaque Conseil des ministres était l'occasion de rappeler l'importance des enjeux.

Le mercredi 22 avril, nous examinons le texte de révision constitutionnelle préalable à la ratification du traité. Le président intervient longuement : « Ne soyez pas obsédés par l'opposition ; les opposants ne se rallieront que contraints par leur base et soucieux de leur avenir ; sûrement pas pour plaire au gouvernement. Il faut mobiliser tous les secteurs d'opinion ; chacun doit sentir qu'il s'agit d'un acte « dramatique » [...] Quelles que soient les conséquences institutionnelles en

France, il ne faut pas bouger d'un pouce. Tous les présidents
de la République depuis la IVe ont agi dans le même sens. Nous
ne sommes pas les seuls ouvriers de l'Europe ; il faut afficher
sa conviction sans afficher d'amour-propre ; j'agirai moi-même
comme mes prédécesseurs sans excéder mon rôle. » Il parle,
bien sûr, sans notes et improvise à l'évidence. Aucune agressi-
vité dans son propos, mais une sérénité, teintée de solennité :
« Ce traité porte en lui une dynamique interne car il épouse le
mouvement de l'histoire. Il faut être conciliant avec les opposants sur la forme ; on peut même aller jusqu'à adopter un mot
plutôt qu'un autre, admettre un adjectif, mais je ne souhaite
pas que le gouvernement s'engage dans une négociation. Il ne
doit pas y avoir de réforme du texte encore moins d'amende-
ments ni de conditions préalables. » Et de porter l'estocade :
« Je préfère que le gouvernement se brise, que le président soit
désavoué plutôt que de broncher sur la voie qu'on s'est tracée.
C'est oui ou c'est non. »

Au cours de ce printemps 1992, toute notre action tourne
autour de l'Europe et son traité de Maastricht qui cristallise les
passions. Il n'est de jour où l'on ne parle aussi de la Bosnie-
Herzégovine comme je le fais en ce 28 avril avec le secrétaire
général de l'ONU, Boutros Boutros-Ghali ou avec mon homologue portugais João de Deus Pinheiro. Le président m'a convié
à déjeuner à l'Élysée, en compagnie de Paul Quilès, Jack Lang
et son conseiller en image, Jacques Pilhan. On ne sait trop
comment qualifier cet homme de l'ombre qui se rêve en gourou
et veille sur la communication du président. Quand on lui
demande d'ailleurs de définir son action, il cite Lacan : « Ce qui
ne peut se nommer n'existe pas... » Mitterrand ouvre la discussion : « Que me conseillez-vous pour que je m'investisse dans la
campagne en faveur du oui ? » Lang : « Il faut que l'on vous voie
avec des gens, de la jeunesse surtout. » Pilhan : « Maastricht est
sans doute une bonne chose, mais il faut aussi vous occuper

des plus pauvres et des démunis. » Quilès ne dit rien. Moi, je suggère : «Rendez visite aux enfants de la guerre rapatriés de Yougoslavie par Kouchner. » Et surtout je lui demande de s'en prendre à Calvet, le patron de Peugeot, qui annonce à la fois des bénéfices records et des licenciements. Je trouve cela intolérable. Le président partage mon point de vue. Nous sommes convenus de trouver une manifestation publique où, dans les quarante-huit heures, il pourra exprimer son point de vue. Il nous annonce que la semaine suivante il sera à Strasbourg pour poser la première pierre du palais des Droits de l'homme, siège de la Cour européenne. Il en profitera pour faire un discours sur l'Europe. «La Grande Europe!» ajouté-je, enthousiaste, car 47 États ont ratifié la convention qui régit la cour. Dans l'après-midi, au ministère, le travail se poursuit à un rythme effréné. Je me vois, la mort dans l'âme, obligé de renoncer à me rendre à la remise du prix Herbert von Karajan à ma grande amie Mirella Freni. Je suis triste.

Européen et patriote

Il n'est guère de réunions où le président ne commente l'actualité et critique ceux qui s'en prennent à sa politique : «Nos adversaires prétendent défendre la patrie, mais ils ne sont pas plus patriotes que nous! Le patriotisme, c'est bien sûr l'amour du sol où l'on est né, mais c'est aussi et surtout assurer la paix de la patrie. Or, ce traité assure que notre patrie sera à l'abri de l'Hexagone, de ses frontières naturelles, et ne fera l'objet d'aucune revendication...» Et poursuivant par une longue fresque où se mêlent les chaos et les gloires de l'histoire de France : «À l'époque de Louis XIV, le peuple français était le plus important; la Prusse naissait à peine. Des coupes sombres étaient opérées par les conflits dans les populations. Chaque guerre se terminait par un traité; or, tous les traités

de paix étaient mauvais car il s'agissait du traité du vainqueur. Celui-ci imposait sa loi au vaincu qui n'avait de cesse
de prendre sa revanche. Ce fut le cas en 1945. On n'a fait que
retarder l'heure de la réconciliation avec l'Allemagne...» Puis,
martelant chaque mot pour que chaque ministre présent soit
convaincu de la nécessité de la ratification : «Nous entrons
dans des temps nouveaux ; jamais un traité n'aura été aussi
puissant ; il traduit à la fois une volonté politique de maintenir
la paix et de protéger la France, mais aussi la nécessité de voir
plus loin.» Après le visionnaire, le politique reprend le dessus,
mais ses paroles sont celles d'un vieux sage à l'adresse de ses
fougueux disciples : «Nous ne devons faire aucune concession
aux adversaires du traité, ne consentir aucun amendement.
Nous devons cependant ménager ce qui leur reste de fierté ;
s'ils veulent quelques aménagements de forme, soyez généreux,
mais opposons-nous à l'idée même de renégociation du traité.
En conclusion, évitons de blesser leur amour-propre et, quand
ils en ressentiront, essayons de panser leurs blessures...»

La voie parlementaire était assurée pour ratifier le traité,
mais le président avait décidé de faire valider son choix par le
peuple. C'était une procédure risquée qui n'était pas comprise
dans notre camp car tout l'édifice européen aurait été remis
en cause par un «non». Il disait : «On ne peut inventer le
peuple français comme on souhaiterait qu'il soit, c'est-à-dire
comme il n'est pas ; en agissant ainsi on ruinerait à la longue
la République.» Au Conseil des ministres du 3 septembre 1992,
il justifie à nouveau son choix du recours au référendum : «J'ai
pris mes risques pour l'Europe, c'est incontestable. Oui, mais
y a-t-il une politique sans risque ? Le référendum est inscrit
dans nos institutions, ce qui n'est pas le cas des autres pays, et
nous en avons usé avec parcimonie depuis onze ans.» Pour lui,
ce recours au peuple est surtout un moyen de le faire revenir
dans le jeu laissé libre jusqu'alors aux seuls hommes politiques

et aux technocrates. «Si le vote est acquis par le chemin le plus difficile, ce sera une bonne chose et constituera un réveil de la conscience politique. Il est vrai que nous faisons une confiance un peu aveugle à notre peuple, mais ne faut-il pas se comporter de la sorte quand on est républicain? Je veux asseoir la construction européenne sur le consensus national. On a trop oublié par le passé d'informer le peuple des perspectives de cette construction; il ne sait rien, il ne sait pas de quoi il parle.» Retrouvant alors dans la voix la flamme du tribun: «Il nous faut combattre avec énergie; ce sera rude, mais ce sera un exercice démocratique sain, y compris pour nous-mêmes; nous allons retrouver nos réflexes de militants qui étaient un peu "amortis"; unissez vos forces, continuez d'espérer, sans ignorer les difficultés, et le succès sera d'autant plus brillant [...]»

Mal au dos

François Mitterrand était foncièrement un homme de droite. L'ancien avocat et l'ancien garde des Sceaux qu'il avait été parlaient par sa voix. L'une de ses grandes préoccupations était la modification de la Constitution de 1958 car le traité de Maastricht ne pouvait être ratifié sans en passer par là, certains de ses articles ayant été jugés anticonstitutionnels par les Sages du Palais-Royal. Fin 1992, il fit connaître la teneur de ses propositions qu'il serait fastidieux de passer en revue ici. Mais les commentaires qu'il en faisait devant nous éclairaient souvent sa conception du pouvoir et n'étaient pas exempts d'humour. Ainsi fit-il un long développement, lors du Conseil des ministres du 2 décembre, date dont personne ne s'avisa, évidemment, de mentionner que c'était le jour anniversaire du coup d'État de Louis-Napoléon Bonaparte! «J'ai été contre les Constitutions successives. Celle de 1946 était en faveur de l'anarchie et celle de 1958 plaidait pour la monarchie. Quant au mandat présidentiel de cinq ans, je considère que c'est un faux débat car ceux qui défendent cette durée sont pour qu'il coïncide avec la durée du mandat législatif. Mais c'est méconnaître la vie politique : des démissions interviennent, la mort peut vous cueillir ou des dissolutions peuvent être décidées. Regardez le cas de Roland Dumas ; chaque fois qu'il a été élu, l'Assemblée a été dissoute peu de temps après ! J'ai pensé un moment que le mandat présidentiel devait être plus long, mais [un seul mandat de] douze ans c'est trop. De même, quatorze ans [deux mandats de sept ans] c'est trop également. Il faut faire preuve de compréhension pour les autres autour de soi... Je vois leur impatience ! » (Sourires autour de la table du Conseil.) Et le président de poursuivre : « Cinq ans renou-velables, c'est suffisant [avec le risque] qu'on ait affaire à un président qui, pendant son premier mandat, ne bougera pas d'un pouce pour assurer sa réélection et qui, une fois réélu, par inertie, ne bougera pas davantage. Le système américain ? Il est bâtard. Quant à moi, je n'ai pas tranché ; c'est à l'Assemblée de le faire. » Abordant ensuite les relations entre le président et son gouvernement il plaide pour l'éclaircissement de certains chapitres et se défend de souhaiter l'extension du domaine réservé. « Je crois pouvoir dire que le Premier ministre reçoit très peu de coups de téléphone de ma part ; il en fut de même avec ses prédécesseurs. J'ai dû l'appeler, disons, trois fois depuis qu'il est là [...] Cette Constitution est un véritable méli-mélo. Regardez les relations entre le président et l'armée. Le président de la République est le chef des armées et le Premier ministre conduit la politique de la Nation. Je dois donc lui obéir ? Je ne serais qu'un général de division, et Joxe, ministre de la Défense, un général de brigade. Il faut mettre un peu de clarté dans tout cela. Je ne comprends pas les réactions de la presse qui a vu dans mon initiative je ne sais quelle volonté de minimiser le rôle du gouvernement. De façon générale, quels que soient les textes, tout dépend de la manière dont ils sont appliqués et du choix des hommes. La dérive monarchique a cessé en 1981. Qu'est-ce qui a pu donner cette impression ou laisser courir ces images contraires à la réalité? Ma démarche? Le fait que je me tienne raide en certaines circonstances? Eh bien, je vais vous dire: quand je me tiens raide, c'est que j'ai mal au dos et ce n'est pas à cause des pouvoirs que me confère la Constitution!»

Le monarque a parlé

Le Premier ministre, Pierre Bérégovoy, prend la parole pour faire quelques compliments à sa manière: «Monsieur le président, vous avez donné à la Constitution son vrai sens et son plein effet; grâce à vous, il a été possible de faire cohabiter deux majorités; quant à l'appréciation sur la dérive monarchique, laissez-moi rire!» Le président veut réagir sur la cohabitation qui a fait couler tellement d'encre: «Avec Chirac, je n'ai pas eu de difficulté. Il dit que j'ai gêné son action parce que j'ai refusé de signer les ordonnances. C'était mon droit. Quant aux lois proposées par le gouvernement, je les ai toutes signées une fois qu'elles ont été votées; si j'avais refusé, c'eût été une forfaiture. Ils ne veulent plus de la cohabitation sous prétexte qu'elle a été diabolique, ce n'est pas vrai. Mais, je vais vous dire, je n'ai qu'un regret et n'ai commis qu'une erreur pendant cette cohabitation: celle de n'être pas assez souvent intervenu dans les affaires de la France et du gouvernement.»

Le président ne transigeait pas sur ses pouvoirs qu'il défendait pied à pied. Quand il s'est agi de profiter de la modification de la Constitution pour corriger le mode de désignation des membres du Conseil supérieur de la magistrature afin de leur octroyer une plus grande indépendance, il confia à ses ministres, non sans humour, comment il opérait son choix: «La Cour de cassation me proposait généralement trois noms sur lesquels je n'avais pas grande liberté de choix car les personnages étaient généralement identiques. Sur quel critère me prononçais-je donc? Sur le visage, mais j'en arrivais à faire application du délit de sale gueule. Il m'arrivait cependant d'en désigner quelques-uns qui l'avaient [la sale gueule]! En définitive, ils ne sont pas mal tous ces magistrats. Ils ont l'esprit de corps et sont souvent sympathiques. J'ai "hérité" de ceux nommés par mon prédécesseur, Valéry Giscard d'Estaing. Ils étaient aussi agréables que ceux qui leur ont succédé. Leur orientation politique est souvent contraire à la nôtre, mais ce sont des hommes de dialogue. Ceux que nous avons nommés au CSM sont cependant parmi les meilleurs, je veux dire par là qu'ils correspondent à l'idée qu'on se fait d'un "vrai" magistrat. En réalité, on nourrit contre moi un faux procès alimenté par les syndicats de magistrats qui veulent en fait un conseil corporatiste élu par eux...»

Le Conseil des ministres n'était pourtant pas le lieu de la plaisanterie, mais le président s'autorisait parfois des traits d'humour, voire des remarques cinglantes. Alors que le ministre des Anciens Combattants, Louis Mexandeau, lit un texte fort ennuyeux sur son domaine de compétence, le président, agacé, lâche: «M. Mexandeau nous a habitués à être un bon orateur; je peux donc lui faire la remarque suivante: il serait beaucoup plus agréable de l'entendre autrement que lorsqu'il lit un document; je dis cela parce que je le connais bien et apprécie son talent.» Bérégovoy se penche vers moi et me chuchote à l'oreille: «Ce qu'il peut être cruel parfois!»

Le roi des Mossi

Quelques jours avant Noël 1992, la Bosnie était toujours à l'ordre du jour comme à tous les Conseils des ministres. Après mon tour d'horizon, Mme Marie-Noëlle Lienemann, ministre déléguée au Logement, prend la parole pour dire que la diplomatie ne suffisait pas, que les négociations n'étaient plus de mise et qu'il fallait désormais déclencher les hostilités contre les Serbes. Et d'enfoncer le clou: «Il n'y a pas de raison que l'on ne fasse pas contre la Serbie et pour la protection des populations ce que l'on a fait pour le Koweït contre l'Irak.» Le président argumente alors avec malice: «Madame le ministre, il ne faut pas faire de parallélisme excessif... La preuve est que vous n'en faites pas puisque aujourd'hui vous êtes pour la guerre en Serbie alors qu'hier vous étiez contre la guerre en Irak.» Des collègues sourient, peu charitables. «Il faut toujours voir plus loin que le bout de son nez, ne pas céder aux pulsions, même si elles sont légitimes devant les images d'horreur qu'on nous présente. Qui aurait pensé, à Sarajevo en 1914, que des hostilités dureraient aussi longtemps et seraient aussi cruelles?» Se tournant alors vers l'audacieuse ministre: «Sommes-nous prêts à assumer ces responsabilités coûteuses en argent et en hommes? On verrait alors l'opinion publique changer rapidement d'avis; ne nous comportons pas comme des va-t-en-guerre qui proclament tous les matins qu'ils vont déclencher les hostilités et ne font rien parce qu'ils ne peuvent rien faire.» Et de porter l'estocade: «Il existe au Burkina Faso la tribu des Mossi qui respecte un étrange rituel; ils vénèrent encore un roi qui est resté en place parallèlement à l'administration politique; tous les matins, le roi des Mossi fait harnacher son fougueux destrier, comme le faisaient ses ancêtres pour partir au combat; il monte en selle, galope jusqu'à la sortie de la ville sous les vivats de la foule et revient chez lui au pas; on conduit le cheval à l'écurie, on lui enlève ses harnais et le roi des Mossi rentre dans sa cabane jusqu'au lendemain.»

Dans les mois qui précédèrent la déroute électorale de 1993, chaque Conseil des ministres était ainsi l'occasion de longues digressions historiques, de réflexions générales sur le passé qui pouvaient apparaître comme une introspection, voire une justification. Le président, qui ne quittait plus guère sa chambre médicalisée, était déjà « ailleurs ».

À propos de la journée de commémoration des persécutions racistes et antisémites commises entre 1940 et 1944, il se lance un jour dans un long exposé. Il rappelle la phrase de Georges Bidault interpellant le général de Gaulle lors du Conseil des ministres du 26 août 1944 : « Mon général, vous devez proclamer la République. » Et de Gaulle de répondre, impérial : « Jamais la République n'a cessé d'exister, j'en étais le dépositaire ! » Après cette citation, Mitterrand développe une série d'arguments à caractère juridique pour prouver que la République avait bien cessé d'exister le 10 juillet 1940, lorsque celle-ci avait abdiqué ses pouvoirs et donné mandat à Pétain de réformer les institutions. « Le Maréchal en avait abusé pour se proclamer le lendemain chef de l'État français. La République avait cessé d'être et avait laissé place à un État nouveau. Il est donc faux, inexact et injuste d'incriminer la République pour des faits qui ne se sont pas produits de son temps. »

Le souvenir tue le souvenir

Poursuivant son propos en évoquant ceux qui lui demandaient d'exprimer une repentance au nom de l'État, à l'instar du geste du chancelier allemand s'agenouillant devant le mémorial du ghetto de Varsovie en 1970 : « Une campagne s'est développée, sans limite et sans mesure, comparant l'attitude que j'aurais dû avoir à celle de Willy Brandt. Mais c'est absurde. C'était l'Allemagne. Le régime nazi était une idéologie, un système épouvantable qui prévoyait l'élimination de tout ce qui était juif. Il avait un caractère différent de tout autre. » Dérivant alors vers le régime de Vichy pour le condamner : « C'était le régime de la faiblesse, de la pagaille, de la pétaudière. Certes, quelques idéologues français se retrouvaient dans le nazisme (ceux qui s'occupaient des affaires juives et plus tard de la Milice). Les autres baignaient dans une idéologie ambiante faite de cet antisémitisme diffus qui existe en France. » Puis, comme pour se justifier, il évoque la pitoyable déroute d'un millier de collabos fuyant l'avancée des Alliés et trouvant refuge dans le sud de l'Allemagne en septembre 1944 : « Et tout à coup on s'en prend à moi, pourquoi à moi, comme si d'un seul coup j'étais allé à Sigmaringen ? Quand j'ai appris l'histoire de mon pays on me parlait sans cesse des 137 fusillés par la Commune, mais jamais des 37 000 fusillés par les Versaillais. [...] » Se réjouissant enfin du travail des historiens qui permet de corriger certaines idées reçues et contrevérités de notre histoire, il semble revenir à la réalité, au temps présent : « Ce que j'éprouve en ce moment ? C'est plutôt une sorte de détachement qui me permet de regarder les événements de plus loin. Êtes-vous sûr vous-mêmes de l'histoire de vos familles ? Si l'on remontait loin dans le temps on s'apercevrait qu'il existait des haines mortelles. Nos aïeux étaient probablement des ennemis. Non, je ne veux pas encourager le retour des haines. Au milieu de ces mémoires contradictoires, il nous faut chercher la ligne de l'ignominie pour s'en écarter. Je ne suis pas pour autant pour l'oubli des crimes. Bien au contraire, je suis pour la mémoire. Mais faisons attention que l'abus de souvenir ne tue pas le souvenir. »

Des livres pour Mazarine

Il avait le sens de la grandeur, voire du grandiloquent. L'histoire de la nation française l'a toujours préoccupé. Quand je l'ai accompagné à Bibracte où Vercingétorix a fédéré toutes les tribus gauloises après la bataille de Gergovie gagné sur César, il a dit : « C'est là qu'a eu lieu la première manifestation du sentiment national français. » Cet ancien oppidum gaulois fascinait tellement Mitterrand qu'il y avait acquis une parcelle de terre pour s'y faire inhumer au côté de son épouse Danielle. Il a reculé devant cette initiative qui ne manquait pas de grandeur, mais n'avait pas été comprise par l'opinion. Il craignait peut-être aussi de froisser Anne et Mazarine. Il a préféré retrouver les siens dans le caveau familial du cimetière de Jarnac, en Charente. Il avait un attachement à sa terre natale et à sa lignée. Il était donc légitime qu'il fût inhumé là. Moi non plus, je n'imagine pas être enterré ailleurs qu'à Limoges dans la tombe de mon père et de toute ma famille.

Ce goût pour l'histoire et la littérature, il l'a sans conteste transmis en héritage à sa fille. Ses chers livres aussi. Je revois Mazarine, mais elle s'éloigne de plus en plus de cette période et n'aime pas en parler. Elle l'occulte presque. C'est le propre de la jeunesse. Elle adorait son père qui lui vouait aussi un amour hors du commun, mais le contexte était pesant pour la jeune fille : les deux familles, la clandestinité et la surveillance policière. Elle est très occupée par ses trois enfants et a repris ses études. Elle fait aussi des interviews sur Internet. Mais, contrairement à ce que l'on croit, elle n'a pas d'argent. Nous nous sommes vus plus souvent au moment de la création de l'Institut François-Mitterrand. Aujourd'hui, je suis un peu en retrait de cette fondation dont les activités vont en se rétrécissant. Les historiens du futur pourront toujours s'amuser à y chercher des informations inédites. Mais les documents sont dispersés entre l'Institut, pour les papiers politiques d'avant 1981, et les Archives nationales pour les deux septennats. Là, c'est un peu plus difficile de consulter les dossiers. Il faut deux autorisations car la communication a été un peu verrouillée, même si Mitterrand avait déjà fait le tri. On y trouvera, par exemple, des courriers personnels échangés avec Mme Thatcher à propos de la guerre des Malouines ou des correspondances avec

Gorbatchev. Ils se sont beaucoup écrit, notamment au moment de la conférence de Paris et de la fin de la guerre froide.

Une pierre blanche pour l'histoire

En 1989, ont été inaugurées les premières tranches de ses trois grandes réalisations architecturales : le Grand Louvre, l'Opéra-Bastille et, le 15 juillet, la Grande Arche de la Défense, le lendemain de la célébration du bicentenaire de la Révolution. Il avait décidé de leur construction au début de son premier septennat. Au début de son second mandat, il s'était passionné pour la Très Grande Bibliothèque dont il ne connaîtra pas l'achèvement. C'est ce qui restera de lui dans l'histoire, avec la construction de l'Europe. Tous les présidents agissent ainsi : Pompidou avec son centre d'Art contemporain à Beaubourg, Giscard et le musée d'Orsay, Chirac et le musée des Arts premiers.

Il n'était pas maçon, mais il a voulu laisser son empreinte dans la pierre, à l'instar de Louis XIV ou de Napoléon III. Il était passionné par ces chantiers qu'il suivait de près et visitait régulièrement. Parfois, il me téléphonait : « Roland, vous qui êtes fou d'opéra, êtes-vous allé à la Bastille ? » Je me sentais obligé d'y jeter un œil. Il me retéléphonait : « Alors, comment avez-vous trouvé le Grand Opéra ? Vous verrez, ce sera exceptionnel. » J'acquiesçais tout en sachant qu'il connaissait peu de chose à la musique. Il voulait que ce lieu, à l'inverse de l'Opéra Garnier, devienne un lieu populaire, ce qui n'est pas tout à fait réussi de ce point de vue. J'aurais pu m'en mêler un peu plus, mais je ne voulais pas gêner mon ami Jack Lang qui me disait cependant : « Tu viens quand tu veux ; je demanderai à mon directeur de cabinet de t'accompagner. »

Il avait nommé Émile Biasini secrétaire d'État aux Grands Travaux, qui venait parfois faire une communication au Conseil des ministres sur l'état d'avancement des chantiers. C'est lui qui assumera le choix de Pei comme architecte du nouveau Louvre et concepteur de la pyramide qui alimenta tant de polémiques pour faire aujourd'hui l'unanimité.

Alors qu'il faut envisager les inaugurations, le président se justifie : « Je n'ai pas la vanité des inaugurations ; je n'aime pas ça ; pendant les dix-sept ans où j'ai été président du conseil général de la Nièvre, j'ai beaucoup construit et j'ai eu mon aise des inaugurations ! » Et pour prévenir les critiques entendues ou lue ici ou là sur sa prétendue « maladie de la pierre » : « Ce ne sont pas des palais qui nous sont réservés pour notre retraite ou abriter nos familles, c'est donc pour le bien général... »

La peine de mort

Il me faut rétablir la vérité. C'est à François Mitterrand que le pays doit l'abolition de la peine de mort et pas à Robert Badinter. Je me souviens d'avoir accompagné le président, à sa demande, sur le plateau de l'émission de télévision « Cartes sur table », le 16 mars 1981, peu de temps avant le premier tour. À l'ultime question du journaliste Alain Duhamel, il avait répondu avec courage car il risquait de perdre des voix dans un pays majoritairement favorable à la peine de mort : « Je sais que je suis minoritaire, mais je constate que toutes les Églises, tous les philosophes et certains hommes politiques sont contre la peine de mort ; en conscience, je ferai donc voter son abolition. » C'était un risque politique considérable, mais François Mitterrand a sans doute révélé ce soir sa stature de chef d'État.

Il a nommé Badinter à la Justice. Son premier acte, sur instruction du président de la République, fut de mettre au point les aspects juridiques de la loi. Mitterrand est mort. Badinter participe à toutes ces longues émissions télévisées sur ce sujet. Je l'ai entendu déclarer un jour : « Pour rien au monde je ne referai ce chemin qui a été pour moi un calvaire. » Il ne faut pas exagérer. C'est un chemin vers la gloire. Il a fait un magnifique discours devant la représentation nationale. Il a bien mis en musique ce qui avait été décidé avant lui.

Mitterrand savait depuis longtemps que j'étais contre la peine de mort. Pendant la guerre d'Algérie, j'ai sauvé une fois un client de la peine capitale. Et dans une affaire de droit commun où un type s'était échappé de la prison de Tulle en tuant deux gardiens, j'ai évité une autre fois de justesse la guillotine. Je n'ai jamais « assisté » à proprement parler à une exécution. J'avais remplacé un avocat algérien qui n'avait pas pu accompagner son client à son dernier voyage. À moins d'être un voyeur et d'aller jusqu'au pied de la « veuve », on ne voit rien car on se tient en retrait. La mort d'un homme n'est pas un spectacle.

Quand il a constitué le deuxième gouvernement Mauroy et nommé Robert Badinter garde des Sceaux, je plaidais aux assises de Tarbes pour sauver la tête d'un voleur de vieille dame. Le septième fils du comte de Paris était aussi dans le coup. L'affaire était devenue très médiatique. Pendant le procès, un huissier vient chuchoter à l'oreille du procureur qui fait passer un message au président de la cour: « Le président de la République réclame maître Dumas au téléphone... »

Il venait d'être élu et il était en pleine gloire. C'était aussi la gloire pour moi... Le président de la cour d'assises me fait signe qu'il va suspendre. Il ordonne: « Venez dans mon cabinet. »

Le nouveau président de la République au bout du fil a commencé sur un ton badin comme il en avait l'habitude:

– Alors, que faites-vous?

– Je plaide à Tarbes.

– Vous faites souffrir ce pauvre fils du comte de Paris?

– Il mérite d'être « ausculté »...

– Roland, passez me voir dès que vous rentrerez à Paris.

Après les législatives, dès que la composition du nouveau gouvernement fut annoncée, j'avais compris que je n'en serais pas encore. Il voulait en quelque sorte me ménager : « J'ai bien pensé à vous, mais j'espère que vous m'avez pardonné d'avoir choisi votre ennemi Badinter », m'a-t-il dit quand nous nous sommes revus. Il pensait qu'il existait une rivalité réelle entre nous et s'en amusait.

Moi, à la différence d'autres, je n'avais pas bougé, ni fait dire par des amis : « Cela m'intéresserait d'avoir ce poste. » Je n'ai jamais rien demandé à Mitterrand. Redevenu député, je pouvais encore plaider aux assises. Il pensait devoir me calmer. Il pensait que j'allais m'insurger. J'ai laissé couler le fleuve, ce qui était une bonne attitude avec lui.

Il nous a toujours mis en concurrence, Badinter et moi. Quand il me nommera au Conseil constitutionnel, Mitterrand m'a dit que c'était Badinter lui-même qui lui avait proposé de me nommer à sa succession. Il reconnaissait mes mérites après coup !

Hormis cet orgueil démesuré, je n'ai rien à lui reprocher. Un jour qu'on lui demandait ce qu'il aurait aimé faire, Badinter a eu ce mot incroyable : « Président de la Cour suprême des États-Unis et continuer à amener mes enfants à l'école le matin. » Mégalo, non ? Il se rêvait membre de la première juridiction du plus puissant pays du monde.

Soucieux de la trace qu'il laisserait dans l'histoire, Mitterrand avait voulu anticiper l'évolution des sociétés avancées, mais aussi corriger l'image qui lui collait à la peau depuis la guerre d'Algérie. Il ne pouvait demeurer pour la postérité celui qui avait laissé guillotiner 45 combattants de la guerre d'indépendance en Algérie. Aurait-il pu d'ailleurs faire autrement ? Je ne le crois pas. La décision « finale » appartenait au seul président de la République, l'« honorable » M. Coty...

18

La cérémonie des adieux

Le crépuscule de « Dieu »

Il n'y en a pas pour longtemps
mais j'aimerais bien voir l'aurore se lever.

François MITTERRAND
(Conseil des ministres du 24 mars 1993)

À la moitié du second septennat, la mort a commencé à rôder en son jardin. Son frère cadet, Philippe, est décédé en mai 1992 et j'ai accompagné le président à ses obsèques. Dans le petit cimetière de Saint-Simon, dont le défunt fut le maire, je revois les trois frères, Robert, Jacques et François, devant le cercueil posé au bord de la tombe : trois silhouettes identiques et habillées de la même façon contemplent le cercueil qui va disparaître dans la fosse. La messe d'inhumation a été chantée car le défunt était un fidèle fervent de cette basilique de pierre blonde magnifiquement restaurée. En sortant de la cérémonie, le président me glisse à l'oreille que c'est sur son intervention personnelle que les Monuments historiques ont œuvré. Les proches se réunissent ensuite chez le défunt, une belle maison bordée d'une allée de tilleuls. Le lendemain, le journal *Sud-Ouest* évoquera la grande modestie de

Philippe Mitterrand et surtout son amour immodéré pour la nature charentaise. Il aimait parcourir ses terres en compagnie de ses chiens. Il pratiquait même la chasse à courre, me dit-on.

Après l'enterrement, François Mitterrand souhaite que je reste avec lui. Sur les bords de la Charente, il évoque son enfance, son école, ses jeux. Il tient surtout à me faire visiter la vieille maison familiale de Jarnac, à l'époque inoccupée. Rue Abel-Guy, nous retrouvons Danielle, Roger Hanin et une cousine. Dans cette salle commune, il me montre, visiblement ému, une petite croix entaillée dans la boiserie. C'est là qu'avait été disposé le lit où s'est éteinte sa mère, née Yvonne Lorrain. Par un escalier dont les marches craquent, nous accédons à la chambre du premier étage. Une ampoule « d'époque » éclaire la scène d'une lumière blafarde. L'endroit où il est né, avec son papier peint défraîchi et son lit en fer, « n'a pas changé », s'émeut-il. Au bout du couloir dont l'interrupteur ne fonctionne pas, il me fait les honneurs de la modeste chambre où il passait ses vacances quand il était collégien à Saint-Paul d'Angoulême. Elle donne sur un parc dont on devine qu'il fut agréable, mais l'ensemble laisse une impression d'abandon. Il justifie l'état de la maison par le manque de moyens de la propriétaire. Sa sœur, Colette Landry, veuve d'officier, a racheté la part de ses deux sœurs et quatre frères au décès de leurs parents. Cette maison construite à l'emplacement d'un temple protestant était en fait dans le patrimoine de la famille maternelle. Il me raccompagne par la grande allée jusqu'à ma voiture. Nous saluons au passage le couple, logé gratuitement, qui fait office de concierges. Sur la façade de pierre on devine encore l'enseigne craquelée d'où se détache le mot « vinaigrerie ». Joseph Mitterrand était en effet un industriel vinaigrier, président national du syndicat professionnel. Mais il avait commencé sa vie professionnelle dans les chemins de fer, à l'instar de son propre père, chef de gare à Jarnac. Ainsi, plus tard, Mitterrand le progressiste se faisait-il passer volontiers pour un «fils de cheminot», ce qui avait meilleure allure dans le *curriculum vitæ* d'un homme de gauche!

La dernière séance

Je dois reconnaître que j'ai abandonné le pouvoir avec regret, après neuf années d'action internationale intensive. J'étais très triste. La dernière séance du Conseil des ministres à laquelle j'ai assisté a été sinistre. Elle s'est tenue dans le salon Murat, comme c'est la coutume, entre les deux tours des élections législatives que nous allions perdre. Tous les membres du gouvernement sont là, y compris les secrétaires d'État. Le président fait son entrée, vêtu d'un complet gris, précédé de l'huissier qui porte un paquet bleu de documents et de dossiers. Selon le cérémonial habituel, ce dernier tire le fauteuil du président pour qu'il s'asseye. Le protocole voulant que je «rapporte» en premier, il me donne la parole comme si rien ne s'était passé. Il s'agit d'un décret dont je suis heureux de lire la teneur car il portait sur l'amélioration de la situation des fonctionnaires des grades les moins élevés dans mon administration. À la fin de mon exposé, je dirai un mot sur la fierté que j'ai eue de conduire l'action extérieure de la France sous la direction du président de la République. Louis Mermaz, porte-parole, reprendra mon propos dans son compte rendu des travaux du Conseil des ministres.

Vient ensuite la longue liste des promotions dans l'ordre de la Légion d'honneur. L'énumération est fastidieuse. Quelques-uns s'ébrouent. On entend du bruit qui suscite un bref rappel à l'ordre du président: «Nous sommes très nombreux; c'est une tentation d'avoir des conversations particulières, mais le silence doit rester la règle.» Certaines promotions sont retirées au dernier moment par lui: «Il faut, à la jointure de deux gouvernements, laisser un peu de jeu pour celui qui arrivera; pour voir s'il a quelques propositions à faire d'ici Pâques; je m'excuse auprès des membres du gouvernement qui seront ainsi sacrifiés; ce sacrifice est très indirect; on verra pire!»

Le testament politique

Pierre Bérégovoy demande la parole. Il lit un texte morne en énumérant ses mérites. Le président, impavide et livide, le remercie: «L'action est interrompue, mais permettez-moi de dire que le temps viendra où l'on connaîtra d'autres satisfactions.» Puis, après un silence: «Je vais me sentir un peu seul.» À propos de son éventuelle démission exigée par la nouvelle majorité: «On peut comprendre que le RPR demande mon départ car si les élections présidentielles avaient lieu le mois prochain, le président du RPR pourrait prétendre à être le futur président de la République; en revanche, il n'est pas assuré que la gestion de la nouvelle majorité permettra de trouver la même audience plus tard...»

Enchaînant sur un ton plus badin: «M. Philippe Tesson, dans son journal *Le Quotidien de Paris*, m'a comparé à Louis XVI au retour de Varennes; comparaison n'est pas raison; je ne vois pas pourquoi on parle du retour de Varennes alors que je n'ai pas du tout l'intention de m'évader!» Poursuivant la métaphore: «Et à qui donc, dans cette hypothèse, devrais-je remettre ma tête? À Valéry Giscard d'Estaing, à Chirac, à monsieur Bouygues ou bien encore à monsieur PPDA [Patrick Poivre d'Arvor]?» À propos du retrait du général de Gaulle après l'échec de son référendum en 1969, il se lance dans une évocation inattendue sur son illustre prédécesseur: «Je n'ai pas l'habitude ni la coutume d'imiter le comportement du général de Gaulle, mais de suivre ses enseignements; dans une certaine mesure, je l'estime; il a rendu bien des services à la France, mais sur bien des points je conteste aussi son action et ne le prends pas pour guide; partir aujourd'hui serait provoquer une nouvelle élection, donc une nouvelle fermeture, car on ne sait pas ce qui se produira dans les trois mois qui viennent...»

Il tente alors un début d'analyse de la déroute du premier tour où les droites arrivent largement en tête: «Nous n'avons pas assez souligné la répercussion de l'écroulement du monde communiste; c'est une bonne chose en soi car c'est *a priori* la victoire de la démocratie, mais cela nous a privés d'un concours utile; croyez-moi, la concurrence de classe existe encore; il y aura toujours ceux qui produisent en souffrant et ceux qui tirent profit de la souffrance des autres...» Puis, plus sévère: «La gauche est devenue carrément minoritaire et tout le poids a porté sur le parti socialiste qui était confronté lui-même à bien des difficultés, ses propres difficultés, conséquences de ses propres déficiences; quand je dis cela, vous constaterez que j'utilise une formule plutôt aimable!»

Il prend aussi sa part dans la défaite en regrettant de ne pas avoir su imposer à ses barons un changement de loi électorale, c'est-à-dire un scrutin proportionnel à l'allemande: «J'aurais dû tout briser pour ne pas vous exposer; or, vous ne l'avez pas voulu, chacun pensant être le plus fort dans son petit coin, à commencer par les premiers secrétaires du PS; chacun croyant à son propre sauvetage plutôt qu'à une sauvegarde collective; cela traduit un manque de fraternité, un manque d'espoir; eh bien, c'est cela qu'il faudra retrouver.»

En conclusion, il lance la charge contre la droite dans un discours visionnaire qui prend tout son sens aujourd'hui: «Les acquis sociaux vont être remis en cause; ceux qui possèdent voudront toujours posséder plus, c'est dans la nature humaine; il existe, certes, à droite des hommes généreux, mais ils n'auront pas la force de s'opposer; vous allez donc devoir très vite vous battre; ils disent qu'ils ne veulent pas détruire la Sécurité sociale, mais ils le feront; comment voulez-vous qu'ils résistent aux compagnies d'assurances qui les ont fait élire? Tout ce que nous redoutons se produira : ils s'attaqueront enfin à la médecine et aux retraites... Et quand les quartiers de banlieue flamberont, que les CRS tireront sur les jeunes, vous n'aurez à ce moment-là qu'une façon de vous exprimer ; j'espère que cela ne se produira pas, mais tout change et la situation de lundi ne sera plus la même [qu'aujourd'hui] ; vous allez porter sur vos épaules un énorme poids pour longtemps. »

Seul face à la mort

L'émotion autour de la table du Conseil est palpable. Tout le monde se regarde. Le silence est tellement lourd qu'un fait, incongru, vient rappeler que nous ne sommes pas maîtres du temps. La pendule posée au milieu de la table sonne midi. Elle égrène joyeusement ses douze coups alors qu'on ne les entendait jamais d'habitude. Le président, imperturbable : « Vous avez une belle et grande cause à défendre ; elle sera d'autant meilleure qu'elle bénéficiera d'un grand soutien ; dites-vous aussi qu'on n'est jamais vraiment seul sauf devant la mort ; oui, devant la mort on est seul. »

Assis à côté du Premier ministre, nous faisons tous les deux face au président. Le ministre de l'Économie et des Finances est à ma droite. Il est sûr d'être battu. Le président reprend la parole : « Certains d'entre vous ne seront plus au Parlement ; je pense en particulier à M. Sapin ; cela n'est pas juste car il paie le prix de notre politique. » Je me tourne vers mon voisin et vois qu'une larme coule sur sa joue gauche. Je lui fais observer que nous prenons tous les deux des notes. Il me répond au passage : « Je ne l'ai jamais fait, mais aujourd'hui c'est formidable ! »

Le président de la République nous convie enfin à passer dans le salon des Ambassadeurs, contigu, pour prendre congé de chacun d'entre nous : « Je vous recommande la dignité ; pas de radio à l'extérieur sur le perron ; pas de déclaration ;

la loi, c'est le silence pour le moment...» Les ministres se lèvent et applaudissent. Michel Sapin pleure; Ségolène Royal a les yeux rouges; François Mitterrand traîne un peu les pieds, bavarde avec Lang et Delebarre.

Debout dans l'embrasure de la porte qui sépare les deux salons, il nous recevra les uns après les autres, trouvant un mot gentil pour chacun. Ségolène Royal a montré à ce moment qu'elle est une femme émotive. Elle a fondu sur lui, en larmes. Surpris par cet élan, le président a esquissé un léger mouvement de surprise. Il l'a consolée. Ils ont échangé quelques mots. Je ne sais pas ce qu'ils se sont dit. Mais il est bien capable de lui avoir fait un compliment du genre: «Vous serez peut-être un jour à ma place!»

Pierre Bérégovoy était déjà «ailleurs». Il savait qu'il n'avait pas redressé la barre alors qu'il était persuadé d'y arriver avec son bagout, son dynamisme et son entregent. Il attendait un geste de Mitterrand, comme celui-ci en avait eu pour Ségolène, mais ce témoignage de sympathie n'est pas venu. Le président avait parfois un côté monstre froid. Bérégovoy voulait tellement être Premier ministre avant même Rocard, et Fabius. Quant à Cresson, Bérégovoy l'a sans cesse torpillée. C'était la guerre entre elle et son ministre des Finances. C'était sans doute triste à dire, mais malgré cet échec, notre politique était toujours porteuse d'espérance. Le plus glorieux d'entre nous restait Mitterrand. Il était malade et avait perdu les élections, mais il remontait le moral à tout le monde!

Je ne partirai pas

En fin d'après-midi, vers 19 heures, nous nous retrouvons auprès du président: Ségolène Royal, Anne Lauvergeon, Michel Charasse, Hubert Védrine, Pierre Bérégovoy et moi. Le Premier ministre doit s'exprimer dans une heure sur TF1. La discussion va bon train. Le président nous interroge sur le meilleur choix au sein du RPR. C'est évidemment Édouard Balladur qui tient la corde, mais résistera-t-il à Jacques Chirac? «Ce dernier n'a qu'une idée en tête pour le moment, me faire partir car il espère des élections présidentielles anticipées, étant sûr de les gagner; VGE, au contraire, souhaite attendre l'échéance normale de 1995; car il veut grignoter les derniers mètres qui le séparent encore de Chirac.» Le président nous prend à part, Bérégovoy et moi, pour décider de l'argumentation que le Premier ministre va développer à la télévision: «Le président attendra les résultats du second tour pour s'exprimer; son choix se portera sur un Premier ministre proeuropéen; il sera peu enclin à choisir quelqu'un qui affirme qu'il le fera partir à la première occasion...» Le message est donc clair. Ce ne sera pas Chirac.

Après le journal télévisé, nous nous retrouvons autour du président qui enfonce le clou: «Croyez-moi, je ne dramatise pas, mais je constate qu'entre ceux qui veulent le pouvoir à tout prix [Chirac] et le pouvoir lui-même, je suis le seul obstacle. Tout leur sera bon. Des calomnies, des arguments politiques fallacieux, une poutre qui tombera subitement sur ma tête dans une rue au cours d'une de mes promenades; évidemment, ils comptent sur ma maladie, mais ils savent qu'elle est à évolution lente et doivent trouver le temps long...» Il me regarde avec un sourire en coin: «Dumas, si je meurs d'un brusque arrêt du cœur, inquiétez-vous-en, car mon cœur va très bien; il n'y a pas de métastases de ce côté-là!»

À propos de Giscard possible Premier ministre, son analyse avait changé. Je me souvenais en effet que, dans l'avion qui nous conduisait à Munich, où se tenait le G7, le 6 juillet 1992, il avait évoqué les risques de cohabitation si les législatives à venir étaient perdues: «J'appellerais bien Giscard d'Estaing [à Matignon], mais j'imagine qu'il sera pressé et bousculera les choses pour me faire partir plus tôt; je ne dis pas que je ne partirai pas avant 1995, mais je veux être maître de ma décision et de la date.» Je n'ai gardé aucun autre souvenir de ce sommet des pays les plus industrialisés réunis dans le château des rois de Bavière, si ce n'est celui-ci: je vois passer et repasser George Bush [senior] qui sort sur le balcon, une fois en tenant Eltsine par le bras, puis Kohl, puis Mitterrand. Dehors se bousculent photographes et cameramen. Devant mon air interrogatif le président des États-Unis d'Amérique me lance dans un grand éclat de rire et en levant les bras au ciel: «Show-biz!»

De Gaulle à la cave

J'ai quitté le gouvernement quand la droite a gagné les élections législatives de 1993 et que François Mitterrand a nommé Édouard Balladur Premier ministre. Mon successeur, Alain Juppé, n'ayant pas souhaité de cérémonie de passation de pouvoir, je suis parti sans autre forme de procès. Je ne garde guère de souvenirs de ce moment, en dehors d'une histoire de tableau assez cocasse. Quand j'avais été nommé, Salvador Dalí m'avait offert une huile sur toile figurant le général de Gaulle en empereur romain. C'était la représentation d'un buste dans le goût de l'antique, mais avec la tête du Général. L'œuvre avait pour titre *La Traversée du désert*, avec un petit chameau caracolant dans les sables. Je l'avais accroché dans mon bureau, ce qui ne manquait pas de surprendre mes visiteurs, de surcroît quand c'était des gaullistes purs et durs. Certains rigolaient en posant des questions, d'autres restaient de marbre devant l'*imperator*. En partant, j'avais décidé de laisser mon tableau comme cadeau personnel au Quai. Il y avait bien Richelieu en soutane cardinalice pourquoi pas de Gaulle en César? Je ne pensais plus à mon tableau jusqu'au jour où parut dans une gazette un petit écho du genre: «M. Dumas est bien mesquin; il a quitté ses fonctions en emportant dans ses bagages un tableau célèbre de Dalí...» Je prends ma plus belle plume pour tancer la maladroite journaliste qui me rappelle, confuse, pour s'excuser. Voulant savoir où avait atterri mon tableau, je téléphone à l'intendant du Quai qui me répond: «Monsieur le ministre, votre successeur l'a fait entreposer à la cave...» J'avais commis un crime de lèse-majesté vis-à-vis d'un gaulliste «droit dans ses bottes». Quelque temps après, j'ai écrit un petit mot à l'intendant pour dire: «Si ce tableau déplaît à ce point, je le reprends!» Je n'ai plus jamais eu de nouvelle de mon tableau. Il faut que je m'en occupe à nouveau!

Le spectre de Bérégovoy

Le 1er mai 1993, Pierre Bérégovoy met fin à ses jours de la pire des façons. Une balle dans la tête en ce jour de la fête des travailleurs et des luttes syndicales. Je suis convaincu qu'il s'est suicidé. J'ai étudié l'histoire dans le détail, interrogé des témoins qui l'avaient approché ce jour-là. Je n'ai pas de doute. Son officier de sécurité a sans doute été léger en laissant l'arme dans la boîte à gants, mais à l'époque on se méfiait moins que maintenant. Moi, j'avais deux ou trois gardes du corps qui se relayaient au sein d'une équipe de sept ou huit officiers de sécurité. Les deux premiers étaient dans la voiture de tête. L'autre était avec moi dans la seconde, en cas d'attentat ou de simple panne, ce qui m'est arrivé une fois. Ce jour-là, ils m'ont embarqué dans la voiture suiveuse et ramené au Quai *illico*.

Tous les ans depuis 1981, le président réunissait ses proches le jour anniversaire de son élection. En ce 10 mai 1993, toute la fine fleur de la «mitterrandie» est invitée à l'Élysée. La tristesse est palpable car Bérégovoy est «parti» une semaine auparavant. Nous sommes une bonne trentaine: Fabius, Charasse, les députés élus ou battus, Mexandeau, Mermaz, Fillioud, Joxe, Rousselet, la famille Dayan, et ses fidèles secrétaires. Nous sommes répartis entre cinq petites tables rondes. Je me trouve aux côtés de Danielle et François Mitterrand. À la fin du repas, nous formons cercle autour du président, dans la salle sans âme appelée «Mac Mahon», où la verrière zénithale diffuse une lumière blafarde. Louis Mexandeau dit quelques mots émouvants, évoquant la mort de Pierre Bérégovoy. François Mitterrand prend la parole et part dans un long propos où alternent mélancolie et détermination: «Ne nous laissons pas impressionner par la propagande; c'est un échec, mais ce n'est pas une déroute; le PS reste le deuxième parti de France et représente plus de 20% des électeurs; moi-même je n'ai pas dépassé les 23% quand j'étais à la tête du parti.» Puis cherchant à être plus convaincant: «Évitez de vous diviser; la tendance chez les socialistes est de s'égayer dans des partis et des courants dispersés; si vous restez unis, vous aurez des chances de revenir au pouvoir.»

Après l'échec des législatives, le comité directeur du PS avait démissionné et Michel Rocard en avait été élu président... Des états généraux étaient prévus au mois de juillet à Lyon pour une refondation du parti. Le président en profite pour distiller quelques mises en garde: «J'ai un sentiment positif à l'égard de ce projet à condition qu'il se déroule dans un climat d'honnêteté.» Il répétera ce mot à plusieurs reprises au cours de son propos comme s'il n'allait pas de soi... «Chacun doit pouvoir contrôler et vérifier les actes des autres, dans un sens comme dans l'autre, mais une fois que les décisions auront été prises il faudra s'y conformer; il existera une majorité et une minorité...» Et, enthousiaste: «Si j'avais 45 ans ce soir, je serais plein d'espoir! Je suis sûr que nous allons remonter la pente dans deux ans; je voudrais bien voir cette période, je dis bien "voudrais" parce que je ne suis pas sûr de ce que me réserve le destin.»

Il suspend la séance un long moment pour parler à Mme Bérégovoy au téléphone. «Il a été assassiné par la méchanceté», affirme-t-il en revenant. Comme tous dans la salle, il regrette de ne pas avoir été suffisamment attentif au mauvais état de santé de l'ancien Premier ministre, non seulement battu, mais surtout victime d'une pernicieuse campagne médiatique à propos du financement de son appartement. Il reconnaît que, deux jours avant le suicide, Michel Charasse l'a alerté : « Bérégovoy va mal, je crains qu'il ne se suicide... » Le président l'avait alors appelé au téléphone pour le réconforter. Il conclut, le visage marqué : « Sa mort a été précédée d'une grande souffrance. »

« Édouard m'a tuer »

Mitterrand ne m'avait pas abandonné. Il me téléphonait pour prendre de mes nouvelles et m'invitait à sa table. Je restais son « Monsieur Bons Offices », en particulier auprès de son Premier ministre de cohabitation. Édouard Balladur me recevait à l'hôtel de Matignon et, quand il souhaitait bavarder plus discrètement, me demandait de lui rendre visite à Chamonix où je possédais un appartement. Nous avions pris l'habitude de nous rencontrer dans son chalet qui jouit d'une vue saisissante sur le mont Blanc. La dernière entrevue avait été consacrée au référendum sur le traité de Maastricht. En février 1994, il m'avait téléphoné avec chaleur pour que nous nous voyions à l'abri des regards indiscrets.

La cohabitation tranquille était un peu agitée car le président de Canal +, André Rousselet, avait été viré par le nouvel action-naire Jean-Marie Messier. Or, la presse racontait que le Premier ministre n'était pas pour rien dans l'éviction du meilleur ami du président de la République. Rousselet avait signé dans *Le Monde* un article au vitriol intitulé « Édouard m'a tuer », faisant réfé-rence de façon drolatique à un fait divers sanglant : l'assassinat de Mme Marchal qui avait désigné, en lettres de sang et avec une faute de conjugaison, le nom de son prétendu assassin par cette phrase : « Omar m'a tuer. »

Pour éviter la meute des journalistes qui campent jour et nuit devant chez lui, le Premier ministre a envoyé à ma rencontre les gendarmes de sa sécurité. Dans la salle de séjour où brûle un bon feu dans une lourde cheminée de granit, nous nous installons dans des fauteuils anglais. Après quelques propos mondains sans intérêt, il en vient à la question qui semble résumer toutes ses préoccupations :

– Dois-je considérer que la période de cohabitation tranquille est terminée ?

– Je suppose que vous faites référence à l'affaire de Canal + ?

– Je vous parle avec franchise, comme d'habitude. Je souhaite savoir ce que je dois faire...

– On me dit que Rousselet n'a pas écrit lui-même l'article, je pense d'ailleurs qu'il en est incapable.

– Je crois savoir que le titre a été trouvé par Jacques Pilhan [son conseil en communication].

Il m'avoue avoir parlé à deux reprises au président de cette histoire qui a l'air de le contrarier. Il me rapporte la conversation qu'il a eue avec lui, avant la parution de l'article, lors de l'entretien traditionnel qui précède le Conseil des ministres. Édouard Balladur au président :

– Je tiens à vous dire que je ne suis pour rien dans cette affaire Canal +...

– Je vous crois.

– Un article va paraître...

– Oui, je suis au courant. André Rousselet a le sang tres vif.

Le président aurait accompagné cette phrase d'un sourire équivoque aux yeux de son Premier ministre.

De retour à notre conversation au chalet, Édouard Balladur, échauffé par la colère contenue, à moins que ce ne soit par la flambée, se lance dans un long monologue où la menace affleure parfois sous le propos aimable :

– Je suis en droit de me poser des questions ; je ne comprends pas bien le jeu de Mitterrand ; s'il souhaite terminer convenablement son second mandat, il a intérêt à ce que les choses continuent comme elles se sont déroulées depuis un an.

– Mon sentiment est que l'Élysée n'a pas mis la main à toute cette campagne. Je connais bien Rousselet, il est soupe au lait. Quels que soient ses liens avec le président et l'affection qu'il lui porte, c'est un homme indépendant. Je crois surtout qu'il a été terriblement vexé par son éviction.

– La chose qui m'importe est que la cohabitation se passe de façon convenable...

– Le bruit court depuis quelques jours dans les rédactions que vous auriez été vous-même abusé par des membres de votre cabinet qui vous auraient laissé entendre que Rousselet était d'accord sur cette opération.

– Il n'en est rien. Je n'ai vraiment rien su dans le détail de ces choses...

Il entre plus avant dans le vif du sujet : «Je suis en proie à une surenchère de la part de ma majorité qui ne cesse de vouloir que j'en découse avec le président de la République. C'est d'ailleurs ce qui m'a conduit à faire cette "bêtise" de réforme de la loi Falloux» [texte sur l'Éducation nationale dont la partie sur l'école privée sera «retoquée» par le Conseil constitutionnel]. Il réaffirme à plusieurs reprises sa volonté de maintenir une bonne relation entre les deux chefs de l'exécutif. Et il ajoute, plus mystérieux : «Des problèmes vont surgir. Prenez par exemple cette affaire des gendarmes de l'Élysée [dite aussi des «Irlandais de Vincennes»] et des écoutes téléphoniques... Que pensez-vous que je doive faire ?»

Je comprends, à demi-mot, qu'il s'agit là de quelque chose qui ressemble à une menace. Il évoque le rapport commandé par Pierre Bérégovoy à Paul Bouchet, qui s'est révélé explosif, parce que mettant en cause la cellule antiterroriste de l'Élysée.

«Après tout, c'est vous [les socialistes] qui aviez nommé Bouchet et c'est Bérégovoy qui avait annoncé qu'il rendrait public ce rapport. J'étais donc un peu "coincé", mais je l'ai quand même fait classer "confidentiel défense..."» Et de poursuivre pour que je comprenne bien le sens de sa mise en garde: «Les révélations sont accablantes; je n'ai accepté que l'on utilise que quatre pages inoffensives dans le rapport du juge...» Édouard Balladur a voulu me montrer par là qu'il était plein de sollicitude pour le président et qu'il ne cherchait pas à envenimer les choses.

Alors qu'il met fin à l'entretien en me parlant d'Alain Juppé, mon successeur au Quai d'Orsay, celui-ci, précisément, l'appelle. Après avoir raccroché, il lâche: «C'est un garçon qui ne renvoie jamais l'ascenseur; il est difficile de caractère et manque d'humour.» Au moment de me raccompagner, il me lance avec un sourire entendu: «Alors, je continue?» Je lui fais un signe de tête qui veut dire: «Je vous le conseille...» Il me fait raccompagner jusqu'à ma voiture alors que les projecteurs de TF1 éclairent le décor neigeux d'un halo irréel. Nous sommes convenus l'un et l'autre de ne faire aucune déclaration à la presse. En serrant la main du Premier ministre, futur candidat à l'élection présidentielle de 1995, je ne me doutais pas que son cas serait l'un des plus délicats que j'aurais à trancher dans mes nouvelles fonctions.

Retour aux sources

En ce 28 janvier 1995, le président m'a demandé de l'accompagner dans le Morvan pour ce qui ressemble fort à une tournée d'adieu. Dans le département qui ne lui a jamais mesuré sa confiance, un gigantesque banquet a été organisé par les socialistes de la Nièvre. Il n'a pas été aisé d'établir le plan de table. Je note au passage qu'Emmanuelli et Jospin ont réussi à trouver place à la table présidentielle, Jospin ayant fait des pieds et des mains pour y parvenir. Le sénateur-maire, le docteur René-Pierre Signé évoque sous les vivats la victoire de 1981 et rend un hommage ému à Bérégovoy. Il conclut, à l'adresse du président : « Vous aimiez ce pays qui est dur comme la pierre et tendre comme l'herbe. »

Entre coq au vin et charlotte au chocolat, François Mitterrand prend la parole. Il se défend de vouloir faire un exposé « narcissique », mais évoque quand même ses mandats électifs : trente-cinq ans parlementaire dans la Nièvre, vingt-trois ans dans l'arrondissement de Château-Chinon, trente-deux ans conseiller général dont dix-sept en tant que président du conseil général. Il ne souhaite pas faire un exposé sur la vie politique car il ne se sent « ni arbitre ni juge », mais il se lance dans une grande fresque comme il les affectionne en ces dernières semaines au pouvoir. Il met à nouveau en garde les socialistes contre les divisions inutiles et, pour faire sourire l'assistance, file la métaphore du club de ping-pong de Jarnac où « c'était la guerre entre le président et le secrétaire ». « On ne peut vivre ces luttes qu'en les dépassant. » Il dresse ensuite un tableau de la situation économique et sociale qui trouve encore écho aujourd'hui : partage et redistribution de la richesse, politique contractuelle, chômage des jeunes, menaces sur les libertés individuelles. Mais le sujet sur lequel il insiste le plus est l'Europe : « Il est triste de voir mes successeurs ne pas réussir l'Europe [...] ; il est sans doute difficile de vivre avec elle, mais il le serait encore plus de vivre sans elle. Le temps des empires n'est pas terminé et nous devons y opposer notre sens de l'unité et de la solidarité. »

Au moment de conclure, il exprime son inquiétude quant à l'information : « A-t-on donné assez de garanties à la liberté d'expression ? Demain, d'autres personnes seront au pouvoir et s'empareront des médias. Je mets en garde contre ces déviations ; j'ai connu ces dangers pendant les périodes de cohabitation et cela peut se reproduire ; dans ce cas, le premier devoir est de respecter le suffrage universel et le second de faire entendre sa voix.» Et continuant à souffler le chaud et le froid devant des convives échauffés: «Vous allez mener un grand combat politique et faire de nouvelles expériences, j'espère; mais je sais que les gouvernements futurs et les médias appartiennent aux grands groupes capitalistes; ils sont tous orientés...» Il termine par ces mots personnels: «Vous m'avez en ce jour apporté une sorte de paix intérieure; toute vie est bousculée, troublée sur les plans spirituel et physique; il y a les moments d'arrêt suivis de nouveaux départs. Cela m'a fait du bien de pouvoir évoquer quelques souvenirs avec vous...»

Pour services rendus

Avant de quitter l'Élysée, François Mitterrand m'a nommé au Conseil constitutionnel que j'ai présidé de 1995 à 2000. Il m'a mis là parce qu'il m'aimait bien et trouvait que j'étais un bon juriste. Ce poste était aussi une récompense pour services rendus à la patrie! Le président du Conseil constitutionnel est le cinquième personnage de l'État si l'on exclut les anciens présidents de la République qui siègent de droit au Palais-Royal, en plus des neuf membres désignés pour neuf ans par les présidents de la République, du Sénat et de l'Assemblée nationale.

Les salles de rédaction n'étaient que bruits de ma nomination au Conseil en ce 22 février 1995. C'est d'ailleurs par la radio que j'avais appris la confirmation de la nouvelle, en écoutant le flash de 7 h 30 sur Europe 1. J'avais rendez-vous le midi même avec le président pour un déjeuner en tête à tête qui intriguait les journalistes accrédités. À la sortie de l'Élysée, deux d'entre eux me harcèlent de questions. Je leur fais cette réponse sibylline: «Ne dites pas n'importe quoi, soyez prudents!» Si je leur disais que, à aucun moment, le président et moi n'avons parlé de cette nomination, ils ne me croiraient pas!

Je me suis donc retrouvé devant le président de la République à prêter le serment de respecter la Constitution et la loi, mais aussi de ne pas trahir le secret des délibérations du Conseil, ce à quoi je me suis tenu malgré les demandes réitérées des journalistes dans deux affaires concernant des personnages éminents de la vie politique française. L'histoire, une fois encore, se jouait de François Mitterrand et de Roland Dumas puisque je jurais de défendre une Constitution que ni lui ni moi n'avions souhaitée!

Tuer Balladur?

Parmi les tâches du Conseil constitutionnel figure la validation des comptes de campagne des candidats à l'élection présidentielle. Cette vérification, opérée par des hauts fonctionnaires du Conseil d'État et de la Cour des comptes, permet aux candidats de se voir remboursés des frais engagés. Or, il était apparu que M. Balladur ne pouvait justifier de 10 millions de francs en espèces, soit 1,5 million d'euros. Les quatre membres du Conseil constitutionnel élus par la gauche étaient contre la validation des comptes de Balladur, tandis que ceux élus par la droite étaient évidemment pour. Nous avons âprement discuté pendant cinq jours. Il en allait de l'intérêt de l'État et de la sauvegarde de la paix publique. J'hésite à tenir ce genre de propos qui peuvent paraître grandiloquents, voire trop solennels, mais c'est pourtant la réalité...

Si nous avions pris la décision d'invalider les comptes de campagne d'Edouard Balladur, il aurait fallu également refuser ceux de Jacques Chirac. Ce dernier m'avait lui-même raconté que, lors de ses meetings, les militants faisaient passer dans l'assistance un gros boudin dans lequel chacun déposait son obole. Personne n'était dupe évidemment...

Quelle aurait été la situation de la France si l'on avait contraint à la démission le chef de l'État nouvellement élu, sans la possibilité de se représenter, et tué politiquement son challenger de droite? Ne risquait-on pas la guerre civile? Pour une histoire de gros sous, le pays aurait été dirigé pendant plusieurs mois par René Monory, le président du Sénat, dans l'attente d'une nouvelle élection!

Il faut en outre bien considérer qu'en 1995 Chirac venait d'être élu et n'avait donc pas bloqué les éventuelles rétro-commissions liées à des ventes d'armes au Pakistan. L'histoire des sous-marins n'avait pas encore émergé et nous n'en avions jamais entendu parler. À ceux qui disent que Chirac et moi avons organisé une «combine», j'oppose mon seul sens de l'intérêt du pays. J'ai pensé que la France serait dans un tel désarroi, compte tenu des passions qui existaient à ce moment-là, qu'il n'était pas raisonnable que nous nous opposions ainsi au vote démocratique des Français.

Si c'était un grand «sage» qui avait tenu ces propos, M. Mendès France par exemple, on aurait trouvé cette position courageuse et pleine de bon sens, mais venant de moi, les insinuations les plus venimeuses se sont fait jour. Cela m'est égal, j'ai le sentiment d'avoir fait mon devoir. À tous mes détracteurs, je dis: «Publions les procès-verbaux des débats.» Il faut simplement modifier la loi organique qui prévoit un secret de vingt ans pour les décisions du Conseil constitutionnel. Alors, êtes-vous prêts à lever le «secret»? Moi, oui.

Le président chez le juge

C'est sous ma présidence que le Conseil a voté l'irresponsabilité pénale du chef de l'État. On me demande souvent de quelle façon ce vote est intervenu. Il est trop tôt pour que je fasse des révélations. Quand nous serons tous morts, les historiens se pencheront peut-être sur ce vote, mais on n'y apprendra rien de très intéressant. Il a été acquis à l'unanimité, mais en deux temps. Il a fallu convaincre trois ou quatre rétifs dont la sensibilité était plutôt à gauche. La discussion a duré deux jours. Là encore, j'ai pris ma décision en conscience, mais en l'articulant sur le plan juridique.

J'avais façonné les choses pour que le vote intervienne à l'unanimité. J'ai voté évidemment pour car c'est le juriste qui a parlé en moi. Si on analyse bien les textes, c'est la décision qui devait s'imposer. Le président de la République ne peut être qu'irresponsable pendant son mandat surtout quand il vient d'être élu. Mais on peut le poursuivre une fois qu'il aura quitté l'Élysée. C'est ce qui va se produire... Si le procès a lieu.

Les insinuations entendues ici ou là ne traduisent pas la réalité. Ce n'était pas un marchandage. Les commentateurs oublient de considérer que notre décision n'était qu'un « sursis à statuer » laissant la porte ouverte à une poursuite ultérieure. Ceux qui avaient la responsabilité de la continuation de la poursuite n'ont pas été courageux, tout du moins pour le moment. Les lames se seraient-elles émoussées ?

Il n'était pas du tout dans mon intention de faire quelque chose pour « sauver » le président Chirac, mais de protéger la fonction. Quand je suis allé à l'Élysée lui présenter ma démission de président du Conseil constitutionnel, il ne m'a rien dit d'autre que : « Monsieur Dumas, je ne vous reproche rien et je ne vous demande rien. Restez le temps que vous voulez. Je suis gardien des institutions ; or, le Conseil constitutionnel fonctionne normalement sous votre autorité et c'est tout ce qui m'importe. » Je l'ai pris comme un compliment. J'ai cependant démissionné parce que l'atmosphère devenait intenable. Je ne voulais pas transporter à l'intérieur du Conseil une querelle qui n'avait pas lieu d'y être. Des âmes bien-pensantes se répandaient partout en demandant mon départ. J'ai fini par les entendre. Je me suis considéré comme un arbitre qui arrête un combat de boxe quand les coups pleuvent. J'ai quitté mon bureau du Palais-Royal, considérant que mon maintien pouvait nuire à ma fonction, entacher la marche de l'Institution et atteindre la République.

L'hallali contre Jacques Chirac atteignait un tel degré de passion qu'il n'était pas possible de juger dans la sérénité. À l'Assemblée nationale un groupe conduit par M. Montebourg prévoyait une motion votée par la majorité des députés pour qu'on réunisse la cour de justice de la République afin de juger Jacques Chirac. Avant même qu'on ait décidé s'il pouvait juridiquement être coupable ou non. C'était un climat préinsurrectionnel.

J'ai d'ailleurs reçu une équipe de journalistes qui font un documentaire sur ce sujet suite à la série-fiction du *Monde* sur le procès imaginaire de Jacques Chirac. Je ne leur ai fait aucune confidence car leur interview était biaisée. Ils voulaient me faire dire qu'il y avait eu, entre Chirac et moi, un renvoi d'ascenseur qui faisait suite à mes propres difficultés dans l'affaire Elf : Chirac ne demande pas à Dumas de démissionner quand il est éclaboussé dans l'affaire Elf et Dumas évite à Chirac d'aller devant ses juges. Passe-moi la rhubarbe, je te passerai le séné. Ces interprétations partisanes nous ont valu quelques morceaux de bravoure en définitive mesquins et ridicules.

Dans un de ses discours à l'Assemblée nationale, M Montebourg n'a-t-il pas claironné avec le sens de la nuance qui le caractérise : « Nous avons à la tête de l'État un repris de injustice. » La question est pourtant simple : « Ou le président a conduit ses deux mandats convenablement du point de vue du droit ; ou il a commis des erreurs qui méritent sanction. » En tant que président du Conseil constitutionnel, je n'ai pas voulu hurler avec la meute des chiens et M. Montebourg. La sagesse commandait qu'on laissât Jacques Chirac terminer son deuxième mandat et qu'il soit éventuellement jugé à son retour à la vie civile. Il faut cependant reconnaître que cette affaire a aujourd'hui perdu de son acuité, je ne dis pas de son intérêt.

Je considère que le fait que le chef de l'État soit intouchable pendant son mandat est une bonne mesure «de sauvegarde», et cela m'étonnerait qu'on revienne dessus. Un président qui vient d'être élu appelé devant des juges serait une aberration. La souveraineté venant de s'exprimer largement, on imagine mal la situation suivante: le président français est invité à une conférence internationale à Washington ou à Pékin et un juge d'instruction vétilleux le convoque le même jour à 9 heures du matin! Et il le met en garde à vue pendant deux jours... Est-ce envisageable? C'est le langage que nous tenait Mitterrand à l'époque de la réforme constitutionnelle. Au moment où se discutait l'extension des cas de saisine de la Haute Cour de justice, il avait rappelé sa position: «Il ne faut la maintenir que pour ce qui concerne le complot contre la sûreté de l'État, visant les ministres ou la haute trahison pour le chef de l'État. Sinon, messieurs les ministres, vous seriez, sans aucun doute, les uns et les autres, attirés constamment chez les juges. Il suffirait d'un contribuable mécontent du ministre des Finances pour que celui-ci se retrouve dans le cabinet d'un juge d'instruction. C'est peut-être cela le sentiment national au cœur. Le président du Conseil constitutionnel ne peut être en même temps le "bretteur" de la polémique politique. Chacun son rôle!»

Honneur aux anciens

Il est vrai que Chirac semble toujours prêter le flanc aux insinuations. À une autre occasion j'ai senti le «vent des choses» à propos de Jacques Chirac et de son intérêt pour le Liban en général et la famille Hariri en particulier. Lorsque j'ai créé l'Association internationale des cours institutionnelles franco-phones, j'ai, comme il se doit, exposé cette idée au président qui l'a trouvée formidable. Il m'a suggéré immédiatement de tenir une des premières réunions dans un pays francophone qui lui tient à cœur, le Liban de M. Rafiq Hariri, comme par hasard. J'ai lu dans la presse qu'il était logé grandement dans un logement qui appartient à la famille de l'ancien Premier ministre libanais assassiné. Je n'ignore pas qu'il possède d'autres logements dans Paris où il aurait pu s'installer. Cela aurait eu plus de «tenue». Il n'est pas SDF que je sache! Quand on est ancien chef d'État, cela prête à équivoque. Il m'a également recommandé, pour tenir nos réunions, le Gabon, un pays qui lui est également «cher».

Cette association internationale qui regroupe une quarantaine de cours sur les cinq continents a pour mission d'approfondir les règles de l'État de droit. Une fois sur deux, je recevais mes collègues à Paris. Je mettais alors dans le coup mon grand ami Maurice Druon, Secrétaire perpétuel de l'Académie française que je voyais par ailleurs au Club des 22, l'association des anciens résistants qui me fait l'honneur de m'accueillir en son sein. Je dois dire qu'il faisait bien les choses. Il nous recevait sous la Coupole en présence de quelques dizaines d'académiciens. Il parlait d'une voix puissante et solennelle en s'adressant à un auditoire impressionné. Pointant le doigt sur un participant médusé: «Vous, monsieur, qui êtes au fauteuil de Victor Hugo...», ça avait de l'allure!

Je n'ai pas fait acte de candidature à l'Académie française car on ne me l'a pas demandé. Et je considère que mon œuvre écrite n'est pas à la hauteur de l'enjeu. Celle de Giscard non plus, me rétorquera-t-on! C'est «Giscard-attrape-tout». Cela n'aurait sans doute pas été désagréable. On y fréquente des gens intelligents et cultivés, mais malheureusement âgés. Je ferai la même réponse que m'avait faite un jour François Mitterrand qui passait sa vie à écrire. «Tu veux te présenter à l'Académie française?» ironisai-je, alors qu'il noircissait des feuillets de son stylo à plume. «Ne sois pas stupide. Tu me vois au sein de cet aréopage de vieillards?»

J'ai aimé les honneurs de la République. Dire le contraire serait mentir. Mais je n'en suis pas au niveau de certains que je ne nommerai pas qui ne vivent que pour cela. Presque tous les ministres se laissent prendre à ce jeu quand ils ne s'investissent pas à fond dans leur métier: «Mes respects, monsieur le ministre...» On lui ouvre les portes; sa voiture de fonction avec chauffeur l'attend à tous ses rendez-vous; son directeur de cabinet lui donne l'argent de ses notes de frais. Il se laisse prendre par un train de vie qui, petit à petit, s'insinue à tous les niveaux du quotidien et finit, si l'on y prend garde, par vous gâcher la «vraie» vie

La cane du président

La cérémonie des adieux est toujours un moment émouvant pour tous ceux qui ont eu un poste important. Quand François Mitterrand a quitté l'Élysée, le tapis rouge avait été déroulé comme il se doit jusqu'au milieu de la cour où l'attendait sa voiture. Dans le bureau présidentiel avait eu lieu la cérémonie protocolaire de passation des pouvoirs avec communication des codes de l'arme de dissuasion, les affaires sensibles en suspens et ce qu'on appelle le «testament». Il s'agit surtout de recaser convenablement les collaborateurs du président sortant.

Après une heure d'entretien, les deux présidents sont sortis côte à côte. Ils ont descendu les marches gainées de rouge. Ils se sont serré la main. Mitterrand a retenu Chirac, à la fois pour lui éviter de l'accompagner jusqu'à sa voiture et surtout pour se tourner vers les photographes qui immortalisaient cette dernière poignée de main. Mais, à ce moment précis, Mitterrand lui dit quelque chose qui semble surprendre Chirac. Un dernier secret d'État? Je peux dévoiler aujourd'hui la teneur de cette brève parole. Elle me sera révélée quelque temps plus tard par le président de la République en exercice lui-même. Jacques Chirac m'avait demandé de bien vouloir passer le voir à l'Élysée. Je me demandais bien ce qu'il me voulait. De quelle affaire de la plus haute importance pouvait-il s'agir? Le président m'accueille chaleureusement, comme à son habitude, mais son sourire s'assombrit vite:

– Je suis catastrophé. Quand le président Mitterrand a quitté cette maison, la dernière phrase qu'il m'ait dite en me serrant la main, en guise d'adieu: «Surtout n'oubliez pas mes petits canards...»

– Pardon?

Une cane avait couvé ses canetons dans le jardin de l'Élysée et le président qui aimait la nature leur rendait visite tous les jours.

– Savez-vous ce qui est arrivé?

– Je n'en ai pas la moindre idée, monsieur le président.

– Un vol de corbeaux est passé sur Paris. Ils ont tué tous les canards du président Mitterrand. Alors, je ne sais pas quoi faire. Que me conseillez-vous?

– Je n'en ai pas la moindre idée.

– Il n'y a que vous pour lui annoncer la triste nouvelle.

– C'est en effet très embêtant.

– Il me les avait recommandés avant de partir. Je ne sais pas si je dois le lui dire ou si je dois en faire racheter sans lui en faire part. Pensez-vous qu'il sera fâché d'apprendre leur mort ou plus encore qu'on les a remplacés sans le lui dire?

– Je vous suggère d'en faire racheter de nouveaux par votre intendant général...

Je n'ai jamais osé en parler à François Mitterrand. Je ne crois pas qu'il l'ait jamais su. J'étais devenu le messager entre les deux hommes. Peu après la passation de pouvoir, le président

Chirac m'avait ainsi retenu par la manche après une réception à l'Élysée.

« Monsieur Dumas, il faut que je vous dise quelque chose. Attendez-moi un instant, je vous prie. »

Il prend congé de ses hôtes et revient vers moi.

– Je sais que le président Mitterrand aimait aller à Souzy-la-Briche.

– En effet.

– Soyez aimable de lui dire que je laisse cette propriété à sa disposition tant qu'il le souhaitera.

– Je vous remercie en son nom et lui transmettrai votre proposition ce soir ou demain au plus tard.

Il est vrai que Mitterrand était attaché à ce domaine de 14 hectares mis à la disposition des présidents de la République. C'est là, entre Étampes et Arpajon, qu'il passait ses week-ends avec Anne et Mazarine Pingeot. La jeune fille y faisait de l'équitation sur un pur-sang, rare et splendide, offert par le président du Turkménistan en 1993. La presse s'est interrogée sur le sort de l'animal, qui a été envoyé aux haras nationaux où il est mort d'une colique.

Je lui ai fidèlement rendu compte de la proposition de Chirac. « Vous le remercierez, mais je ne veux rien garder de mes anciennes attributions. C'est très gentil de sa part, mais dites-lui que je ne peux accepter. » Voilà à quoi pouvaient ressembler des conversations entre un président de la République et un président du Conseil constitutionnel !

Je suis allé quelquefois à Souzy. Mitterrand nous y invitait quand il voulait tenir des réunions discrètes, notamment quand il s'est agi d'organiser sa candidature pour le second septennat et de rédiger sa lettre aux Français. Que ce soit par la plume ou le verbe, il savait s'adresser au peuple.

Je ne vous quitterai pas

Le bruit qu'il était malade courait depuis longtemps, mais je n'y croyais pas. Je voyais bien qu'il prenait beaucoup de cachets. Il m'a fait prévenir quand il est parti se faire opérer la première fois.

Ensuite, nous avons vu la progression de la maladie sur son visage. Lors de son allocution de vœux le 31 décembre 1994, les Français ont compris que c'était la fin. Il a su trouver les mots émouvants pour prendre congé : « Je crois aux forces de l'esprit, je ne vous quitterai pas. » Le mystère se dissipait au seuil du tombeau et pourtant nous sentions bien qu'il partirait avec ses secrets. Quelques mois avant sa mort, il faisait une courte promenade rue de Bièvre en compagnie d'André Rousselet. Il lui murmure :

– Vous savez que vous faites partie des deux ou trois personnes en qui j'ai une confiance aveugle.

– J'y suis très sensible.

– C'est la raison pour laquelle je vous demande d'être mon exécuteur testamentaire.

– Je suis en effet l'un de vos intimes, mais que sais-je vraiment de votre vie après tant d'années passées à votre côté ?

Et François Mitterrand de le regarder avec un sourire énigmatique : « 15 % peut-être ! »

Je lui rendais visite dans son appartement de fonction de la rue Frédéric-Le-Play où je passais presque tous les soirs. À la mi-septembre, je suis surpris de voir qu'il a retrouvé le mobilier de son bureau de l'Élysée. C'est un ensemble moderne de couleur bleue et d'une parfaite sobriété, dessiné par l'architecte d'intérieur Pierre Paulin. Il est très attaché à ces meubles. Ainsi, avant de partir, a-t-il fait revenir du Mobilier national le bureau Louis XV du général de Gaulle pour que Jacques Chirac puisse s'y installer dès sa prise de fonction. Son successeur a fait savoir qu'il a été touché par cette attention.

Je le trouve fatigué ; il a la démarche lente et les traits tirés. Il se laisse tomber lourdement dans le fauteuil Knoll et allonge les jambes sur le repose-pied. Il me parle longuement de sa maladie et m'annonce qu'il est victime d'une troisième poussée de métastases cancéreuses. Il va devoir supporter trente séances de rayons à l'épaule avec leur cortège d'inflammations et de douleurs. « C'est ça ou la mort. » Il évoque sa disparition. Pour tenter de le rassurer, je lui dis que, moi aussi, j'ai toujours vécu avec l'idée de la mort depuis l'enfance. « Il m'arrivait même de me réveiller en pensant que je mourais. » Il me confie que, pour lui aussi, cette idée l'a accompagné toute son existence, mais qu'on ne peut pas s'y résigner. Devant mon air grave, il me dit, comme pour me rassurer : « Ne vous inquiétez pas, Roland, je me suis forgé ma propre philosophie. » Pour faire diversion, je lui demande si, à son retour de Belle-Île où il ira se reposer quelques jours, il acceptera de me remettre ma croix d'officier dans l'ordre de la Légion d'honneur.

– Nous ferons cela ici, si vous le voulez bien ?

– Ce sera en petit comité avec ma seule famille.

– Très bien.

J'aiguille ensuite la conversation sur la politique. Il lâche :

– Je n'avais jamais cru que Chirac serait président de la République, je ne l'en croyais pas capable.

– Vous n'imaginiez pas qu'il pourrait être élu ?

– Non. Je pense d'ailleurs qu'il n'a pas encore intégré la fonction. Il était euphorique au début, mais maintenant « il flotte ». En fait, c'est Balladur qui s'est effondré. Je lui fais part de la conversation que j'ai eue le matin même avec l'ancien Premier ministre qui le salue et envisage de lui rendre visite.

– C'est d'accord. Je le verrai après son élection. Aujourd'hui, ce serait mal compris.

– Il a été loyal avec vous.

– D'une façon générale, cela s'est bien passé entre nous. Nos rapports étaient courtois.

J'aborde enfin ce pour quoi je suis venu le voir : la fondation qui portera son nom et dont je m'occuperai. Il en est très heureux, mais ajoute : « Écrivez, c'est important. Il vaut mieux que ce soit nous qui témoignions plutôt que nos adversaires... » Je prends congé car il doit alors se rendre à la clinique pour sa première séance de rayons. Il me raccompagne jusque dans le bureau du secrétariat et regagne ses appartements.

L'au-delà du pharaon

Il était rentré très fatigué de son voyage de fin d'année en Égypte avec Mazarine. La famille m'a montré quelques papiers manuscrits, à la fois en tant qu'ami et que juriste. Son écriture était complètement défaite. C'est du reste très inquiétant de voir comment la graphie se transforme avec la maladie et la vieillesse. Quelques jours avant sa mort, il a demandé à son médecin : « Si vous débranchez les appareils, combien de temps me reste-t-il à vivre ? »

Le médecin réfléchit longuement et répond :

– Deux ou trois jours.

– Bon, arrêtez tout.

Il souffrait. Il est en effet curieux qu'il ait encore eu à rédiger des dernières volontés au seuil de la tombe, mais il avait encore espoir. C'est là qu'il a écrit, de façon presque illisible, « une messe est possible ».

C'était l'époque où il recevait les gourous de Mazarine Un psychiatre qu'il avait vu deux fois prétendait même qu'il avait fait une psychanalyse. En revanche, je rends hommage à Marie de Hennezel, alors épouse de son interprète d'anglais, qui pratiquait l'accompagnement des malades en fin de vie. C'était une femme exceptionnelle, très douce, avec qui il aimait à parler. Je l'ai revue souvent car nous nous retrouvions, à chaque commémoration de la mort de Mitterrand, sous le même parapluie. Dans les allées du cimetière de Jarnac, elle se laissait aller à quelques confidences. Elle m'a confié qu'elle avait été impressionnée par l'homme, son intelligence, son charisme et sa résistance. Elle me confirma cette obsession de la mort qui était la sienne. L'une des dernières fois où je lui ai rendu visite rue Frédéric-Le-Play, il s'excusa de rester alité. Il ne se levait plus pour faire sa promenade au Champ-de-Mars. En mettant sa main droite sur son épaule gauche, il me dit dans un rictus de souffrance : « Le cancer est là, je le sens. » Je savais qu'il voyait beaucoup de monde, y compris des gourous, des curés et des intellectuels. Nous parlions à chaque fois de la vie et de la mort. Il faisait parfois allusion à la fin tragique de mon père. Il est étrange de constater que sa vie politique elle-même a été balisée par la mort. Son premier geste, en tant que président de la République, a été de se rendre au Panthéon pour placer son action à venir dans l'ombre des grands disparus de la nation. Et son dernier voyage a été pour revoir le Nil, comme un pharaon hanté par le « grand voyage » vers l'au-delà.

Le 3 janvier 1996, je me retrouve à l'Élysée pour la séance des vœux du Conseil constitutionnel au président de la République. Cela ne me fait rien d'y revenir si ce n'est le plaisir de revoir des têtes connues d'anciens collaborateurs et les huissiers en habit qui se montrent chaleureux à mon égard. Le président Chirac également. Il me confirme qu'il a fait le nécessaire pour la dotation en faveur de la fondation François-Mitterrand : « Si vous avez besoin d'argent pour son fonctionnement, n'hésitez pas à me le demander. »

La mort rôde décidément en ce début d'année. Le matin du 4 janvier, j'assiste aux obsèques militaires aux Invalides du grand résistant Charles Verny et, de retour au Palais-Royal, un message m'apprend le décès de René Moatti, un des membres de notre Club des 22. En milieu d'après-midi, je passe rue Frédéric-Le-Play où je suis invité à tirer les rois avec François Mitterrand Nous mangerons la galette dans le hall d'entrée, mais sans lui car son état s'est dégradé. Personne d'autre que son médecin n'est autorisé à le voir.

Il a quand même reçu Brigitte Stoffaes, qui fut son interprète pendant de longues années et a toujours été une présence réconfortante. Interprète n'est d'ailleurs pas le mot juste pour qualifier ces virtuoses du «chuchoté», sans lesquels il ne pourrait y avoir de rencontre diplomatique digne de ce nom. Ceux et celles qu'on appelle encore les «petites chaises» sont de toutes les rencontres, même les plus secrètes. Assis juste derrière les chefs d'État, y compris pendant les repas officiels ou non, ils doivent traduire «en simultané» non seulement le fond, mais aussi la forme, préciser les maladresses ou les contradictions: «Je crois que le chancelier a voulu dire...» ou encore: «Sa majesté l'affirme avec une pointe d'humour...» Fonctionnaires du Quai d'Orsay, ils appartiennent au gotha des interprètes de la diplomatie. Soumis à une déontologie stricte, ils ne trahiront jamais les secrets dont ils sont les dépositaires. C'est ainsi que se noue une «proximité» avec les patrons qu'ils sont amenés à servir. Dans ce cas précis, il s'agissait d'une affection partagée.

Je comprends que nous approchons de la fin. Nous discutons avec Jean Kahn et Dominique Bertinotti de la fondation. Elle en sera la secrétaire générale, car c'est elle qui connaît le mieux le fonds d'archives sur lequel elle a travaillé. Charasse, fidèle à lui-même, vient mettre le nez dans nos affaires.

Le soir, je passe rue de Bièvre où Jean-Christophe me confirme que son père est sous perfusion et ne peut plus marcher. Ce dernier lui a confié: «Je serai mort avant la fin du mois...» Le fils me parle sans une larme, presque sans émotion. Il me demande de faire une intervention pour lui au Qatar.

Le lendemain, j'appelle Dominique Bertinotti pour la supplier d'achever au plus vite la rédaction des statuts de la fondation et de faire signer un exemplaire à Mitterrand. Je comprends à sa voix que cela ne va pas du tout.

Le samedi 6 janvier, mon ami Robert Boulay, de RTL, me cherche partout. Les rédactions sont en effervescence Dans l'après-midi, je finis par joindre Danielle qui est à Latche. Je la sens au bord des larmes. Elle m'annonce son retour à Paris demain dimanche, « en raison de l'état de santé de François ». Je téléphone à Brigitte Stoffaes qui le voit tous les jours. Elle ira le voir lundi et viendra me rendre visite en sortant. Elle tient à me rencontrer. Elle pleure. Je la console :

– Il vous était très attaché...

– Moi aussi. Je veux absolument vous parler. À lundi.

Je suis parti passer le week-end à Saint-Selve. En ce lundi 8 janvier, Anne-Marie m'annonce depuis Paris la mort de François Mitterrand. Il est 10 h 20. Il se passe un long moment avant que je ne réalise et ne réagisse. J'appelle Dominique Bertinotti qui me dit : « Venez tout de suite. » Je n'arriverai que par l'avion de 13 heures. Rue Frédéric-Le-Play, je retrouve Irène Dayan, Danièle Burguburu et Anne-Marie Dumas, toutes trois amies fidèles, et de longue date, du président qui, décidément, jusque dans la mort, aura été entouré de femmes. Elles m'apprennent que Danielle a téléphoné à Anne. Tout est bien.

Je m'enferme dans la chambre mortuaire. François Mitterrand est allongé sur son lit, vêtu d'un costume sombre, d'une chemise blanche et d'une cravate à rayures bleu et rouge, les mains croisées sur la poitrine. Il ne semble pas avoir souffert. À peine le visage est-il un peu gonflé. « Ce sont les piqûres », me dira le docteur Tarot, l'admirable Jean-Pierre Tarot qui a accompagné mon ami jusqu'à son dernier souffle.

Il semble dormir, et j'imagine qu'il va ouvrir les yeux et que sa poitrine va se soulever. J'en fais la réflexion à Robert Badinter qui vient de me rejoindre dans la chambre et s'assied en face de moi. On annonce l'arrivée d'Anne et de Mazarine. Je les embrasse toutes deux dans le couloir. Anne est pleine de larmes. Je me retire car Danielle et elle doivent se rencontrer. J'en profite pour me rapprocher de la formidable équipe qui travaillait pour lui rue Frédéric-Le-Play. On tourne en rond, on ne sait que faire, que dire. Je cherche à savoir ce qu'il a exprimé, ce qu'il ne souhaitait pas. Chacun donne l'impression de savoir quelque chose, mais de garder pour lui-même ce qu'il croit posséder en propre.

Le Temps des cerises

Ce mardi 9 janvier est la journée des préparatifs. Il pleut. Gerbes et fleurs arrivent. Une marée de roses rouges. On installe en hâte dans l'entrée un registre destiné à recevoir les condoléances des visiteurs qui se succèdent en masse, émus et recueillis. Chaque membre de l'entourage proche prend spontanément en charge une partie de toutes les tâches à remplir. Il faut organiser les cérémonies de Notre-Dame et de Jarnac. Je suggère au petit groupe, composé de Dominique Bertinotti, Jean Kahn et Michel Charasse, qu'une manifestation populaire soit organisée. Je trouverais décevant en effet que le peuple, qu'il a tant aimé et qui le lui rend bien, n'ait pas l'opportunité de manifester sa sympathie, voire son affection. Je propose le Panthéon puis je cède aux critiques : « Cela aurait l'air de la répétition de mai 1981, mais en plus triste... » J'acquiesce aux objections. Quelqu'un propose la rue de Solférino. Je ne trouve pas cela approprié. Je pense à la Bastille qui réunit les suffrages. Nous disposons de peu de temps pour l'organisation. J'appelle Lionel Jospin. Il accepte que ce soit le « cercle des amis » qui annonce cette manifestation. Et il ajoute : « Le PS s'y joindra. » Il est bien, Jospin, ce jour-là ! Nous désignons Béatrice Marre, pour tout organiser à Paris, mais, au dernier moment, elle est happée par Charasse et Rousselet qui souhaitent la voir partir pour Jarnac afin de vérifier que tout y est en ordre. Membre du corps préfectoral, Béatrice Marre a succédé à Jean Glavany en tant que chef de cabinet de François Mitterrand à l'Élysée. Il me paraît utile à ce moment de faire également appel à Jean Glavany. Je l'aime bien, Jospin moins, car il fait partie du clan mitterrandien. Ce dernier me téléphone pour regretter que cette désignation spontanée «gêne et trouble l'équilibre du parti»!

Je rassure le premier secrétaire Glavany n'aura pas d'autre fonction que de m'aider dans l'organisation des cérémonies. Jean et moi travaillons alors sur le programme proprement dit. Il faut d'abord prévenir Barbara Hendricks qui m'a déjà fait dire qu'elle est à notre disposition. Je finis par la joindre en Suisse. Nous fixons un rendez-vous ferme :

– J'aimerais tant chanter un *Ave Maria*!

– Hum! À la Bastille? Le PS suggère plutôt *Le Temps des cerises*..

– Mais je ne connais pas la partition.

Et me voilà chantant au téléphone l'hymne de la Commune de Paris en 1871 qui évoque à la fois une révolution avortée et un amour perdu : «Quand nous chanterons le temps des cerises/ Et gais rossignols et merles moqueurs/Seront tous en fête/ Les belles auront la folie en tête/Et les amoureux du soleil au cœur...» La scène doit avoir quelque chose d'incongru car Louis Mexandeau passe la tête pour voir ce qui se passe. Il connaît la chanson par cœur et en possède une partition. Il part chez lui la chercher. Je la faxerai à Barbara qui, dès sa réception, me confirme qu'elle sera bien le lendemain à Notre-Dame. Je charge les services du protocole de demander les autorisations auprès du cardinal-archevêque de Paris après avoir fait prévenir le président de la République qui donne son accord.

Jack Lang, qui a eu vent des préparatifs et n'hésite jamais à faire parler de lui et entreprendre ce qui le sert le mieux, annonce sur toutes les radios que Barbara Hendricks va chanter à Notre-Dame de Paris. Monseigneur Lustiger, vexé, m'appelle pour me dire qu'il ne tient pas à ce qu'il y ait un «show» dans sa cathédrale... Je lui présente mes excuses, lui explique, il comprend. Barbara pourra donc répéter, mais il ne souhaite plus de «bavardages». C'était, bien sûr, sans compter avec l'incorrigible Lang qui récidive sur une autre radio! Nouveau courroux de monsieur le cardinal. J'apaise tant bien que mal sa mauvaise humeur.

Il n'a pas souffert

Dès que j'ai un instant, je viens me recueillir près du corps. Je m'y retrouve avec Badinter toujours assis en face de moi. Nous nous regardons sans parler. Un mouvement de tête, une expression, une mine, un regard en disent plus long qu'un discours d'avocats! Nous sommes perdus dans nos souvenirs. Quelle vie avons-nous vécue, au côté de cet homme, grâce à cet homme hors du commun qui vient d'achever la sienne. La sonnerie du téléphone retentit sans discontinuer. Le disque de la messagerie diffuse la même musique de nuit que du temps du vivant du président et répète sans cesse: «On vous écoute.» La mort n'a pas accompli son œuvre partout. Scène incongrue: un gendarme de la garde personnelle passe l'aspirateur pour nettoyer la moquette claire. Les murs, le plafond, le sol, le lit où repose François Mitterrand, tout est blanc. Soudain surgit une boule noire qui, fidèle à son habitude, frétille de la truffe au fouet. C'est Nil, le labrador du président. Me reviennent alors en mémoire ses mots à propos de son chien: «Voyez-vous, c'est cela la vraie fidélité.» Nil passe et repasse entre nos jambes et retourne voir son maître qui ne lui parle plus.

Le couloir bruisse d'allées et venues. J'en profite pour y détailler les photos choisies par le défunt qui marquent les principaux temps forts de sa vie publique : un très beau portrait de profil avec Gorbatchev, un instantané avec Margaret Thatcher, une photo avec les Américains, une avec la reine d'Angleterre ; un tirage de la grande parade du 10 mai 1981 rue Soufflot ; je sens à ce moment une main se saisir de la mienne ; c'est Anne Pingeot qui, sans mot dire, désigne ma silhouette toute de blanc vêtue, juste derrière le nouveau président élu.

Pierre Guillain de Bénouville s'est assis sur l'une des chaises de la chambre mortuaire. Il est prostré, enfermé dans une longue méditation, les mains appuyées sur une fine canne de bambou.

Je bavarde avec le docteur Tarot qui semble étonnamment calme, presque heureux. Je le comprends. Cet anesthésiste spécialiste du traitement de la douleur a su trouver la méthode et les remèdes pour soulager son auguste patient du cancer généralisé qui l'a emporté à l'âge de 79 ans.

C'est incontestablement grâce à ce thérapeute d'exception que le président a pu achever son second mandat dans des conditions acceptables. Il m'avait dit : « Je ne veux pas que ceux qui l'aiment assistent à sa déchéance. » Il aura réussi. C'est aussi grâce au docteur Tarot que la mort lui a laissé ce visage serein. Là, il s'en prend à la presse : « Les journalistes racontent n'importe quoi ; il ne s'est pas réveillé. J'ai passé toute la nuit à son chevet en lui tenant la main ; au petit jour, j'ai senti cette main devenir molle ; il a cessé de respirer ; sa main est tombée ; c'était fini ; il n'a pas souffert. »

Nous, en revanche, commençons à souffrir des prestations télévisées et radiophoniques des m'as-tu-vu qui bondissent dès que se présente un micro ou une caméra. Ils parlent surtout d'eux sous prétexte de parler de lui. La palme revient à Attali et Séguéla. À 23 heures, je décide de passer une partie de la nuit à le veiller. À 2 heures, Tarot paraît dans l'embrasure et me conseille d'aller me reposer. Je m'assure qu'il y aura toujours quelqu'un auprès de lui. Roger Hanin et sa femme Christine sont attendus, mais comme ils n'arrivent pas, je me résous à rentrer chez moi. Le médecin m'assure que les fidèles gendarmes se relaieront. Avant de quitter les lieux, je jette un dernier coup d'œil à la chambre et à son mobilier : encore des photos sur les étagères de la bibliothèque ; celle de Jean Chevrier, propriétaire disparu du Vieux Morvan où Mitterrand avait installé son quartier général ; des photos de son père, de sa mère, de son précédent chien, Baltique ; celle d'un jeune garçon arborant un T-shirt « génération Mitterrand » ; un cliché d'Helmut Kohl. Dans la pièce attenante, encore des livres ; Cicéron, Stendhal, Aragon, ainsi que deux grands portraits dont celui peint par Zoran Music. Il aimait son œuvre et se rendait souvent à Venise où résidaient le peintre et sa femme Ida. Ces séjours vénitiens en compagnie de Mazarine ont donné lieu à la légende selon laquelle il possédait un palais dans la Sérénissime...

Barbara Hendricks nous rejoint rue Frédéric-Le-Play en ce 10 janvier de tristesse. Nous arrêtons ensemble les détails du cérémonial. Je file ensuite à l'Opéra-Bastille dans les studios duquel Glavany et moi choisissons des extraits sonores de discours qui seront diffusés lors de l'hommage populaire : les vœux du 31 décembre 1994 et son célèbre « Je ne vous oublierai pas » ; les adieux au parti socialiste juste après avoir quitté l'Élysée ; et un discours de campagne à Toulouse en 1988. En voiture, je fends la foule qui s'amasse déjà pour aller chercher Barbara à Notre-Dame où elle répète. Nous avons beaucoup de difficulté à revenir à la Bastille décorée d'un immense portrait du président disparu au pied duquel s'accumulent les roses. L'instant est suprême, émouvant. Quand tout commence, les parapluies s'ouvrent, abritant une foule recueillie qui écoute religieusement la diva entonner *Le Temps des cerises*, puis la voix, cette voix qui a incarné tant de combats pour un monde plus juste. Les gens, songeurs, ne se décident pas à partir.

Je demande au journaliste Claude Sérillon, qui est en retrait avec nous sur le podium, d'annoncer que l'hommage est terminé. Mais la foule reste là, silencieuse. Dans la multitude anonyme, j'aperçois Mazarine. Je pense à ce moment qu'elle va prendre froid. Du reste, le lendemain, j'entendrai sa mère lui en faire le reproche. C'est une gamine!

Les deux veuves

La journée des obsèques a commencé tôt. Je suis à 7 heures à l'appartement où la levée du corps est prévue une demi-heure plus tard. Le docteur Tarot arrive sur mes talons, puis les hommes en noir flanqués du commissaire de police. Comme pour tout citoyen dont le cercueil va voyager, un officier de police doit y apposer des scellés. Dans la nuit, nous embarquons dans un autocar en direction de Villacoublay où le gouvernement a prévu une cérémonie militaire. Le corps est chargé dans le Transall où voyageront les enfants du défunt, ses deux fils et Mazarine. Selon les indications du protocole, je prends place dans le Falcon que j'ai si souvent emprunté avec ou sans lui. En haut de la passerelle, je reconnais un des stewards qui nous accompagnait souvent. Il m'embrasse, les larmes aux yeux. Le protocole a également aiguillé vers l'avion Danielle, Anne et Robert Badinter. Après un moment d'hésitation, nous nous installons dans le carré central où quatre fauteuils s'organisent autour d'une table. Danielle prend place au hublot, Anne en face d'elle; Robert s'assied à côté d'elle et moi sur le dernier siège vacant. Scène étrange que ces deux «femmes» que la mort d'un homme a réunies. Pas un mot n'est prononcé. Le regard de l'une évite le regard de l'autre. L'avion décolle, direction les Charentes. Danielle tour à tour fixe le ciel ou somnole. Anne, coiffée de son étrange chapeau à voilette, fait la plus «veuve» des deux. Badinter et moi nous regardons sans nous parler, mais pensons sûrement la même chose : «C'est lui qui nous a posés là avec pour mission de nous occuper d'Elles ; lui d'Anne, moi de Danielle ; nous sommes les tampons, les intermédiaires...» La cérémonie qui révèle au grand jour les deux familles a été organisée dans l'urgence. François Mitterrand n'a pas du tout ordonnancé ses funérailles en dehors de son ambigu «une messe est possible». Il me disait toujours : «Je suis un homme libre», une façon d'affirmer : «Je ne m'occupe pas du ressenti des autres.»

François Mitterrand repose désormais parmi les siens dans le caveau de famille. Sa mission est terminée. Reste son enseignement qui a marqué la vie de tant de gens, à commencer par la mienne à laquelle elle a donné un sens. J'ai bien sûr perdu un ami. Un proche ne s'y est d'ailleurs pas trompé en m'offrant une belle édition du texte de Montaigne intitulé *Sur la mort d'un ami*. Mais quand je reviens au 9, rue Frédéric-Le-Play, je suis saisi par un sentiment étrange. Dans le vestibule, le chapeau noir à large bord est toujours là ; et dans l'angle de la chambre demeure la canne qu'il affectionnait entre toutes. À ce moment précis, je ne peux m'empêcher de songer à mon père.

19

Les potins de la République

Fin de partie

> *Les lois inutiles affaiblissent*
> *les lois nécessaires.*
> MONTESQUIEU *(De l'esprit des lois)*

Je ne fréquente plus guère le monde politique qui me désespère par son conformisme et son manque d'audace, à gauche comme à droite. Certes, le président Sarkozy s'agite toujours et parle de façon imprudente, malgré ses promesses de pondération, mais cela ne suffit pas à faire une politique lisible et surtout efficace. Cette débauche de déclarations qui débouchent sur des lois inappliquées, parce qu'inapplicables, me désespère. Je préfère désormais le commerce des artistes, des écrivains et des vieux amis ou, encore mieux, aller à l'opéra.

J'aime déjeuner par exemple avec un écrivain ou faire la connaissance du rappeur Abd Al Malik à qui j'ai remis le prix Edgar-Faure au Sénat pour son ouvrage *La Guerre des banlieues n'aura pas lieu*. J'ai apprécié sa vive intelligence et la vision très personnelle qu'il apporte sur l'abandon dans lequel se trouve notre jeunesse. Il est indispensable que le personnel politique se renouvelle pour être plus en phase avec la société. Il faut retrouver l'élan et la passion de l'après-guerre où les bris-cards discrédités avaient dû laisser la place à une nouvelle génération.

Il me plaît aussi de voyager dans des pays qui me témoignent encore de la considération pour l'action que j'ai conduite au service de la France. Mon récent voyage en Côte d'Ivoire en est l'illustration.

Les héros sont fatigués

Je me suis également rendu à Cuba où j'ai été mandaté par la famille d'un Français inculpé. Je n'ai pas vu Castro qui ne reçoit plus de visiteurs, mais j'ai salué son frère Raúl à qui j'ai été présenté par le numéro trois du pays, Ricardo Alarcón, président de l'assemblée populaire. Je ne suis pas fasciné par ce régime, mais force est de reconnaître qu'il a inspiré des géné-rations de jeunes gens à travers la planète. Mazarine Pingeot était une aficionada de Fidel. À 20 ans, elle portait des tenues de camouflage et des T-shirts à l'effigie du Che. Elle faisait le siège de Michel Charasse pour qu'il l'emmène voir son idole.

Le sénateur du Puy-de-Dôme demanda alors au président l'autorisation d'organiser un voyage à Cuba, ce qu'il accepta sans plus d'enthousiasme. Il ne partageait pas l'admiration de Mazarine et Danielle pour le Líder Máximo! Rue de Bièvre, il n'était pas rare que la première dame s'enthousiasmât pour les avancées sociales du régime castriste dans les domaines éducatif et médical. Le reste laissant à désirer... Le président coupait court: «Un régime sans élection s'appelle une dictature...»

À La Havane, l'ambassadeur de France Jean-Raphaël Dufour avait organisé un dîner auquel fut invité Castro. Je me souviens qu'en 1991 Dufour avait sauvé la vie du président Aristide en Haïti. Ce dernier était reclus dans son palais de Port-au-Prince et menacé par les rebelles qui l'auraient probablement exécuté.

J'avais donné l'ordre au diplomate d'y aller avec la voiture et le drapeau tricolore et de sortir le président haïtien de ce mauvais pas. Mitterrand m'avait félicité.

Au cours du déjeuner à La Havane, donc, Charasse dévoile à Castro l'identité de la jeune fille présente à la table. La conversation est chaleureuse. Des liens se nouent, et c'est ainsi qu'en mars 1995 Fidel sera reçu pour la première fois par Mitterrand à l'Élysée, à la demande pressante de son épouse. En l'accueillant, Danielle fera ostensiblement la bise au barbu, ce qui contrevenait aux usages protocolaires de la République, mais n'était pas pour déplaire à la première dame. Mazarine rendra à Castro une visite discrète à sa résidence de l'hôtel Marigny. C'était les débuts « dans le monde » de la fille du président.

Je tiens au courant de ce dossier Mme Carla Bruni-Sarkozy qui a été alertée par les proches de mon client emprisonné à Cuba. Elle m'a fait dire qu'elle était heureuse que ce soit moi qui m'en occupe. Je lui ai répondu que j'étais prêt à lui faire le compte rendu de mon voyage à La Havane.

J'ai visité les prisons cubaines qui ne sont pas aussi sordides qu'on peut l'imaginer. Les prisonniers disposent du téléphone. Mon client appelle son avocat cubain jour et nuit s'il le souhaite. Ma visite était évidemment plus professionnelle que politique, même si j'ai été fort bien reçu par de hautes personnalités cubaines. Je n'ai pas fait de rapport au président de la République ni au ministre des Affaires étrangères. Jack Lang est là pour cela... Je n'ai rien à attendre de ce côté-là. Mais si le gouvernement jugeait un jour que je suis utile pour une affaire mettant en cause l'intérêt national ou la paix dans le monde, je ne pourrais évidemment pas refuser. Bref, la vie a pris pour moi un jour nouveau.

Mes vieux compères

À Paris, je suis toujours heureux de rencontrer mes amis avec qui j'ai parfois ferraillé, ce qui crée des liens! Je me suis félicité que Michel Charasse soit nommé membre du Conseil constitutionnel. C'est un beau parcours car il n'a pas une formation de juriste «classique». Certes, il connaît la Constitution, ce qui aide dans sa fonction! Sa nomination par Sarkozy est peut-être un échange de bons procédés car Charasse savait qu'il ne serait jamais désigné à ce poste par les socialistes ni à aucun autre d'ailleurs. Neuf ans avec un traitement confortable, ça vaut la peine d'y réfléchir! Sinon, il partait avec sa retraite sans autre forme de procès. Il a été exclu du parti socialiste pour avoir soutenu un candidat dissident à la présidence du conseil général du Puy-de-Dôme. Dès lors, il n'était plus question que le PS le réinvestisse au Sénat dont il fut pourtant un membre très actif. Je trouve qu'il a fait un bon coup.

Charasse n'est pas franc-maçon. Il n'est qu'anticlérical. Il n'arbore plus ses bretelles de sénateur, mais un gilet plus élégant de conseiller, sans se départir cependant de son éternel cigare. Il affirme qu'il n'a rien demandé à Nicolas Sarkozy. Le président lui a téléphoné un matin pour lui annoncer la nouvelle. Charasse prétend lui avoir répondu qu'il aurait mieux valu nommer une femme à ce poste.

Pendant la campagne électorale pour la présidentielle, Nicolas Sarkozy était passé dans sa commune de Puy-Guillaume, dans le Puy-de-Dôme, et avait demandé à Charasse ce qui lui ferait plaisir. Il lui avait parlé du Conseil constitutionnel comme une «boutade», mais sans plus... Avec Charasse, nous n'abordons pas les affaires de l'État, mais plutôt les secrets d'alcôve dont il est friand. C'était le «père Joseph» de Mitterrand. Il lui a rendu de grands services. Sur sa vieille machine à écrire électrique, il rédigeait des notes sur tout: l'affaire Elf, les nominations, des problèmes de droit, les petits et les grands secrets de la République.

J'aime aussi passer un moment ou voyager avec mon vieux compère Jacques Vergès avec qui je me suis souvent disputé, très sérieusement à trois reprises. D'abord, quand il a voulu ma place dans la défense des nationalistes algériens. Puis il a disparu pendant plusieurs années, on ne sait toujours pas où Nos divergences ont recommencé à propos de la guerre du Golfe puis du procès Klaus Barbie dont il fut le défenseur lors du mémorable procès de Lyon. Moi, je défendais la partie civile dans le procès du chef de la Gestapo. Je dois reconnaître qu'il a été bon, mais Barbie était condamné d'avance. Vergès a habilement déplacé le procès sur un autre terrain en argumentant : «Vous allez condamner quelqu'un qui a fait moins que ce que vous avez fait, vous, dans vos régimes coloniaux.» Et d'appuyer sa défense sur la guerre d'Algérie. Il était assisté d'un avocat algérien et d'un Africain qui ont plaidé sur le thème du colonialisme.

Ma partie était plus facile. Je défendais les ayants droit des enfants d'Yzieu. Ils étaient 40 innocents que Barbie est venu rafler dans le centre de vacances où ils étaient cachés. L'association pour leur mémoire a publié ma plaidoirie. Barbie était un petit bonhomme qui paraissait minable. Il restait muet car Vergès lui avait interdit de répondre aux questions du tribunal. Nous en parlons souvent parce qu'il sait que cela me touche. C'est à ce moment qu'il a signé un article assassin sur moi. Je lui ai répondu vertement. On a enterré, depuis, la hache de guerre autour d'une bonne table.

Je respecte Vergès parce qu'il est logique avec lui-même. Et les disputes dans les prétoires n'entament jamais le cuir très profondément. Si on devait se fâcher avec les conseils des parties adverses, on n'en finirait plus. Cependant, dans les vraies causes nationales comme la collaboration ou les guerres coloniales, les enjeux sont tellement forts qu'il en reste toujours des cicatrices. Je sais bien qu'il ne faut pas être trop regardant quand on fait de la politique, mais il y a des moments où les intérêts humains sont supérieurs à tout le reste.

Je l'aime bien aussi parce qu'il est ce que je ne peux pas être. Compte tenu de ma position, j'ai toujours agi à l'extrême limite de ce que je pouvais faire en faveur du tiers-monde ou contre le colonialisme. Tous les tenants de l'Algérie française m'en veulent toujours. Dès lors que je voulais faire une carrière politique, et je l'ai voulu, il fallait que je me cantonne à des positions acceptables par une majorité politique. C'est donc pourquoi je n'aurais jamais pu adopter les positions extrêmes d'un Vergès. Je reconnais qu'il avait des arguments convaincants, mais qu'il allait souvent trop loin. J'ai toujours subordonné l'idéologie à la politique. Vergès me dit encore aujourd'hui que j'ai eu tort et qu'avec les 27 condamnations à mort que ses clients ont obtenues il n'a pas eu une seule exécution. Il agitait tellement les choses que cela devenait impossible d'exécuter un de ses clients. Quand nous déjeunons ensemble, c'est toujours un moment de choix. Il me rappelle les bons moments car il a une excellente mémoire et surtout il scénarise nos souvenirs communs avec une distance et une ironie dévastatrice.

De gauche, plus que jamais

Avec mes vieux copains, nous citons souvent cette phrase de Mitterrand à la fin de sa vie : «Quel dommage que nous n'ayons pas trente ans de moins!» Je reste, bien sûr, de gauche, plus que jamais de gauche, quand je vois l'injustice qui frappe les plus faibles d'entre nous. Les partis «progressistes» ont du pain sur la planche pour peu qu'ils veulent bien oublier leurs querelles, s'unir autour d'un programme de gouvernement digne de ce nom, en prenant soin de ne pas ignorer que les solutions ne sont plus franco-françaises, mais européennes dans un monde «rétréci» qui nécessite une vision globale.

Il nous faudrait un nouveau Mitterrand, mais on ne le voit pas se profiler à l'horizon. Je pense à lui presque tous les jours, non pas par nostalgie, mais parce que tous mes interlocuteurs m'en parlent! *A fortiori* en cette année 2011 qui marque le trentième anniversaire de son accession au pouvoir. Et l'on se prend à rêver: «Ah, s'il était là, ça ne se passerait pas comme cela, au parti socialiste en premier lieu!» Je ne vais pas rue de Solférino, c'est trop loin... Je traverse parfois la Seine pour aller voter aux réunions de ma section du IVe arrondissement quand il y a une élection, mais c'est tout.

J'ai rencontré Martine Aubry, il y a peu, dans un restaurant. Elle est alerte et gaie. Nous nous sommes embrassés. Elle m'a dit: «Viens me voir», et comme on dit toujours en pareil cas: «on s'appelle.» Sa cote stagne dans les sondages mais elle est, de fait, le chef de l'opposition à Sarkozy. Elle s'impose au PS, même à ceux qui la détestent. Elle aurait pu bénéficier de son ascendance familiale, mais elle n'en a jamais joué. Jacques Delors prétend toujours qu'il n'a aucune influence sur elle: «Elle a une tête de lard et fait ce qu'elle veut!» Elle ne ressemble en rien à son père, sauf peut-être sur un point. Pour briguer la présidence de la République, il faut vraiment «en vouloir». Sarkozy l'a bien compris, Ségolène Royal aussi en se déclarant candidate à la candidature dès la fin novembre.

Cette dernière n'a pas dit son dernier mot. Elle n'est pas aussi maladroite qu'on veut bien le dire car elle utilise les armes de «l'adversaire». Par exemple quand elle a repris l'histoire du Kärcher de Sarkozy, cette parole désobligeante qui s'est retournée pour longtemps contre son auteur. Ségolène a enfoncé le clou. Il n'est pas interdit, quand on fait de la politique, d'être adroit. C'est pourquoi ses incessants appels au centre me paraissent politiquement risqués. Je ne crois toujours pas à la social-démocratie chrétienne. Elle se fera toujours «bouffer» par la droite. Les socialistes ont-ils besoin du centre pour arriver au pouvoir? C'est la question qu'il va falloir trancher. Depuis que le parti communiste s'est effondré, la donne politique, qui prévalait lors de la prise du pouvoir par Mitterrand, a changé.

Ségolène Royal est exaltée en parole. Ses sermons sur la montagne ne sont que des mots, encore que j'aie récemment fait la connaissance de son frère, général, qui assure «qu'elle est comme ça». Il est un peu brouillé avec elle car il la prend pour une illuminée, une mystique, mais dans le bon sens du mot. Je trouve à Ségolène du courage. Cela doit être son côté militaire hérité de son père et de son grand-père!

Sur le terrain présidentiel, ma préférence va à François Hollande. C'est un homme de bon sens qui a montré ses talents pour diriger l'ingouvernable parti socialiste. Il est de plus l'élu d'une terre de compromis, la radicale Corrèze. Pendant quelque temps encore, je verrais davantage un homme à l'Élysée qu'une femme. Ce qui ne veut pas dire que j'ai des préjugés sur les femmes politiques actuelles. Peut-être sont-elles pénalisées par le fait qu'elles sont venues tard à la politique grâce au général de Gaulle qui leur a donné le droit de vote en 1944. Sans doute aussi les hommes demeurent-ils machos au fond d'eux-mêmes, moi le premier. Les expériences du pouvoir par les femmes à un haut niveau n'ont pas été très heureuses. Mme Cresson s'est révélée bien insuffisante à Matignon.

Si je ne crois pas qu'une femme puisse être élue à l'Élysée, pour le moment, j'apprécie les femmes en politique car elles sont souvent battantes et imaginatives. J'aime bien Rachida Dati pour sa vie, sa carrière et son courage dans l'épreuve. On l'avait invitée à un déjeuner que je préside une fois par mois organisé par la revue économique *Entreprendre*. J'avais approuvé sa réforme des tribunaux et le lui avais dit. La presse lui a prêté un propos qu'elle n'avait pas tenu au cours de cette réunion. J'ai témoigné qu'elle n'avait jamais prononcé les mots qu'on lui reprochait. Ça a calmé le jeu. Je trouve qu'on lui fait d'injustes procès, même si elle est parfois maladroite. Sa carrière, elle l'a faite toute seule. Elle est actuellement entre parenthèses, mais elle rebondira, car elle a du muscle...

Je trouvais aussi que Michèle Alliot-Marie, mon éphémère successeur au Quai, avait bien rempli sa charge de ministre de la Justice. Je l'ai trouvée assez habile dans l'exercice de cette fonction très exposée. Elle est très « politique », mais elle a montré, de pitoyable façon, ses limites au Quai d'Orsay. La raideur du maintien ne fait pas la rigueur du comportement.

Mme Joly, elle, fait une carrière au-dessus de ses moyens. Je pensais en avoir fini avec cette dame, mais voilà qu'elle se rêve en présidente de la République ! Les journalistes m'appellent pour me confronter à elle devant les caméras, mais je ne vais quand même pas me prêter à ce petit jeu pour la mettre en valeur. Cela dit, quand elle sera effectivement candidate, peut-être lui réserverai-je un chien de ma chienne ? J'ai été choqué qu'elle ait pu se vanter d'avoir mis Dominique Strauss-Kahn en examen comme si c'était une chose dont on pouvait sourire. Elle l'a ainsi contraint en 1999 à démissionner du gouvernement de Lionel Jospin dans l'affaire dite de la MNEF. Ces accusations étaient infondées et ont nui à sa carrière politique en France. Il a su, heureusement pour lui, se « refaire » dans d'excellentes conditions à la tête du FMI.

Je ne crois pas qu'on trouvera des « casseroles » à Mme Joly. La seule chose que j'ai découverte au cours de l'instruction dont j'ai été victime, c'est qu'elle était la très proche d'un expert financier qu'elle nommait souvent dans les affaires qu'elle instruisait. Mais il n'y a pas là de quoi crier au scandale... Ma femme lui en veut beaucoup parce qu'elle est venue perquisitionner chez nous avec insolence. Elle l'a croisée l'an dernier dans les rues de Paris. Elle ne reconnaît pas Anne-Marie, mais celle-ci se dirige vers elle :

– Bonjour, madame.

– Excusez-moi...

– Vous ne me reconnaissez pas ? Je suis Mme Dumas. Vous êtes venue perquisitionner chez moi...

– Ah, oui. Dites-moi, comment va votre mari ?

– Il va très bien.

– Vous le saluerez pour moi !

Hypocrite, elle joue maintenant les femmes du monde.

J'apprécie plus son coéquipier Daniel Cohn-Bendit, son talent de tribun et ses convictions européennes. Il a le mérite de bousculer les lignes et les idées reçues, notamment quand il défend la supranationalité et prône la fusion entre la France et l'Allemagne ! J'ai connu Cohn-Bendit en 1968, mais nous nous rencontrions plutôt à Berlin où nous descendions dans le même hôtel quand j'étais dans la capitale allemande pour voir mon ami Genscher ou aller à l'opéra. Mais le souci qu'il a de cacher ses « débuts » dans la vie politique me gêne. Si vraiment il est allé uriner sur la dalle du soldat inconnu à l'Arc de triomphe, je comprends qu'il veuille le faire oublier car cela nuirait sans conteste à son (éventuelle) carrière future. Quoi qu'il en soit, je porte à son crédit d'avoir brillamment bataillé pour l'Europe, avec conviction et surtout un langage compréhensible par tous.

Éléphants et jeunes loups

Avec cette nouvelle donne politique, le PS va devoir faire montre de son habileté et de ses capacités à oublier les vieilles lunes. Combien de fois ai-je entendu Mitterrand pester : « Les socialistes sont incapables de gouverner ! » L'éternelle bagarre entre les tenants de l'alliance au centre et de l'alliance à l'extrême gauche va renaître comme à chaque élection présidentielle. S'y ajoute désormais la position vis-à-vis d'Europe Écologie. Pour l'instant, seuls les jeunes loups ont montré les dents. Les éléphants avancent encore à la queue leu leu parce qu'ils savent bien qu'ils ont besoin de l'unité pour remporter la victoire. On affiche donc cette unité de façade, quitte à se disputer par la suite. Les hostilités ont déjà commencé avec la prise de position de Ségolène. Les premières épreuves vont être déterminantes. Les primaires vont permettre de «dégager» le paysage à gauche, mais cela laissera des bleus.

C'est toujours compliqué au PS. Et quand ça ne l'est pas, les chefs s'arrangent pour que ça le devienne. Ils ont ça dans le sang. Je crains qu'on en revienne aux errements de la IVe avec les affrontements Defferre-Mollet, dignes héritiers, mais en moins nobles, des bagarres épiques de Jaurès et de Guesde. Beaucoup d'énergie perdue pour rien. À droite, on n'a pas ce genre de problème car on ne discute pas! On obéit au chef.

J'ai moi-même le travers des socialistes. J'ai été très socialiste dans l'opposition et moins au gouvernement où l'on ne peut plus se permettre de rester militant. Mes plus beaux discours, je les ai faits à l'Assemblée en tant qu'opposant. Mais socialiste je suis et socialiste je reste. Il n'y a que le socialisme qui puisse résoudre les problèmes de la société. Malheureusement, cela ne marche pas car «les» socialistes sont trop bêtes alors que «le» socialisme reste intelligent.

Frères ennemis

Je n'en finirais pas de raconter les disputes entre socialistes, mais je me souviens particulièrement d'une qui se situe en 1990. Mitterrand m'avait demandé d'assister au congrès de Rennes. J'avais pris dans mon avion Édith Cresson. Je retrouverais sur place Lionel Jospin et Laurent Fabius. Nous avons assisté à une empoignade mémorable entre les deux. Édith et moi avons essayé de rétablir la paix entre les protagonistes, mais nous y avons renoncé, compte tenu de la virulence des insultes. L'enjeu était la mainmise sur le parti socialiste, c'est-à-dire l'élection comme premier secrétaire, dans la perspective de l'après-Mitterrand. Ils allaient l'un et l'autre pour défendre leur motion et leur courant. Jospin et Fabius ne se parlaient plus. J'essayais une fois encore de jouer les «diplomates», mais sans succès. La haine était palpable. Ce congrès se déroula dans une ambiance délétère et affecta pour longtemps l'efficacité du parti socialiste. Je crois bien que l'apparente unité de circonstance à laquelle nous assistons ne résistera pas non plus aux appétits des «ambitieux de 2012».

Lionel Jospin a longtemps été mon préféré, mais il n'a pas la finesse de raisonnement d'un Laurent Fabius. Je crois qu'il reste hanté par des blessures anciennes, son passé trotskiste, l'attitude pour le moins ambiguë de son père pendant la guerre et la toute-puissance de sa mère. Pour prétendre à la fonction suprême il faut avoir une relation forte avec la vérité, sa propre vérité. Ou l'on dit tout ou l'on cache tout, mais dans les deux cas, il faut «maîtriser la situation». Même si Mitterrand a cultivé le secret toute sa vie, il a confessé ses «fautes», certes au seuil de la tombe, mais il les a dites. Il était dissimulateur, mais c'est souvent une vertu dans la marche des affaires de l'État. On ne peut pas tout dire, contrairement à ce culte de la «transparence» dont on nous rebat les oreilles aujourd'hui.

Malgré toutes ces divergences, je me suis plus rapproché de Lionel Jospin que de Laurent Fabius, pour une raison majeure. Ce dernier était le successeur désigné de Mitterrand et, à ce titre, avait des «obligations». Il n'a pas été d'une fidélité à toute épreuve avec son mentor, même s'il tente de se rattraper aujourd'hui. Pour les deux, l'ambition élyséenne n'est plus à l'ordre du jour.

Impossible président

Je comprends qu'ils veuillent tous être présidents de la République. Quand on a des convictions, on veut les mettre en pratique, d'autant que tout en France procède de cette fonction. Je ne peux nier que cela m'aurait plu moi aussi, d'autant que dès mon jeune âge «je me voyais déjà» dans le fauteuil d'Albert Lebrun. Mais, avec l'expérience, quand je vois le poids de la charge et la complexité et le rythme des engagements, je me dis: «Heureusement que tu y as échappé!» C'est un job pour un type de 50 ans qu'on n'est pas obligé non plus d'assurer dans l'agitation permanente.

J'ai connu Nicolas Sarkozy d'abord au barreau et quand il était ministre. Au début de son septennat, il m'invitait à des réceptions pour des remises de décorations. Il était aimable et souriait tout le temps. Petit à petit, cependant, un même phénomène se produit chez tous les présidents de la République. On sent que la charge devient de plus en plus lourde. Le poids des événements est tel que le chef de l'État s'use en donnant de plus en plus de sa personne. Giscard, par exemple, se coupait du monde en allant chasser l'éléphant car il avait horreur qu'on lui apporte de mauvaises nouvelles. Mitterrand, lui, partait pour Venise ou allait chercher le contact à la base. Il sollicitait les vieux maires de son département qu'il connaissait depuis des lustres et les interrogeait pour connaître l'état de l'opinion sans convoquer les caméras. Ils lui parlaient sans crainte et, quand de retour à Paris, un ministre affectait d'enjoliver la situation économique et sociale, il lâchait: «Ce n'est pas ce qu'on dit dans les provinces.» Il avait un sens du terroir qu'il partageait avec Chirac, deux authentiques «pros» de la France profonde. Ce que n'a pas Sarkozy qui est pour le moins gauche à la campagne et laisse mourir la France rurale.

Quand Nicolas Sarkozy s'est installé à l'Élysée, j'étais plutôt attentiste. Quand quelqu'un arrive au pouvoir, j'essaie de voir ce qu'il va faire pour juger de ses choix et de son action. Mais force est de constater que sa politique n'a ni queue ni tête. Elle manque de rigueur et d'idées directrices quand elle n'est pas en opposition totale avec les intérêts de la France tels qu'ils ont été consacrés depuis la guerre. J'en veux pour preuve notre politique étrangère qui se greffe désormais sur la politique internationale des États-Unis. Je n'ai pas attendu les supposées révélations de WikiLeaks pour en être persuadé.

Je regrette aussi la mésentente entre le président Sarkozy et la chancelière Angela Merkel. Même s'ils se font des bises à la télévision, leurs divergences sont nuisibles à l'avenir des deux pays et de l'Europe. Je reconnais cependant qu'il se passe des choses intéressantes. Le fait, par exemple, que Mme Angela Merkel ait autorisé Mme Christine Lagarde, ministre de l'Économie, à siéger une fois lors d'une réunion du gouvernement allemand est une avancée de grande portée que nous n'avions pas réussi à faire. C'est, à mes yeux, un pas vers le fédéralisme. C'est peut-être un gadget pour la France, mais par pour l'Allemagne dans la mesure où nos voisins sont des gens sérieux qui ne font rien à la légère.

J'ai beaucoup regretté « l'absence » de Bernard Kouchner sur le terrain diplomatique. À mon époque aussi la politique internationale de la France était faite à l'Élysée, mais en synergie avec le ministre des Affaires étrangères. J'étais de toutes les réunions concernant l'international. Je signais les traités. Bernard Kouchner avait disparu des écrans radar. Il faudrait que Nicolas Sarkozy arrête d'occuper toutes les fonctions ministérielles avec l'aide de ses conseillers, même si l'on semble revenu à une gestion de l'État plus conforme à nos institutions. Un homme comme le général de Gaulle, qui était pourtant « polyvalent », laissait ses ministres conduire la politique du département dont ils avaient la charge. Il donnait évidemment son mot en matière de diplomatie et surtout pour ce qui concernait les relations franco-allemandes. Mais il avait toujours Maurice Couve de Murville à ses côtés (qui m'a battu de peu en terme de longévité au Quai d'Orsay). Mon Dieu, qu'il était triste! Moi, je m'efforçais de sourire, ce qui me valait les remontrances du président: «Je vous vois à la télévision, Roland, vous souriez beaucoup trop!»

Nicolas Sarkozy semble, de plus, sous le coup d'une affaire nouvelle chaque jour. Je ne l'accablerai pas sur ce point. On a oublié que c'était la même chose au temps de Mitterrand: les suicides en cascade, les difficultés d'argent, les révélations sur l'Occupation, la deuxième famille, ça n'était pas mieux. S'ajoute à cela la personnalité du président qui est à double face. J'écoute ses interviews avec intérêt; ce n'est certes pas un personnage historique comme de Gaulle ou Mitterrand; il n'a pas une grande culture, mais il a une faculté de réplique et une facilité d'improvisation indéniables; une vivacité du moment qui force l'admiration. C'est un avocat qui sait porter l'estocade au bon moment. Il a surtout appris à ne pas répondre billè en tête. Il faut savoir ne pas réagir sans réfléchir. Mitterrand disait toujours: «Résistez trois jours, et ce sera oublié.»

Les jeux ne sont pas faits pour autant à propos de son éventuelle candidature à un second mandat. Il faut voir s'il peut se refaire ou non, ce qui semble mal parti pour le moment. Mais il a le sens de la pirouette. Il sait utiliser les événements à son profit, sauf sur un point: son obsession sécuritaire. Elle répond sans doute aux préoccupations d'une large frange de la population. Or, sa politique sécuritaire est un échec depuis huit ans qu'il la ressert au pays.

Un monde multipolaire

J'essaie pourtant de ne pas me laisser divertir par la politique politicienne et d'aller à l'essentiel. On se dirige à marche forcée vers une réorganisation complète du monde faite de grands ensembles. Obama va en Chine, au «G2», en traversant le Pacifique sans passer par l'Europe. Je reconnais que poursuivre la construction de l'Europe n'est pas chose facile et que les résistances sont lourdes. On est allé très vite pendant cinquante ans, et là on butte. Ce temps perdu nous sera fatal. On peut déplacer des milliards de dollars du Japon vers l'Amérique en une seconde. L'Inde et le Brésil deviennent des puissances qui comptent. La Chine produit à plein régime, et nous continuons à donner des leçons à la Terre entière comme si l'Occident était encore le maître du monde.

J'ai souri lors de la visite officielle du président chinois, en entendant M. Raffarin nous expliquer qu'il n'était pas de mise de parler des droits de l'homme en Chine à quelque titre que ce soit. Lorsque je me rendais à Pékin, les amis de l'ancien Premier ministre me posaient immanquablement la question des détenus politiques en Chine, interrogation relayée par les associations pour les droits de l'homme et les Reporters sans frontières. J'étais harcelé sur un sujet dont je ne nie pas l'importance. Aujourd'hui, silence radio. Quand je rencontrais les Chinois, je leur parlais des droits de l'homme, mais pas maladroitement en risquant de leur faire perdre la face lors de la conférence de presse. À chaque fois, je remettais au principal négociateur une liste de prisonniers politiques en l'assortissant d'une formule de politesse qui dispensait d'humilier mon interlocuteur: «Au titre de la législation universelle des droits de l'homme, nous nous intéressons au sort des prisonniers politiques dont vous voudrez bien trouver la liste ci-jointe...» Il me remerciait en me promettant d'étudier la question. Ce qui me permettait de dire aux impatients sans frontières, qui semblaient être les seuls à combattre courageusement le dragon alors que nous n'aurions été que des valets à plat ventre : « Nous avons abordé la question des droits de l'homme. » La droite et Raffarin ont raison de considérer que la Chine est un pays avec lequel il faut compter. Ils mettent leurs pas dans ceux de De Gaulle et j'oserais dire de Mendès France. Je rappelle aujourd'hui aux impatients qu'on peut parler haut et fort quand on en a les moyens, sinon on se tait... On peut cependant envoyer des philosophes ou accueillir des dissidents comme on l'a toujours fait. Pour le reste, ce ne sont que vaines postures. Soyons un peu jésuites. Cette congrégation très présente en Chine depuis le XVIIᵉ siècle a toujours su comment se comporter avec les empereurs, jaunes ou rouges. Ils forcent mon admiration et j'étudie leur enseignement.

La nouvelle politique engagée par les États-Unis et la Russie est sans conteste porteuse d'avenir. La signature à Prague entre les présidents russe et américain, Medvedev et Obama, d'un accord pour réduire les armements atomiques en était les prémices. Le dernier sommet de l'OTAN à Lisbonne a confirmé cette volonté d'arrimer la Russie à l'Occident. C'est l'aboutissement des discussions que nous avions entreprises avec Gorbatchev et Reagan d'abord, puis Bush senior ensuite. Elles avaient été interrompues par la bêtise de Bush junior qui nous a fait perdre quinze ans.

Ce fameux traité Start, ratifié de justesse fin 2010 par un congrès à majorité républicaine plutôt rétive, vient d'entrer en vigueur. Je me réjouis que les deux chefs d'État russe et américain semblent vouloir s'entendre. La seule chose que je regrette est que la France en tant que telle n'y participe pas, pour elle et pour l'Europe. L'Amérique reste une machine de guerre formidable avec une pensée unique et constante dont le président n'est que la figure de proue. Il faut toujours en tenir compte dans les analyses géopolitiques et géostratégiques.

Le réveil du peuple arabe

Les révolutions tunisienne, égyptienne et libyenne, même si elles sont encore inabouties, sont l'un des événements les plus extraordinaires auxquels il m'ait été donné d'assister avec la fin de la colonisation et la chute du mur de Berlin. Nous ne sommes qu'au début d'un profond changement qui touche même des pays cadenassés comme le Yémen. Je suis d'accord avec nombre de commentateurs pour affirmer qu'il s'agit plus de la révolte de la «génération Internet» contre la misère et la corruption que d'un rêve intégriste.

Mais personne n'ose dire que l'Égypte est en train de payer l'humiliation qu'elle a imposée au peuple palestinien en traitant d'une façon jugée trop souple avec les Américains et les Israéliens. Cette humiliation a été ressentie par tous les peuples frères. Les conséquences sur l'État hébreu vont être considérables. Même le colonel Kadhafi, pris entre Tunisie et Égypte, est en fâcheuse posture. Voilà trois ou quatre ans déjà, il m'avait confié: «Les Occidentaux méconnaissent le poids de la masse arabe et, tant qu'il n'y aura pas de geste fait pour le peuple arabe, la paix sera impossible.» Il n'imaginait pas, à l'époque, que ces masses arabes se retourneraient contre leurs tyrans.

L'Algérie est tenue par l'armée, ce qui n'interdit pas les soulèvements comme on en a vu ces derniers mois. Au Maroc, contrairement à ce qu'on raconte, le tissu social est très lâche; les inégalités y sont criantes et la pauvreté choquante, ce qui n'empêche pas de très nombreux hiérarques français d'y posséder de luxueux riads sans se poser de questions sur la réalité sociale qui les entoure. Le syndrome Alliot-Marie n'est pas réservé à la seule Tunisie...

L'homme au cœur

Il faut avoir des convictions, mais aussi de l'habileté. C'est avec cela qu'on fait un bon homme politique. J'espère avoir eu les deux. Ces convictions qu'on a au fond de soi, une fois pour toutes, n'empêchent cependant pas de se poser la question de savoir si telle manœuvre ou telle habileté ne trahit pas cet idéal. «Puis-je aller jusque-là ou pas?» était une question que je me posais souvent en tant que ministre, comme je me la suis posée en tant qu'avocat.

J'ai parfois mis ces convictions sous le boisseau, je l'avoue, quand j'estimais que ça ne changerait rien. Elles sont peu nombreuses, mais intouchables. Trois ou quatre d'ordre philosophique: qu'est-ce que représente l'Homme? Un idéal ou un moyen? L'engagement politique découle de source: servir l'Homme. C'est pourquoi le totalitarisme est inacceptable car il fait disparaître l'Homme au bénéfice d'un système qui s'appelle tout aussi bien collectivisme que fascisme. À bannir sans hésiter.

Autre principe: voir ce qu'on écarte pour bien savoir ce que l'on veut retenir. C'est le plus difficile. Par exemple: doit-on imposer une instruction religieuse à des enfants de 10 ou 12 ans? Je réponds oui, ce qui peut paraître contradictoire avec tout ce que j'ai dit précédemment. Ne serait-ce que pour la morale. Car si l'on n'est pas capable de générer soi-même sa morale, il faut bien que quelqu'un vous l'inculque. Ce qui est bien dans la religion, c'est la morale quand elle est bien sentie, bien formulée et bien suivie.

Je ne dirai pas comme mon ami François Mitterrand sur son lit de mort: «Une messe est possible.» Je ne dirai rien. Je laisserai les choses aller. Nous ne parlons jamais de cela avec ma femme ou mes enfants. Je crois qu'après sa mort l'homme n'est plus rien. Si on célèbre une belle messe, cela ne me dérange pas.

Je ne sais pas, en revanche, ce que la République organisera à l'occasion de mes obsèques, mais j'aperçois des choses qui se dessinent. Des gens, avec force précautions, me disent qu'ils aimeraient bien prononcer mon éloge funèbre. Je leur réponds qu'on a le temps d'en reparler ! Il y en aura des choses à dire... Chirac avait prononcé un magnifique discours en hommage à Mitterrand. Je lui avais écrit pour l'en féliciter. Il m'avait répondu par une belle lettre qui mériterait d'être encadrée.

Même si je n'ai pas réussi à devenir président de la République pour répondre à mon rêve de gosse, j'ai fait la carrière politique que j'ai souhaitée, mais pas celle de grand ténor, si ce n'est (peut-être ?) au barreau ! J'ai vu, avec envie, briller sur scène tous mes bons copains, Luciano Pavarotti. Placido Domingo et autres Roberto Alagna. Je ne suis pas sûr d'aimer la scène, mais la musique sûrement. Il m'arrive de me lever la nuit pour écouter Domingo dans deux versions du *Rigoletto* de Verdi : le rôle-titre, qui est écrit pour un ténor, mais aussi la partition du baryton. J'aime aussi entendre Renée Fleming dans le *Manon* de Jules Massenet ou Mirella Freni dans *La Bohème* de Puccini. Dans la quiétude de la nuit, ces voix amies m'enchantent et me consolent. Elles me rappellent que, dans la longue vie d'aventures qui fut la mienne, j'ai toujours chanté, ne vous déplaise !

Remerciements

L'éditeur souhaite remercier Rodolphe Oppenheimer et Oria Bouaicha.

Table

au cherche **midi**

dans la collection **Documents**

FRANÇOIS EYCHART ET GEORGES AILLAUD
« Les lettres françaises » et « Les étoiles »
dans la clandestinité 1942-1944

MARC FRAYSSE
De Gaulle, l'homme de 2012 ?

STÉPHANE GATIGNON
À ceux que la gauche désespère

NICOLE GUEDJ
Pour des Casques Rouges à l'ONU

LAURENT HUBERSON
Enquête sur Edwy Plenel

JEAN-CHRISTOPHE LAGARDE
Les Hypocrisies françaises

PAUL MARCUS
60 ans d'amours contrariées.
Les relations franco-israéliennes de 1948 à aujourd'hui

ROCHUS MISCH
J'étais garde du corps d'Hitler

PIERRE MOSCOVICI
Mission impossible ?
Comment la gauche peut battre Sarkozy en 2012

DOMINIQUE PAILLÉ
Les Habits neufs des faux centristes.
Arnaque ou imposture ?

EDVARD RADINSKY
Alexandre II.
La Russie entre espoir et terreur

MAURICE RAJFSFUS
La Police de Vichy
Drancy, un camp de concentration très ordinaire
La Police hors la loi
Les Français de la débâcle
Mai 68
La Censure militaire et policière 1914-18
De la victoire à la débâcle
Opération étoile jaune
La Rafle du Vel d'hiv
La Libération inconnue
Le Chagrin et la Colère
Candide n'est pas mort

REPORTERS SANS FRONTIÈRES
Pourquoi il faut boycotter
la cérémonie d'ouverture
des JO de Pékin

EVA SCHLOSS
L'Histoire d'Eva.
Les Mémoires de la demi-sœur d'Anne Frank

HOMAYRA SELLIER – SERGE GARDE
Enquête sur une société
qui consomme des enfants

TIMOTHY W. RYBACK
Dans la bibliothèque privée d'Hitler

Mis en pages par DV Arts Graphiques à La Rochelle
Imprimé en France par CPI Firmin Didot
Dépôt légal : mars 2011
N° d'édition : 1745 – N° d'impression : 105473
ISBN 978-2-7491-1745-4